广视角·全方位·多品种

权威·前沿·原创

皮书系列为
"十二五"国家重点图书出版规划项目

上海合作组织黄皮书

YELLOW BOOK OF
THE SHANGHAI COOPERATION
ORGANIZATION

上海合作组织发展报告（2014）

ANNUAL REPORT ON THE SHANGHAI COOPERATION
ORGANIZATION (2014)

中国社会科学院俄罗斯东欧中亚研究所
上海大学上海合作组织公共外交研究院
主　编／李进峰　吴宏伟　李　伟

社会科学文献出版社
SOCIAL SCIENCES ACADEMIC PRESS (CHINA)

图书在版编目(CIP)数据

上海合作组织发展报告.2014/李进峰,吴宏伟,李伟主编.—北京：社会科学文献出版社，2014.9
（上海合作组织黄皮书）
ISBN 978-7-5097-6395-7

Ⅰ.①上… Ⅱ.①李…②吴…③李… Ⅲ.①上海合作组织-研究报告-2014 Ⅳ.①D814.1②F114.46

中国版本图书馆 CIP 数据核字（2014）第 194018 号

上海合作组织黄皮书
上海合作组织发展报告（2014）

主　　编 / 李进峰　吴宏伟　李　伟

出 版 人 / 谢寿光
出 版 者 / 社会科学文献出版社
地　　址 / 北京市西城区北三环中路甲 29 号院 3 号楼华龙大厦
邮政编码 / 100029

责任部门 / 全球与地区问题出版中心 （010）59367004　责任编辑 / 刘　娟
电子信箱 / bianyibu@ssap.cn　　　　　　　　　　　　　责任校对 / 丁爱兵
项目统筹 / 祝得彬　刘　娟　　　　　　　　　　　　　　责任印制 / 岳　阳
经　　销 / 社会科学文献出版社市场营销中心 （010）59367081　59367089
读者服务 / 读者服务中心 （010）59367028

印　　装 / 北京季蜂印刷有限公司
开　　本 / 787mm×1092mm　1/16　　　　　　印　张 / 28.75
版　　次 / 2014 年 9 月第 1 版　　　　　　　　字　数 / 464 千字
印　　次 / 2014 年 9 月第 1 次印刷
书　　号 / ISBN 978-7-5097-6395-7
定　　价 / 89.00 元

本书如有破损、缺页、装订错误，请与本社读者服务中心联系更换
▲ 版权所有　翻印必究

上海合作组织黄皮书编委会

主　　　编　李进峰　吴宏伟　李　伟

编　　　委　（按姓氏笔画排序）
　　　　　　　冯育民　朱晓中　孙　力　李永全　李　伟
　　　　　　　李进峰　吴宏伟　何　卫　张丹华　张恒龙
　　　　　　　张盛发　庞大鹏　郑　羽　郭长刚　常　玢
　　　　　　　程亦军　薛福岐

课题组成员　（按姓氏笔画排序）
　　　　　　　王　凤　王明昌　王宪举　王晓泉　王继昌
　　　　　　　王　聪　毛雁冰　叶海林　包　毅　刘华芹
　　　　　　　许文鸿　许　涛　孙　力　孙昌洪　苏　畅
　　　　　　　李中海　李进峰　李抒音　连雪君　肖　斌
　　　　　　　吴兆礼　吴宏伟　宋月红　张　宁　张　昊
　　　　　　　张晓晴　陈玉荣　庞大鹏　赵会荣　赵金龙
　　　　　　　赵常庆　赵　臻　娜　琳　秦鹏亮　徐海燕
　　　　　　　郭晓琼　曹　治　薛福岐

英 文 翻 译　苏世军（北京印刷学院）

主要编撰者简介

李进峰 中国社会科学院俄罗斯东欧中亚研究所党委书记、副所长,教授,研究员。在国有大型企业工作多年。2001~2008年任中国社会科学院研究生院副院长,2008~2011年任新疆生产建设兵团建工师党委常委、副师长。从事企业管理、行政管理和学术研究工作多年。主要学术著作有《援疆实践与思考》《转型期中国建筑业企业问题》等。援疆工作期间,对中亚稳定与安全、我国西北边疆稳定等问题进行了深入考察与研究,主要学术论文有《谋求外援内生动力推进新疆跨越式发展》《加强与中亚国家合作维护边疆稳定战略目标和途径》《民族团结是维护新疆长治久安之基》等。

吴宏伟 中国社会科学院俄罗斯东欧中亚研究所中亚研究室主任、研究员,中国社会科学院研究生院教授,中国社会科学院上海合作组织研究中心副秘书长。长期从事中亚与上海合作组织研究,著有《中亚人口问题研究》《突厥语族语言语音比较研究》等专著,主编过《俄美新较量——俄罗斯与格鲁吉亚的冲突》《中亚地区发展与国际合作机制》等著作,是《中亚国家发展报告》主编之一。

李 伟 上海大学校长助理、上海大学上海合作组织公共外交研究院院长。1994~1995年教育部公派日本东京大学访问学者。2011年10月到哈萨克斯坦阿尔法拉比大学参加"研究型大学的创建及其在哈萨克斯坦创新发展中的作用"校长论坛;2011年11月受外交部欧亚司委托出访俄罗斯莫斯科大学,参加"从人文角度保障上海合作组织地区的稳定和合作"国际学术会议。2012年6月组织在上海大学召开的"上海合作组织未来发展与中国战略"国际研讨会;2012年12月与国家开发银行研究院联合组织举办"向西开放:亚欧大陆经济整合与中国21世纪大战略"学术研讨会。

摘　要

　　本报告是《上海合作组织发展报告》问世以来的第六部。这部每年一部的研究报告是由中国社会科学院俄罗斯东欧中亚研究所主编。从2013年起，上海大学上海合作组织公共外交研究院参与主编工作，他们的加入给本报告注入了新的活力。本报告的作者队伍主要由中国上海合作组织研究机构的专家与学者组成，他们长期研究上海合作组织发展问题，使研究报告具有较高的权威性和专业水准，对希望了解上海合作组织发展现状的读者具有重要参考价值。

　　本年度报告分为总报告，重要会议，地区形势与热点问题，探讨与建议，各领域合作新情况新进展，成员国、观察员国、对话伙伴国与上海合作组织以及附录。报告分析了当前上海合作组织所面临的国际和地区形势以及复杂的地缘政治经济格局变化，深入解读了地区热点问题和重大事件对上海合作组织发展的影响，对一些组织发展中遇到的重大问题如一体化问题、阿富汗问题与上海合作组织、上海合作组织扩员等进行了深入细致探讨，一些专家提出了有重要参考价值的建议。尤其重要的是本报告专门组织专家对在上海合作组织基础上建成利益共同体和命运共同体以及"丝绸之路经济带"相关问题进行专门讨论，提出了很有价值的观点。报告还梳理分析了2013年至2014年初上海合作组织在反恐、军事、经济、教育、文化和农业等领域合作现状及取得的积极进展，对成员国、观察员国和对话伙伴国发展现状及其与上海合作组织关系进行了系统客观的描述。

　　2013年，上海合作组织各领域合作都取得了积极进展，这些成果是在复杂国际和地区形势背景下取得的。在地区安全与稳定方面，成员国较好应对了中东北非动乱对地区安全与稳定的影响，排除地区形势复杂多变的干扰，在打击"三股势力"、毒品走私和跨国有组织犯罪方面积极合作，总体上保持了本地区安全与政治局势稳定。在2014年美军从阿富汗撤离，阿富汗局势前景不明的状况下，上合组织成员国十分关注阿富汗和平与民族和解进程并为此付出巨大努力。在经济合作领域，成员国与观察员国在能源及互联互通方面继续推进，保持了地区经济稳定向前发展。人文领域合作也在不断向更深和更广的领域开展。文化交流日益密切，各国民众间相互沟通和相互了解更加通畅，为成员国进一步提升政治和经济关系奠定了坚实的基础。2014年将是十分重要的一年。上海合作组织发展面临新的机遇和挑战，特别是在地区和国际挑战和威胁增多情况下各成员国合作意愿进一步增强，在很多方面都达成重要共识。可以预料，在很多重要领域和重大问题上都会有重大突破和重要进展。

关键词： 上海合作组织 "丝绸之路经济带" 利益共同体 命运共同体

目 录

Ⅰ 总报告

Y.1 适应新形势 应对新挑战 上合组织迈进务实合作新阶段
  ………………………………………………………………… 李进峰 / 001

Ⅱ 重要会议

Y.2 2013年上海合作组织元首理事会会议 ………… 陈玉荣 / 019
Y.3 上海合作组织成员国政府首脑（总理）理事会
  第十二次会议 …………………………………………… 孙 力 / 028

Ⅲ 地区形势与热点问题

Y.4 2013年世界热点问题和上合组织 ………………… 王宪举 / 036
Y.5 上合组织成员国对美军即将撤离阿富汗的反应 ……… 孙昌洪 / 048
Y.6 2014年美国从阿富汗撤军与中国的作用 …………… 吴宏伟 / 058
Y.7 世界经济一体化趋势与上海合作组织 ……………… 徐海燕 / 066
Y.8 上合组织成员国之间关系及其影响 ………………… 赵会荣 / 078

Ⅳ 探讨与建议

Y.9 上海合作组织参与解决阿富汗问题的策略与底线 ……… 许 涛 / 089

Y.10 上海合作组织FTA对成员国的经济影响研究
　　　——基于CGE模型的分析 ………………………………… 赵金龙 / 101
Y.11 经济全球化多边主义趋势中的上海合作组织战略选择
　　　………………………………………………… 毛雁冰　秦鹏亮 / 118
Y.12 上合组织应该成为"利益共同体"和"命运共同体"
　　　……………………………………………………………… 许文鸿 / 127
Y.13 经略西部视域下的上海合作组织扩员 ………………… 王晓泉 / 145
Y.14 "新丝绸之路经济带"的区域发展理念与中亚地区的交通合作
　　　………………………………………………… 连雪君　张晓晴 / 161

Y Ⅴ　各领域合作新情况新进展

Y.15 2013年上海合作组织安全合作 ……………………… 李中海 / 173
Y.16 区域经济合作步入调整期
　　　——评上海合作组织区域经济合作 ………………… 刘华芹 / 180
Y.17 上海合作组织军事合作综述 ………………… 李抒音　王继昌 / 193
Y.18 上海合作组织的文化合作 …………………………… 张　宁 / 205
Y.19 2013年上海合作组织教育合作评述 ………………… 曹　治 / 214
Y.20 粮食安全与上海合作组织农业合作 ………………… 肖　斌 / 222
Y.21 上海合作组织金融合作 ……………………………… 郭晓琼 / 235

Y Ⅵ　成员国、观察员国、对话伙伴国与
　　　上海合作组织

Y.22 哈萨克斯坦与上海合作组织 ………………………… 包　毅 / 248
Y.23 中国与上海合作组织 ………………………………… 宋月红 / 261
Y.24 吉尔吉斯斯坦与上海合作组织 ……………………… 薛福岐 / 272
Y.25 俄罗斯与上海合作组织 ……………………………… 庞大鹏 / 283
Y.26 塔吉克斯坦与上海合作组织 ………………………… 王　聪 / 295

Ⅳ.27 乌兹别克斯坦与上海合作组织 ………………… 苏　畅　张　昊 / 305
Ⅳ.28 阿富汗与上海合作组织 …………………………………… 赵　臻 / 321
Ⅳ.29 巴基斯坦与上海合作组织 ………………………………… 叶海林 / 335
Ⅳ.30 蒙古国与上海合作组织 …………………………………… 娜　琳 / 350
Ⅳ.31 伊朗与上海合作组织 ……………………………………… 王　凤 / 366
Ⅳ.32 印度与上海合作组织 ……………………………………… 吴兆礼 / 385
Ⅳ.33 对话伙伴国与上海合作组织 ……………………………… 王明昌 / 399

Ⅶ 附　录

Ⅳ.34 2013年上海合作组织大事记 …………………………………… / 409

Abstract ……………………………………………………………………… / 425
Contents …………………………………………………………………… / 427

皮书数据库阅读使用指南

总 报 告

General Report

Y.1

适应新形势　应对新挑战
上合组织迈进务实合作新阶段

李进峰

摘　要： 在国际和地区形势复杂多变、不稳定不确定因素明显增加、西方发达经济体继续处于艰难复苏的背景下，上合组织面对新形势积极应对新挑战，迈进务实合作新阶段。成员国之间"命运共同体"和"利益共同体"意识增强，政治互信进一步巩固，合作愈加紧密。地区稳定和安全形势总体可控，成员国经济发展平稳。中国提出建设"丝绸之路经济带"构想，赢得上合组织成员国的广泛关注和支持。这些新形势和新变化为上合组织务实合作提供了新机遇。

关键词： 上海合作组织　上海精神　丝绸之路经济带　务实合作

2013年国际和地区形势复杂多变，上合组织面临难得机遇，也面临严峻挑战。美国的"亚太再平衡战略"引发其盟友日本、菲律宾等与中国发生海洋边界争端，越南与中国的海洋边界争端也时有发生。美国的战略转移企图遏制中国和平崛起。乌克兰危机爆发，引发美国与欧盟联手制裁俄罗斯。作为上合组织的"双引擎"——中国与俄罗斯都受到来自美国和西方国家的干扰和压制。中俄联手支持联合国框架内解决叙利亚危机，赢得国际社会的积极评价。上合组织高度关注阿富汗问题，并在有关问题上表明了成员国的一致立场。实践证明，成立12年来的上合组织已经成为维护世界和平与地区安全稳定的重要国际组织，逐步成为多极世界中具有影响力的一极。

一 上合组织面临国际新形势

上海合作组织面临的外部国际形势，正如2013年该组织《元首联合宣言》中所指出的："当前国际关系正经历重大演变，不稳定、不确定因素明显增加。……具有跨国性质的全球威胁和挑战需要国际社会高度关注。一些地区动荡和局部冲突尚未解决。……世界正经历快速重大变革，攸关各成员国切身利益。"① 之所以有这样的判断，既有当年发生的因素，也有自2008年国际金融危机至今一直延续发酵的因素，既有受整个国际社会大环境影响的因素，也有地区内部特有的因素。

（一）世界经济整体仍处低迷状态，总需求减少，各主要经济体增长乏力，扩大地区内部需求成为上合组织各成员的共同期待

美欧等西方经济体虽出现止跌回暖迹象，但仍不稳定；包括中、俄在内的新兴经济体虽保持增长态势，但增速放缓；除油气等能源产品依然紧俏外，大部分国际大宗商品的价格呈下跌态势。经济不景气容易引发失业、收入差距扩大和民众不满，处理不当则可能增加社会矛盾，甚至导致社会动荡。为应对危

---

① 《上海合作组织峰会在比什凯克举行 习近平出席会议》，http：//news.xinhuanet.com/world/2013-09/13/c_117359966.htm。

机，实现可持续发展，各国措施通常有两种：一是调整经济结构，通过经济转型适应新时代的新需求；二是加强区域国际合作，借助一体化的力量，寻求更多发展机遇。

由于美欧是上海合作组织成员国最主要外贸对象和最主要外资来源地之一，其经济低迷导致外部需求减少，外资撤离，加上国际大宗商品价格下跌，迫使各成员国不得不面对货币贬值、财政收入吃紧、投资不足等压力。因此，上合组织各成员都愿意同舟共济，在强大自身的同时，协调地区内部的市场关系，共同抵御外部需求下降带来的各种风险。

（二）各国发展不平衡正逐渐改变世界主要力量格局，加速从"一超多强"向"多极化"的演进过程。亚太成为大国争夺的重点地区，美国及西方社会同中俄之间的遏制与反遏制斗争继续

受经济乏力影响，美国维护霸主地位的能力下降，越来越难以应对复杂多变的国际形势。以2012年1月奥巴马总统宣布"亚太再平衡"战略为标志，世界警察因"警力不足"而显疲惫，不得不收缩战线，将战略重点从欧洲转往亚太，加大在东北亚、东海、东南亚和中亚的军事存在和影响力，同时推动"跨太平洋伙伴关系协定"（TPP）和"泛大西洋贸易与投资伙伴协定"（TTIP），意在集中精力应对中国和俄罗斯的崛起，掌握世界经济主导权。

与美国实力下降恰恰相反的是，同期的俄罗斯强势崛起。2012年普京就任总统后，提出建设"欧亚联盟"倡议，大力推进独联体地区一体化，旨在巩固俄在原苏联空间的传统优势。同时，俄2013年新版《对外政策构想》认为：世界发展重心已转往亚太，是未来最充满生机活力的地区；俄希望积极参与亚太地区的一体化进程，借机实施西伯利亚和远东的经济振兴计划，并在亚太地区建立透明和平等的安全与合作体系，维护俄东部安全稳定。

2013年，美俄继续落实既定的战略调整，双方互信基础削弱，从地区到全球各层面关系紧张，俄甚至不畏惧与美国及西方社会对抗，以至于媒体惊呼"冷战重回"。这一方面为中俄深化全面战略协作伙伴关系带来新机遇；另一方面，也加剧大国在中亚地区的竞争。

（三）舆论和道义战持续升温，美国及西方国家不断向他国输入西方价值观

针对国际关系和国际法基本原则、叙利亚内战、"阿拉伯之春"、裁军、民主和人权等普世价值、西方模式问题，各国都积极阐述自己的主张，希望占据道义制高点和舆论话语权。对上海合作组织来说，由于部分成员国存在领导人长期执政且目前正处于接班人调整的敏感时期，上合组织成员国高度警惕并关注"通过街头暴力推翻现政权的做法是否具有合法性"以及"西方普世价值同尊重国家主权和独立原则之间的关系"等问题。

另外，国际合作机制的合作模式也是舆论关注的主要问题之一。即超国家模式和协商一致模式哪个更有效率，更适合区域合作？欧洲经济危机让部分欧盟成员质疑欧盟和欧洲央行的作用，超国家模式虽具有一定效率，但在危机面前，主导大国更多关注自身利益，让小国"倍受伤害"。上海合作组织的做法和坚持的原则是国家不分大小、协商一致，坚持"上海精神"，增进成员国互信，在平等、协商、互谅互让的基础上开展互利合作，顺应和平与发展的时代潮流。

（四）国际热点持续升温，欧亚大陆的"边缘地带"仍是国际政治和安全的薄弱环节

在西亚北非，新老问题联动升温，叙利亚局势持续处于胶着状态，埃及军政府同穆斯林兄弟会严重对立，伊朗核问题虽有缓和，但西方对伊朗的制裁仍未解除，巴基斯坦和阿富汗依然暴恐事件频发。在亚太地区，朝鲜半岛尽逞口舌之能，东海和南海的边界和岛屿争端始终不断，中国一直面临日本、菲律宾和越南的挑衅。在独联体，乌克兰在西方和俄罗斯之间摇摆不定，亲欧派和亲俄派互不妥协，街头暴力最终引发内战。

这些热点主要位于欧亚大陆边缘，正如布热津斯基所言的"地缘战略棋手"（法、德、俄、中、印等）和"地缘战略支轴"（乌克兰、阿塞拜疆、土耳其、伊朗、韩国、埃及等）周围。这在一定程度上说明，虽然冷战结束已有23年，但冷战期间的遗留问题并未彻底解决，民族和宗教问题热度上升，

部分转型国家的制度体制仍不稳固。

对上海合作组织来说，不仅成员国内部存在一定的、类似国际热点地区的隐患，而且各成员均直接或间接、或多或少地受到地区外部动荡影响。因此，防范外部势力干涉，避免地区热点发展为矛盾冲突，共同维护地区安全和稳定，亦是上合组织的功能和作用之一。

二　上合组织发展取得新成就

上海合作组织成员国加强务实合作，将进一步把上合组织打造成一个更具影响力的、更能维护成员国利益的、更能维护世界和平的国际组织。2013年，是上合组织发展历程中的一个新开端，不仅再次彰显"上海精神"，规划该组织未来发展重点，最重要的事件是中国提出要打造"两个共同体"的战略构想。正如习近平主席在2013年9月的比什凯克元首峰会上指出：当前国际和地区形势复杂多变，上海合作组织既面临难得机遇，也面临严峻挑战。我们需要树立同舟共济、互利共赢的意识，加强合作，联合自强，把上海合作组织打造成成员国命运共同体和利益共同体，使其成为成员国共谋稳定、共同发展的可靠保障和战略依托。

（一）进一步彰显"上海精神"

上合组织地处欧亚大陆，是各种国际力量博弈的核心区域，热点问题很多，推进多边合作阻力很大。近年来，国际形势发生一系列复杂变化，全球经济普遍低迷，各种各样的区域合作似乎都遇上难以克服的难题，一体化在不少地区成为政治私利和利益冲突的牺牲品。面对各种唱衰和怀疑的声音，上海合作组织坚定地踏上创建新型区域合作机制的道路。

这种全新的合作理念，集中体现在上合组织的宗旨和原则上，即"上海精神"（互信、互利、平等、协商、尊重多样文明、谋求共同发展）。该理念彻底抛弃了旧的冷战思维和零和博弈模式，核心是承认差异、尊重差异，坚持"对话、合作、共赢"，成员国相互尊重，平等协商，妥善处理彼此之间遇到的各种矛盾和问题。在成员国经济规模和发展状况相差悬殊的情况下，只有坚

持国家不论大小一律平等,坚持协商一致,才能将挑战转化为机遇,创造出真正平等合作的环境,谋求共同发展。

(二)合作机制与法律基础不断完善

上合组织已经建立起完善的高层会晤机制,充分保证了本组织运行的权威性、高效性和顺畅性。上海合作组织元首峰会是本组织最高决策机构,每年轮流在成员国之间举行,就本组织最重大事项作出决定和指示。上海合作组织元首峰会下设总理会议,与元首峰会一致,每年轮流在成员国举行一次,重点研究组织框架内多边合作的战略与优先方向,解决经济合作等领域的原则和迫切问题,并批准组织年度预算。上海合作组织框架内的成员国外长理事会,议长、安全会议秘书和其他各部长会议是在本组织发展壮大过程中逐步丰富起来的,这些定期会议机制已经涵盖各国政府几乎所有职能部门。

本组织的机构建设不断取得突破,不断提高上海合作组织在关键领域的合作效率。上海合作组织发展至今,已经成立了上海合作组织秘书处、地区反恐机构、实业家委员会、银联体和上海合作组织论坛等机构,这些机构在各自领域发挥着重要作用。2013年元首峰会提出成立"能源俱乐部"、"上合银行"和上合专门账户,丰富本组织的机构设置,以推进成员国的务实合作。

本组织不断完善法律建设,至今制定了上百份具有法律效力的文件。上海合作组织之所以能够从最初的边境谈判的单一功能机制逐渐发展到今天政治、安全、经济、人文等多领域、多功能、全方位的区域合作组织,法律建设是重要保障。例如,《上海合作组织成员国长期睦邻友好合作条约》《反恐公约》《多边经贸合作纲要》等法律文件。2013年元首峰会批准《上海合作组织成员国长期睦邻友好合作条约实施纲要》等,这些重要文件奠定了各方面合作的法律基础。

(三)规划未来合作重点

继2012年通过《中期发展战略规划》,确定了上海合作组织2020年前七大合作方向后,2013年9月比什凯克元首峰会和11月塔什干总理会议关注该战略规划的落实措施，进一步明确了未来务实合作的重点，主要有：第一，继续夯实成员国之间政治互信基础，保持和加强高层往来力度，在重大国际和地区问题上加强沟通与协调，保持共同立场，作出一致决议。特别是在涉及成员国核心利益的重大问题上保持合作，本组织将发出更多共同一致的声音。第二，在安全领域，始终把打击"三股势力"、毒品走私和跨国有组织犯罪等作为头等大事来抓，2014年美国撤军阿富汗之后的中亚地区可能出现安全形势反弹，应加强成员国包括与观察员国在本地区的安全执法合作，强化上海合作组织框架内"和平使命"联合军事演习等安全合作机制。第三，把"丝绸之路经济带"建设纳入上海合作组织经济合作的议题之中，在经济合作领域，加强"五通"建设，完善经贸合作机制，在能源、矿产、交通、通信、金融、农业、高新技术、基础设施等领域有所突破，不断寻求新的增长点和可能性，对一些合作重点和难点领域，加强深入研究，寻求解决方案，关切成员国的根本利益。第四，在人文领域，持续加大上海合作组织人文交流与合作的资金投入，扩大合作面，拓展合作层次，根据不同成员国的不同合作兴趣和需求，寻找新的合作机会，使人文合作能够持续和高效进行。第五，进一步理顺上海合作组织现有机构内部工作机制，提高工作效率，使各项已经签署的法律文件和合作项目得以严格执行和实施。第六，继续秉承"上海精神"，坚持"合作对话求安全、互利共赢谋发展"理念。

（四）各领域合作取得显著成就

2013年，上合组织在政治、经济、安全、人文等领域均取得了显著成就。

一是在政治领域。中国与中亚国家分别建立战略伙伴关系，或全面战略伙伴关系，上海合作组织成员国之间保持高度政治默契，充分理解和尊重成员国的政治发展道路，在重大事件上给予成员国明确支持。公开声明本地区政治安全与稳定涉及本国核心利益，绝不允许外部势力插手。上合组织成员国主张在阿富汗建立一个没有恐怖主义和毒品犯罪的，独立、中立、和平繁荣的国家。呼吁国际社会为尽快在阿富汗实现和平创造条件。支持联合国在解决阿富汗问题和重建方面的中心协调作用。上合组织成员国一致表示，对伊朗核问题形势表示担忧，认为某些国家对伊朗使用武力和采取单边制裁措施是不能接受的。

只能和平解决这个问题。本次峰会批准《上合组织成员国长期睦邻友好合作条约实施纲要》,标志着本组织建设进入务实合作新阶段,是推动落实《上合组织成员国长期睦邻友好合作条约》和《上合组织中期发展战略规划》的具体文件,对于上合组织未来发展将起到重要的引领作用。这一文件将成为成员国之间提升政治互信、深入开展务实合作的纲领性文件,对促进上合组织健康稳定发展具有重要意义。

二是在安全领域。在世界金融危机尚未根本缓解,西亚北非局势持续混乱,原苏联空间仍然存在不确定因素,美国军队将撤离阿富汗的背景下,上合元首峰会和总理峰会对安全合作高度重视。上合组织的相关机制就安全合作问题进行了定期磋商。成员国利用双边和多边机制商讨应对非传统安全问题。上合组织执法安全部门举行了2013年联合反恐演习等实质性合作,对长期以来威胁各成员国安全的恐怖主义、极端主义、分裂主义、毒品走私和跨国有组织犯罪保持高压态势。本次峰会丰富了安全合作内容,除了传统的打击"三股势力"、跨国有组织犯罪、毒品走私外,还把武器、弹药及爆炸物走私以及信息安全威胁和非法移民问题等列入重点合作内容。

三是在经济领域。受世界金融危机影响,世界经济仍然处于深度调整期,上合组织区域经济合作进入调整期。上合峰会提出经济一体化合作三个重点合作领域是,推进金融领域合作,成立上合组织开发银行和上合组织专门账户。推进能源合作,成立能源俱乐部,建立稳定供求关系,确保能源安全。推进农业合作,构建粮食安全合作机制,加强农业生产、产品、贸易合作。另外,历经12年合作发展,上合组织成员国之间的交通网建设成就显著,能源网与通信网建设也已经取得明显成果,高新技术领域的合作正成为新的亮点。这些合作成就改变了本地区的经济面貌①。

四是在人文合作领域。上合组织召开第十次文化部长会议,落实《上海合作组织成员国政府间文化合作协定2012~2014执行计划》。各成员国在公共文化服务、文化创意产业、传统文化与非物质遗产保护等专业领域与其他

---

① 《李克强出席上海合作组织成员国总理第十二次会议》,http://news.xinhuanet.com/politics/2013-11/29/c_118357974.htm。

成员国开展合作交流。中国提出"丝绸之路经济带"倡议和加强"政府沟通、道路联通、贸易畅通、货币流通、民心相通"的"五通"措施为文化合作带来活力。在教育方面，上合组织大学组建与学科建设等相关法律法规和机制建设进一步完善。上合组织大学所涉及的各成员国项目院校达80多所，未来10年中国将提供3万个政府奖学金名额，邀请1万名孔子学院师生赴华研修。各方同意继续推动教育、体育、旅游、环保、艺术、卫生等各领域的合作，继续举办艺术节、青年周等各类人文交流活动，夯实地区合作的民意基础。

（五）中国提出打造"命运共同体"和"利益共同体"倡议

在2013年上合组织元首峰会前夕，中国国家主席习近平提出建设"丝绸之路经济带"的构想，赢得国际社会，尤其是上合组织成员国的广泛关注和支持。该构想不是要建立一个新的多边合作的机制，也不是一种固定的区域框架安排，而是一种地缘经济合作方式，旨在促进沿线各国共享发展成果，而不是西方社会认为的"零和博弈"的竞争。伴随着贸易繁荣，经济带将逐步促进沿线国家政治互信、人文合作，全方位提升跨国交流。从历史的视角观察，在古丝路上承接东西两端的中亚地区曾经发挥了重要作用，在未来的丝绸之路经济带的建设中也将展现出巨大潜力。

在元首峰会期间，中国提出打造上合组织"命运共同体"和"利益共同体"的倡议，再次赢得各成员高度赞扬。"利益共同体"说明相互合作的广泛性与内政外交的契合度，"命运共同体"强调成员国之间的关系休戚与共和同命相连。两个"共同体"阐述了上合组织对各个成员国的重要性，体现了上合组织的新安全观和新合作观，为上合组织的务实合作注入新的精神动力和物质动力。

建设"丝绸之路经济带"和打造两个"共同体"的落实措施主要表现为"五通"，这将为欧亚大陆各国提供更多商机，使上合组织各成员受益，为成员国经济发展和上合组织框架内多边合作奠定提供。同时，上合组织本身的一些发展理念及各领域的合作成果，也将为建设"丝绸之路经济带"提供良好条件，充实现代丝绸之路的合作内涵。

三　上合组织面临新挑战

上海合作组织面临与过去相比更加复杂的政治经济安全局面，考验着该组织的应变能力。在地区内部，领土争端、意识形态争论、宗教与民族冲突、"三股势力"渗透等日益突出，大国在欧亚大陆特别是中亚地区的博弈复杂多变；在地区外部，世界格局正在发生深刻转变，充满不确定性，比如发达经济体的下行趋势、美国启动"重返亚太"战略、新兴经济体较快发展、西亚北非地区持续动荡等，这些因素将引发欧亚地区地缘政治格局发生相应变化。

（一）在当今世界格局中的战略地位日益突出的情况下，中俄两国如何充分消除相互疑虑，保持在上海合作组织框架内的合作，更好地维护地区和两国利益

中国和俄罗斯是上海合作组织中影响力最大，实力最强的两个成员国，这是毋庸置疑也无可回避的现实。当前，一些媒体主要是西方媒体不断炒作中俄在中亚的"竞争"关系，这显然是一种挑拨离间行为。中国与俄罗斯在中亚的确存在某种程度的竞争关系，但是，这种竞争实际上是一种相互补充的关系，而不是"零和博弈"，总体上是一种互利共赢关系。

中国与俄罗斯正致力于建立"全面战略协作伙伴关系"，政治上高度互信，在中亚地区，中国完全尊重俄罗斯的根本利益。正如习近平主席所讲，"中国在中亚不谋求势力范围"，这是十分明确的立场。这句话含义丰富，其核心是中国尊重和支持俄罗斯在中亚的特殊地位、利益和作用。中俄战略协作伙伴关系的实质是致力于共同发展。

事实上，中国在中亚的存在对俄罗斯十分有益。首先，中俄是抵御西方东进中亚的重要战略伙伴。比如，在抵御"颜色革命"问题上，中俄的立场一致；其次，中国与中亚的合作抵消了中亚与俄罗斯合作的疑虑，使其在战略上更加容易接受俄罗斯力量的存在；最后，俄罗斯在中亚安全及经济合作方面有时力不从心，需要中国这个最安全的合作伙伴助其发力，仅凭俄罗斯的力量，很难维护中亚安全并促进中亚经济发展，中国的进入和存在有利于弥补俄罗斯的力量缺陷。

（二）在上合组织凝聚力和吸引力不断增加的新形势下，如何正确看待成员国扩大问题

上海合作组织宪章规定本组织是开放性组织，当该组织凝聚力和影响力不断扩大的情况下，要求加入上海合作组织的国家越来越多，扩员问题由此成为一个老话题。近年，该问题之所以持续升温，既说明上合组织的影响力不断上升，也说明区域环境复杂，很多问题超出现有正式成员范围，上合组织需要寻求新的突破，才能在地缘政治和区域合作格局中发挥更大作用。

当前，成员国内部关于扩员的立场主要有两种声音：赞成者认为，上合组织需要新成员补充新能量，扩展合作领域与合作空间，提高组织的影响和声望；反对者认为，上合组织正处于发展初期，宜先巩固内部合作，落实好既定规划措施，不宜急于吸收新成员，而且，上合组织以边界合作（国界划分与边界安全）起家，如果成员之间存在边界纠纷，将影响组织的发展和声誉。

尽管有不同声音，但从目前形势看，扩员已提上日程。2014年7月，上海合作组织在塔吉克斯坦首都杜尚别举行成员国外交部长理事会，批准了《给予上合组织成员国地位程序》草案和《关于申请国加入上合组织义务的备忘录范本》修订案草案，待元首理事会批准后生效。上合组织秘书长梅津采夫表示，目前最主要的候选国是印度和巴基斯坦，伊朗虽然提交了申请，但因其正在受到国际制裁，暂时还无法接受它。

尽管议案生效并不意味着印巴两国会马上成为上合组织的新成员，但上合组织仍要做好接受新成员的准备。如果印巴两国将来成为正式成员，则上合组织需要调整一些发展规划，应对可能出现的新问题。比如，上合组织目前的合作地域基本集中在中亚地区，未来是否会调整？在当前阿富汗局势不稳定的情况下，新疆是否可能成为连接南亚和中亚的最重要通道？

（三）在地区内存在众多国际合作机制的情况下，如何处理与欧亚经济共同体、集体安全条约组织和欧亚经济联盟间的关系

欧亚经济共同体、集体安全条约组织和欧亚经济联盟被公认由俄罗斯主导，是俄罗斯在独联体地区保持传统优势的主要工具和手段。由于这三个组织

同上合组织的成员和职能极其相近,因此,这三个组织与上合组织的关系实质是中俄两国在中亚的合作与竞争。如何增加二者间的合作与互信,减少冲突与猜疑,对中俄及中亚国家均是考验。比如,上合组织框架内的中吉乌铁路项目(横穿吉尔吉斯斯坦东部和西部),同欧亚经济共同体框架内的中亚南北铁路项目(从哈萨克斯坦出发,横贯吉尔吉斯斯坦北部和南部,进入塔吉克斯坦),有学者认为在一定程度上存在竞争。

2013年习近平主席在哈萨克斯坦纳扎尔巴耶夫大学演讲时指出:"中国不谋求地区事务主导权,不经营势力范围……欧亚地区已经建立起多个区域合作组织。欧亚经济共同体和上海合作组织成员国、观察员国地跨欧亚、南亚、西亚,通过加强上海合作组织同欧亚经济共同体合作,我们可以获得更大发展空间。"①

(四)在基础设施互联互通水平较弱,贸易商品结构较单一的情况下,如何扩大成员国间的贸易和投资规模

中亚地区的交通运输以公路为主,铁路里程短,老化严重,而且费尔干纳地区的部分路段需在两个邻国间反复穿越。中亚地区的电信线缆网络呈单线的链状系统,各流经国只管理本国的网络且传输宽带规格不一,难以实现全网的统一管理和调度,导致线路效率低下,安全性差。中国与中亚国家仅有10个陆路口岸,其中阿拉山口和霍尔果斯属公路、铁路和管道三位一体的一级口岸,其余均是公路口岸。中国从中亚国家进口的主要是原材料,原油约占中国从哈萨克斯坦进口总值的50%~60%,棉花约占中国从乌兹别克斯坦进口总值的70%,铝锭占中国从塔吉克斯坦进口总值的60%~70%,天然气占中国从土库曼斯坦进口商品总值的95%以上,中国从吉尔吉斯斯坦进口量每年都不足1亿美元,主要是皮革、粗毛、铜铝等金属。

(五)在阿富汗未来局势走向不确定的情况下,如何防止阿富汗因素影响地区安全稳定和经济发展

阿富汗一直是影响上合组织成员国安全和稳定的最大外部因素之一。从美

---

① 《"弘扬人民友谊 共创美好未来"——习近平主席在纳扎尔巴尔耶夫大学的演讲》,http://politics.people.com.cn/n/2014/0908/c1001-22842914.html。

国撤军后的伊拉克局势动荡、稳定形势恶化的这一事实可预测，2014年美国和北约从阿富汗撤军后，军事控制力量减弱，阿富汗局势可能动荡不定，"三股势力"，教派、民族和地方割据等难题和矛盾将进一步激化。

阿富汗局势对上合组织的影响在于：若局势失控，伊斯兰宗教极端思想和恐怖主义可能强化并向周边扩散；毒品问题可能失控并扩大化，刺激甚至资助上合组织成员国境内的"三股势力"发展。中亚国家向南发展的主要通道受阻，中亚和南亚间的交通、通信、能源等基础设施难以形成网络化。鉴于中亚国家缺乏有效应对手段和力量，需外部大国帮助，美国等西方国家利用中亚国家需求，提升在中亚的存在和影响力，并希望乘机将原驻阿富汗的军事力量转往中亚，以军事援助、联合军演、建立军事基地或反恐培训中心等形式，继续保持甚至加大在中亚的军事存在，遏制中俄。

上合组织接纳阿富汗作为观察员国，是以实际行动关注阿富汗问题的体现。解决阿富汗问题，美国和北约有责任作出更多努力。上合组织不可能取代美国和北约目前发挥的作用，但需要协调对阿富汗塔利班的立场，并遏制武器流散。

四 上合组织务实合作新机遇与未来方向

上海合作组织自成立之日起便属"问题推动"型的国际组织，即通过发现问题和解决问题，在成员国共同感兴趣的领域开展合作，带动组织发展。作为一个积极和快速发展的区域国际组织，上合组织的优势之一是勇于面对诸多挑战，从不回避，努力将挑战转化为机遇。2013年是上合组织发展承上启下的关键时期，既总结组织成立后第一个十年（2001~2011年）的经验教训，又为争取第二个十年的辉煌成果铺垫基础。如果说第一个十年的合作重点是建立合作机制与制度，并启动务实合作的话，那么第二个十年的合作重点将是继续巩固和深化务实合作，借助成员国共同感兴趣的问题，在各领域寻求新突破。

（一）务实合作的新机遇

客观地分析当前上合组织面对的国际新形势和面临的新挑战，尽管困难众

多,但该组织完全能够实现既定目标,主要得益于具备良好的发展基础和条件,至少表现在三个方面:

一是成员国政治互信基础牢固,彼此间已基本建立战略伙伴关系。

2013年5月20日、9月3日、9月11日,中国与塔吉克斯坦、土库曼斯坦和吉尔吉斯斯坦三国的"伙伴关系"分别提升为"战略伙伴关系"。加上之前与哈萨克斯坦于2011年6月14日建立的"全面战略伙伴关系"、与乌兹别克斯坦于2012年6月7日建立的战略伙伴关系,中亚五国已全部是中国的"战略伙伴"。俄罗斯与中亚国家均是战略伙伴,哈萨克斯坦与其他中亚国家也均签署了战略伙伴关系协议。尽管未建立伙伴关系,但并不意味着双方互信低,能够建立战略伙伴关系,一定说明双方关系匪浅,互将对方置于本国对外政策的优先方向。

二是中国与俄罗斯战略合作紧密,推动上合组织发展"双引擎"的一致性与协调性不断加强。

上海合作组织成立后的很长时间里,中国一直被公认为是该组织的主导国和"发动机",该组织的大部分项目融资来源于中国的优惠贷款和援助,而一些学者认为俄罗斯对上合组织态度平平,甚至担心上合组织影响其主导的欧亚经济共同体发展。但是,普京2012年就任总统后,重新修订《对外政策构想》,认为就整个国家安全而言,最大威胁来自美国和北约的传统安全,如北约东扩、美部署反导系统、在亚太增强军事存在等。就局部地区而言,最大威胁是边境地区的非传统安全,尤其是来自高加索和阿富汗地区的恐怖和极端势力,以及走私、贩毒、非法移民等跨国有组织犯罪。

由此可见,中俄两国对国际形势的基本判断以及对上海合作组织的定位和期待基本一致,各自战略利益和需求相近,领导人高层会晤愈加频繁,政治互信进一步增强,在国际事务以及上合组织双边及多边合作方面的协调性、一致性在增强,为上合组织的发展注入新动力。

三是各国的发展战略目标和措施具有诸多共性。

中共"十八大"提出"两个百年"的奋斗目标,2013年又提出建设"丝绸之路经济带"和"21世纪海上丝绸之路"的目标;俄罗斯《2020年前经济社会长期发展战略构想》提出2020年前经济总量要进入世界前五强,《国家长期经济政策》确定普京任期内的目标之一是世界银行的"营商环境"指标排名由 2011 年的第 120 位上升至第 20 位；哈萨克斯坦总统纳扎尔巴耶夫在 2013 年国情咨文中提出"2050 年前战略"（争取进入世界前 30 强国家行列）；吉尔吉斯斯坦继续落实执行《2013~2017 年国家可持续发展战略》；塔吉克斯坦总统拉赫蒙 2013 年 11 月 16 日在其总统就职仪式上，宣布新一届任期内的任务目标之一，是将 2020 年人均 GDP 增加到 2012 年的 1.5~2 倍，并实现国家能源独立；乌兹别克斯坦的国家整体发展战略是"进入发达民主国家行列"。

这些战略的共同之处在于：均将经济建设和改善民生作为国家发展的重中之重；均致力于调整经济结构，缩小地区发展差距，加强区域国际合作。在具体措施方面，均重视宏观经济稳定、控制通胀、减少失业、扩大基础设施建设、增加吸引外资等。

另外，随着塔吉克斯坦 2013 年 1 月正式成为世界贸易组织成员，至此，上合组织六个正式成员中，已有吉、中、俄、塔四个成为世界贸易组织成员，哈萨克斯坦也已结束入市审查，等待世界贸易组织成员大会批准。这意味着，上合组织各成员间的贸易和投资规则，以及各成员与国际主流规则愈加接近，为未来便利化和贸易自由化合作打下良好基础。

（二）务实合作的新方向

上合组织《中期发展战略规划》《〈长期睦邻友好合作条约〉实施纲要》《〈多边经贸合作纲要〉落实措施计划》《2012~2016 年上海合作组织进一步推动项目合作的措施清单》以及近年各类会议决议，已经基本确定了组织今后发展的方向和任务，内容广泛，领域众多。各成员国也结合自身国情，纷纷提出各种区域合作倡议，如建立"能源俱乐部"、开发水电、开展农业和粮食安全合作、加强宏观经济稳定、提高就业、发展高新科技、推进卫生防疫和医疗、夯实上海合作组织大学、关注环保等。

在总结前期发展经验的基础上，我们认为，今后上合组织应该重点关注合作模式、融资机制、推进便利化和反对宗教极端四个务实合作领域，这是该组织长期稳定发展的基础，也是其他各领域合作的前提。

第一,弘扬"上海精神",巩固睦邻友好合作基础,塑造国际合作新模式。

上合组织的务实合作不仅包括政治、安全、经济、人文等现实生活领域,还包括合作模式等思想意识领域。怎样合作才能更有效率、更加公平合理,归根结底需要依靠合作模式才能解决。从成立之日起,上合组织便确立其合作模式是秉承"上海精神",严格遵循尊重多样文明、尊重主权、独立和领土完整,不干涉内政的国际关系基本准则。

但在西亚北非"阿拉伯之春"革命和乌克兰局势等影响下,在西方大力推进普世价值、民主等模式的背景下,在部分区外国家试图否定"二战"后国际秩序的情况下,上合组织各成员还能否坚持"上海精神",大国如何发挥榜样示范作用,上合组织该如何确保地区稳定和发展等,各方拭目以待。这个问题不仅关系上合组织本身能否实现良好发展,也决定各成员国能否良好发展,能否有效抵御外部干涉,从而为成员国发展创造稳定的外部环境。

第二,建立上合组织融资机制。

上合组织发展需要融资支持,不仅落实项目需要资金,如《多边经贸合作纲要落实措施计划》规定的项目就至少需要100亿美元以上,维护成员国宏观经济稳定也需要资金。比如,2008年国际金融危机发生后,中国先后向俄罗斯提供200亿美元贷款,向哈萨克斯坦提供100亿美元贷款,向上合组织提供100亿美元用于应对危机,解决企业资金短缺难题。

虽然上合组织金融领域有银联体等机制,但银联体不是该组织的正式机构,通常由金融机构自主决定投资行为,没有义务履行组织决议。因此,上合组织需要建立自己的正式融资机构。当前讨论较多的主要有发展基金、专门账户和开发银行三种。三者均由成员国自愿或按一定比例出资,区别在于:专门账户主要是为上合组织框架内的合作项目提供预可研等技术援助;发展基金属基金范畴,是代为客户管理资产和投资行为,可对项目参股入股;开发银行属商业银行范畴,可利用自有资产提供贷款,但一般不得参与企业经营,只能监督资金安全,因此对项目选择将会更严格。

多年来,各方围绕上合组织的融资机制展开多轮会谈,至今未能建立,一是俄部分学者认为上合组织的发展基金或开发银行可能影响欧亚经济共同体框架下的欧亚银行发展；二是俄部分学者担心中国经济体量巨大，可能借助融资机制削弱俄在中亚的经济影响。可喜的是，随着中俄两国政治互信加深，俄多数学者态度从2013年逐渐变得积极，上合组织的发展基金（或开发银行）有望获得突破。

第三，推进区域内贸易投资便利化，尤其是道路运输便利化和基础设施网络化。

便利化不同于自由化，自由化通常涉及关税减让，而便利化强调方便快捷，主要涉及基础设施、通关手续（海关）、贸易投资程序等，以便节约时间、人力、物力。上合组织《多边经贸合作纲要》确定该组织经济合作的基本思路是：先开展便利化建设扫清合作障碍，再深化经贸合作使各方受益，最后在适当的时候"实现货物、资本、服务和技术的自由流动"。

除继续落实好已签署的《海关互助协定》，加快通关速度以外，今后的任务之一是尽快签署《国际道路运输便利化协定》。由于成员国交通和运输法律法规和基础设施条件不尽一致，对运输规则、道路和车辆的技术标准、运输线路、运输费用、运输品类、合同标准等要求不统一，导致协调难度较大。比如，哈萨克斯坦提出，如果同意中国车辆进入哈全境的话，那么根据对等原则，中国也需允许哈国运输车辆进入中国全境。但中国国土广阔，运输量巨大，哈国的要求显然不太合理。中俄之间也存在运输线路对等问题（即允许对方运输车辆进入到己方何地）。实践证明，没有运输，就没有物流，贸易和投资的提升空间就受限。上合组织运输便利化协定商讨近十年，但至今未能签署，成员国的巨大过境运输潜力也因此未能充分有效发挥。

另外，欧洲复兴开发银行的"转轨指数"表明，基础设施老化和落后，互联互通性不足，是制约上合组织成员国发展的重要因素之一，制度转轨绩效也受其拖累而下降。上合组织既要加强基础设施本身建设，更要将基础设施互联互通。只有将基础设施形成网络状，减少断头，才能实现峰谷调剂、应急救助、扩大容量等功能。第一个十年里，上合组织基础设施项目主要由成员国自己规划，然后借用组织资金落实，如乌兹别克斯坦利用中国的优惠贷款改善塔什干城市公用设施，塔吉克斯坦用于修复公路，哈萨克斯坦整改玛伊纳克水电站等。今后，上合组织需加强统筹协调，事先规划设计好地区内的路网、管

道、电网、电缆等基础设施布局,尤其是各国的国际出口通道和边境设施连接,使之点线面结合,形成统一的整体。

第四,反对宗教极端,打击"三股势力"。

这是上合组织的重要且长期的合作领域。近年,"三股势力"在地区内呈扩大趋势,尽管各国均采取措施严厉打击,但瓦哈比、萨拉菲、乌伊运等恐怖和极端势力的成员总体增多,暴恐事件和非法传教等案件也不断发生。实践表明,宗教极端是"三股势力"的主要思想根源,也是"三股势力"发展传播的主要途径和工具。

打击宗教极端是世界难题,也是一个长时期的工程,不可能在短期内彻底根除。之前,上合组织反恐合作的重点是打击暴恐犯罪,但对宗教极端思想的传播等活动关注不足。换句话说,比较重视刑事司法和防务安全领域的反恐,忽视了宣传、教育、文化等领域的反恐。为深化反恐合作,反对宗教极端,今后上合组织需防范和打击相结合,统筹强力部门和社会部门,增加人文领域合作的反宗教极端内容,共同挖掘和繁荣传统文化,加强宗教交流,弘扬正气。

重要会议
Important Meetings

Y.2
2013年上海合作组织元首理事会会议

陈玉荣*

摘　要：

2013年9月13日，上海合作组织成员国元首理事会例行会议在比什凯克举行。各成员国元首、常设机构代表、观察员国代表等出席会议。在本次例行会议期间，成员国元首共同签署并发表了《上海合作组织成员国元首比什凯克宣言》，通过了《〈上海合作组织成员国长期睦邻友好合作条约〉实施纲要》，就未来上海合作组织在相关领域全面深化合作进行了战略部署。元首们听取了上合组织秘书长和地区反恐机构主任关于过去一年工作的报告，探讨了地区热点问题和国际形势。

关键词：

上海合作组织　长期睦邻友好合作条约　丝绸之路经济带

---

* 陈玉荣，中国国际问题研究所欧亚研究部主任，研究员。

2013年9月13日，上海合作组织成员国第十三次元首理事会在吉尔吉斯斯坦首都比什凯克举行。成员国元首通过了《〈上海合作组织成员国长期睦邻友好合作条约〉实施纲要》，着重研究和部署了进一步深化成员国睦邻友好合作关系的举措，就全面深化在政治、安全、经济和人文领域的合作达成新的共识。针对错综复杂的地区和国际形势，元首们进行了深度交流，进一步协调了立场。为密切相互经济合作，成员国一致赞同中国关于构建"丝绸之路经济带"的倡议。

一 出席会议代表和通过的主要文件

第十三次元首理事会由上海合作组织轮值主席国吉尔吉斯共和国总统阿塔姆巴耶夫主持。出席和列席会议的主要代表有：（1）各成员国元首，其中有哈萨克斯坦共和国总统纳扎尔巴耶夫、中华人民共和国主席习近平、吉尔吉斯共和国总统阿塔姆巴耶夫、俄罗斯联邦总统普京、塔吉克斯坦共和国总统拉赫蒙、乌兹别克斯坦共和国总统卡里莫夫。（2）上海合作组织秘书长梅津采夫、上合组织地区反恐机构执委会主任张新枫。（3）观察员国代表，其中有阿富汗伊斯兰共和国总统卡尔扎伊、伊朗伊斯兰共和国总统鲁哈尼、蒙古国总统额勒贝格道尔吉、印度共和国外交部长胡尔希德、巴基斯坦伊斯兰共和国总理国家安全和外交事务顾问阿齐兹。（4）国际组织代表，其中有联合国秘书长特使、联合国阿富汗援助团团长库比什，独联体执委会主席列别杰夫，欧亚经济共同体副秘书长季扬斯基，独联体集体安全条约组织秘书长博尔久扎。

本次元首理事会通过的主要文件有：《上海合作组织成员国元首比什凯克宣言》《〈上海合作组织成员国长期睦邻友好合作条约〉实施纲要》（2013~2017年）、《上海合作组织成员国元首理事会会议新闻公报》。

会议期间，还签署了《上海合作组织成员国政府间科技合作协定》。元首们听取并通过了上海合作组织秘书长梅津采夫、上海合作组织地区反恐怖机构执委会主任张新枫关于过去一年工作的报告。根据《上海合作组织宪章》，元首们同意，2014年上海合作组织峰会由本组织下任主席国塔吉克斯坦主办。

二 元首理事会涉及的主要内容

(一)通过确保上海合作组织持续稳定发展的重要文件

比什凯克峰会的一项重要内容是批准《〈上海合作组织成员国长期睦邻友好合作条约〉实施纲要》。2007年成员国元首共同签署了《上海合作组织成员国长期睦邻友好合作条约》。2012年底,该条约先后在各国立法机构获准通过,并正式生效。《上海合作组织成员国长期睦邻友好合作条约》和《上海合作组织宪章》是指导上合组织发展的重要基础性文件,贯穿于上合组织发展的始终。因此,《〈上海合作组织成员国长期睦邻友好合作条约〉实施纲要》(以下简称《实施纲要》)的通过对进入新十年发展阶段的上合组织意义重大而深远,它有助于《上海合作组织成员国长期睦邻友好合作条约》落到实处。《上海合作组织成员国长期睦邻友好合作条约》为上合组织持续健康发展奠定了法律基石,对所有成员国都拥有同等重要的意义。《实施纲要》将极大地推动成员国双边政治信任与合作关系,也将有力地拉动上合组织框架内各领域的务实合作。《实施纲要》的落实,还将有助于中亚地区的长期稳定与安全。

《实施纲要》明确了上海合作组织今后一个时期优先合作的领域,以及重点合作项目。第一次出席上海合作组织峰会的新任中国国家主席习近平在讲话中强调了弘扬"上海精神"的重要意义。一定意义上而言,落实《实施纲要》的核心任务就是落实"上海精神",继续遵循互信互利、平等协商、尊重多样文明、谋求共同发展的原则,不断增进成员国互信,谋求互利共赢的合作关系,"切实落实《上海合作组织成员国长期睦邻友好合作条约》,真心实意推动本组织框架内各领域合作,使成员国成为和睦相处的好邻居、同舟共济的好朋友、休戚与共的好伙伴"[①]。

---

① 习近平:《弘扬"上海精神" 促进共同发展》,在上海合作组织成员国元首理事会第十三次会议上的讲话,http://politics.people.com.cn/n/2013/0913/c70731-22918643.html。

（二）探讨了国际和中亚地区安全形势

1. 支持俄罗斯关于"化武换和平"的倡议

比什凯克峰会召开的国际背景是，2013年8月21日，叙利亚爆发"化武危机"，造成大量无辜贫民的伤亡。美国认定叙利亚巴沙尔政府动用了化学武器，触及了西方的"红线"。美国立即对叙利亚大兵压境，奥巴马总统以掌握叙利亚政府使用化学武器证据为由，高调宣称要对叙利亚进行有限军事打击行动。针对剑拔弩张的叙利亚局势，9月9日，在圣彼得堡G20会议期间，普京总统向奥巴马总统提出了化解危机的良策。9月13日，普京总统在上合组织峰会的发言中指出，叙利亚加入《禁止化学武器公约》，这是朝着解决叙利亚危机迈出的重要步骤，决不允许外部武力干涉叙利亚①。上合组织成员国力挺俄罗斯，一致赞同俄罗斯提出的"化武换和平"倡议，支持将叙利亚化学武器置于国际监管之下，并最终销毁。成员国呼吁各国最大限度地采取负责任态度，保持克制，避免可能导致对抗进一步升级的言论和行动②。在叙利亚问题上，上海合作组织国家坚决反对外部力量绕过联合国对叙利亚动用武力，主张用和平手段实现叙利亚内部和解以及局势正常化。

2. 关于阿富汗局势阐述了共同立场

阿富汗形势的发展直接关乎中亚地区的稳定，阿富汗是地区恐怖主义、毒品走私和有组织跨国犯罪的主要源头。随着2014年美国和盟军的大规模撤离，加之2014年阿富汗总统大选的因素，阿富汗局势的不确定因素显著增加。在北约盟军撤离背景下，中亚南亚地区的宗教极端势力、民族分裂主义分子、国际恐怖主义势力再度活跃，三股势力的回流给地区稳定和安全带来新的挑战。与此同时，阿富汗内部各部族之间的纷争重新抬头，各政治派别和利益集团争斗导致内战爆发的风险上升。阿富汗毒品生产直线攀升，地区毒品犯罪严重。2002年以来，毒品成为中亚地区安全的主要威胁。

上合组织峰会期间，元首们讨论了地区和国际形势，其中美国和北约盟军

---

① http://www.newsru.com/world/13sep2013/kirg.html.
② 《上海合作组织成员国元首比什凯克宣言》，http://world.people.com.cn/n/2013/0913/c157278-22918646-3.html。

撤出阿富汗后，上合组织国家如何保证地区安全成为最重要话题[1]。元首们呼吁国际社会为阿富汗早日实现和平创造条件，坚持主张发挥联合国在协调解决阿富汗问题和阿经济重建过程中的主导作用。

3. 主张加强中亚地区安全合作

近年来，中亚地区不确定、不稳定因素明显增加。宗教极端思想、"三股势力"、毒品走私、有组织犯罪、网络犯罪、发展失衡等具有跨国跨区域性质的威胁和挑战逐渐增多。最为引人关注的是，中亚地区伊斯兰化趋势明显，宗教极端势力迅速兴起，成为威胁地区稳定的新隐患。在伊斯兰化趋势中宗教极端主义思想和恐怖主义迅速蔓延，一些宗教极端势力、宗教极端组织试图谋求推翻世俗政权。萨拉菲组织、瓦哈比极端分子在中亚的影响不断扩大。此外，乌伊运等老牌宗教极端组织的势力也在相应扩大。这些极端势力藏匿于百姓之中，对社会稳定构成极大威胁。

针对地区严峻的安全形势，成员国元首强调，要积极采取有针对性的措施，全方位打击"三股势力"、加大力度防范网络犯罪、毒品贩运和有组织跨国犯罪，共同维护中亚地区安全。成员国重申，上合组织成员国要协同合作，切实落实维护地区稳定的各项基础文件。例如：《打击恐怖主义、分裂主义和极端主义上海公约》《上海合作组织反恐怖主义公约》《上海合作组织成员国打击恐怖主义、分裂主义和极端主义2013年至2015年合作纲要》《上海合作组织成员国保障国际信息安全政府间合作协定》《上海合作组织成员国关于合作打击非法贩运麻醉药品、精神药物及其前体的协议》《2011~2016年上海合作组织成员国禁毒战略》及其落实行动计划各项条款[2]。在日趋复杂的国际和地区形势背景之下，上合组织面临空前艰巨的地区维稳任务。在峰会期间，中方强调要落实《打击恐怖主义、分裂主义和极端主义上海公约》及合作纲要，提出"完善本组织执法安全合作体系，赋予地区反恐怖机构禁毒职能，并在此基础上建立应对安全威胁和挑战的综合中心"[3]。

---

① http：//rus. kg/news/analytics/12022 – shos – sammit – bez – itogov. html5.
② 《上海合作组织成员国元首理事会会议新闻公报》，http：//www. gov. cn/ldhd/2013 – 09/14/content_ 2488315. htm。
③ 习近平：《弘扬"上海精神"促进共同发展》，在上海合作组织成员国元首理事会第十三次会议上的讲话，http：//politics. people. com. cn/n/2013/0913/c70731 – 22918643. html.

（三）讨论加强经济领域的务实合作

积极推进上合组织区域贸易投资便利化进程，把成员国经济关系提升至崭新水平。在世界经济形势依然不稳定的背景下，上合组织国家在经济领域采取积极行动，进行有效经济合作，对各国经济和社会的稳定发展尤为重要。成员国认为，在保证组织未来发展方面，切实落实《上海合作组织成员国多边经贸合作纲要落实措施计划》和《2012～2016年上海合作组织进一步推动项目合作的措施清单》具有重要的现实意义。为早日解决组织框架内经济合作的资金瓶颈问题，成员国元首们再次谈及了成立上合组织发展基金（专门账户）和上合组织开发银行问题，并责成相关部门加速完成该项工作。特别强调要加快落实已经达成的大型具体合作项目，加强在基础设施等方面的互利合作，进一步促进各国经济现代化，建立紧密的投资伙伴关系、协调发展交通通信领域的合作，打造多功能国际物流、贸易和旅游中心，尽早实现互联互通。习近平主席主张，加强成员国与观察员国之间的经济合作，扩大彼此经贸合作规模，即"6+5"模式，充分发挥观察员国和对话伙伴国的经济潜力。中方还建议加强上合组织框架内金融、能源和粮食安全合作，呼吁建立上海合作组织开发银行，尽快成立能源俱乐部，搭建粮食安全合作机制。

元首们责成上合组织成员国外长理事会保障《上海合作组织2025年前发展战略》草案制订工作的顺利进行，并按程序提交成员国元首理事会审议。普京总统表示，赞同《比什凯克宣言》把制定上合组织2025年前的发展战略作为组织的一项优先任务。俄罗斯将积极全力参与该项发展战略的制定工作。

三 上合组织成员国之间政治经贸合作全面发展

（一）中国同中亚国家关系进入新时期

出席比什凯克峰会前夕，习近平主席先后访问了土库曼斯坦、哈萨克斯坦、乌兹别克斯坦和吉尔吉斯斯坦。各国对习近平主席的访问高度重视，给予了空前高规格的盛情接待，宾主进行了多轮密切磋商和坦诚交流。习近平主席中亚之行硕果累累,全面提升了中国同中亚国家的双边关系。中国同所有中亚国家都确立了战略伙伴关系,战略互信进一步增强。作为新任国家领导人,习近平主席明确重申了中国的中亚政策。他指出,中国致力于同中亚国家发展长期睦邻友好、互利合作的伙伴关系,尊重中亚国家对社会制度和国家发展模式的选择,不干涉中亚国家内政,不谋求中亚地区事务的主导权,不经营自己的势力范围①。习主席的讲话再次向世界传递了中国坚持和平发展道路的既定政策和主张。

(二)中亚国家积极回应"丝绸之路经济带"倡议

2013年9月,在哈萨克斯坦纳扎尔巴耶夫大学发表演讲时,习近平主席提出,"为了使欧亚各国联系更加紧密,相互合作更加深入,发展空间更加广阔,我们可以用创新的合作模式,共同建设'丝绸之路经济带'"。"丝绸之路经济带"意在构建东起太平洋西到波罗的海的欧亚经济大通道。"丝绸之路经济带"覆盖的欧亚大陆总人口近30亿,市场规模和潜力独一无二,沿线国家拥有较强的互补性经济结构,便于实现资源、高新技术和投资的长短板对接。"丝绸之路经济带"倡议的核心内容是在有意愿进行合作的国家之间,实现政策沟通、道路联通、贸易畅通、货币流通和民心相通。这五通与上合组织框架内的主要合作领域基本吻合,即致力于交通、贸易、金融和人文领域的合作。可以说,"丝绸之路经济带"为上合组织区域经济合作提供了更广阔的空间,"丝绸之路经济带"的构建将有力地带动中亚内陆国家的经济建设,为推进上合组织框架内互联互通的大型基础设施项目,即交通网、能源网、电信网的建设,提供了新机遇。与此同时,上合组织各领域取得的前期成果,诸如,已经贯通和规划建设中的公路、铁路和航空网络,为"丝绸之路经济带"的建设奠定了前提和物质基础。

中亚国家对"丝绸之路经济带"倡议抱有极大兴趣,视之为吸引中国投资、加速本国基础设施建设的历史契机。中亚各国普遍注重交通基础设施的建

---

① 习近平:《弘扬"上海精神" 促进共同发展》,在上海合作组织成员国元首理事会第十三次会议上的讲话,http://politics.people.com.cn/n/2013/0913/c70731-22918643.html。

设。哈萨克斯坦更是利用地域优势，积极挖掘国际过境运输潜力，加大对交通领域的投资力度。哈国在积极筹划"全球基础设施一体化"计划和基础设施发展计划。哈国交通领域的优先项目是完成"中国西部—西欧"国际运输通道的建设。哈萨克斯坦明确支持中方倡议，希望加强两国在金融、交通、物流和基础设施等领域的合作，把哈萨克斯坦打造成欧亚大陆的交通和物流枢纽。大力发展本国交通建设的吉尔吉斯斯坦同样热盼"丝绸之路经济带"的启动。吉方媒体称，依靠中国的资金支持，吉国正在实施"奥什－萨雷塔什－伊尔克什坦"公路、"比什凯克－纳伦－吐尔尕特"公路、"奥什－巴特肯－伊斯法纳"公路，以及"南部电网改造"、"达特卡－克明"输变电线等项目，这些交通和能源领域的项目为吉国人民带来了福祉。2013年中国成为吉尔吉斯斯坦的第一大投资国。

成员国元首一致赞同习近平主席的倡议，主张大力拓展上合组织框架内的务实合作。在元首理事会上，习近平主席主张传承丝绸之路精神，开辟交通和物流大通道，尽快签署成员国之间《国际道路运输便利化协定》。

（三）中俄战略互信不断提升，两国在全球的战略协作更加紧密

上合组织元首理事会前夕，习近平主席出席了在俄罗斯举行的G20峰会，同普京举行会晤。在上合组织元首理事会期间，习近平主席同普京总统再次举行双边会晤，并就进一步推进上合组织达成一致。短短半年内，中俄元首多次会晤，充分显示了中俄两国密切的双边关系。2013年3月，习近平主席上任后把俄罗斯作为出访的第一站，足见两国关系的特殊性。2013年2月，俄罗斯新时期对外政策的指导性文件《俄罗斯联邦对外政策构想》正式出台。该构想把发展同中国和印度的传统友好关系界定为俄罗斯外交的"最重要"方向之一。

中俄元首就共同推进"丝绸之路经济带"建设达成共识。2014年2月6～8日，习近平主席在中国春节期间率团参加了索契第22届冬奥会的开幕式，并向俄罗斯总统普京表示祝贺。习近平主席带去了中国人民对俄罗斯人民的真挚友情和对运动会的良好祝愿。这是中国国家元首第一次参加境外的体育盛事，也是中国领导人首次连年把俄罗斯作为首访国。两国元首在索契就"丝

绸之路经济带"问题进行了沟通。俄罗斯"积极响应中方建设丝绸之路经济带和海上丝绸之路的倡议。愿将俄方跨欧亚铁路与'一路一带'对接，创造出更大效益"[1]。

习近平主席索契之行引起了国际社会的广泛关注。受乌克兰危机影响，2013年底以来，俄罗斯同西方关系出现新的紧张。美国、欧盟国家一致抵制索契冬奥会，从而给冬奥会蒙上了一层阴影，也使俄罗斯花费巨资筹办的奥运会大打折扣。中国对索契冬奥会的鼎力支持，充分体现了中俄"高水平"的战略协作关系。

关于未来国际局势的判断，新版《俄罗斯联邦对外政策构想》的结论是，世界更加不稳定和难以预料。在这种形势下，"俄罗斯将在多方面发展同中国的外交合作，包括寻找途径应对新挑战和威胁，解决地区和全球性紧迫问题，与联合国安理会的合作，以及在20国集团、金砖国家、东亚峰会、上合组织和其他多边合作组织框架下开展合作"[2]。在不确定的国际关系格局当中，中俄不仅互为最主要、最重要的一对大国关系，而且中俄关系在很大程度上维护着世界的总体稳定。

---

[1] 《习近平会见俄罗斯总统普京》，http://news.xinhuanet.com/world/2014-02/07/c_119220650.htm。
[2] 2013年版《俄罗斯联邦对外政策构想》第80条。

Y.3
上海合作组织成员国政府首脑（总理）理事会第十二次会议

孙 力*

摘　要： 2013年11月28~29日，上海合作组织成员国政府首脑（总理）理事会第十二次会议在乌兹别克斯坦首都塔什干举行。成员国总理、观察员国相应级别领导人，以及联合国、东盟、独联体等国际组织负责人出席了会议。与会者在友好、建设性和务实的气氛中就世界和地区经济发展的广泛议题，以及发展上海合作组织框架内的经济、人文和安全合作问题交换了意见，达成重要共识，签署了《上海合作组织成员国政府首脑（总理）理事会第十二次会议联合公报》等一系列重要文件。

关键词： 上海合作组织　总理会议　2013年

2013年11月28~29日，上海合作组织成员国政府首脑（总理）理事会（以下简称上海合作组织总理会议）第十二次会议在乌兹别克斯坦首都塔什干举行。本届总理会议是在世界政治、经济形势复杂多变，上海合作组织处于继往开来的关键时期举行的一次重要会议，成员国本着"求合作、谋发展、促稳定"的共同愿望，紧紧围绕经济、人文、安全等领域合作，积极协调各方利益，达成了广泛共识，进一步激活了上海合作组织面临的最迫切的务实合作问题。其间，总理们全面总结了上海合作组织过去一年来各领域合作进展情

---

* 孙力，中国社会科学院俄罗斯东欧中亚研究所副所长、研究员。

况,深入分析了上海合作组织发展面临的新形势,结合落实比什凯克峰会共识,全面部署了上海合作组织务实合作的重点方向和主要领域。

一 出席和列席会议代表

出席会议的代表有:上海合作组织成员国哈萨克斯坦共和国总理艾哈迈托夫、中华人民共和国国务院总理李克强、吉尔吉斯共和国总理萨特巴尔季耶夫、俄罗斯联邦政府总理梅德韦杰夫、塔吉克斯坦共和国总理拉苏尔佐达、乌兹别克斯坦共和国总理米尔济亚耶夫,以及上海合作组织秘书长梅津采夫、上海合作组织地区反恐怖机构执行委员会主任张新枫、上海合作组织实业家委员会主席沙尔舍基耶夫、上海合作组织银联体理事会主席哈桑诺娃。①

列席会议的代表有:上海合作组织观察员国阿富汗伊斯兰共和国第二副总统哈利利,印度共和国外交秘书苏嘉塔,伊朗伊斯兰共和国工矿贸易部长内马特扎德,蒙古国副总理特尔比什达格瓦,巴基斯坦伊斯兰共和国总理国家安全和外事顾问阿齐兹,联合国亚太经社会执行秘书、联合国副秘书长海泽,东盟副秘书长吴年林,独立国家联合体执行秘书、执委会主席列别杰夫。②

二 会议签署或通过的文件

成员国总理签署了《上海合作组织成员国政府首脑(总理)理事会第十二次会议联合公报》,签署并发表了《成员国总理关于进一步开展交通领域合作的联合声明》,批准通过了《关于成立上海合作组织开发银行和发展基金(专门账户)下一步工作的决议》《上海合作组织秘书处关于上海合作组织成员国多边经贸合作纲要实施进展情况的报告》,实施《上海合作组织成员国多边经贸合作纲要落实措施计划》《2012~2016年上海合作组织进一步推动项目

---

① 《上海合作组织成员国政府首脑(总理)理事会第十二次会议联合公报》,《人民日报》2013年11月30日,第2版。
② 《上海合作组织成员国政府首脑(总理)理事会第十二次会议联合公报》,《人民日报》2013年11月30日,第2版。

合作的措施清单》《上海合作组织成员国传染病疫情通报方案》和《上海合作组织 2014 年预算》等文件。

三 会议的主要内容

按照惯例，本次会议举行了成员国总理小范围会谈、与会各方大范围会谈、文件签字仪式和新闻发布会。

会议全面总结了上海合作组织过去一年来各领域合作进展情况，深入分析了上海合作组织面临的新形势，就如何落实比什凯克峰会所达成的重要共识，详细部署了深化上海合作组织务实合作的重要举措，并签署了《上海合作组织成员国政府首脑（总理）理事会第十二次会议联合公报》等一系列重要文件。

第一，会议全面回顾了上海合作组织一年来进展情况。总理们指出，自 2012 年 12 月 4~5 日比什凯克总理会议以来，本组织在重大的经济和人文合作方面开展了大量工作。上海合作组织地区宏观经济保持稳定，国内生产总值、工业产值、相互贸易和投资额实现增长。[1] 数据显示，2012 年，上海合作组织成员国国内生产总值总额 10 万多亿美元，外贸额近 5 万亿美元。会议认为，上海合作组织成立短短十几年间取得了重要成果，已经成为世界上重要的国际组织，国际影响力不断增强，希望成为本组织的成员国、观察员国和对话伙伴国的国家不断增加；为应对共同的威胁和挑战、保障成员国乃至整个地区的经济可持续发展和扩大社会人文领域合作奠定了坚实的法律基础。在这方面，成员国 2007 年签署的《上海合作组织成员国长期睦邻友好合作条约》具有重要意义。[2]

第二，会议就上海合作组织经贸合作达成广泛共识。与会各方广泛讨论了 2013 年 9 月比什凯克峰会确定的本组织的目标和任务，包括经贸、科技、社会文化、人文、交通运输等领域合作，其中经贸合作是与会各方关注的重点。

---

[1] 《上海合作组织成员国政府首脑（总理）理事会第十二次会议联合公报》，《人民日报》2013 年 11 月 30 日，第 2 版。

[2] Заседание Совета глав правительств ШОС, http://uza.uz/ru/politics/26308/.

12年来,上海合作组织成员国按照共同确定的目标,不懈努力和积极投入,推动区域经贸合作取得重要阶段性成果。其中,中国与上海合作组织其他成员国间贸易额从2001年的121亿美元增长到2012年的1237亿美元,2012年俄罗斯与上海合作组织其他成员的贸易额1162亿美元;成员国间一批能源、交通、电信等基础设施领域的项目已经完成或正在实施之中;工商企业与金融机构交流合作进一步增加,项目融资保障机制逐步推进。当前,上海合作组织面临复杂多变的国际和地区形势,世界经济开始缓慢复苏,但缺乏新的动力。因此,成员国对依托上海合作组织团结谋稳定、合作求发展抱有更大期待,观察员国和对话伙伴国对参与上海合作组织多边经贸合作表现出极大的热情。

首次出席上海合作组织总理会议的中国国务院总理李克强的发言得到了与会各方的广泛赞同和大力支持。李克强总理结合上海合作组织面临的新的形势和任务,兼顾各方的关切与需求,提出了具有指导性、长效性、可操作性的六点合作倡议①:"一是深化安全合作。打击恐怖活动是成员国的共同利益,也是共同责任。要把打击恐怖活动和禁毒作为当前合作重点,尽快赋予上合组织反恐怖机构禁毒职能,提高综合安全能力。二是加快道路互联互通。成员国都在'丝绸之路经济带'上,希望各方尽快签署《上海合作组织成员国政府间国际道路运输便利化协定》,积极参与新亚欧大陆桥和'渝新欧'国际铁路联运通道建设,进一步畅通从东到西的大通道,中方愿为此提供技术、装备、融资等支持。三是促进贸易和投资便利化。简化通关、检验检疫手续,降低关税,消除贸易壁垒。加强农畜产品生产与加工合作。中方愿在亚欧大陆桥东端的连云港为各成员国提供物流、仓储服务。四是加强金融合作。发挥好上合组织银行联合体作用,推进建立上合组织开发银行,为成员国互联互通与产业合作提供融资支撑。加快实现成员国间本币结算。中方愿设立面向上合组织成员国、观察员国、对话伙伴国等欧亚国家的'中国—欧亚经济合作基金',欢迎各方积极参加。五是推进生态和能源合作。共同制定上合组织环境保护合作战略,建立信息共享平台。完善能源合作机制,深化能源生产、运输、加工等合

---

① 《李克强出席上合组织成员国总理第十二次会议提出深化上合组织务实合作六点倡议》,《人民日报》2013年11月30日,第1版。

作，在核电等新能源领域开展合作。六是扩大人文交流。尊重文化多样性，增进各国人民间的相互了解，夯实民意基础。中方愿增加面向成员国青年学生的政府奖学金留学生名额。希望各方加强旅游合作。"李克强总理提出的建议充分体现了中方睦邻、安邻、富邻的外交方针和亲、诚、惠、容的外交理念。

乌兹别克斯坦总理米尔济亚耶夫在会后举行的新闻发布会上表示，本次会议通过的《成员国总理关于进一步开展交通领域合作的联合声明》具有重要意义，该声明为最终签署《上海合作组织成员国政府间国际道路运输便利化协定》奠定了坚实基础。"总理们强调，尽快签署该协定十分重要，它将成为上合组织地区公路运输领域互利合作的可靠法律基础。"① 俄罗斯总理梅德韦杰夫强调，上海合作组织经济合作具有自己的优先方向，制定了一系列优先合作项目，主要集中在贸易、投资、高科技、农业、科学、环境保护等领域，成员国就如何落实这些项目进行了广泛磋商并达成重要共识，并将尽快付诸实施。② 哈萨克斯坦总理艾哈迈托夫认为，落实上海合作组织经贸合作多边合作纲要具有重要意义。哈建议上海合作组织秘书处制定监督文件落实措施。与此同时，哈对粮食安全给予了特别关注，建议上海合作组织成员国有必要制定保护粮食安全纲要，认为这是上海合作组织每个成员国的重要战略任务。③ 吉尔吉斯斯坦总理萨特巴尔季耶夫在大会发言时指出，经贸合作是上海合作组织优先合作方向之一。吉尔吉斯斯坦非常重视上海合作组织框架内的多边经贸合作，认为上海合作组织是多边互利合作的重要平台。截至2013年9月，吉尔吉斯斯坦与上海合作组织其他成员国间的经贸合作增加了6.8%。④

第三，会议对上海合作组织人文合作给予特别关注。人文合作已成为上海合作组织主要合作领域之一。自成立以来，成员国共同签署了《上海合作组织成员国政府间教育合作协定》《上海合作组织成员国政府间文化合作协定》《上海合作组织成员国政府间救灾互助协定》和《上海合作组织成员国政府间

---

① 《上海合作组织成员国政府首脑（总理）理事会第十二次会议联合公报》，《人民日报》2013年11月30日，第2版。
② Выступление Дмитрия Медведева，http：//government.ru/news/8592.
③ Казахстан предлагает разработать Программу по обеспечению продовольственной безопасности государств ШОС，http：//www.inform.kz/rus/article/2609919.
④ текст выступления Ж. Сатыбалдиева，http：//www.kabar.kg/politics/full/67386.

卫生合作协定》等合作文件。举行了多次救灾演习，成员国广泛参与各种文艺活动、运动会、冬令营、培训班等活动。在本次会议上，与会各方积极评价一年来上海合作组织在人文领域合作取得的成果。"总理们支持进一步发展文化、教育、卫生、体育、旅游、科技领域的多边和双边关系，以加强睦邻友好与合作，促进心灵相通，推进文明间对话，造福上合组织地区人民。"① 俄罗斯总理梅德韦杰夫在大会发言时指出，"上海合作组织人文合作领域有很多好的项目，其中包括上海合作组织大学，该大学已经联合了成员国近70所大学。成员国应为该大学发展创造更加有利的条件，进一步激发成员国在教育领域的合作潜力。"② 吉尔吉斯斯坦总理萨特巴尔季耶夫强调，为了推动上海合作组织全面发展，必须深化成员国间人文领域合作，进一步完善成员国在文化、教育、卫生、环境保护和旅游等领域的现有合作机制。③

第四，与会各方对上海合作组织面临的国际和地区安全形势表示极大的担忧。随着国际反恐联军撤离阿富汗日期的临近，上海合作组织中亚成员国对未来面临的外部安全环境压力增大。2014年4月，阿富汗举行总统选举，7月，国际反恐联军撤离阿富汗。历时十几年的反恐战争，不仅没有彻底摧毁恐怖组织，反而给阿富汗人民留下了严重的后遗症。阿富汗在短期内难以实现和平与稳定，相邻国家和地区必然受其牵连。为此，上海合作组织总理会议对阿富汗问题给予了重要关注。梅德韦杰夫强调，"上海合作组织对阿富汗存在的问题感到担忧，上海合作组织积极支持阿富汗民族和解进程，目的是确保阿富汗安全、恢复阿富汗经济和社会秩序。"④

四 会议的重要意义

本次会议紧紧围绕经济、人文和安全三大领域，结合落实比什凯克峰会精

---

① 《上海合作组织成员国政府首脑（总理）理事会第十二次会议联合公报》，《人民日报》2013年11月30日，第2版。
② Выступление Дмитрия Медведева，http：//government. ru/news/8592.
③ текст выступления Ж. Сатыбалдиева，http：//www. kabar. kg/politics/full/67386.
④ Выступление Дмитрия Медведева，http：//government. ru/news/8592.

神,与会各方就转变合作方式、挖掘合作潜力、充实合作内容等方面达成重要共识,对促进本地区和谐发展、共同繁荣具有重要意义。会议为上海合作组织未来发展创造了安全、便利、互惠和绿色的发展环境,是一次成功的会议。

在各方的共同努力下,本次会议取得了多项重要成果,除会议联合公报外,《成员国总理关于进一步开展交通领域合作的联合声明》(以下简称《声明》)和《关于成立上海合作组织开发银行和发展基金(专门账户)下一步工作的决议》两份文件的签署,对促进上海合作组织进一步开展务实合作具有特殊意义。

上海合作组织成立12年来第一次就专门领域合作发表声明。上海合作组织地域广泛,成员国间基础设施状况差别较大,随着成员国间经贸合作的不断深化,基础设施的互联互通已成为上海合作组织框架内合作的重点和基础,成员国均认为实现基础设施的互联互通有利于进一步提升区域贸易投资便利化水平,深化区域经济合作。近年来,上海合作组织成员国间铁路货物运输量稳定增长,区域内铁路运载负荷日益增大,与此同时,区域内铁路运输基础设施和交通运输基础设施建设相对滞后。为此,总理们在《声明》中强调,"当前的关键任务之一,是尽快签署《上海合作组织成员国政府间国际道路运输便利化协定》(以下简称《协定》),以促进本地区道路运输发展,提高本组织成员国间过境运输潜力,提高相互贸易及投资额。为提升途经上合组织成员国领土的国际和区域交通走廊的竞争力和吸引力,尽量创造便利条件提高过境运输量,在本地区新建和有效利用现有国际多式联运物流中心具有特殊意义。"①

《关于成立上海合作组织开发银行和发展基金(专门账户)下一步工作的决议》为建立区域内项目多渠道融资体系奠定了坚实的基础。中方在2012年上海合作组织北京峰会上提出了建立上海合作组织银行和专门账户的倡议,目的是为组织框架内的大型项目和成员国的重点工程提供融资支持,得到了与会各方,特别是中亚成员国的大力支持。当前,缺乏资金投入是项目合作中的掣肘问题。经初步估算,单是落实《〈多边经贸合作纲要〉实施措施计划》中的

---

① 《上海合作组织成员国政府首脑(总理)关于进一步开展交通领域合作的联合声明》,《人民日报》2013年11月30日,第2版。

127项合作内容和经济技术项目所需资金逾100亿美元。为解决这一问题,各方正在探讨建立区域内项目的多渠道融资支持体系。

上海合作组织横跨欧亚大陆,总人口占世界的三分之一,具有资源丰富和市场优势。同时,成员国体量不同,经济发展水平不均。在全球经济普遍低迷的严峻形势下,成员国经济面临下行风险和产业结构调整的需求。近年来,在成员国的共同努力下,各成员国不懈努力,积极投入,保持经贸联系稳步发展,合作领域不断扩大,务实合作不断迈上新台阶,但也面临诸多挑战。因此,本届上海合作组织总理会议进一步明确了成员国经贸合作的重点领域和方向,旨在抓住机遇、应对挑战、深化合作、共谋发展。

地区形势与热点问题

Regional Situation and Focal Points

Y.4
2013年世界热点问题和上合组织

王宪举*

摘 要: 2013年,上海合作组织在世界热点问题,特别是在叙利亚、阿富汗、伊朗、反对三股邪恶势力活动等欧亚地区的一系列热点问题上发挥了积极作用。这是与上合组织成立的初衷、宗旨、原则及"上海精神"相吻合的,符合上合组织的活动和发展逻辑。但是,上合组织应加强自己的实力,完善组织结构,争取在国际和地区事务中发挥更大的作用。

关键词: 世界热点 上合组织 作用潜力

2013年世界形势仍然纷繁复杂,一些旧的热点尚未降温,一些新的热点

---

* 王宪举,国务院发展研究中心欧亚社会发展研究所副所长、研究员。

又冒了出来。上海合作组织作为一个地区性组织，在解决国际事务，特别是中亚、阿富汗、叙利亚、伊朗核问题等地区事务中发挥了积极作用。这充分体现了上合组织的宗旨和原则立场。但是，上合组织也存在如何进一步发挥作用的问题。随着2014年北约部队从阿富汗基本撤离、该国的形势发展前景扑朔迷离，上合组织在解决阿富汗问题上的作用更显重要。此外，上合组织在影响和解决叙利亚危机、伊朗核问题以及打击三股邪恶势力活动等方面，也将发挥更积极的作用。

一 上合组织发挥积极作用

（一）支持叙利亚"用化学武器换和平"方案

2013年世界形势的最大热点之一无疑是叙利亚，从美国等西方国家扬言要对叙利亚进行轰炸，到俄罗斯提出"用化学武器换和平"，再到日内瓦举行叙利亚问题第二次谈判，叙利亚局势真是一波三折，峰回路转。在这个事关联合国宪章、联合国在国际事务中的核心作用以及一个国家的主权不容侵犯、不允许外国武力干涉另一个国家内部事务等原则问题上，上海合作组织的立场和主张显然是明确和正面的。首先，上合组织的两个主要国家，同时又是联合国安理会两个常任理事国——俄罗斯和中国高举国际关系五项准则的大旗，坚决反对利比亚式的武力干涉故伎重演，在处理叙利亚问题时既捍卫了国际关系的原则性和正义性，又表现了高度灵活性和妥协性。其次，上合组织其他成员国也竭力主张和平解决叙利亚冲突，反对使用武力或以武力相威胁。俄罗斯总统普京在八国峰会和20国集团领导人会议上都坚持了和平解决叙利亚问题的立场。中国国家主席习近平、哈萨克斯坦总统纳扎尔巴耶夫在圣彼得堡出席20国峰会时，在促进和平解决叙利亚冲突的过程中也发挥了积极作用。9月13日，上合组织成员国领导人在比什凯克举行会晤后发表声明指出："上合组织对包括叙利亚在内的中东北非形势表示深切关注，主张在不通过联合国安理会授权，包括外部武力和干涉的情况下，在该地区实现和平、稳定、繁荣和进步。"声明表示，"上合组织成员国支持在国际监督下将叙利亚化学武器转交并销毁，以及加入《关于禁止发展、

生产、储存和使用化学武器及销毁此种武器的公约》的倡议。"①

俄罗斯和中国都积极参与将叙利亚化学武器运出叙利亚境，并在公海上销毁的行动。2014年1月7日，中国海军"盐城"舰把运输首批叙利亚化学武器的商船安全护送到预定海域，完成了护航任务。同时，俄中两国为在日内瓦举行叙利亚问题第二次谈判做了大量工作。

（二）"阿拉伯之春"未能在上合组织中亚成员国复制

2010年12月开始的"阿拉伯之春"，波及西亚北非地区许多国家。2011年2月，在历经民众18天抗议的压力之后，埃及总统穆巴拉克宣布辞职。3月至8月，利比亚遭到西方多国部队轰炸，卡扎菲政权崩塌。中东其他国家也发生不同程度的动乱。2013年7月，埃及新总统穆尔西因失去军方支持而下台，国内形势发生转折性变化。三年多来，国际上有些观察员和分析人士曾经预测，受到"阿拉伯之春"影响，中亚国家将成为"多米诺骨牌"的最后几张牌而出现倒塌。然而，这个预言并未实现。2013年11月6日，塔吉克斯坦总统拉赫蒙以83.6%的得票率再次当选，保持了国内政策的连续性和社会政治的稳定。中亚其他国家也保持了社会政治稳定和经济增长。

毫无疑问，中亚各国政权采取的系列应对举措在保障政权和局势稳定方面起了主要作用。但是，上海合作组织在这方面也发挥了一定影响。首先，上合组织的两个主要国家——俄罗斯和中国，保持了国内稳定和发展。特别是2012年普京再次担任俄罗斯总统后，实行某种程度的政治改革，放宽政党登记注册制度，恢复州长直选，进一步发挥各政党和选举制度的作用。同时，加强了对反对派集会示威游行等活动，以及西方支持的非政府组织和网络活动的管理，实际上对美国等西方国家对俄罗斯的政治渗透和干涉采取了预防措施，使反对派大规模抗议活动的势头得到遏制。

其次，2013年，上合组织对国际恐怖主义、分裂主义和极端主义势力的进一步打击，使得三股邪恶势力难以在包括中亚四国在内的上合组织成员国制

---

① Бишкекская декларация глав государств – членов Шанхайской организации сотрудничества，13 сентября，2013 г.，http：//www.sectsco.org.

造大的政治动荡。

最后,上合组织成员国在应对国际经济危机后果方面采取了积极和妥善的应对措施,例如增加基本建设投资,加强能源和交通运输基础设施建设;改善投资环境,大力吸引外资;重视农业生产,保障食品安全;发展中小企业,增加就业岗位;重视居民社会福利,提高人民生活水平,等等。因此,2013年上合组织各成员国的经济得到不同程度的增长。吉尔吉斯斯坦国内生产总值增长10.5%,土库曼斯坦为10.2%,乌兹别克斯坦为8%,塔吉克斯坦为7.4%,哈萨克斯坦为6%,中国为7.7%。俄罗斯的经济增速稍低一些,为1.4%,但俄政府在增加社会开支、改善民生方面采取了很多措施,取得了明显效果,大多数公民对普京执政实绩表示满意。

上合组织在积极应对国际金融危机后果方面采取的一系列措施,不仅有效缓解了世界金融危机给本地区造成的金融和经济困难,而且也在一定程度上为国际社会解决包括国际金融危机后果和影响在内的世界热点问题提供了有利条件。

(三)主张联合国在解决阿富汗问题上起中心协调作用

阿富汗局势无疑是2013年国际关系中的另一个热点,而且与中亚国家的利益关系也更密切,因为阿富汗是上合组织观察员国,与上合组织的几个国家——塔吉克斯坦、乌兹别克斯坦和土库曼斯坦毗邻并具有较好的合作关系。上合组织在阿富汗问题上的立场是始终一贯的。2013年9月上合组织比什凯克峰会的声明指出:"上海合作组织成员国主张在阿富汗建立一个没有恐怖主义和毒品犯罪的,独立、中立、和平与繁荣的国家。应该在阿富汗人的领导下,由阿富汗人自己实现民族和解,以便尽快在这个国家实现和平与稳定。上合组织成员国呼吁国际社会为尽快在阿富汗实现和平创造条件,支持联合国在解决阿富汗问题的国际努力和帮助阿富汗重建方面发挥中心协调作用。"①

围绕北约从阿富汗的撤军期限,上合组织的成员国都在做自己的安排。

---

① Бишкекская декларация глав государств - членов Шанхайской организации сотрудничества, 13 сентября 2013 г., http://www.sectsco.org.

2013年11月14日，吉尔吉斯斯坦已经向美国驻吉大使帕梅拉·斯普拉特伦发出"终止马纳斯过境转运中心活动协议效力"的照会①。也就是说，2014年7月11日美国与吉关于租用马纳斯过境转运中心（实际上是美国空军基地）的合同到期后，吉不会再次延长该合同。

同时，俄罗斯同吉尔吉斯斯坦、塔吉克斯坦关于延长租用两国军事基地的协议却正式生效。俄还向两国提供军事装备等援助。

相反，乌兹别克斯坦则与美国加强军事合作，不仅允诺提供撤军通道，而且希望得到部分从阿撤出的美军武器装备。为此，乌在2012年6月就暂停了自己在集体安全条约组织的活动。

2014年2月22日，中国外交部长王毅抵达阿富汗首都喀布尔，对阿富汗进行正式访问。王毅在同阿富汗外长奥斯马尼会谈后共见记者时表示，中国的政策目标是，希望看到一个团结、稳定、发展、友善的阿富汗。王毅表示，阿富汗是中国的重要邻国，也是本地区有着独特和重要影响的国家。阿富汗的和平与稳定，事关中国西部的安全，更事关整个地区的安宁和发展。因此，"中方高度重视发展与阿富汗的睦邻友好关系，希望看到一个团结、稳定、发展、友善的阿富汗"②。中方将继续尽己所能向阿富汗提供援助，帮助阿加强自主发展能力和各领域能力建设。"伊斯坦布尔进程"是唯一由本地区国家主导的有关阿富汗问题的国际机制。2014年8月29日，中国天津还将举办"伊斯坦布尔进程"第四次阿富汗问题外长会议。

（四）力促和平解决伊朗核问题

伊朗核问题也是世界热点问题之一。与美国等西方国家制裁伊朗不同，上合组织成员国与伊朗保持着正常关系，在经济和能源领域尤其如此。由于伊朗是上合组织的观察员国，上合组织对伊朗具有一定的影响力。2013年9月，伊朗新当选总统鲁哈尼参加了在吉尔吉斯斯坦首都举行的上合组织峰会。峰会最后通过的声明中称："上合组织成员国们对围绕伊朗及其核计划的形势表示

---

① 《吉尔吉斯斯坦照会美国，终止马纳斯美空军基地协议》，中国新闻网，2013年11月15日。
② 《外交部长王毅抵达喀布尔开始对阿富汗进行访问》，中国外交部网站，2014年02月22日。

担忧。它们认为某些国家威胁对伊朗使用武力和采取单边制裁措施是不能接受的。事件如果朝着冲突的方向发展,必将对整个地区和国际和平及安全造成严重和难以预测的后果。它们认为只能和平解决这个问题。"上合组织成员国呼吁所有国家最大限度地表现出负责任的态度和克制,避免采取使冲突进一步加剧的言行①。

在包括上合组织在内的国际社会努力下,2013年11月24日,美、俄、英、法、中、德六方与伊朗宣布,各方通过日内瓦谈判就伊朗核问题达成临时协议,这一历史性的突破为进一步谈判争取了时间②。临时协议为接下来的谈判指明了方向,对伊朗核计划作出了全面严格限制,将控制伊朗离心机生产,限制正在运行的离心机的数量和类型,同时对中低丰度浓缩铀的库存施加约束,禁止伊朗启用阿拉克(Arak)反应堆或新建其他核设施。协议要求其内容的落实情况要接受国际社会的严格检查。作为交换条件,美国将解冻约70亿美元的伊朗资产。但协议并没有取消对伊朗的关键性制裁,以防伊朗继续研发核武器。2014年2月,上述伊朗核谈判六国继续与伊朗进行对话,试图取得新的突破。

(五)坚决反对极端恐怖主义活动

2013年,国际恐怖主义活动猖獗仍然是世界热点问题之一。4月15日美国波士顿举行马拉松比赛时,接连发生3起爆炸,造成2人死亡,23人受伤;12月24日,埃及北部城市曼苏拉警方总部遭爆炸袭击,造成14人死亡,130人受伤;12月29日和30日,俄罗斯伏尔加格勒市火车站和无轨电车上发生自杀式连环爆炸,导致34人死亡,数百人受伤;2014年1月17日晚间,位于喀布尔中心的黎巴嫩La Taverna du Liban餐厅发生恐怖爆炸,21人遇难,5人受伤。土耳其、中国新疆等地也发生一系列恐怖案件。

上海合作组织从成立之日起就对国际恐怖主义采取坚决打击的态度,反对恐怖主义、分裂主义和极端主义这三股邪恶势力是上合组织最鲜明的特色之

---

① Бишкекская декларация глав государств - членов Шанхайской организации сотрудничества, 13 сентября 2013 г., http://www.sectsco.org.
② 《伊朗核谈达成临时协议被指标志谈判进入攻坚期》,中国新闻网,2013年11月25日。

一。2013年，上合组织在保障国际安全和社会稳定领域继续高举打击三股势力的旗帜，采取了协作行动、军事演习等一系列措施。

9月13日，上合组织元首理事会第十三次会议发表公报指出，"上合组织成员国正在积极而富有针对性地应对国际恐怖主义、分裂主义、极端主义，跨国有组织犯罪，非法贩运毒品、精神药物及其前体，走私武器、弹药及爆炸物，信息安全威胁，非法移民，主张进一步完善在上述领域开展合作的法律基础。"①

公报强调，"为此，上合组织成员国将积极切实落实《打击恐怖主义、分裂主义和极端主义上海公约》《上海合作组织反恐怖主义公约》《上海合作组织成员国打击恐怖主义、分裂主义和极端主义2013~2015年合作纲要》《上海合作组织成员国保障国际信息安全政府间合作协定》《上海合作组织成员国关于合作打击非法贩运麻醉药品、精神药物及其前体的协议》《2011~2016年上海合作组织成员国禁毒战略》及其落实行动计划各项条款。"②

伏尔加格勒恐怖事件发生后，上合组织秘书长梅津采夫立即发表声明，对遇难者表示哀悼，对遇难者家属、伤者、俄罗斯人民和领导人表示深切慰问。声明指出，"上海合作组织一贯主张，任何针对平民的恐怖和暴力行为都是严重的犯罪，都应受到国际社会和所有爱好和平的人们的强烈谴责。"③

2014年1月20日，梅津采夫又发表声明，代表上合组织对1月17日发生在喀布尔的恐怖袭击表示极大愤慨。声明指出，"任何理由都无法为数十名阿富汗和其他国家平民，以及联合国和国际货币基金组织人员的伤亡辩解。"他说，"此次恐怖事件再次表明，必须进一步加强国际社会的相互协作，打击任何形式的恐怖主义。"

为了同恐怖主义作斗争，上合组织采取了积极的准备。2013年6月，代

---

① 《上海合作组织成员国元首理事会会议新闻公报》，Бишкекская декларация глав государств - членов Шанхайской организации сотрудничества, 13 сентября 2013 г. http://www.sectsco.org.
② 《上海合作组织成员国元首理事会会议新闻公报》，Бишкекская декларация глав государств - членов Шанхайской организации сотрудничества, 13 сентября 2013 г. http://www.sectsco.org.
③ 《上海合作组织秘书长梅津采夫就伏尔加格勒恐怖袭击发表声明》，上海合作组织网，http://www.sectsco.org, 2013年12月31日。

号为"卡兹古尔特—反恐—2013"的上海合作组织联合反恐演习在哈萨克斯坦举行。来自吉尔吉斯斯坦、塔吉克斯坦、中国、俄罗斯和乌兹别克斯坦等上合组织成员国以及印度、伊朗、巴基斯坦等国代表观摩演习。演习的演练重点是在人员密集场所消灭恐怖团伙、制止恐怖行为并解救人质等,旨在提高上合组织成员国反恐部队协同作战的能力,加强各国反恐主管机关的务实合作。

作为上合组织重要成员国,代号为"和平使命—2013"的中俄反恐联演于2013年7月27日至8月15日在俄罗斯车里雅宾斯克举行。中俄双方参演官兵在20天时间里先后进行了兵力投送与部署、战役筹划、战役实施等不同阶段的联合演练,深化了务实合作,提高了两军联合行动能力。

还应指出的是,上合组织反恐机构也作出了自己的努力。根据上合组织地区反恐怖机构理事会相关决议,中国与吉尔吉斯斯坦"边防联合决心—2013"联合反恐演习于2013年8月11日在中吉边境地区举行。演习进一步提高了中吉两国边防部队的行动能力和协作水平。这在2014年1月的一次战斗中也得到体现。1月23日,一伙不明身份的武装分子在吉尔吉斯斯坦与中国相邻的伊塞克湖州杰特奥古兹区与吉边防军发生交火,多名武装分子被击毙。据吉国新闻部门援引伊塞克湖州政府发言人艾米利别克·卡普塔加耶夫的话称,"不排除这伙武装分子是来自中国的维吾尔族分离主义者的可能性。"①

该机构主任张新枫2013年10月30日称,目前中亚地区安全形势总体稳定,但需要警惕在2014年国际安全形势将会更加复杂多变,尤其需要关注阿富汗地区出现的"三股势力"与毒品犯罪、有组织犯罪之间的关联融合。他特别强调,不管是上合组织成员国,还是观察员国,加强国际合作以应对共同的安全威胁,这是大势所趋②。

2013年10月31日,中国中央政法委书记孟建柱在乌兹别克斯坦首都塔什干参观了上海合作组织地区反恐机构执委会,并会见张新枫主任。孟建柱通报了10月28日发生在北京的暴力恐怖袭击事件,指出当前国际恐怖活动处于活跃上升期,包括中国在内的许多国家都受到恐怖主义威胁。这起暴力恐怖袭

---

① 《吉尔吉斯斯坦军方在中吉边境击毙多名武装分子》,《环球时报》,2014年1月24日。
② 《上合官员:上合组织需合作防范恐怖威胁》,凤凰网,2013年10月30日。

击是有组织、有预谋的，给民众的生命财产造成重大损失。中国政府将更加坚决地打击暴力恐怖犯罪，并希望上合组织反恐机构加强反恐安全合作，提升上合组织反恐的行动能力，共同应对域内外安全威胁，维护地区和平与稳定。

二 上合组织发挥正能量的必然性

2013年，世界形势在总体基本稳定的同时，局部地区动荡不已，某些国家粗暴干涉别国内政，包括武力干预的倾向依旧严重。而上合组织坚持不干涉内政和反对武力干涉的国际关系基本原则，为稳定国际形势、促进国际形势朝着多极化和公正合理的方向发展起了正能量作用。

上合组织在当今国际社会里发挥积极的正能量作用，是完全可以预期的。因为成立于"后冷战"时期的上合组织"是一个新型的地区组织"，它"脱离了冷战时期的历史特征，最突出地表现在安全关系和安全理念上。上海合作组织提出了新的国际安全理念，也即新安全观，其表述为'互信、互利、平等、协作'"。"这只需把它与冷战时期最有代表性的地区安全组织——北约和华约比较一下就可以看得很清楚。"[①]

上海合作组织提出了新的国际政治理念，即除了"互信、互利、平等、协商"外，再加上"尊重多样文明、谋求共同发展"。这就是国际上广泛称道的"上海精神"，它是上合组织对"后冷战"时期国际政治和国家关系发展的基本主张，与美国等西方国家的主张确有分歧和对立。

"上合组织反对单极霸权，主张多极世界结构，努力推动建立民主、公正、合理的国际政治经济新秩序。""上合组织不是反对美国，而是反对过时和不合理的国际政治思想和结构。"[②]

2011年《上海合作组织成员国元首理事会第十次会议宣言》指出，"当今世界变革不仅伴随着新威胁和新挑战，也为推动建立更加公正的国际政治经济秩序提供了新机遇。该秩序应符合《联合国宪章》的宗旨和原则，以开展平

---

① 赵华胜：《上海合作组织评析和展望》，时事出版社，2012，第15页。
② 赵华胜：《上海合作组织评析和展望》，时事出版社，2012，第16页。

等互利合作和国际法至上原则为基础。""上合组织成员国相互支持国家主权、独立和领土完整的原则立场,反对干涉主权国家内政,反对任何有可能引发本地区局势紧张的行动,主张任何分歧均应通过政治外交途径以对话协商方式加以解决。"

宣言还说,上合组织反对在国际关系中实行霸权主义和单极世界,主张充分发挥联合国的主导作用。强调"联合国作为独一无二的甚至是难以替代的多边合作机制,在国际关系体系中占据核心地位"①。

2013年9月,在比什凯克举行的上合组织元首理事会第十三次会议再次重申了上述重要和行之有效的原则。

由于上合组织秉持这些国际关系的基本原则和新的国际安全理念,它在对待世界热点和重大国际事件时采取上述独立的、具有自己特点的态度、立场和政策,是完全可以理解、可以预期的,也是值得肯定和给予积极评价的。

三 有发挥更大作用的潜力

在看到上合组织的积极作用和影响的同时,也有一些国际分析人士认为,无论是在反对三股邪恶势力的斗争,还是在地区和国际事务中,上合组织还存在进一步提高其作用的潜力。今后在很多方面,上合组织似应本着国际关系的基本准则和"上海精神",采取更积极主动的姿态,争取对国际形势的发展施以更大的影响力。

比如,对于日本首相安倍参拜靖国神社,以及他所释放的一系列有悖于二战结果的言论,上合组织似可更明确地表示自己的立场。上合组织成员国都是第二次世界大战参与国。2010年6月10~11日在塔什干举行的上合组织成员国元首理事会第十次会议的宣言说:"上合组织成员国及全世界范围内正在广泛纪念第二次世界大战结束65周年。这场战争的教训表明,即使在当前形势下,各国及各国政治领导人也有必要坚定决心,防止出现新的造成人类大规模伤亡的悲剧,共同有效应对全人类面临的挑战与威胁。上合组织成员国人民为

---

① 《上海合作组织成员国元首理事会第十次会议宣言》,新华网,2010年6月10日。

取得二战胜利作出了主要贡献，也付出了惨重的代价。本组织成员国坚决谴责为达到不可告人的政治目的而复活法西斯主义意识，散布排外主义、偏执主义、极端主义和恐怖主义的企图。"①

在 2013 年 9 月 13 日举行的上合组织成员国峰会上，普京总统建议 2015 年上合组织成员国共同纪念二战胜利和战胜德国、日本和意大利法西斯主义 70 周年。这一建议得到了其他成员国的一致赞同和支持。因此，对于 2013 年以来日本国内出现的否定二战成果、为日本军国主义招魂等威胁亚太地区和世界和平与稳定的一系列行径，上合组织理应表示反对、阻止。然而，遗憾的是，上合组织在这方面做得不够，因而也还没有在这个事关亚太地区和整个国际关系发展战略的问题上发挥进一步的积极作用。

又比如乌克兰事件。从 2013 年 11 月到 2014 年 2 月，乌克兰局势愈演愈烈，发生了违反宪法和法律的街头暴力、冲击政权机构、占领政府行政大楼等行为。华盛顿和欧盟一些国家从地缘政治和自己的战略利益出发，深度参与乌克兰内部不同政治势力的较量，在民主、人权和自由等问题上表现了严重的双重标准倾向。美国和欧盟领导人不断发表讲话，派遣代表赴乌，对乌克兰领导人施加压力，进行干预。而上合组织作为一个欧亚地区重要的、与乌克兰有着各种联系的组织（乌克兰领导人曾表示，乌克兰想成为上合组织观察员国），却一直保持沉默，几乎是一声不发。这种对重大国际事件采取回避的政策和立场，实际上是放弃自己对国际事件发展趋势的影响。对一个国家的不干预政策固然要坚守，但是对于美国和欧盟国家严重干预乌克兰局势的行径，上合组织似也应发表自己的看法。

美国和欧盟在乌克兰事件上的行为也证明，一个国际或地区组织要想在国际事务中发挥重要作用，除了政策、立场、精神等因素的影响外，还必须有物质和经济上的力量给以支撑。因此，上合组织成员国元首理事会第十三次会议"继续研究成立上合组织发展基金（专门账户）和上合组织开发银行问题以尽快完成此项工作"，无疑是十分正确的，而且必须加紧落实。如果上合组织要在解决本地区社会经济发展方面发挥更重要作用，要在世界热点和国际事务中

---

① 《上海合作组织成员国元首理事会第十次会议宣言》，新华网，2010 年 6 月 10 日。

不断提高自己的地位和影响力，没有自己强有力的联合金融组织和机构是不行的。

很多国际事件和形势变化的经验也证明，如果上合组织要想在解决世界热点问题上加强自己的作用，就必须进一步加强上合组织地区反恐机构的作用。此外，还应与国际组织，特别是独联体集体安全条约组织加强合作。俄罗斯和中亚几国都是集安条约组织成员国，加强上合组织与集安条约组织之间的协作，是应有之义。

总之，上合组织具有在国际事务中发挥更大作用的潜力，有责任，也有能力为解决世界热点问题作出更大贡献。

Y.5 上合组织成员国对美军即将撤离阿富汗的反应

孙昌洪*

摘　要：

长期以来，阿富汗局势发展及其影响一直是相关国家，尤其是与阿富汗邻近国家考量自身安全、维护地区稳定与开展地区合作过程中不可规避的重要问题之一。随着2014年美国从阿富汗撤军和阿富汗2014年总统选举的临近，地区国家，尤其是上海合作组织成员国对此问题的关注度相应提升，各国为此也进行相应的准备和部署，如了解相互立场、加强政策沟通、积极开展合作。

关键词：

上海合作组织　美军　阿富汗　撤军

2014年上海合作组织对美军从阿富汗撤军事件给予了极大关注。问题的焦点主要集中在2014年是不是阿富汗局势的转折点，美军撤离后阿富汗局势发展的走向，2014后的阿富汗局势将对地区局势稳定产生什么影响，上合组织是否应该、能否可以和在哪些方面在阿富汗问题上发挥作用，地区国家和上合组织需要在什么方面进行相应的努力和准备等。不可否认，上海合作组织成员国对上述问题的反应、立场、政策和措施，既有共同之处，也有一定的差异性存在。

---

* 孙昌洪，国务院发展中心欧亚社会发展研究所常务副所长、研究员。

一 2014年将是关键年，恐难成转折年

总体上看，2014年势必将成为阿富汗局势发展的关键年，这是由两个重大事件决定的，即美军作战部队撤出阿富汗和阿富汗总统选举，前者考验阿富汗安全部队维护社会稳定和治安局势的能力和作用发挥，后者事关阿富汗未来政权政治安排和各派力量平衡，二者间呈现相互影响和作用的关系。

与此同时，2014年恐怕难以成为阿富汗局势发展的转折点。笔者认为，所谓阿富汗局势发展实现转折应该包括以下几点：治安明显好转、社会基本稳定，各派力量平衡并实现政府对全国的有效治理，经济重建启动并逐渐融入地区发展与合作。但从目前情况看，上述目标的达成均存在较大困难和一定不确定性。

关于美军撤离阿富汗。为了在阿富汗的战事，美国政府花费了大量的军事、外交、财政资源，美国国内越来越多的人认为得不偿失，尽快离开泥潭是美国社会上上下下的基本共识，阿富汗问题在美国新一轮国家安全战略调整和部署中地位的下调已是不争的事实。对美国而言，阿富汗对美无害论已经替代了建设民主样板论，美国阿富汗政策的底线已经调整，即放弃建设所谓地区民主国家样板的最高目标，寻求不允许阿富汗成为国际恐怖势力和组织以该地为基地策划和实施对美国及其盟友的恐怖袭击活动。

但是，在美军撤离问题上美国对阿政策呈现出其另外一面，即不放弃在阿富汗及其周边的存在，以服务于其大中亚政策和战略。因此，在撤军事务上表现为既撤又非全撤的撤而不走战略。美国与阿富汗政府在双边安全协议上的博弈就是最好的注释，因为该协议将为美国在2014年后在阿继续保留部分军事力量及使用阿境内军事设施提供法律框架，也将为美国保持在阿及该地区的存在提供根本性保障。阿富汗外交部公布的协议草案基本上体现了美国在2014年之后继续在阿保留部分军事存在的意愿，根据协议，美国、土耳其、沙特等国2014年之后将在阿富汗留驻1万~1.5万军队，美国军队有权使用阿富汗境内9个军事基地，其中包括中部的喀布尔和巴格拉姆、南部坎大哈、北部马扎里沙里夫、东部贾拉拉巴德等战略要地。

关于美阿双边安全协议。美阿关于该协议的谈判始于2012年10月，但一直面临保留多少军队、留驻美军是否享有司法豁免权以及搜查民宅等问题困扰。阿富汗外交部公布的协议草案表明，阿富汗政府同意给予留驻美军"司法豁免权"，即驻阿美军即使涉嫌犯罪也不受阿富汗法律约束，而是有权返回国内接受审判。此外，留驻美军仍然可以夜间突袭搜查民宅，这意味着美军仍能以反恐为名搜查阿富汗普通民众住宅。

目前，美国和阿富汗政府在《双边安全协议》上的分歧主要是签署问题。美国原本要求必须在2013年内签约，阿富汗政府则坚持在2014年4月大选之后再签。2013年11月25日，卡尔扎伊总统与美国国家安全顾问苏珊·赖斯会晤，称"不会立即签署安全协议"，最终的签署将被推至2014年春季大选之后。同时，卡尔扎伊还提出了签约的前提条件，例如美国保证不在军事行动中伤害无辜平民；将关押在美军监狱中的阿富汗人遣返回国；保证在明年大选中不支持特定任何候选人。

美阿双方就签约时间分歧巨大的根源在于严重缺乏互信。鉴于协议草案基本上完全按照美国的意愿签署，卡尔扎伊总统担心此举可能被国内其他势力利用，甚至被戴上"美国傀儡"的帽子。如果卡尔扎伊的确将协议签署推迟至2014年4月大选之后，甚至由新总统代表阿富汗方面与美国签约，那么卡尔扎伊总统无疑可以在此问题上保持相当超脱的位置。即使以后美国和阿富汗就此问题产生新的矛盾，或者驻阿美军在2014年之后引发阿富汗民众新一轮抗议，卡尔扎伊都能避免成为众矢之的。美国官员至今仍在劝说阿富汗政府尽快签约。

关于阿富汗2014年局势。阿富汗2014年4月将举行总统大选，这将是2001年以来阿富汗最高领导人进行首次更迭，直接关系到此后相当长时间内的阿富汗政局稳定，谁将当选并将施行何种政策均需观察。安全上，阿富汗安保责任完全移交给阿富汗国家安全部队，特别是国民军和国民警察，阿安全部队能否独立应对塔利班等组织的挑战，确保阿安全形势总体稳定仍是未知数。经济上，严重依赖国际援助以及外国军队催生的"外军服务经济"的阿富汗经济仍未形成"内生型"发展模式，增强阿富汗经济的"自我造血能力"是阿政府所面临的棘手难题，更是需要大量投入和长期努力的问题。

2014年后的阿富汗安全形势发展有四种可能判断：安全形势落稳，基本上维持现状，爆发大规模内战以及国家走向分裂。至于究竟会出现哪一种情形则在很大程度上取决于美国2014年之后在阿富汗投入多少资源，取决于阿国内各派力量的平衡，取决于其他国家的对阿政策。而美阿双边安全协议将是最重要的一环，根据协议草案，美国及其盟友将在2014年之后继续保留部分作战力量，并使用阿富汗境内军事设施，这无疑将对阿富汗国内局势演变以及地区格局产生深远影响。

就阿富汗国内局势而言，美阿此时公布2014年之后的军事安排，无异于在为2014年大选保驾护航，保证大选按期举行。上万美军在2014年之后继续留驻阿富汗将有利于未来新政府正常施政，提升民众对政府的信心。同时，这也是美国方面阻止塔利班在2014年之后通过武力重返喀布尔的努力，并同时希望能促使部分"温和派"势力更加认真考虑未来的政治生命以及加入阿富汗和平进程的可能性。但也必须看到，该协议在某种程度上坐实了塔利班关于"美军长期占领阿富汗"的宣传，很可能被塔利班"强硬派"利用，号召更多阿富汗人反抗"美军占领"。塔利班已经将大国民会议的成员斥为卖国贼，并威胁发动新一轮武装袭击。

就地区局势而言，美军长期留驻阿富汗，并通过无人机袭击等特种作战对部落区的极端势力保持高压态势，有利于避免"基地组织"等国际恐怖势力2014年之后利用阿富汗及部落区作为庇护所而东山再起，维护中亚和南亚地区的安全稳定。然而，从传统地缘政治视角来看，美国在亚欧大陆核心地区保留驻军和军事基地，甚至利用中亚多国的军事基地，这难免让包括俄罗斯在内的地区国家产生疑虑。"美军长期驻扎阿富汗才是地区恐怖主义和地区局势动荡的根本原因"这一观点得到阿国内相关势力和地区一些国家的认同，因此他们要求美国及其盟友尽早从阿富汗全部撤军。

综上所述，笔者认为，2014年后的阿富汗未来安全形势将很可能维持现有的状态，即阿富汗中央政府在美西方军队的支援下确保对首都喀布尔以及全国大中城市、交通要道的控制。塔利班则会在部分地区，特别是南部和东部乡村地区保持其"影子政府"，且可能扩大其控制和影响地区。阿富汗国内一定烈度的武装冲突仍会继续，但不会爆发大规模内战，阿富汗也不会走向分裂。

至于阿富汗安全形势能否彻底落稳则取决于塔利班领导人是否会真心谈判,包括前"北方联盟"在内的执政势力是否愿意让出部分权力以推动阿富汗民族和解进程等。

目前,国际社会正在酝酿通过地区合作途径解决阿富汗问题。2014年,"伊斯坦布尔进程"外长会议将在中国举行。美国长期驻留的消息可能加深部分地区国家的疑虑,甚至导致其加大对阿富汗的单边经营力度,进而增加通过地区途径解决阿富汗问题的难度。其中,上海合作组织及其成员国在阿富汗问题上的作用倍受国际社会和相关国家的关注。

二 俄罗斯填补空白?

长期以来,俄罗斯首先是把阿富汗看作该地区国家安全的威胁和挑衅,这是莫斯科制定对阿富汗政策的主要态度,通过在阿富汗事务上发挥作用,达到保障俄罗斯在该地区的利益,增强在该地区的存在,巩固与相关国家的关系以与美国等西方世界国家的合作争取相互间的平等和关系提升。

俄罗斯谋求提升对阿富汗问题的地位和作用。近年来,由于阿富汗局势的发展存在着不确定性,阿富汗仍然对俄罗斯联邦的安全利益构成威胁,所以,俄罗斯政治集团开始重新积极探讨必须提高俄罗斯在阿富汗政治和经济中的作用和地位的问题。2009年俄罗斯领导人决定为美国和北约向驻阿富汗部队运输必须的物资技术装备开辟过境运输走廊,这个决定绝非偶然。俄罗斯在军事技术方面还有很大潜力——最近阿富汗对俄罗斯武器和技术的需求在增加。

而且俄罗斯对联军没有能力整顿阿富汗局势的情况也很关注。尤其对后塔利班时期阿富汗的麻醉剂生产和流向感到担忧,因为其中大部分毒品正是流入俄罗斯。莫斯科在抵制毒品问题上不仅积极批评美国和北约的行为,而且完全有能力独自解决这个问题。俄罗斯联邦在强化对阿富汗政策(出售武器和机械、开展反毒品斗争)的同时,努力恢复同阿富汗伊斯兰共和国的双边经济合作。实现这些合作的一个前提在很大程度上是以苏联专家当年建设的一些项目为基础,这些项目虽然如今不够先进,但是阿富汗工业恢复过程中所需要的。

但是，由于俄罗斯上层集团对阿富汗问题缺乏协调一致的政治方针，以及外部力量，首先是美国在该地区的多元地缘战略企图，所以，在不远的将来俄罗斯积极参与阿富汗内部进程所受制约因素较多①。

关于美军撤离对俄罗斯的影响。美军撤离阿富汗对俄罗斯而言既非失败，也非胜利。② 首先，阿富汗局势发展的不确定性迫使俄罗斯作最坏打算。美军撤离与2014年阿富汗总统选举的叠加，致使阿局势发展极具不确定性，局势发展及其对阿和地区国家的可能后果极难预测，俄也只能为最坏的可能做好准备。

其次，可能影响俄罗斯与中亚国家的一体化进程。中亚国家是独联体、集体安全条约组织、欧亚经济共同体或上海合作组织的成员国，又与地区动荡的主要策源地阿富汗接壤，俄罗斯视中亚为重建后苏联地区的关键所在，阿富汗局势发展的不确定甚至进一步动荡，势必将影响俄罗斯与中亚的一体化进程，这有悖于俄罗斯的利益。

最后，毒品走私等现实威胁是当前最危险的挑战之一。阿富汗是俄罗斯海洛因的主要供应来源，俄不仅是毒品的消费者，还是毒品运往欧洲的中转站。阿富汗局势的不稳定势必影响俄罗斯南部边境的守卫难度，除毒品贩卖外，武器走私、非法移民同样考验俄罗斯南部边境及俄罗斯与中亚国家在此问题上的合作。

俄罗斯重返阿富汗？对谁将填补美军撤离阿富汗后的真空这一问题的思考，不少人将答案锁定俄罗斯。笔者认为，对此俄罗斯是"有需要、无实力"，只能本着实用主义的原则继续加强在此问题上的影响力和作用，待阿富汗局势较明朗时再寻求更高的目标，近期难以实现所谓重返阿富汗。

所谓俄罗斯重返阿富汗的目标是明确的，即消除现实威胁，保障地区利益，谋求贸易利益，尤其是军贸利益。

对于包括军事人员在内的俄罗斯势力重返阿富汗的目的，国际分析人士认为，俄军此举主要有三大目的，即切断通往俄罗斯的毒品供应线、抢夺北约撤

---

① 伊·萨弗兰丘克：《外部势力在阿富汗的地缘政治和地缘经济利益》，*Great Game*，2013（3）。
② 《阿富汗：2014年底盟军撤离对中亚和俄罗斯的影响》，俄罗斯军事观察网，2013年11月5日。

军后的"安全真空"和现实的军贸利益①。但这三大目标或任务的完成极具挑战性和复杂性。

关于毒品输出和通道问题,即便是在北约联军的严密控制下,阿富汗的毒品产量仍屡创新高,并得以通过中亚和俄罗斯输往全球,导致中亚与俄罗斯毒品泛滥,黑社会横行,民众深受其害。阿富汗安全部队接手防务和治安后能否有明显改观值得怀疑。至于所谓"安全真空",俄罗斯政府担心北约联军撤离后,阿富汗国内的极端恐怖势力可能迅速崛起,这将直接影响中亚,但美军撤而不走保持了一定的影响力,阿政府与其他国家的安全合作恐难以真正独立和自主,因此俄罗斯在阿安全问题上的发言权和影响力必受重大限制。关于俄罗斯阿富汗之间的军贸问题,2001 年阿富汗战争爆发以来,阿国民军所使用的武器大多是俄制装备,美国也为阿富汗国民军添置了价值数亿美元的俄制武器,包括直升机,因而,维护与保养这些俄制装备,是一个巨大且现实的市场,但美国国防部取消原计划为阿富汗安全部队订购的 15 架米-17 运输机 3.45 亿美元总额的合同②表明,俄罗斯与阿富汗的生意恐怕不是俄罗斯想象的好做。

俄的对阿政策和俄与中亚关系。根据普京总统目前推行的新"欧亚联盟"构想,俄罗斯正通过经济手段将原苏联的领土重新联合起来。只要这一政策稍稍发展一下,资源丰富的中亚和阿富汗必然被纳入普京的战略目标。况且,阿富汗的稳定对于俄罗斯的整体稳定至关重要。而最近几年来,俄罗斯已经悄悄扩大与北约在阿富汗事务上的合作,针对美军 2014 年撤离问题,俄罗斯高层也反复呼吁北约不要在 2014 年后全部撤离阿富汗,否则阿富汗安全局势必将迅速恶化。因此,笔者认为,俄罗斯近期的阿富汗政策总体上是服务于俄罗斯中亚和欧亚地区战略,防止因阿富汗局势的动荡而影响其与中亚国家的一体化进程。

所以,针对美军 2014 年撤军问题,俄罗斯一方面加强对阿富汗问题的关注并采取相应动作外,同时将精力放在巩固与中亚国家的军事和安全合作,以

---

① 陈小茹:《俄罗斯准备重返阿富汗》,《中国青年报》2013 年 4 月 6 日。
② 《美军取消为阿富汗购买俄制军机 要求用美国货》,新浪网,http://mil.news.sina.com.cn/2013-11-14/1333749569.html。

达到既加强在中亚的军事存在和影响,又构筑围绕阿富汗的安全防线的双重功效。俄罗斯正在强化在中亚的军事存在程度,如在塔吉克第 201 军事基地的军力将增加至 2 万人,并将装备最为先进的武器;加强对吉尔吉斯的军事援助和强化集体安全条约组织框架内的合作;计划在中亚建造专门的存有各种物资的仓库,以便在中亚热点地区出现危机时使用。据俄罗斯之声网报道,俄罗斯政治研究中心专家科久凌认为,俄罗斯的上述举措的原因在于所谓的"2014 阿富汗问题"①。

三 其他成员国的态度立场

阿富汗局势对中亚的影响。中亚地区与阿富汗密切的地缘关系因素决定了阿局势对该地区的影响。随着美军撤离时间的临近,中亚各国均多次强调,阿富汗的局势动荡、恐怖势力的存在、泛滥的毒品生产,将是中亚各国实现和平、发展、合作与繁荣的障碍②。

中亚国家对阿富汗局势对该地区的可能影响主要集中在以下几个方面:阿国内自主维护社会能力不强,一旦出现军事上的对峙或失控,对中亚各国政治稳定将产生冲击;阿国内和平进程困难且不确定,政治解决前景不乐观,其带来的难民问题、恐怖活动和跨国犯罪等问题将成为中亚地区安全的直接威胁;在阿存在的来源于中亚的极端主义势力存在失控可能,并可能返回中亚活动;毒品问题的危害、毒品经济的难以替代致使中亚地区面临的毒品威胁极可能升级。

同阿富汗恢复过程中的主要参与者(主要是美国和北约)一样,中亚各国对阿富汗政策的现实性首先是由阿富汗不稳定局面给中亚各国民族安全造成的现实威胁所决定的。当然,这个政策在某种程度上也掺杂另外一些因素,即同西方发展合作以获取经济和其他好处。

哈萨克斯坦从阿富汗反恐行动一开始就表示坚定支持美国和北约的行动,

---

① 参考消息网,2013 年 11 月 12 日,http://mil.cankaoxiaoxi.com/2013/1112/300644.shtml。
② 许涛:《驻阿美军撤离对中亚安全形势的影响》,《现代国际关系》2013 年第 12 期。

并时常向他们提供具体合作建议，包括派本国军人参加国际联军。

哈萨克斯坦希望巩固自己的国际地位和地区地位，力图在阿富汗国内调解中发挥更加积极的作用。特别是2010年哈萨克斯坦共和国担任欧洲安全和合作组织轮值主席国后这个意图表现得更加明显。阿斯塔纳对阿富汗问题提出一些建议，比如，建议在欧洲安全和合作组织框架内研究制定"援助阿富汗的非军事纲领"，吸引国际大亨（作为供血者）参与具体经济项目，以及建设"欧亚运输安全体系"。很显然，如果支持哈萨克斯坦的这些建议，欧洲安全和合作组织就可以同北约一起成为调解阿富汗危机的最大国际组织之一，而阿斯塔纳则由此获得重要的政治资本。

通过在阿富汗的外交活动，哈萨克斯坦在阿富汗拥有了具体的经济利益。在若干年中，该国是向阿富汗伊斯兰共和国提供粮食和石油产品的主要国家之一。无论哈萨克斯坦政府，还是生意集团都关注运输项目的实施，首先是与穿越阿富汗境内的货物运输有关的项目，比如，由阿富汗提议参加调整中亚各国通往巴基斯坦和印度港口的运输线路。

塔吉克斯坦由于本国的稳定在很大程度上取决于临近阿富汗局势的发展，所以它总是最关心是否有机会对阿富汗的进程施加影响，使之朝着有利于自己的方向发展，为此，首先是利用民族因素。阿富汗的塔吉克人集团从20世纪90年代就同杜尚别保持紧密合作，在阿富汗军事政治力量分布中发挥着非常重要的作用。在美国主导的反恐行动的初期阶段，正是他们对摧毁塔利班制度发挥了决定性的作用。

塔吉克斯坦共和国执政精英支持驻阿富汗国际联军的行动，寄希望于通过扩大军事和其他合作纲领来获得西方大规模的资金援助。寄希望于同美国和北约的合作能够给它带来政治、军事和经济的额外红利。与此同时，近年来塔吉克斯坦在阿富汗问题上同伊朗展开积极合作，和伊朗的关系越来越具有战略伙伴的性质。共同建设交通运输项目——从塔吉克斯坦穿越阿富汗境内到达伊朗的铁路是双方的特殊利益所在。在这个项目上，塔吉克斯坦能够获得一条绕过乌兹别克斯坦的铁路运输线，这对杜尚别来说具有重要意义。而伊朗关心的则是对塔吉克斯坦进一步的经济渗透，特别是对它的水力发电和采矿部门的渗透，准备承担建设两国之间铁路的大部分资金。

乌兹别克斯坦的考虑和做法与塔吉克斯坦类似，但与阿有关力量保持接触和联系的对象不同。吉尔吉斯斯坦则主要担心阿局势对吉可能的外溢威胁。

中国在阿富汗关键过渡阶段彰显"负责任大国形象"。作为阿富汗最大邻国和安理会常任理事国，中国一直在阿富汗问题上发挥积极作用，例如高度重视中阿关系，奉行对阿友好政策，尊重阿富汗领土和主权完整，支持"阿人主导、阿人所有"的民族和解进程；向阿政府提供数亿美元无偿政府援助，采取措施推动中阿双边贸易，鼓励有实力的企业前往阿富汗投资，进而推动阿富汗经济早日复苏；强化中阿安全和情报合作，培训阿富汗警察力量，合作打击恐怖主义、贩毒和跨国犯罪等。2013年以来，中国在阿富汗问题上提出了一系列富有建设性的倡议，启动了多个阿富汗问题"小多边机制"。例如中国、巴基斯坦、阿富汗三方对话，中国、俄罗斯、印度安全事务高级代表阿富汗问题会晤，中国、俄罗斯、巴基斯坦阿富汗问题三方对话，中国、巴基斯坦战略对话，中国、印度阿富汗问题对话等。特别值得一提的是中国将在2014年8月在天津举办伊斯坦布尔进程第四次阿富汗问题外长会。伊斯坦布尔进程旨在凝聚地区国家力量，联手促进阿富汗问题的早日解决。中国主动承办此次会议彰显对中阿关系的高度重视，必将有助于地区国家增信释疑，为阿富汗问题的最终解决营造一个良好的政治环境。

总之，目前阿富汗的局势仍然十分复杂。对阿富汗当前局势及其发展趋势进行的分析证明，目前的事态同外部势力，首先是驻阿富汗外国联军对阿富汗内部进程的积极作用直接联系在一起的。国内局势的复杂性不仅同内部政治矛盾，特别是民族宗教矛盾有关，而且同阿富汗伊斯兰共和国政权机构没有能力保障国家安全和社会经济发展有关。所有这些情况决定了紧张局势暂时无法消除，首先对那些与阿富汗接壤的国家而言，阿富汗仍然是地区不稳定的主要原因。

Y.6
2014年美国从阿富汗撤军与中国的作用

吴宏伟

摘　要：

2014年是阿富汗形势发展的关键节点。总统选举能否顺利举行？阿各政治派别能否接受选举结果？美军是部分撤军还是全部撤离？阿富汗和平进程能否实现？对周边国家会产生什么影响？这些都是人们一直关心的问题。2012年以来，美国一直在为2014年撤军进行认真准备，与阿富汗签订双边安全协议，获得司法豁免权是美国保留部分军事人员，为阿富汗提供安全保障的首要条件。不管谁当选总统，阿富汗都需要与美国签署安全协议。在国际社会积极努力下，阿富汗已经具备实现民族和解的基本条件。在阿民族和解进程中，中国可以发挥重要和独特作用。

关键词：

阿富汗　2014　总统选举　美国撤军　中国参与　民族和解

2014年阿富汗面临三大问题，也是三个需要关注的焦点：总统选举、美国和北约撤军、民族和解。随着美国和北约最后撤军期限日益临近，阿富汗局势可能走向以及对周边地区影响逐渐成为热点话题。目前关于2014年美军撤军后阿富汗形势走向预测基本有四种判断：一是美军保留部分驻军，阿局势维持现状或是有所恶化；二是塔利班卷土重来；三是阿富汗陷入内战；四是出现分裂。几种观点都有不同依据作为支撑，公说公有理，婆说婆有理，让人难以判断。最近一段时间，伊拉克局势突然恶化，让人们对美军撤军后阿富汗形势更加担心。

一 美国为体面撤军做全力准备

2001年10月7日美军以塔利班庇护基地组织为名发动阿富汗战争,因"9·11"事件国际社会多数国家对美军发动的反恐战争给予了理解和支持,中亚国家纷纷开放自己的领土和领空,有的甚至允许美军和北约在自己的领土上建立军事基地,支持北约联军在阿富汗的军事行动。

13年战争,阿富汗非但没有建立起作为民主自由典范的国家制度,反而军阀和地方势力不断壮大,塔利班有卷土重来之势,国内安全形势日益恶化,毒品泛滥,经济恢复道路艰难,民众仍生活在苦难之中。至今,阿富汗战争已持续近13年,成为美国历史上持续时间最长的战争。美国公众对阿富汗战争的支持率已经降至最低点,厌战情绪不断高涨。美国已经高调宣布2014年结束美军在阿富汗的行动,撤出全部战斗部队。美军如何在2014年体面顺利撤出阿富汗成为美国面临的最为迫切问题。2014年以后阿富汗形势如何发展成为国际社会关注的焦点问题。阿富汗周边国家普遍对阿未来局势发展感到担忧。

美国为了顺利体面完成撤军任务,2012年下半年开始就一直在为2014年美军撤离做准备,主要工作有五项:一是促使阿总统卡尔扎伊尽快签署美阿安全协议;二是与塔利班进行谈判;三是继续向阿政府军提供军事援助,培训军事人员;四是抓紧处理和撤离军事装备;五是动员国际社会对阿富汗加大军事和经济援助。

二 总统选举顺利举行为阿今后发展奠定良好基础

2014年4月5日阿富汗举行新一届总统选举,这是塔利班政权倒台以来阿富汗举行的第三届总统选举。2004年1月4日,阿富汗制宪会议通过新宪法,规定阿富汗实行总统共和制,总统任期5年,可连任一次。2004年10月9日,阿富汗举行历史上首次总统选举,过渡政府总统卡尔扎伊当选首任总统。2009年8月20日举行第二届总统选举,卡尔扎伊再次当选。根据宪法,卡尔扎伊已连任两届总统,不能参加本届选举。这次总统选举对阿富汗未来局势有重要意义。未来的政府能否获得足够的民意支持和合法性支撑,将对阿富汗今后政治进程产生直接影响。因为美军到2014年底之前才撤出全部战斗部队,所以美国会动员全部力量保证总统选举顺利举行。美国也会劝说阿国内包括塔利班在内的各政治派别参与总统选举以及在选举之后和平接受选举结果。当地民众和舆论普遍对此次选举抱有较高期待,希望新总统上任后阿国内政治、经济、安全环境有所改变。

2012年10月阿富汗独立选举委员会宣布,阿总统选举将在2014年4月5日举行。在8名候选人中,3名候选人呼声较高,分别是反对党领袖、前外长阿卜杜拉,前财长阿什拉夫·加尼·艾哈迈德扎伊和前外长扎勒迈·拉苏尔。

阿卜杜拉的主要支持者来自塔吉克人口占多数的阿富汗北部和东北部地区。前外长扎勒迈·拉苏尔是总统卡尔扎伊的心腹。前财长阿什拉夫·加尼是一名知名学者,曾在世界银行工作多年。加尼是占据阿富汗人口比例最多的普什图人,在阿富汗的东部和南部地区有不少支持者。

选举总体比较顺利。据阿独立选举委员会初步统计,约700万选民参与了投票,超过注册选民总数的50%。6月14日,阿富汗举行总统选举第二轮投票。根据第一轮选举投票结果,阿富汗反对派领袖、前外长阿卜杜拉和前世界银行官员、前财长阿什拉夫·加尼进入第二轮投票选举。根据阿独立委员会日程,7月2日公布初步选举结果,7月22日公布最终选举结果。

这次选举总体上比较顺利,投票率也比较高,国际反应比较积极。为保证选举安全举行,据称部署了40万阿富汗警察、军队以及情报人员。阿富汗塔利班先前已经公开宣布反对本次大选,要求武装人员袭击选举工作人员、选民以及安保人员。竞选期间,包括首都喀布尔一家高级酒店、选举委员会办公室和阿富汗内政部等地遭到袭击,多名记者遇袭身亡。在选举结束之后,计票工作能否顺利进行,特别是选举结果能否为各方接受,将成为左右阿富汗政局走向的关键。

三 与阿签订安全协议是美军继续驻军的关键

根据联合国决议,美国主导的北约驻阿富汗国际安全援助部队的任期将于

2014年12月31日结束。阿美双方自2012年11月起就《双边安全协议》进行谈判,以取代所有此前签署的阿美合作协议。该协议涉及两国安全领域合作的一些敏感问题,包括美国未来在阿富汗的驻军规模以及驻阿美军能享有司法豁免权等。根据阿富汗外交部公布的阿美《双边安全协议》草案,阿方无权逮捕包括军职和文职在内的美方在阿人员,若在行动中有逮捕该类人员,应立刻向美方完成移交。美方有权在阿富汗对有违法行为的美国人员"采取适当的必要行动"和审判,但该类行为必须在阿富汗境内进行。草案还明确了双方军事合作的具体方式和细节,包括美军使用喀布尔、巴格拉姆等9个军事基地,以及阿美在空军、后勤和情报等方面的具体合作内容。

阿富汗支尔格大会(大国民会议)已经批准了协议草案。按照程序,草案经总统签署后方能生效。美国希望卡尔扎伊总统尽早在协议上签字,以便美国和北约盟国及时安排2014年后军队驻留事宜,但卡尔扎伊总统一直拒绝签字,美国则以撤出全部美军进行威胁。2014年4月5日阿举行新一届总统选举,使阿美安全协议存在很大变数。从现实情况看,在三个总统候选人中,不论谁当选,都需要与美国签订安全协议,以保障阿富汗继续保持基本稳定。但影响阿富汗形势发展的因素太多,从理论上讲,只要还没有最后签字,都存在发生变化的可能性,因此新上台的总统和政府能不能接受原来已经谈好的《双边安全协议》草案仍然是未知数。而且即使新总统准备签署安全协议,留给美军的时间也很少了。估计美国已经在为完全撤出阿富汗做准备。

现在看,美军在2014年后是否全部撤出阿富汗取决于美国与阿富汗政府是否能够就美军地位问题、美军拥有多大权力以及美军拥有司法豁免权问题达成协议,特别是豁免权是美军在海外驻军的先决条件。当年就是因为美国与伊拉克政府没有就此问题达成协议,尽管十分想在伊拉克驻军但最终还是全部撤离。实际上,美国并没有在阿富汗驻扎军队的意愿。如果最终双方还是不能按照美军的意愿达成安全协议,美军会在年底前全部撤离。

在阿富汗总统一直没有签署《双边安全协议》的情况下,2014年5月27日美国总统奥巴马宣布美军撤军方案:2014年后美国将在阿富汗保留一万人左右的部队,至2015年初消减至9800人,到2016年底将基本撤出,仅保留不到1000人的军事人员,以保护规模庞大的美国驻阿富汗大使馆和向阿富汗

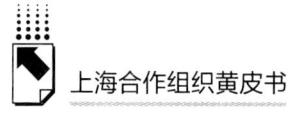

安全部队提供培训、咨询和技术性支持。美军并不打算直接参与地面反恐作战行动。

近期伊拉克局势突然恶化，"伊拉克和黎凡特伊斯兰国"极端组织在伊拉克北部地区攻城略地，占领大片地区，严重威胁伊拉克现政权安全与国家领土完整。伊拉克库尔德人也在不断巩固政权和扩大管辖区域。伊拉克局势发展使人们对美军从阿富汗撤军后阿富汗局势可能进一步恶化更加担忧。

四 民族和解是阿实现和平唯一途径

人们对美军撤离后阿富汗未来形势发展普遍感到担忧，特别是中亚国家。人们的担心主要在于如果美军全部撤离，阿富汗政府军有没有能力单独应对塔利班势力卷土重来。有资料说仅在2013年，阿富汗18.5万部队中就出现了多达3万名逃兵。这样的军队很难有比较强的战斗力。近年来塔利班人员混入国民军内部袭击美军事人员以及一些国民军和警察投向塔利班等情况经常出现在报端。此外，在战场上阿富汗国民军与塔利班武装交战时，多数情况下都能取得"战术胜利"，但很难长期守住已经占领的地区。因此人们普遍担心，苏联军队从阿富汗撤军后发生的一幕也有可能再次上演。仅靠军事力量是无法解决阿富汗问题，这是国际社会已经达成的基本共识。不论是专家学者，还是政府官员，大家都认为民族和解是阿富汗实现和平的唯一出路。这是由阿富汗基本国情决定的。

首先，民族多且关系复杂是阿富汗社会一个显著特点。根据中国外交部网站资料，阿富汗目前约2900万人口。有20多个少数民族。主要民族有普什图族，占40%，主要居住在阿富汗南部和东南部。此外还有塔吉克族（占25%）、哈扎拉族、乌兹别克族、土库曼族等。这些民族大多与周边国家形成跨界民族，与邻国关系密切，受国外影响很大。

其次，政党虽多但缺少全国性政党是阿富汗政治现实。自从塔利班被赶下台以后，阿富汗至今还没有出现能够发挥主导作用的全国性政党和政治势力。阿富汗现有政党近百个，很多政党具有明显的民族特性。

最后，军阀势力是影响阿富汗未来政治格局的最重要因素。阿富汗军阀众多，分别占有不同领地，即使是阿富汗实现民族和解，也改变不了军阀割据这一事实。当年苏联军队撤离阿富汗后，这个多灾多难的国家很快便出现了军阀割据的局面。当时，阿富汗很快被分成五块自治区域，其中四块处于同过去的北方联盟联系密切的军阀的统治下。第五块自治地区包括了从坎大哈到贾拉拉巴德的与巴基斯坦接壤的狭长地带，其主要人口为普什图族。绝大多数塔利班士兵正是普什图人。普什图族曾经统治阿富汗长达250年之久。普什图族地区政权有4到5个争夺者，在这里塔利班分子完全可能利用过去的影响和实力，统一普什图族政权，为东山再起积蓄力量。有材料说阿政府目前对领土的控制范围还不到国土总面积的1/3，塔利班控制着1/10，其余地区则由地方部落和军阀管制。

阿富汗这些特点决定未来阿富汗如果想实现和平，必须承认现实，走民族和解之路，让各党派、各军阀、各民族都参与到和平进程中来。2014年4月举行的总统选举非常关键，如果总统选举顺利举行，各政治派别都能承认选举结果，经过协商成立联合政府，那么阿富汗就有可能实现和平。如果民族和解失败，后果也会十分严重，阿富汗将会陷入严重军阀混战和事实上的分裂状态。

五　中国在阿富汗和平进程中可以发挥重要作用

最近美国人一直在讨论美军撤离后由谁来接过阿富汗这个烫手的山芋。实际上，美国人一直在寻找能够替代其发挥作用的负责任国家。他们把眼光放在阿富汗周边地区，认为只有中国能够承担这一重任。中国的作用备受关注。因为阿富汗多数派别都与相关国家关系密切，所以在阿富汗和平进程中，周边国家可以发挥重要作用。通过周边国家对阿富汗各政治势力施加影响，促使他们实现和解是推动阿富汗和平进程的有效途径。在这方面中国可以发挥独特作用。

长期以来一直存在一种误解，认为一旦中国涉足阿富汗问题，一定会像苏联、美国那样派出十几万大军进入阿富汗，从而陷入这个泥潭难以自拔，因此对中国参与解决阿富汗问题持完全排斥的态度。实际上阿富汗局势发展已经度

过了完全需要派遣几十万军事力量才能解决问题的阶段。虽然阿富汗政治势力较多,塔利班也有一定影响力,但已经具备实现民族和解的基本条件。中国与阿富汗是天然的近邻关系、中国在阿富汗有日益增多的利益、中国的国际责任都不允许中国在阿富汗问题上完全置身事外。

中国外长王毅多次表示,中国支持"阿富汗人主导、阿富汗人所有"的包容性和解进程,并愿为此发挥建设性作用。目前看,中国实际上已经积极参与了阿富汗和平进程,并发挥着独特影响力。中国与相关国家建立了多种参与推动阿富汗和平进程的重要机制:

一是中国和巴基斯坦两国建立了阿富汗问题双边磋商机制。2013年1月21日,中国和巴基斯坦在北京启动中巴关于地区形势及阿富汗问题磋商机制,并举行首次磋商。2013年4月2日,中国和巴基斯坦在北京举行第二轮地区形势及阿富汗问题双边磋商。

二是中国与伊朗建立双边磋商机制。2014年2月24日,在德黑兰举行中伊第二轮阿富汗问题磋商。

三是与阿富汗和巴基斯坦建立中阿巴三方对话机制。2012年2月28~29日,首次中国、阿富汗、巴基斯坦三方对话在北京举行,至今已经举行三轮三方对话。

四是中俄巴建立三方对话机制。2013年4月三方首轮对话在北京举行。11月20日中俄巴第二轮阿富汗问题三方对话在伊斯兰堡举行。三方同意于2014年上半年在莫斯科举办下一轮三方对话。

五是中印俄三国会晤机制也把阿富汗问题作为讨论的重点问题。

六是参加阿富汗问题"6+1"对话机制。2014年3月6日,阿富汗问题"6+1"对话在日内瓦举行。中国、俄罗斯、阿富汗、印度、伊朗、巴基斯坦、美国等代表出席。

七是参加"伊斯坦布尔进程"。2011年11月2日,阿富汗问题会议在伊斯坦布尔召开。会议通过了名为《伊斯坦布尔进程:为了安全、稳定的阿富汗开展地区安全与合作》的成果文件,强调联合国在阿富汗问题上发挥的协调作用,并呼吁各国在对阿富汗援助的同时尊重阿富汗主权和领土完整。伊斯坦布尔进程是唯一由本地区国家主导的有关阿富汗问题的国际机制,成员国都是与阿富汗相邻或相近国家，都与阿富汗有着历史交往渊源和现实利益联系。2014年8月29日中国将在天津举办伊斯坦布尔进程第四次阿富汗问题外长会。

八是参与上海合作组织框架下的阿富汗问题解决机制。阿富汗与上海合作组织关系密切。上海合作组织成员国和观察员国大部分都是阿富汗的邻国。阿富汗能否实现和平关系到这些国家的切身利益，它们对此高度关注。2005年11月，阿富汗与上海合作组织建立联络小组。2009年3月在莫斯科召开了上海合作组织阿富汗问题特别国际会议。之后，上海合作组织又举行过多次阿富汗问题副外长级磋商。2012年阿富汗成为上海合作组织观察员国。

国际社会对中国参与解决阿富汗问题抱有期待。一些对阿富汗问题有深入了解的中亚国家特别是塔吉克斯坦学者也认为中国可以在阿富汗民族和解进程中发挥重要作用。我认为这不是在忽悠中国去跳阿富汗这个泥潭，他们是真心这样认为的。中国也知道美国想赶快甩掉阿富汗这个包袱，但中国参与解决阿富汗问题绝不是在为美国人解套，而是出于地缘战略、自身利益、国际政治和国际关系考量作出的必然选择。中国会把握好参与阿富汗事务的尺度。这是一次智慧和能力的考验，也是一次国际实践经验的积累。

Y.7 世界经济一体化趋势与上海合作组织

徐海燕*

摘　要： 经过十多年的发展，上合组织奠定了经济一体化的基础。2013年经济一体化工作确定了在金融领域、能源领域、农业领域的优先发展方向，提出新的经济合作理念，成员国之间实现多层次的协调互动，切实推进了区域经济的务实合作。随着成员国战略伙伴关系的建立和推进，上合组织各成员国之间经济贸易水平稳中有进，取得较好成绩。但在全球化条件下，上海合作组织作为新兴国家的共同体，其成员国之间的经济合作也受到各种现实条件的制约，使经济领域的合作仍停留在"推动贸易和投资便利化"的水平上。在世界经济全球化趋势下，上合组织的经济一体化进程应遵循"由低到高""由小到大"的原则，循序渐进地加以推进。

关键词： 经济一体化　上合组织　成就　困境　路径

当今社会，全球化迅猛发展，世界各国纷纷融入世界经济一体化的潮流。客观地说，在经济合作的框架内，高效率的区域统一市场可以大幅度降低交易成本、提高合作企业的生产率和降低产品价格，提高国家的国际竞争力。上海合作组织虽然起初是一个以军事安全合作为诉求的区域性合作组织，但由于该组织占据了欧亚地区较大的面积，拥有有规模的人口总量，雄厚的经济总量，

---

* 徐海燕，法学博士，中国社会科学院政治学研究所副研究员。

以及良好的工农业基础和市场潜力,从而拥有了发展区域性经济合作的成就。2013年,在各个成员国的不懈努力下,上合组织在政治、军事、安全、人文领域取得了令人瞩目的成就,而且还依托较强的经济互补性及丰富的能源储量,上合组织的各成员国实现了较快的经济增长,繁荣了区域经济,取得了新进展。

一 深化经济一体化合作取得新进展

(一)经济一体化合作领域

2012年9月13日在吉尔吉斯斯坦首都比什凯克举行上海合作组织成员国元首理事会第十三次会议,是成员国在经济全球化条件下开展务实合作,实现同步发展的又一次峰会。在此次会议上,提出了如下三个重点合作领域和相关建议:推进金融领域合作,成立上海合作组织开发银行和上海合作组织专门账户;推进能源合作,成立能源俱乐部,建立稳定供求关系,确保能源安全;推进农业合作,构建粮食安全合作机制,加强农业生产、产品、贸易合作。①

(二)未来合作的重点领域

2013年10月23~29日,各成员国在乌兹别克斯坦首都塔什干举行上海合作组织成员国经贸部长第十二次会议②。会议回顾了上合组织12年的历史,高度评价了各国元首理事会,提出加强经济合作是上合组织中期发展战略的优先方向之一,上合组织应优先关注以下方面的经济合作项目:第一是扩大财金合作;第二是加强交通领域多边合作;第三是开展海关合作。此外,还要加强农业领域的合作,以及提高共同应对自然灾害的应急反应能力。

---

① 《上海合作组织峰会在比什凯克举行 习近平出席并发表重要讲话》,《南方日报》2013年9月14日,第14版。
② 《上合组织经贸部长会议在塔什干举行》,http://news.xinhuanet.com/world/2013 - 10/24/c_117855443.htm,2013年10月24日。

(三) 新的经济合作理念

上合组织的成员国之间保持着良好的政治关系。除了中俄之间继续保持全面战略协作伙伴关系外,2013年9月中国国家主席习近平访问中亚五国并出席上海合作组织峰会,签署了包括《关于建立战略伙伴关系的联合宣言》和60多项经贸合作协议,使中国与中亚国家的政治经济关系也全面升级:中国同塔吉克斯坦、吉尔吉斯斯坦分别建立战略伙伴关系,进一步深化与哈萨克斯坦建立的全面战略伙伴关系,进一步深化同乌兹别克斯坦的战略伙伴关系。与政治安全领域相比,由于成员国之间经济发展存在差异,经济诉求的重点不同,经济合作处于相对薄弱的状态,导致中国在2011年9月提出的建立上合组织自贸区的倡议没有得到成员国的响应。这说明,上合组织迫切需要一种新的合作理念来引领成员国之间的经济一体化合作。

2013年上合组织在经济一体化建设方面有了新的转机,这是以中国国家主席习近平在9月访问中亚期间,提出"命运共同体和利益共同体"构想和"丝绸之路经济带"理念为标志。其中,"命运共同体和利益共同体"构想,是特指在当前国际金融危机背景下,上海合作组织应成为各成员国的命运和利益的共同体,成为成员国共谋稳定、共同发展的保障和战略依托。而"丝绸之路经济带"跨国区域经济合作作为一个新概念,其内涵包括:传承和发扬"丝绸之路"精神,促进人文交流合作,增进传统友谊;开辟"丝绸之路"经济带走廊,致力于签署《国际道路运输便利化协定》;通过双边商谈贸易和投资便利化协定"繁荣丝绸之路"[1]。新的合作理念的提出,标志上合组织经济合作已经进入了务实合作的新阶段。

(四) 上合组织经济合作发展的动力

当前,为了保障各个领域合作的顺利进行,上合组织在互联互通、信息通信等方面进展顺利,在国家间和地方政府间等不同层级形成了相应的合作模

---

[1] 《上海合作组织峰会在比什凯克举行,习近平出席并发表重要讲话》,《南方日报》2013年9月14日,第14版。

式，完善经济合作的一体化水平。在国家层面上，上合组织已经形成了以中、俄、哈、吉、乌、塔六国为核心成员国，阿富汗、伊朗、蒙古国和印度、巴基斯坦等周边国家为上海合作组织的观察员国的发展格局，为一体化组织的进一步发展壮大提供了坚实的国家政治基础和更广阔的发展空间。在地方政府层面，上合组织框架内又形成了三种次区域的经济合作模式：一是以中哈霍尔果斯国际边境合作中心为示范区的跨国经济开发区模式；二是以阿尔泰区域合作为示范区的跨国经济合作模式；三是以中吉乌次区域经济为合作区的跨国城市联合开发模式。此区域合作模式充分利用了相邻国家的产业区域特色资源和优势，使双边区域的利益主体空间得以扩大或者延伸。

二 2013年上合组织在经济一体化进程中的成就

随着成员国之间各种层次的战略伙伴关系进一步推进，上合组织各成员国之间经济贸易水平稳中有进。2013年中国对外贸易总额为41600亿美元，同比增长7.6%，成为全球最大的贸易国①。2013年，在上合组织成员国中，中国的贸易伙伴的排名依次为俄罗斯、哈萨克斯坦、乌兹别克斯坦、吉尔吉斯斯坦、塔吉克斯坦②。中国在经贸领域的迅猛发展态势也为其他各成员国的外贸提供了广阔的空间和机遇。

上合组织的两个成员国——中国和俄罗斯之间的互贸情况就是明显的例证。众所周知，中俄两国无论在金砖四国，还是G20峰会的经济规模都很大。近几年，中国和俄罗斯联邦之间的外贸周转总额保持稳定。2012年，中国和俄罗斯联邦之间的外贸周转总额为797.729亿美元，俄罗斯从中国进口额为325.552亿美元，俄罗斯对中国的出口额为472.177亿美元。2013年，中国和俄罗斯联邦之间的外贸周转总额进一步增长，为800.216亿美元。其

---

① Торговля между Китаем и Центральной Азией поставила рекорд, 16.01.2014, http://www.asia-centre.com/2014/01/torgovlya-mezhdu-kitaem-i-centralnoj-aziej-postavila-rekord/.
② Китай стал первым торговым партнером Казахстана, 14 января, 2014, Рубрика Экономика и бизнес, http://news.nur.kz/298057.html.

中，俄罗斯从中国的进口额为320.407亿美元，俄罗斯对中国的出口额为479.809亿美元。中俄贸易总额占俄罗斯外贸总额的10.5%。居俄罗斯外贸总份额的第4位①。

当前，中亚国家既是中国重要的能源来源地，又是重要的对外投资目的地、向西开放的主要空间。早在2012年，中国与中亚五国双边贸易额为460亿美元，同比增长13.7%，是建交之初的100倍②。2013年中国对中亚五国的双边贸易额达到502.8亿美元，比上年增长了9.3%。③ 中国已经成为乌兹别克斯坦第二大贸易伙伴国和第一大投资来源国，吉尔吉斯斯坦第二大贸易伙伴国和第二大投资来源国。

此外，俄罗斯与中亚各国的贸易水平也有不同程度增长。俄罗斯与哈萨克斯坦在2013年外贸周转总额为237.489亿美元。其中，出口总额为155.165亿美元，进口总额为82.324亿美元，占俄罗斯贸易总份额的3.1%，而2012年这一数据为3.0%；俄罗斯与吉尔吉斯斯坦的外贸总额为19.54亿美元，出口额为18.53亿美元，进口额为1.007亿美元，占俄罗斯贸易总份额的0.3%，而2012年这一数据为0.2%；俄罗斯与塔吉克斯坦外贸周转总额为6.885亿美元，出口额为6.53亿美元，进口额为0.35亿美元，占俄罗斯贸易总份额的0.1%，与2012年持平；与土库曼斯坦外贸周转总额为14.503亿美元，出口额为13.276亿美元，进口额为1.227亿美元，占总份额的0.2%，与2012年持平；与乌兹别克斯坦外贸周转总额为35.98亿美元，出口额为24.541亿美元，进口额为11.439亿美元，占总份额的0.5%，而2012年这一数据为0.4%④。

此外，中亚成员国双边关系也有新的进展。特别是中亚的两个大国——乌兹别克斯坦与哈萨克斯坦的贸易额在2013年前十个月就已超过了25亿美元，

---

① Внешняя торговля Российской Федерации по основным странам за январь – ноябрь 2013 г., http://www.customs.ru/attachments/article/18727/WEB_UTSA_09.xls.
② Торговля между Китаем и Центральной Азией поставила рекорд, 16.01.2014, http://www.asia-centre.com/2014/01/torgovlya-mezhdu-kitaem-i-centralnoj-aziej-postavila-rekord/.
③ 《2013年中国进出口首次突破4万亿美元同比增长7.6%》, http://finance.jfinfo.com/news/20140120/00357537.shtml, 2014年1月20日。
④ Внешняя торговля Российской Федерации по основным странам за январь – ноябрь 2013 г., http://www.customs.ru/attachments/article/18727/WEB_UTSA_09.xls.

这一数据比去年同比增长了1/3。不仅如此，两国之间在区域和全球政治的许多问题上立场开始趋于相近。哈萨克斯坦欢迎"拯救咸海国际基金会"代表处移交到乌兹别克斯坦，完全支持乌兹别克斯坦领导该组织的活动。在哈萨克斯坦看来，中亚许多方面的稳定性更多地取决于哈乌两国的共同努力，哈乌两国应保持在高层政治领域的一致性。①

上合组织2013年取得的经济成就表明，尽管上合组织目前在规模上不及世贸组织，在经济实力不及欧盟、北美自由贸易区、东盟等其他地方区域性组织，但由于独特的地缘优势和良好的政治、文化基础，推动着上合组织框架内的卓有成效的合作。同时，国家间发展战略也越来越趋近，即都谋求"从根本上实现国家富强和民族复兴的目标"②。

三　上合组织经济一体化的困境与挑战

（一）上合组织的经济一体化程度尚低

从世界其他经济一体化模式的历程和经验来看，区域间经济一体化水平应该包括特惠贸易协定、自由贸易区、统一经济空间、关税同盟、世界贸易组织等五种基本形式。由于经济一体化进程允许参与国以多种身份参与多个经济一体化机制，上合组织的成员国不仅是上合组织的成员国，还以不同身份参与不同层次的世界其他区域经济一体化。这些一体化组织的程度高低不同，也就决定了各国参与世界经济的广度和深度不同。这就使世界经济一体化呈现成员身份多元化、复杂化的特征。在上合组织的成员中，吉尔吉斯斯坦、中国、俄罗斯和塔吉克斯坦均是世界贸易组织成员。2014年哈萨克斯坦即将加入③，乌兹别克斯坦也已经进入了世贸谈判。上合组织成员身份的多元化，上合组织的经

---

① От согласованности действий Узбекистана и Казахстана зависит стабильность в регионе？，http：//gazeta. uz，24 января 2014 № 991133.
② Китай стал первым торговым партнером Казахстана，14 января，2014，Рубрика Экономика и бизнес，http：//news. nur. kz/298057. html.
③ 《哈萨克斯坦2014年将加入世贸组织》，http：//www. yaou. cn/news/show. php？itemid = 9197，2014年1月16日。

济合作尚处于较低的经济一体化水平——特惠贸易协定阶段,这在客观上对上合组织参与经济的一体化的程度带来消极影响。

(二)上合组织的成员国身份的多元化、复杂化

上合组织的 6 个成员国,除了中国之外,其他 5 国均为独联体成员,都在不同程度上参与了独联体范围内的经济一体化组织。这就决定了上合组织和独联体区域的经济一体化组织的竞争性。

众所周知,自独联体成立以来,作为一个超国家的实体,由于利益融合点太少,在独联体成立了有更具目标性的一体化组织,以增加独联体内部的凝聚力。当前在独联体范围内发挥较大作用的一体化机制主要有:独联体自贸区(成员国有俄罗斯,哈萨克斯坦,吉尔吉斯斯坦,塔吉克斯坦,乌兹别克斯坦,白俄罗斯,亚美尼亚和摩尔多瓦);集体安全条约组织(成员国有亚美尼亚,白俄罗斯,哈萨克斯坦,吉尔吉斯斯坦,俄罗斯,塔吉克斯坦和乌兹别克斯坦);欧亚经济共同体(成员国有白俄罗斯,哈萨克斯坦,吉尔吉斯斯坦,俄罗斯,塔吉克斯坦和乌兹别克斯坦);统一经济空间(成员国有白俄罗斯,哈萨克斯坦,俄罗斯,乌克兰);俄白联盟等。① 从上述看出,除了独联体统一经济空间外,俄、哈、吉、塔、乌等国均是独联体自贸区、集体安全条约组织、欧亚经济共同体的成员。

不仅如此,上合组织成员国均参与了上合组织、独联体范围以外的其他一体化组织。如中国和俄罗斯都是金砖四国、G20 峰会、亚太经合组织等重要的国际组织的成员。上合组织的其他成员国,如塔吉克斯坦是欧安组织、经济合作组织、伊斯兰会议组织等国际和地区组织的成员。② 而据资料统计,吉尔吉斯共和国目前已成为 120 多个国际组织的成员,包括欧安组织、经济合作组织、伊斯兰会议组织、国际货币基金组织,是世界银行、欧洲复兴开发银行、伊斯兰开发银行、亚洲开发银行等国际金融机构的成员。③ 乌兹别克斯坦是中

---

① Реферат на тему Международные организации на территории СНГ, http://www.coolreferat.com/.
② РЕСПУБЛИКА ТАДЖИКИСТАН, Август 2013 г., http://www.economy.gov.ru/.
③ Торговое представительство Российской Федерации в Киргизстой Республике, Информация о Киргизской Республике, http://torgpredkg.ru/index.php/inform.

西亚经济合作组织、伊斯兰会议组织、博鳌亚洲论坛、亚洲相互协作与信任措施会议的正式成员，还是世界银行和国际货币基金组织等国际金融机构的成员。① 哈萨克斯坦与上合组织的两个有影响力大国——中国和俄罗斯有漫长的边界线。其中，俄哈之间的边界线为6846公里，哈中两国的边界线为1533公里。② 因此，只要涉及中俄这两个重要邻国主导的组织，如上合组织与独联体内部的区域经济合作组织，哈萨克斯坦都积极参与。同时，由于哈萨克斯坦地处欧亚大陆的心脏地带的交界处且属多教派国家，哈萨克斯坦共和国也十分热衷于与其他国家建立友好关系，积极倡议亚洲相互协作与信任措施会议。世界其他区域性经济组织与上合组织在功能上存在一定重合，但与上合组织相比，上述组织开展合作的时间更长，程度更深，制度一体化的水平更高。这在客观上抑制了上合组织内部的经济一体化发展空间。

（三）各国成员国之间的外贸比重偏低

上合组织各成员国之间的外贸总额与世界其他组织或国家的外贸总额相比，所占份额相对较小。应当看到，由于美、日和欧盟等西方发达经济体人口仅占世界总人口的四分之一，经济总量却占世界总量的四分之三，并且主导着当今经济全球化的进程，为此，不少发展中国家在发展本国经济时更加依托于西方国家。这里以俄罗斯为例。根据有关统计数据，2013年上合组织的成员之间，除了俄罗斯与中国外贸周转总额占俄罗斯外贸总额的比例较高（10.5%）外，俄罗斯与哈萨克斯坦的外贸周转总额仅占3.1%；与乌兹别克斯坦的外贸周转总额占0.5%；与吉尔吉斯斯坦外贸周转总额占0.3%；与塔吉克斯坦外贸周转总额占0.1%。③

与上述数据有较大区别的是，俄罗斯与欧盟的外贸周转总额占俄罗斯外贸总额的49.5%；与亚太经合组织的外贸周转额比重达到24.8%；在独联体范

---

① 孙壮志、苏畅、吴宏伟编著《乌兹别克斯坦》，社会科学文献出版社，2004，第211页。
② Проблемы и перспективы членства Республики Казахстан в Шанхайской Организации Сотрудничества / Ж. Кембаев/, http：//www.zakon.kz/4531086 - problemy - i - perspektivy - chlenstva.html.
③ Внешняя торговля Российской Федерации по основным странам за январь - ноябрь 2013 г.，http：//www.customs.ru/attachments/article/18727/WEB_ UTSA_ 09.xls.

围内的外贸周转额比重达到 13.5%。而俄罗斯与西方国家及其组织的外贸周转总额的比例,远远高于与独联体成员国之间的数额,如 2013 年与荷兰的外贸周转总额的比重达到 9.1%;与德国的外贸周转总额的比重达到 8.9%;与欧洲经济共同体的周转总额的比重占 7.3%;与欧亚经济共同体周转总额的比重占 7.0%①。由此可见,俄罗斯的外贸重点仍旧是欧美等西方国家。

(四)其他因素的影响

影响上合组织经济一体化合作的还有其他因素。上合组织的成员国,特别是中俄所具备的经济活力和发展潜力受到世界瞩目的同时,美国、日本等经济强国对中俄发展的制约因素正在增加。上合组织立足的亚太地区如今是西方大国的角逐之地,特别是美国在"9·11"事件跻身亚洲后,在东亚提出 TPP 计划,在中亚和南亚又谋求实现建立以阿富汗为中心、连接中亚和南亚各国的"大中亚计划"。由于美国在中东地区面临的困境以及美国国内因素的共同作用,奥巴马政府还不断调整美国的国际战略,实行所谓"亚太再平衡战略",把战略注意力和资源投向上合组织成员国及其周边的东北亚、东南亚国家,试图对这一地区的经济建设、对外交往设置多重障碍。"中东再平衡战略"的另一目标是制约俄罗斯和中国,美国期望铲除与之敌对的伊朗政权,以消除俄罗斯和中国在中东地区的一个战略支点。上合组织的成员国中,哈萨克斯坦是中亚地区综合实力最强的国家之一,也是西方大国投资热点。如在 2013 年,德国与哈萨克斯坦之间的外贸份额占德国在中亚五国外贸总额的 85%。②

当今条件下,全球经济危机肆虐,亚太经济重新焕发活力,世界主要国家也纷纷布局国际投资体系,这就对立足于亚太地区的上合组织形成了新的机遇和挑战,在客观上削弱了上合组织成员国之间本身合作的紧密程度。

---

① Внешняя торговля Российской Федерации по основным странам за январь – ноябрь 2013 г., http://www.customs.ru/attachments/article/18727/WEB_ UTSA_ 09. xls.

② Товарооборот между РК и Германией составляет 85% внешнего объема торговли ФРГ со странами Центральной Азии28августа2012, http://www.meta.kz/novosti/kazakhstan/728774 - tovarooborot - mezhdu - rk - i - germaniey - sostavlyaet - 85 - vneshnego - obema - torgovli - frg - so - stranami - centralnoy - azii. html.

四 参与经济一体化的趋势与对策

20世纪90年代以来,各国经济均被卷入世界市场,诸生产要素在世界范围内实现优化配置,经济活动已经跨越了一国的范围,形成相互依赖、共为一体的态势。在此,构建国际领域多边贸易体制对实现全球范围商品和服务贸易的自由流通有关键性的作用。但世界范围内的多边谈判,如WTO谈判,因涉及成员多,程序复杂而进展缓慢,基于地缘优势而建立的区域经济一体化形式与世贸谈判一起,形成了并行不悖的态势。区域性国际组织建立,成为当前国家融入世界经济大潮中的现实选择。目前,全球几乎所有国家都在开展多个层次、多种形式的国际合作,在这一进程中,不仅发展中国家积极参与,就连主导经济话语权的西方大国也运筹帷幄,不甘落后。特别是当前西方经济相对困难,对周边合作就更加重视,2013年美国的跨太平洋伙伴关系协定(TPP)已进入第19轮谈判,已拥有了12名亚洲成员。同时,美国对欧洲市场也进行布局:2013年6月提议与欧盟建立跨大西洋贸易与投资伙伴关系协定(TTIP),并进行积极地磋商。

总之,全球化条件下,一国独立于世界经济一体化之外是难以生存的。加强国家间的协作,通过互惠互利的对外交往机制,使各国在共享经济成果中谋求全面的可持续发展。全球经济一体化时代的市场开放与竞争,使各国从各自为政的发展走向互利双赢。发展中国家只有顺应这一历史潮流才能有所作为。从这个角度上讲,上合组织在经济领域上的一体化尝试是一种顺应世界经济潮流的现实选择,具有现实的意义。

但在另一方面,经济一体化问题是一项复杂的系统性工程,它需要产业、贸易、创新和财政金融等系统性经济政策共同推进。经济是全球化的核心,也是全球化进程的最基本动因。这就意味着全世界各国将政治、意识形态搁浅,将本国的特色资源融入世界经济一体化中去,这与20世纪的全球"冷战"格局有所不同。从属性上看,全球化是世界各国资源在全球进行的一种配置方式,本身不具有政治和意识形态属性,这与20世纪的政治军事意识形态划分阵营的"非此即彼"有本质区别。但经济全球化时代没有消除对抗。对抗方式已经转变为以经济实力作为竞争的筹码,取代了过去的军事势力、意识形态上的对抗。而这种对抗方式的转变,是以综合国力的提升为条件的。从这个意义上说,发展中国家在经济全球化的不利处境是发达国家实行经济殖民的产物。根据国际货币基金组织(IMF)提供的数据,发达国家与最不发达国家人均GDP呈现逐年扩大的趋势,2011年世界各国人均GDP最高的国家为卢森堡,是世界各国人均GDP最低的国家的马拉维的329倍,2012年为423倍,而在2013年达到约503倍。[①] 对于发展中国家而言,经济安全形势更堪忧。

上海合作组织作为新兴国家共同体,与世界其他组织相比,它在经济领域的合作目前仍停留在"推动贸易和投资便利化"的水平上,即特惠贸易协定的水平上。这种合作只要求成员国之间相互基于对方出口商品关税减让或者非关税方面的优惠,参与区域经济合作的广度和深度都很低。此外,各国之间还存在着利益分歧和目标的相异性,在经济合作方式、方向、功能和地位等多方面具有机构性矛盾和分歧,客观上也是经济一体化进程发展缓慢、层次较低的原因。这些情况不仅与上合组织设想的、最终实现成员国之间的经济一体化目标模式还存在一定的距离,更无法与欧盟等西方国家形成的诸如自由贸易区或者关税同盟的更高水平的经济一体化程度相比。对此在世界经济一体化大趋势下,要推动其区域经济一体化的程度,应该遵循"由低到高""以小见大"的原则循序渐进地推进。具体应体现在两个方面。

首先,通过实施上合组织框架内的次区域一体化,实现部分成员国贸易自由化和投资便利化,商品、资本等生产要素在区域内的自由流动,通过双边协定的方式消除贸易壁垒,并以此为基础,最终形成上合组织框架内的生产要素自由流动的统一经济空间。

其次,从上合组织各个成员国内部来看,各成员国在顺应经济全球化一体化的同时,各国内部也变得越来越开放多元,带来许多复杂的情况。实际上,国家能力越高,应对全球化的潮流就越加从容,就越能在全球化的竞争中占领先机。对此,在积极参与多边经济合作组织的同时,各国不妨将注意力更多地放到扶持国内市场打造国内高端本土企业,建立国内自身的产品生产价值链,

---

① 根据国际货币基金组织(IMF)官方网站发布的历年各国生产总值数据计算后得出。

改变跨国公司对本国内部在高端行业的垄断地位，在一国范围内保持在购买、生产、售卖环节的便利化，在一国范围内保障空间上的购买、生产、流通环节的延续性；在加强技术改革、结构调整和产品升级的基础上继续推进传统工业化基础设施建设，加强经济金融贸易和基础设施方面的建设，在参与全球经济化中，提升作为一个新兴国家的整体实力；构建本国内部市场一体化的制度和政策的透明性、公平性，构建一个统一、协调、有序、完善的国内竞争市场，以便更好地融入经济全球化的大市场中。

Y.8
上合组织成员国之间关系及其影响

赵会荣*

摘　要： 本文梳理和分析了上合组织框架下中俄关系、中俄与中亚成员国关系以及中亚成员国之间的关系及其存在的问题。本文认为，上合组织的成员国之间的一些问题尚未解决，这对该组织的发展产生一定负面影响。不过，这些问题不会损害上合组织的根基。上合组织提供的平台以及合作成效有利于成员国逐步解决彼此之间存在的问题。

关键词： 上合组织　成员国关系　影响

任何一个国际组织从诞生到成长都不可能一帆风顺，上合组织也不例外。在过去的13年里，上合组织似乎总是处于十字路口，在各方的关注与质疑下，努力寻找前行的方向与路径。不同时期，上合组织面对的质疑也不一样。就当下而言，质疑之一是成员国之间关系不睦阻碍上合组织发展。上合组织成员国之间的关系如何，存在哪些问题，对组织本身有怎样的影响？这是本文关注的话题。

一　中俄之间的关系

如果从面积、人口、经济和军事实力等要素看，中俄在上合组织内是分量

---

* 赵会荣，法学博士，中国社会科学院俄罗斯东欧中亚研究所副研究员。

最重的两个国家。中俄关系好坏，对上合组织影响很大。两国在上合组织内既有共同利益，也有各自的优先利益。前者推动上合组织不断向前发展，后者推动双方就发展方向和具体问题不断进行磋商和磨合，这一定程度影响到组织发展的速度，但从长远看有利于夯实组织发展的基础。

中俄两国在上合组织内的关系由二者在全球层面的战略协作伙伴关系所统领。在全球层面，中俄两国有很多共识和利益契合点。两国都看重对方在世界政治中的地位，认为两国在国际事务中相互协作有利于提高本国的国际地位和促进多极世界格局的形成。两国也看重彼此在地缘政治、地缘经济和地缘安全领域的密切关系，认为加强政治、经贸和安全领域的双边合作符合各自的利益。正因为如此，两国关系快速发展。1996年中俄关系从建设性伙伴关系提升为战略协作伙伴关系。2001年两国签署了在中俄关系中具有里程碑意义的《中俄睦邻友好合作条约》。2005年两国解决了边界问题。2014年5月普京总统访华，双方签署《中华人民共和国与俄罗斯联邦关于全面战略协作伙伴关系新阶段的联合声明》以及能源、电力、航空、通信、地方等领域多项合作文件。中国俄罗斯东欧中亚学会会长李静杰先生指出，"当前的中俄关系处于历史最好时期……与20世纪50年代中苏同盟相比，新时期中俄战略协作伙伴关系的基础完全不同。尊重对方人民的自由选择，这是两国平等信任最重要的基础，也是新型大国关系的重要体现。"① 俄罗斯学者亚历山大·卢金指出，"与中国的合作客观上加强了俄罗斯作为力量独立中心在世界舞台上的地位……紧密的、富有建设性的、不敌对、不结盟的合作关系完全符合俄中的利益。"② 有鉴于此，两国之间的战略协作关系拥有多支柱支撑，具有稳定性和长期性。

在地区层面，中俄在中亚、亚太、中东等地区开展战略协作，主要目标是防止各种不确定因素引发冲突和对抗，促进地区的和平与稳定。中俄在上合组织内的合作主要涉及中亚地区。中亚在地理上与中俄两国相邻，其安全和稳定

---

① 李静杰：《中俄战略协作伙伴关系中的几个问题》，王奇主编《中俄战略伙伴对话：现状、问题、建议》，中央编译出版社，2014，第23页。
② 〔俄〕亚历山大·卢金：《丝绸之路经济带有助于推动中亚国家经济合作》，人大重阳网，2014年6月28日，http://rdcy-sf.ruc.edu.cn/displaynews.php?id=5473。

与两国息息相关。中亚国家与中俄两国的合作密切,两国在中亚事务上有很多共识和共同利益。两国都希望中亚地区保持稳定和发展,不希望第三种势力干涉中亚国家内政,在中亚搞颜色革命或者制造混乱。

中俄两国对中亚的利益诉求也有差异。中亚被俄罗斯看作特殊利益区,处于俄罗斯的国家核心利益层面。中亚涉及俄罗斯的四大利益,即战略利益、安全利益、经济利益和人文利益。战略利益指的是俄罗斯在中亚要拥有占优势的控制力,依托中亚和独联体成为多极世界中独立且有影响力的一极。安全利益指的是防止来自中亚和阿富汗的安全威胁给本国带来负面影响,这里的安全威胁涉及极端主义、恐怖主义、毒品、非法移民等。经济利益指的是尽可能控制中亚的资源和能源,获得中亚的市场。人文利益指的是促进俄罗斯文化在中亚的影响,维护中亚俄族居民和俄语居民的利益。从俄罗斯的外交实践来看,俄罗斯非常看重战略利益,对于其他任何国家在中亚扩大影响都有不适感,尤其反对其他国家在中亚的军事存在。

中亚是中国周边外交链条中的重要环节,是中国睦邻友好外交政策的实施对象。因此,中亚国家独立以来,中国始终尊重和强调中亚五国的独立主权国家地位,始终遵循平等的原则与中亚国家进行互利合作和发展睦邻友好关系。中亚首先关系到中国西部地区的安全、稳定与发展,是中国能源进口多元化的重要选项之一。因此,中亚主要涉及中国的局部利益和重要利益。未来,随着中国与中亚国家之间的合作日益密切,中亚在中国外交中将逐渐从局部利益向整体利益过渡,从重要利益向核心利益过渡。

利益诉求的差异导致上合组织在中俄两国外交政策中的地位不同,两国对于上合组织的定位、发展方向以及侧重的合作领域也不一样。失去苏联时期超级大国影响的俄罗斯意欲守住后苏联空间,因而其对于中亚的利益诉求清晰且偏向强势和刚性。俄把欧亚经济联盟和集体安全条约组织看作实现利益的主要多边机制,俄与有关中亚国家在两个多边机制框架下的合作逐渐深入。俄罗斯不反对上合组织发展,但没有动力推动其影响追赶和超越欧亚经济联盟和集体安全条约组织。相对于经济合作,俄罗斯更看重在上合组织框架下推动政治和安全合作,使其为本国的全球利益和地区利益服务。俄罗斯学者对于上合组织的发展方向提出很多方案,认为"尽管经济合作仍很关键,但安全问题与政治合作似乎也日益被提到议事日程上来……俄罗斯在中亚地区的经济影响不仅不比中国落后，而且由于历史等原因还保持着'巨大的经济影响'……几乎无法排除上海合作组织与西方军事政治组织的竞争"。[1] 在中国与中亚国家的经济合作势不可挡的情况下，俄罗斯希望上合组织能够作为俄方洞悉和影响这一趋势的平台。

迅速发展的中国试图通过互利共赢的经济合作营造稳定和睦的周边发展环境，因而对于中亚的利益诉求显得朦胧、柔软和富有弹性。上合组织是中国与中亚国家合作的主要多边机制，其在经济和安全领域的合作深度与欧亚经济联盟和集体安全条约组织相比不在同一水平。中国为促进上合组织的发展投入了很多精力和资源。与此同时，中国明确支持欧亚经济联盟和集体安全条约组织为地区稳定与发展做出贡献。李静杰先生指出，"在中国人看来，俄罗斯与中亚国家保持密切关系，有利于中亚地区稳定和发展，因而也有利于中国。如果说，中国与俄罗斯在这里有竞争的话，那么这种竞争也是良性的。中国不想，也不可能取代俄罗斯在中亚的影响和作用。"[2] 中方支持在上合组织框架下开展安全、人文等各领域合作，在开展经济合作方面提出很多建议。由于上合组织坚持协商一致的原则，任何一国反对都不能促成合作机制的建立以及合作项目的实施。因此，无论是中俄之间，还是其他成员国之间，相互磋商和妥协对于推动上合组织发展非常重要。

二 中俄两国与中亚成员国之间的关系

中国与中亚成员国的关系发展都很顺利。即便与俄美关系曾经出现波折的乌兹别克斯坦与中国的关系都非常顺利。中国与中亚邻国均解决了边界问题，与中亚国家均建立了战略伙伴关系。双方高层领导人经常举行会晤，就双边关系以及国际和地区事务进行磋商。双方彼此支持对方的核心利益，在国际事务

---

[1] 〔俄〕谢·根·卢贾宁：《俄中两国在上海合作组织中的相互协作》，王奇主编《中俄战略伙伴对话：现状、问题、建议》，中央编译出版社，2014，第162、163、167页。

[2] 李静杰：《中俄战略协作伙伴关系中的几个问题》，王奇主编《中俄战略伙伴对话：现状、问题、建议》，中央编译出版社，2014，第25页。

中保持战略协作。中国坚持不干涉别国内政的原则，不支持中亚国家的反对派，不输出本国的意识形态，也不谋求在中亚实现军事存在，这受到中亚国家的欢迎。中国通过提供援助、贷款等经济措施吸引中亚国家与中国开展经贸合作。双方的经贸合作关系发展迅速，中国已成为中亚国家重要的投资和经贸合作伙伴。2013年中国与哈萨克斯坦、乌兹别克斯坦、塔吉克斯坦、吉尔吉斯斯坦中亚四国贸易额达402亿美元，比2012年增长13%。2013年9月中国国家主席习近平出访中亚期间，中国与哈乌吉三国共签署价值480亿美元的经贸合作协议。中国不仅与中亚国家在能源和资源领域合作，为中亚国家能源与资源出口提供多元化选择以及稳定和巨大的市场，而且投资中亚的基础设施和工业发展等非资源领域，为中亚国家的经济结构改革和改善民生作出贡献。中国与中亚国家的军事合作不多，人文交流也有待加强。中亚目前还没有中国单独创办或者双方合办的大学。

中国与中亚成员国关系中存在的最大问题是双方相互交流和了解还不够。无论是中亚国家，还是中国，对于对方都知之甚少，且主要是通过第三方媒体，较容易造成误解。中亚国家的学者通过研究证实，本国对华友好的地区恰恰是与中国打交道较多的地区。中亚国家的一些人动辄说中国在中亚搞经济扩张，原因是他们不了解中国与中亚国家贸易额对于中国来说微不足道。他们谈论移民威胁，夸大在中亚的中国人的数量，原因是不清楚中国人移民的主要方向。事实上，把中亚国家看作移民目的地的中国人即便有，也是微乎其微。尽管在中亚国家媒体上时常还能看到有关中国的不实报道，不过，可喜的是，越来越多的中亚国家官员和中国问题专家能够就中国话题作出相对客观的表述和评论。反过来，中国人对于近邻——中亚国家的了解也很有限。

俄罗斯与中亚成员国在军事、经贸、人文等各领域的联系非常密切。在军事领域，俄罗斯某种程度上扮演了中亚地区"卫士"的角色。俄罗斯为哈吉塔三国提供共同防空体系和国防装备，在吉塔两国长期租赁军事基地，在哈长期租赁雷达站。在集体安全条约组织的框架下，俄罗斯与哈吉塔三国共同组建了中亚快速反应部队，举行联合军事演习，开展军工企业合作。俄罗斯以国内价格向三国出售武器，帮助它们培训军事人员。俄罗斯是中亚国家主要贸易伙伴，是中亚国家进口商品的主要来源地和出口商品的重要市场。俄罗斯在中亚国家的铀、油气、电力、水电、通信、铁路、军工、采矿等主要工业领域拥有重要影响力。俄在独联体地区推行欧亚联盟战略，谋划从经济一体化逐渐迈向政治一体化。2014年5月俄罗斯与白俄罗斯、哈萨克斯坦共同签署欧亚经济联盟条约。俄罗斯与中亚国家在历史、语言、文化、教育、社会等领域拥有紧密的联系。乌吉塔三国国内的大量劳动力在俄罗斯务工。侨汇收入对于三国的稳定和发展有着重要意义。

俄罗斯与中亚成员国之间也存在一些问题。例如，双方对于历史的看法不同。俄罗斯认为，他们以及先辈曾经为中亚的发展作出巨大贡献。但在中亚国家的领导人看来，过去它们曾作为二等公民被迫接受殖民统治。一些人认为，俄罗斯不能代表现代化方向，其吸引力不如欧美。俄罗斯希望通过搞经济一体化逐步实现政治一体化。而中亚国家明确反对政治一体化，在经济一体化的问题上也十分谨慎，担心危害本国主权和独立。哈萨克斯坦国内反对与俄一体化的声音此起彼伏。俄罗斯重视加强在中亚的军事存在，这遭到乌兹别克斯坦的反对。中亚国家希望能够与俄罗斯平起平坐，希望俄罗斯给予中亚国家无条件的帮助。俄罗斯国内对于中亚国家的上述期待反应不一。

三 中亚成员国之间的关系

上合组织内除了中俄两国，还有四个中亚成员国，即哈萨克斯坦、乌兹别克斯坦、吉尔吉斯斯坦和塔吉克斯坦。这四个国家在历史、文化、经贸、人文等各领域的关系密切，原本存在很好的一体化基础。遗憾的是，它们之间存在的一些问题长期得不到解决，使它们彼此之间的关系有些复杂。这些问题主要包括：乌兹别克斯坦与吉尔吉斯斯坦和塔吉克斯坦存在水资源分配争端，乌吉塔三国之间存在领土和边界争端，以及媒体经常议论的关于哈萨克斯坦与乌兹别克斯坦在中亚地区竞争的问题。此外，中亚成员国还在油气、电力、交通、环境、民族关系、移民等领域存在一些分歧。

水资源问题是中亚成员国普遍面临的问题。中亚的水资源总量丰富，但分配不均。中亚主要有两条跨境河流——锡尔河和阿姆河。处于两河上游的吉尔吉斯斯坦和塔吉克斯坦水资源丰富，但开发有限。两国都缺乏油气资源，希望通过开发水电解决能源供应问题。苏联时期中央政府对于上下游国家推行利益补偿机制，即下游地区用能源换取上游地区的水资源。中亚国家独立后，这种利益补偿机制不再履行，上下游国家在用水问题上的矛盾加深。吉塔两国为了解决冬季用电问题，往往在冬季让水库大量放水发电。这样，处于下游的哈乌土三国在春夏灌溉季节则面临水量不足的问题。在上游国家中，乌与吉塔两国均存在跨境河流，因此乌与吉塔之间在建设水电站问题上矛盾最为突出。乌坚决反对吉塔两国在跨境河流上建设水电站，尤其反对建设大型水电站，包括塔的罗贡水电站和吉的卡姆巴拉金1号水电站。乌方认为，吉塔两国建设水电站将截留更多的水资源，导致本国获得的水量更少。另外，中亚地质条件不适合建设大型水电站，一旦发生地震或者人为事故将给下游国家带来灾难性后果。乌总统卡里莫夫指出，中亚可能因为水资源发生战争。[1] 长期以来，吉塔两国将开发水电定位为国家战略，并不打算对乌让步。两国的水电站建设项目苦于资金等问题进展缓慢。

　　苏联解体留下很多后遗症，其中最棘手的就是领土和边界问题。中亚国家的边界主要是在20世纪二三十年代划定的，当时中亚各民族对于划界结果就存在很多争议。中亚国家独立后，领土和边界问题凸显，特别是1999～2000年伊斯兰极端力量从阿富汗进入中亚制造一系列恐怖事件后，边界问题的热度陡然上升，成为影响国家间关系的主要问题。二十多年来，中亚国家为解决边界问题进行积极和不懈的努力，但由于领土边界问题本身的敏感性和复杂性，结果并不乐观。相比之下，哈乌土三国之间的边界谈判进程较顺利，绝大部分划界工作已经完成。2006年哈官方消息称，哈乌两国仅剩下咸海海底以及复活岛的边界尚未划定。[2] 乌吉塔三国之间的边界谈判进程则非常坎坷。导致这种情况的原因很多，包括三国之间边界犬牙交错，三国交界的费尔干纳地区人口密集，三国国内形势复杂，外部因素干扰等。截至目前，乌吉两国还有300多公里50～60个地段未划界。乌塔之间约1500公里的边界15%～20%的地段未划定。吉塔边境约971公里的边界中有471公里未划定。近年来，三国边境

---

[1] http：//kabarlar.org/press.
[2] http：//www.zakon.kz/75957-mezhdu-kazakhstanom-i-uzbekistanom-net.html.

地区时常发生边民冲突以及边防军人相互对射事件。另外，飞地问题也是引发中亚国家之间矛盾的导火线。乌兹别克斯坦在吉尔吉斯斯坦有4处飞地：索赫（Sokh）或索克斯（Sox）、卡拉恰（Qalacha）或乔卡拉（Chong – Kala）、贾盖尔（Dzhangail）和沙希马尔丹（Shaximardon，Shakhimardan）。塔吉克斯坦在吉尔吉斯斯坦有飞地沃鲁赫（Vorukh）和西卡拉恰（Kairagach）。吉尔吉斯斯坦在乌兹别克斯坦境内存在飞地巴拉克村（Barak）。塔吉克斯坦在乌兹别克斯坦境内存在飞地萨尔瓦克（Sarvan）。费尔干纳还有个别面积非常小的飞地既没有名称，也未确定归属。飞地的存在给当地居民的生产生活带来很大困扰，也导致不同国家的居民之间因为交通、资源归属、环境污染等问题发生冲突。

哈萨克斯坦与乌兹别克斯坦是中亚地区的两个大国。哈萨克斯坦领土面积在世界居第九位，在中亚居首位，拥有丰富的石油、铀、有色金属等资源，经济总量远超过中亚其他四国的总和。哈推行多边平衡外交政策，与各大国均保持了良好的合作关系。哈倡导创立亚信会议机制，担任过很多国际组织轮值主席国，在国际上的影响力不断增长。乌兹别克斯坦处于中亚的中心位置，是中亚人口最多的国家，乌孜别克族在中亚各国中均有分布。乌拥有灿烂的伊斯兰文化和很多著名的历史古迹。乌兹别克斯坦地缘政治地位重要，被美国看作地缘政治支轴国家，其外交政策特立独行。哈乌两国的军事力量在中亚都居于领先地位。关于哈乌两国谁能够担任中亚地区的领袖，一直以来被吵得沸沸扬扬。哈著名学者拉乌姆林与乌著名学者达利波夫还就此问题进行了专门交流，其内容刊登在很多媒体上。①

中亚四国的面积、人口和经济状况

	哈萨克斯坦	乌兹别克斯坦	塔吉克斯坦	吉尔吉斯斯坦
面积（万平方公里）	272.49	44.74	14.31	19.99
人口（万）(2013)	1716	3007.5	798.48	566.3
GDP（亿美元）(2012)	2016.8	483	75.93	60.44
人均GDP（美元）(2012)	12500	1610	951	1067
外贸额（亿美元）(2012)	1368	262.87	51.38	72.68

---

① http：//www.centrasia.ru/newsA.php？st = 1267266480.

四 成员国之间关系对上合组织的影响

成员国对于上合组织的发展存在一些分歧、彼此之间存在一些摩擦和矛盾必然会对上合组织的发展产生一定影响。这种影响主要体现在三个方面。

其一，成员国对上合组织的利益诉求不同导致对该组织的发展有不同的政策和主张，进而对外发出不同甚至相互矛盾的声音，结果导致国际社会对该组织产生混乱的印象，不清楚上合组织究竟为何物，猜测组织内部矛盾激烈，成员国陷入内耗，组织的前景堪忧，不大可能对国际和地区事务产生重要影响。这种情况不利于提升成员国民众对上合组织的认同感，不利于成员国之间的团结，也不利于上合组织提升其国际形象和国际地位，危害到组织的凝聚力和影响力。

其二，成员国之间互信不够、关系复杂导致成员国在有关组织发展的机制和项目上相互掣肘，协调困难，工作效率有限，组织的行动力和创新力被削弱。上合组织坚持的协商一致原则给予各成员国平等的决策权，只要有一个成员国不同意，上合组织内的机制和项目都无法实施。正是因为这样，成员国提出的很多合作意向、合作机制和合作项目至今仍很难得到落实，有的甚至基本没有可能落实。例如，中国提出的促进贸易便利化和建设自贸区，哈萨克斯坦提出的在哈建立上合组织分析和预测中心，塔吉克斯坦提出的在塔建立反毒中心，中吉乌三国探讨多年的中吉乌铁路等。如果成员国提出的倡议长期得不到落实，那么很可能打击它们的热情，结果它们可能不愿意为组织发展提出更多的建议。很多学者都指出，如此以往，上合组织将会变成只会发表声明和宣言的组织。

其三，成员国之间在领土、边界、资源等问题上存在一些分歧，但上合组织目前并没有协调成员国之间矛盾的机制，而且有关成员国在是否需要上合组织参与协调彼此矛盾的问题上意见不一致，因此上合组织框架下的合作暂时不能触及这些问题，这限制了上合组织发展的范围和领域。例如，成员国之间的互联互通必然涉及道路归属、铁轨标准、物流规章、税收制度、矿产开发和出口涉及领土归属、环境影响，成员国之间的经贸合作涉及成员国与其他合作机制之间的经贸安排。所有这些都决定了上合组织合作的局限性。

尽管上合组织成员国之间存在的一些分歧和问题对组织的发展产生一定影响，但不能否定上合组织建立以来取得的成绩以及它的发展潜力。上合组织成立至今，没有任何一个成员国提出过退出该组织，反而有很多国家申请成为该组织的正式成员国、观察国和对话伙伴国，这本身就说明了上合组织的生命力，它给成员国以及地区的稳定与发展带来益处，它所提出的合作理念和合作原则得到成员国以及申请国的认同。应该看到，任何国际组织内部都会存在这样那样的问题。成员国对于这些问题的看法以及成员国之间的关系始终在发生变化。"从政治角度来看，上合组织难以成为紧密型的组织，它只可能是一个半紧密型的组织。上合组织内部的政治基础是相互接受，而不是相互一致。"①这决定了上合组织必然把重点放在寻求合作机会，而不是把解决成员国之间的矛盾和分歧作为首要任务，尽管这也非常重要，但目前的条件还不允许上合组织完成此艰巨任务。

有关中俄在上合组织内部主导权之争的说法，如同哈乌两国在中亚主导权之争的说法一样，都是对合作的一面重视不够，夸大了竞争的一面。中俄两国是推进上合组织发展的两大动力，二者相互补充，相得益彰。缺少任何一方，上合组织都难以维持组织内部力量结构的平衡性，其在国际上的作用也会大打折扣。中俄两国在全球层面形成的战略协作关系决定了两国在地区层面处理与两国有关事务的原则。两国彼此清楚和尊重对方在中亚的利益，即便是在地区事务中出现分歧和竞争，中俄也会以全球利益为重，通过协商和相互让步，妥善处理和解决遇到的问题，使彼此的中亚政策实现有效连接，不会因小失大。任何国家都是从本国利益出发处理国际事务和地区事务，从中尽可能寻找到合作点，而不是囿于对抗和冲突。而且，作为国际关系的主体，中亚国家独立以来始终追求合作伙伴多元化和利益最大化，任何大国单凭本国力量都不能满足中亚国家的所有合作需求。无论是俄罗斯，还是中国，都倾向于在本国无法做到的领域，让与本国为善的力量获得合作机会并带给中亚国家福祉。中国乐见俄罗斯与中亚国家在安全等领域密切合作，维护地区的和平稳定。而中国与中

---

① 赵华胜：《上海合作组织发展的可能性和限度》，《国际观察》2011年第3期。

亚国家开展经济等领域的合作也有利于促进中亚国家的经济增长，创造更多就业机会，改善民生，客观上为俄减轻了来自中亚的移民、投资和安全压力。

中亚成员国之间的关系也并非一成不变。近两年来，哈乌两国之间的协调明显增加。继2012年乌总统卡里莫夫访哈并作出对哈友好的表示后，2013年6月哈总统纳扎尔巴耶夫访乌，双方签署战略伙伴关系条约。哈吉继续加强合作。2013年9月25日，吉尔吉斯斯坦总理萨特巴尔季耶夫在阿斯塔纳与哈萨克斯坦总理阿赫梅托夫举行会谈，吉方除了希望哈方支持吉"入盟"，还表示拟与哈加强在煤、气、跨界水等方面的合作，并表示在供暖期前吉方仍有5亿度电力可以向哈方出口。吉哈双方还探讨了关于在塔拉斯州修建"玛依玛克"水电站，以及共同参与修建"俄－哈－吉－塔"铁路等议题。2013年5月塔总统拉赫蒙访问吉尔吉斯斯坦，就划界问题与吉方交换意见。9月吉塔两国就边界划分问题举行外交谈判，谈判机制从副部长级提升至副总理级。这些情况表明，中亚成员国仍在为解决存在的问题和发展相互关系作出努力。

因此，尽管成员国之间的问题对于上合组织的发展产生一定负面影响，但也要看到，在上合组织内，成员国之间的合作是主流。这些问题不大可能损害上合组织的根基。这里指的是，上合组织把"互信、互利、平等、协商、尊重多样文明、谋求共同发展"的"上海精神"作为成员国合作的基本准则。成员国本着这一基本准则在上合组织框架下开展的相互合作必然符合它们自身的利益。另外，各成员国都非常清楚，上合组织不是万能药，不可能解决成员国之间的所有问题，但它至少为成员国提供了彼此之间相互沟通的平台。在上合组织框架下，成员国在其他领域的有效合作也为它们解决相互之间的问题提供了较好的氛围和可能性。

探讨与建议

Discussions and Suggestions

Y.9 上海合作组织参与解决阿富汗问题的策略与底线

许 涛*

摘　要： 长期以来，上海合作组织的成立与发展伴随着阿富汗形势的变化和解决阿富汗问题的政策调整。由于地缘政治的原因，阿富汗问题前景越来越成为上海合作组织发展及其成员国安全与稳定不可回避的重要因素。十多年来，随着上海合作组织逐渐成熟，其参与解决阿富汗问题进程的程度也越来越深入，政策目标也越来越清晰。2014年国际安全援助部队撤出后，阿富汗形势面临重大变数。为了维护地区共同安全和保障各成员国长期稳定，上海合作组织将恪守既定原则，更加积极地参与阿富汗问题解决进程。

---

* 许涛，中国现代国际关系研究院研究员，从事中亚地区安全、上海合作组织问题研究。

关键词：

上海合作组织 阿富汗问题 介入

上海合作组织已经进入第 13 个年头，而这一年恰恰也是北约联军在阿富汗发动反恐战争的第 13 年。看似充满历史偶然性巧合，稍作深入分析却能找到许许多多的必然联系。13 年后，上海合作组织已渐渐成为欧亚地区各国及国际社会认可与依靠的重要政治对话平台和安全合作机制。尽管上海合作组织作为一个年轻的国际组织尚需在诸多方面完善和成熟，然而在十多年中经历的欧亚地区以及全球性重大事件冲击面前体现出的凝聚力和缓冲力，已在各成员国、观察员国和更广泛的国际社会成员中树立起应有的威信和影响。其中，也包括对阿富汗问题的积极影响作用。阿富汗的长年战乱和极端主义、恐怖主义的藏匿和滋生一直是中亚、南亚地区安全的长期威胁，也是欧亚地区乃至世界和平的多年病灶。上海合作组织的 6 个正式成员国中，中国、乌兹别克斯坦、塔吉克斯坦 3 国与阿富汗毗邻。4 个观察员国中除阿富汗本国，又有巴基斯坦和伊朗也是阿富汗的邻国。上海合作组织的建立与发展过程，在某种程度上始终伴随着阿富汗问题的影响以及为解决阿富汗问题所作的努力。俄罗斯总统普京甚至曾认为，阿富汗局势长期动荡是促使上海合作组织诞生的重要因素之一。[①] 其实，从地缘政治角度来考量，普京总统的这一判断并不夸张。阿富汗问题的长期存在与发展变化，不仅是推动上海合作组织成立的动因，而且也对这一地区性国际组织发展成熟的路径产生了影响。对此，许多中国学者也持有类似的赞同观点。[②] 而这种影响不单单体现在上海合作组织对阿富汗问题的关注上，也体现在上合组织针对阿富汗问题的政策调整与变化上。考察这一变化过程，对预测上海合作组织在后 2014 时代的阿富汗政策无疑是个重要前提。

[①] http://www.russia.org.cn/chn/? SID=74&ID=469.
[②] 赵华胜：《上海合作组织与阿富汗问题》，《国际问题研究》2009 年第 4 期。

一

从时间上观察，如果包括上海合作组织的前身——"上海五国"时期，"上海进程"与阿富汗局势的互动应在20世纪90年代业已启动。所以，第一阶段应从1998年"上海五国"正式出现在欧亚地区和国际社会面前时算起。这一年的7月，"上海五国"外长会议的联合声明中对阿富汗局势的紧张表示"不安"；1999年8月，五国元首在联合声明中对阿富汗形势的发展更"深表忧虑"；2000年3月，"上海五国"国防部长会议发表的《杜尚别声明》中也对阿富汗局势表示"严重关切"。① 尽管这时一些中亚国家为阿富汗各派势力的和解奔走呼号，甚至暗中调停，但从"上海五国"集体态度概括这一阶段的特点，应是"忧虑"和"关切"。当然，此时也初步形成了上海合作组织对阿富汗问题的基本立场：①不介入的原则，不支持或反对任何一方；②通过政治谈判实现民族和解是解决问题的基本途径；③反对使用单纯军事手段解决阿富汗问题；④支持以联合国为中心的国际社会参与解决阿富汗问题。上述基本立场的形成具有重要意义，甚至直到今天仍是上海合作组织参与解决阿富汗问题的重要原则。2001～2004年可视为第二阶段。这时恰好是上海合作组织正式成立与"9·11"事件引发阿富汗国际反恐战争的重合期。世纪之交欧亚地区极端主义和恐怖主义活动的蔓延，促使上海合作组织成立后出台的第一部正式文件就是《打击恐怖主义、分裂主义和极端主义上海公约》。以反对恐怖主义为主要的地区安全合作成为上海合作组织刚刚成立时的主要任务，同时也在行动上与阿富汗的国际反恐斗争相互呼应。2002年1月，上海合作组织成员国外长会议发表《联合声明》，首次比较明晰地表达了在当时情况下对阿富汗问题的立场和政策：①支持国际反恐联合行动，并将"塔利班"列为支持恐怖主义的组织；②支持《波恩协议》及阿富汗政治进程，支持新产生的阿富汗临时政府；③支持对阿富汗提供国

---

① 《上海合作组织大事年表》，http://politics.people.com.cn/GB/8198/136846/136849/8230790.html。

际人道主义援助，支持在联合国主导下的阿富汗经济重建，并将在联合国框架内参与阿富汗经济重建项目，① 2003年5月的《上海合作组织成员国元首宣言》进一步强调了上述立场，2004年6月的《上海合作组织成员国元首塔什干宣言》还将打击毒品贸易与反对恐怖主义、极端主义同视为阿富汗和平重建的必要条件。② 这一阶段上海合作组织对阿富汗问题的特征可概括为"援助"与"参与"。第三个阶段应是2005~2008年，其间上海合作组织与阿富汗政府互动开始加强。2005年3月的《上海合作组织成员国外交部长联合公报》对上海合作组织—阿富汗联络组的筹备工作予以肯定；8月的《上海合作组织成员国元首宣言》中进一步明确表示，"愿积极参与在阿富汗周边构筑'反毒带'的国际努力，参与制定并实施专门计划，帮助阿富汗稳定社会经济和人道主义形势"。③ 同年11月上海合作组织—阿富汗联络组议定书正式签署，使上海合作组织与阿富汗政府的联系机制化。2007年8月，阿富汗总统卡尔扎伊首次作为客人参加了在吉尔吉斯斯坦比什凯克举行的上海合作组织峰会。2008年8月上海合作组织成员国元首杜尚别会议上，除要求加强上海合作组织—阿富汗联络组工作外，首次提出筹备召开阿富汗问题特别国际会议的倡议。④ 2009~2013年为第四个阶段，这是上海合作组织参与解决阿富汗问题最活跃的一年。2009年1月，首先举行了上海合作组织成员国副外长级磋商。3月，上海合作组织阿富汗问题特别会议在莫斯科召开，除阿富汗本国和上合组织成员国及观察员国外，美国、英国、法国、德国、意大利、加拿大、日本、土耳其、土库曼斯坦等国的代表，以及联合国、独

---

① 《上海合作组织成员国外长联合声明》，http：//news.xinhuanet.com/ziliao/2003 - 05/22/content_882097.htm，2002年1月7日。
② 《上海合作组织成员国元首宣言》《上海合作组织成员国元首塔什干宣言》，http：//www.fmprc.gov.cn/mfa_chn/gjhdq_603914/gjhdqzz_609676/lhg_610734/zywj_610746/t4509.shtml，http：//www.fmprc.gov.cn/mfa_chn/gjhdq_603914/gjhdqzz_609676/lhg_610734/zywj_610746/t140094.shtml。
③ 《上海合作组织成员国外交部长会议联合公报》《上海合作组织成员国元首宣言》，http：//www.fmprc.gov.cn/mfa_chn/gjhdq_603914/gjhdqzz_609676/lhg_610734/zywj_610746/t186094.shtml，http：//www.fmprc.gov.cn/mfa_chn/gjhdq_603914/gjhdqzz_609676/lhg_610734/zywj_610746/t206068.shtml。
④ 《上海合作组织成员国元首杜尚别宣言》，http：//www.gov.cn/jrzg/2008 - 08/28/content_1082152.htm。

联体、欧盟、北约、欧安组织、伊斯兰会议组织、亚信组织等国际组织均派代表参加。此次大会通过了《上海合作组织阿富汗问题特别会议宣言》，强调"上海合作组织不仅是就阿富汗问题开展广泛对话的适宜论坛之一，也是阿富汗与邻国加强务实合作，打击恐怖主义、贩毒和有组织犯罪的有前景的多边渠道"。① 这次空前的会议及其文件首次（同时签署的文件还有《上海合作组织成员国和阿富汗伊斯兰共和国关于打击恐怖主义、毒品走私和有组织犯罪的声明》和《上海合作组织成员国和阿富汗伊斯兰共和国打击恐怖主义、毒品走私和有组织犯罪行动计划》）正式向国际社会宣示，上海合作组织对阿富汗问题不仅予以特别的关注，而且将以促进广泛国际合作的方式成为解决阿富汗问题的重要机制和平台。6月，《上海合作组织成员国元首叶卡捷琳堡宣言》再次表达了对阿富汗局势趋于恶化的担忧，并强调必须与联合国及其他国际组织在解决阿富汗问题上实现合作。② 2010年6月，《上海合作组织成员国元首理事会第十次会议宣言》重申了"支持联合国在协调国际社会调解阿富汗局势的努力中发挥主导作用"的立场，明确表示"成员国支持推动由联合国主导并吸收阿富汗人民参与的谈判进程"，并再次提出"支持成员国同国际机构和其他相关各方一道，参与实施阿富汗经济重建项目"。③ 2012年6月的上海合作组织元首会议上，阿富汗被批准成为本组织的观察员国，上合组织以更加负责的态度介入阿富汗问题的解决进程。在这次会议上签署的《上海合作组织成员国元首关于构建持久和平、共同繁荣地区的宣言》和2013年9月在比什凯克峰会上签署的《上海合作组织成员国元首比什凯克宣言》中，第一次提出了"支持将阿富汗建设成为独立、中立、和平、繁荣、没有恐怖主义和毒品犯罪的国家"的政治方向和"阿富汗民族和解进程应由阿人主导、阿人所有，以尽快实现国家和平与稳定"的基

---

① 《上海合作组织阿富汗问题特别会议宣言》，http://www.fmprc.gov.cn/mfa_chn/gjhdq_603914/gjhdqzz_609676/lhg_610734/zywj_610746/t206068.shtml。
② 《上海合作组织成员国元首叶卡捷琳堡宣言》，http://www.fmprc.gov.cn/mfa_chn/gjhdq_603914/gjhdqzz_609676/lhg_610734/zywj_610746/t568039.shtml。
③ 《上海合作组织成员国元首理事会第十次会议宣言》，http://www.fmprc.gov.cn/mfa_chn/gjhdq_603914/gjhdqzz_609676/lhg_610734/zywj_610746/t708188.shtml。

本原则。①

至此,上海合作组织参加解决阿富汗问题的立场和政策基本成型。概括起来应包括以下诸方面要点:第一,充分认识到解决阿富汗问题是关系到地区稳定和世界和平的重要因素,其前景与上合组织健康发展和各成员国国家安全利益攸关;第二,支持本组织各成员国与其他国际组织及国家一道参与援助阿富汗经济重建的工作;第三,主张联合国在协调国际社会解决阿富汗问题的过程中发挥主导作用,其他国际组织与国家联盟应在联合国领导下参与促进阿富汗稳定与经济重建的工作;第四,认为单纯依靠军事手段不能解决阿富汗问题,政治解决是阿富汗和平的基本出路;第五,认为阿富汗民族和解进程应由阿人主导、阿人所有,无论国际组织还是相关国家作为调解方均不应支持或偏袒任何一方。由此,已经可以比较清晰地勾勒出上海合作组织介入解决阿富汗问题主要思路和基本底线的形成过程。

二

2014年,北约国际安全援助部队将撤离阿富汗。尽管美国与阿富汗政府仍为留驻美军的数量和法律地位问题争执不下,使美阿《双边安全协议》迟迟不能最后签署,但北约部队撤离已经启动,到2014年底阿富汗国内局势面临的重大变化已是国际社会和相关国家共同担忧的地区前景之一。阿富汗局势可能发生的变化将对上海合作组织及其成员国的安全环境带来怎样的影响,这是在确定上海合作组织参与解决阿富汗问题基本政策之前需要作出冷静分析和判断的前提。

首先,让国际社会最担心的是阿富汗安全形势及其对欧亚地区的影响。西亚北非"阿拉伯之春"引发的地区性动荡仍然在持续发酵,在大气候作用下

---

① 《上海合作组织成员国元首关于构建持久和平、共同繁荣地区的宣言》《上海合作组织成员国元首比什凯克宣言》,http://www.fmprc.gov.cn/mfa_chn/gjhdq_603914/gjhdqzz_609676/lhg_610734/zywj_610746/t939154.shtml,http://www.fmprc.gov.cn/mfa_chn/gjhdq_603914/gjhdqzz_609676/lhg_610734/zywj_610746/t1076667.shtml。

上海合作组织参与解决阿富汗问题的策略与底线

近年在中亚、南亚地区正形成新一轮极端主义思潮。2013年7月，一名哈萨克斯坦籍"圣战分子"在脸谱网站公布了一段参加叙利亚内战的视频，引起中亚、俄罗斯及欧美等各国极端主义分子跟帖响应。① 同年10月，哈萨克斯坦国家安全委员会经调查发现，有上百名哈萨克斯坦公民在叙利亚参与反政府"圣战"②。另据吉尔吉斯斯坦国家安全委员会同年9月披露，8月时吉尔吉斯斯坦安全部和内务部门曾破获了一个自称为"伊斯兰圣战联盟"（СИД）分支的恐怖主义活动小组。这个小组的3名成员也曾在叙利亚参加过"圣战"，其中既有吉尔吉斯斯坦公民也有哈萨克斯坦公民，他们受这个组织在叙利亚分支机构的派遣，经土耳其潜回吉尔吉斯斯坦，计划对当年9月的国家独立日庆祝活动和上海合作组织比什凯克峰会采取行动。③ 同年9月，塔吉克斯坦内务部抓获10名密谋在首都杜尚别进行破坏活动的恐怖分子。这个小组的领导人曾在巴基斯坦属于"乌兹别克斯坦伊斯兰运动"组织的恐怖主义训练营地内接受过训练。这个小组由巴基斯坦经阿富汗潜入塔吉克斯坦后，企图制造一系列恐怖事件以破坏11月举行的塔吉克斯坦总统选举。④ 2013年10月，哈萨克斯坦媒体引用BBC发自巴基斯坦的消息称，哈萨克斯坦和土库曼斯坦的武装极端主义分子正在阿富汗的巴达赫尚参加"圣战"。哈萨克斯坦分析人士为这一消息震惊，因为这是从来没有发生过的情况。⑤ 2014年1月，一股来自中国新疆的恐怖分子流窜至中国—吉尔吉斯斯坦边境，进入吉方伊塞克湖州后

---

① Militant makes jihad calls in Kazakh language, Thursday, 18.07.2013, http：//en.tengrinews.kz/religion/Militant - makes - jihad - calls - in - Kazakh - language - 21117/.

② 2 Kazakh citizens detained on suspicion of terrorist activity in Syria, 28 October 2013, http：//en.ca-news.org/news：530114/.

③ В Кыргызстане задержаны члены террористической группировки, переброшенной из Сирии, готовившие теракты в Оше и Бишкеке, Бишкек - ИА？24.kg？, Махинур НИЯЗОВА, /16/09/2013/, http：//www.24kg.org/investigation/160784 - v - kyrgyzstane - zaderzhany - chleny - terroristicheskoj.html.

④ Задержанные террористы планировали взорвать несколько госучреждений Таджикистана, /23/09/2013/, http：//news.tj/ru/print/171786.

⑤ Аскар МУМИНОВК：азахстанские боевики замечены в афганском Бадахшане, http：//www.kursiv.kz/news/details/vlast1/Kazahstanskie - boeviki - zamecheny - v - afganskom - Badahshane1/.

被边防部队全部击毙。① 阿富汗反恐战争已经过去十多年，受到重创的"塔利班""乌兹别克斯坦伊斯兰运动"不仅没有消失，反而与本土的极端主义势力相结合，经过重新组合后派生出形形色色的新极端主义组织和恐怖主义组织，如"伊斯兰圣战联盟"（Союз "Исламский Джихад"）、"安拉使者"（"Джамаат Ансаруллах"）、"伊斯兰军"（"Лашкари Ислом"）、"真主战士"（"Солдат Аллаха"）等大小达 12 个之多。②

其次，阿富汗政治和解前景的不确定性也是国际社会难以把握的进程。早已启动的喀布尔当局与"塔利班"组织的政治和解进程十分不顺利，如何限定"塔利班"组织在今后阿富汗社会中的位置仍是个难题。当 2009 年底奥巴马宣布从阿富汗撤军的计划时，实际上"塔利班"是受到了莫大鼓舞的。从此他们采取了保存实力的方针，一方面避免与美军正面冲突以留下有生力量，一方面有选择地继续开展有限的军事行动以显示其存在。同时在部族控制区有意充当调解争议的仲裁人，借以树立威信，造成"塔利班影子政府"与喀布尔当局分庭抗礼的既成事实。③ 2013 年 6 月，原准备在卡塔尔举行的阿富汗政府与"塔利班"代表的会谈，由于"塔利班"在卡塔尔代表处擅自悬挂旗帜引起喀布尔方面不满而告吹。④ 在签署美阿《双边安全协议》的艰难谈判中，卡尔扎伊仍希望保留相当数量的美国军人，尽管美国方面因为美军法律地位问题仍在讨价还价，但奥马尔却对美国在阿富汗保留部分美军的决定立即作出了"塔利班将继续战斗"的激烈反应。⑤ 同时，喀布尔当局试图拉"塔利班"重返阿富汗社会的做法并未受到多数民众拥护，在民族认同和部族认同高于国家

---

① Раимберди Дуйшенбиев: Убитые на кыргызско – китайской границе внешне похожи на этнических уйгуров, а по экипировке – сепаратистов, http://www.24kg.org/community/170282 – raimberdi – dujshenbiev – ubitye – na – kyrgyzsko.html.

② Никита Мендкович: эксперт Центра изучения современного Афганистана, эксперт РСМД, Постсоветские террористические группировки могут стать непосредственной угрозой для стран СНГ, http://russiancouncil.ru/blogs/debate/?id_4=920.

③ 胡仕胜、王世达、杜冰：《南亚：阿巴困局难解》，《亚非纵横》2011 年第 2 期，第 16、17 页。

④ Правительство Афганистана отменило решение об участии в переговорах с талибами в Катаре, http://www.afghanistan.ru/doc/61590.html.

⑤ США и Афганистан не договорились по соглашению в сфере безопасности, http://www.rg.ru/2013/10/13/dogovor – anons.html.

认同的社会氛围里，多数非普什图族群是不愿看到"塔利班"进入国家政权的。阿富汗古老的"部族法则"制约着"塔利班"不能出卖包括"基地组织""乌伊运"在内的朋友和同盟者，这也将突破北约国际安全援助部队和今日及未来的喀布尔当局能够接受的原则底线。2014年2月13日，阿富汗政府不顾美国反对释放了65名巴格拉姆监狱在押人员，被美方视为"挑衅"。① 美阿关系趋于紧张，对2014年后政治和解也是个不祥之兆。

最后，毒品经济持续泛滥阻碍着阿富汗社会经济的恢复和国际社会对经济重建的有效援助。连年战乱已使阿富汗国民经济体系遭受严重破坏，迫于生计鸦片种植和毒品贸易成为相当一部分阿富汗人的重要收入来源。2001年，阿富汗的鸦片种植面积仅为7606公顷，到2012年时多达154000公顷（增加了19倍多），而在鸦片种植最多的2007年曾达193000公顷（高达25倍多）；在经历了12年的阿富汗战争后，干鸦片的产量也由2001年的185吨达到2012年的3700吨（产量最高的2007年达到7400吨，增加近40倍）。② 2012年阿富汗的鸦片产量占世界非法鸦片产量的74%（2006年为最高年份，曾达92%），③ 鸦片贸易收入占本国GDP总量的8.2%。④ 阿富汗的毒品问题向来与恐怖主义问题交织在一起，毒品贸易是"基地组织"和"塔利班"组织存在与活动的重要经济来源。2014年初的一次阿富汗安全部队的清剿行动中，在楠格尔哈省摧毁了一个仅有45名"塔利班"武装人员盘踞的地点，从中竟发现4处地下毒品加工点。⑤ 据中亚有关部门估计，阿富汗的海洛因经中亚走私出去的毒品至少占阿富汗毒品流出量的30%，而被塔吉克斯坦、乌兹别克斯坦等国海关和边防机构成功查获的仅占流出毒品的2%左右。⑥ 中亚地区是阿

---

① 《阿富汗不顾美国反对释放65名囚犯》，http://www.chinanews.com/gj/2014/02-14/5838524.shtml.
② *World Drug Report 2013*, http://www.unodc.org/unodc/secured/wdr/wdr2013/World_Drug_Report_2013.pdf.
③ http://7696724.mobi/afganistan-i-narkotiki/.
④ *World Drug Report 2012*, http://www.unodc.org/documents/data-and-analysis/WDR2012/WDR_2012_web_small.pdf.
⑤ В провинции Нангархар были убиты 45 боевиков, http://afghanistan.ru/doc/71866.html.
⑥ Ройзман Евгений: Производство наркотиков в Афганистане увеличивается постоянно, /06/05/2013/, http://ru-an.info/news_content_print.php?id=2274.

富汗毒品流向欧洲的通道，塔吉克斯坦、乌兹别克斯坦、吉尔吉斯斯坦等国是最大的受害国。据阿富汗禁毒部门的估计，种植鸦片的阿富汗农民从毒品贸易中只获微利5%，其余大部分被国际贩毒集团获得。从这个意义上看，毒品经济在阿富汗的存在除了资助恐怖主义、带来社会问题和危害邻国安全外，对国民生计并不能产生根本上的赈济作用。与"毒品经济"相伴随的跨国犯罪、社会腐败是中亚国家多年挥之不去的阴影，2014年后阿富汗毒品形势继续"外溢"的影响令人担忧。

三

针对2014年阿富汗形势可能发生的变化以及对欧亚地区产生的影响，上海合作组织对阿富汗问题的有限介入必须更加精准、更加积极、更加有效。从2013年以来上海合作组织一系列重要会议和文件显示的信息来看，上合组织参与解决阿富汗问题的努力仍不外乎以下几个方面。第一，通过更广泛的国际安全合作构筑周边反恐反毒安全带。2014年1月22日，上海合作组织地区安全问题莫斯科副外长级磋商会议上，各成员国代表就保障地区安全、重点打击国际恐怖主义、地区极端主义、非法贩运毒品、有组织犯罪、网络犯罪以及应对其他跨国性威胁与挑战等各方共同关注的问题交换意见。会议强调，打击恐怖主义和阿富汗非法鸦片经济是本地区持久和平与繁荣的必要条件，解决上述任务需国际社会的更多关注和协同努力。由于国际安全援助部队将于2014年从阿富汗撤军，阿富汗局势成为上海合作组织成员国地区安全的重要因素。会议提出，国际社会及相关各国应继续对阿富汗国家安全部队提供国际援助，防止国际安全援助部队撤军后导致阿富汗局势恶化。① 第二，积极参与和推动阿富汗社会经济重建。上海合作组织各成员国已立场鲜明地做好加大对阿富汗民生领域投入准备，并基本一致地认为应优先向农业、教育、卫生等领域提供援助支持，更新和改善国民经济基础设施。帮助阿富汗经济加强自身"造血"

---

① 《上海合作组织地区安全问题副外长级磋商在莫斯科举行》，http://www.sectsco.org/CN11/show.asp?id=689.

功能，实现社会经济良性发展，切实帮助各民族广大民众提高生活水平，逐步铲除极端主义、恐怖主义、毒品走私和跨国有组织犯罪滋生的土壤。这一政策思路不仅已在上合组织成员国分析人士中形成共识，也逐渐成为各成员国参与解决阿富汗问题的政治决心。① 借助于地缘和人文的优势，上海合作组织成员国积极参与阿富汗的资源开发，继续向阿富汗提供力所能及的帮助，并在经贸、海关、禁毒、安全等领域为阿培训人才将具有特殊的意义和即时的效果。尤其在区域交通领域，上海合作组织成员国不仅具有地理上的便利条件，而且建成跨国交通运输网将惠及各国未来经济发展前景。第三，为阿实现民族和解与国家政治统一提供国际平台。上合组织与有关国家和国际及地区组织加强合作，为促进阿富汗实现民族和解与保障地区安全等关键性问题进行广泛对话和协调立场提供了重要平台。尽管目前上海合作组织反对地区宗教极端主义和国际恐怖主义的立场和各成员国国内立法尚不能接受包括"塔利班"在内的宗教极端主义组织，但各成员国在尊重阿富汗独特政治文化传统、尊重部族和政治力量在国家社会生活中扮演重要角色上已经达成一致，愿意恪守"阿人主导、阿人所有"原则促成阿富汗各派的谈判，达成民族和解与政治和解协议，建立一个能够在真正意义上代表阿富汗大多数民族、部族和政治派别的联合政府。为此，上海合作组织将积极推动阿富汗问题伊斯坦布尔进程部长级会议。中国国家主席习近平于 2013 年 9 月已向卡尔扎伊总统表示，中方将承办 2014 年阿富汗问题伊斯坦布尔进程第四次部长会议，积极发挥作为上海合作组织成员国的协调作用。② 同时，除正式成员国以外，巴基斯坦、伊朗、印度等观察员国也将凭借各自的优势参加国际社会调解阿富汗实现和平稳定的进程，在切实推动阿富汗政治和解的国际努力中发挥积极作用。

上海合作组织是冷战结束后出现在欧亚地区的新型国际组织，其发展过程验证着新型合作安全和集体安全理念在全球化形势下的实践意义。针对 2014 年国际安全援助部队撤离后的阿富汗问题，上海合作组织虽然不具备北约、欧

---

① Сыроежкин: "Проблема 2014" и безопасность в Центральной Азии, "Центральная Азия и Кавказ", № 3, Том 16, 2013, С. 34 – 36.
② 《习近平同卡尔扎伊会谈：支持阿富汗和平重建进程》，http://www.chinanews.com/gn/2013/09 – 27/5332637. shtml。

盟式的统一决策机制和行动能力，甚至在如何介入阿富汗问题的具体策略上还有若干分歧。但各成员国由于地缘地位和切身利益对阿富汗问题均予以高度关注，并在经历了十多年的磨合后形成了基本一致的立场和愿意共同坚守的原则，这两个条件决定了上海合作组织将成为参与解决阿富汗问题国际合作的特殊角色。① 由此，上海合作组织将在国际社会与其他国际组织及国家形成一股重要合力，相信能构成促进阿富汗问题解决与社会重建的有生力量。

---

① Участники консультаций ШОС выступили за оказние помощи Афганистану，http：//ca－news. org/news：1095967.

Y.10 上海合作组织FTA对成员国的经济影响研究

——基于CGE模型的分析

赵金龙*

摘　要：

本文分析了中国和俄、哈、吉、塔、乌等上合组织成员国之间的贸易结构和特点。通过构建一般均衡模型，研究了上海合作组织自由贸易区对中、俄、哈、吉、塔等国的宏观经济变量产生的综合性影响。研究结果表明：在上合组织区域经济一体化进程中，一个完全没有关税壁垒的上合组织自由贸易区将增加绝大多数成员国的福利、实际GDP和外贸进出口。

关键词：

上合组织　自由贸易区　经济影响　一般均衡模型

2001年6月14日，中、俄、哈、吉、塔"上海五国"元首和乌兹别克斯坦总统在上海举行会晤，签署联合声明，吸收乌兹别克斯坦加入"上海五国"机制。15日，六国元首共同发表《上海合作组织成立宣言》，宣布在"上海五国"机制基础上成立上海合作组织。上海合作组织正式宣告诞生。

经过十几年的发展，上海合作组织框架下的经济合作与一体化进程正发挥越来越大的功能和作用。从《上海合作组织成立宣言》《上海合作组织成员国政府间关于开展区域经济合作的基本目标和方向及启动贸易和投资便利化进程

---

* 赵金龙，经济学博士，现任上海大学经济学院讲师，研究方向为国际贸易、自由贸易区、经济一体化。

的备忘录》到《上海合作组织成员国多边经贸合作纲要》与《落实措施计划》，上合组织框架下一系列纲领性文件的先后签署，使得经贸合作在上合组织成员国间的地位不断得到加强和提高。

中国在上合组织框架下进行深入经济合作的态度比较主动。在2003年的上合组织六成员国总理会晤中，温家宝总理就提出要把逐步建立自由贸易区作为上合组织长远的经济合作目标。2011年9月2日，中国商务部副部长钟山再次提出上合组织成员国可以在适当的时间考虑建立自由贸易区，但包括俄罗斯在内的其他上合组织成员国对此反应不太积极。

中俄两国作为上合组织的核心国家，一方面，两国的战略意图决定了上合组织未来的合作机制与方向。另一方面，上合组织框架下的制度性与功能性安排也深刻影响了两国的经贸关系和特征。从政治经济学角度分析，国际合作过程中产生的经济利益和分配模式决定了各国对经济一体化进程的态度与模式选择。为了研究上合组织 FTA 对各成员国特别是中俄两国产生的潜在经济影响，我们分析了上合组织成员国的贸易结构和特点，同时运用一般均衡模型，模拟了上合组织框架下的贸易自由化进程对上合组织各国的福利、GDP、贸易等各种宏观经济变量产生的影响。

一 上合组织成员间经贸关系的现状与特点

（一）中俄两国贸易的基本状况

2000年之前，中俄双边贸易额大致稳定在60亿美元上下。两国双边贸易整体上呈大小年交替的现象，无论是贸易总额还是进出口贸易差额都处于稳定状态。

2000年之后，中俄两国双边贸易发展迅猛。尤其是2001年中国入世后到金融危机之前，中国对俄罗斯的出口平均增长率接近50%。2007年，中国对俄罗斯出口增长率高达79.9%，两国贸易额达481.1亿美元，约等于1992～1999年八年间双边贸易额的总和（481.9亿美元）。2008年金融危机的发生使得中俄贸易产生大幅波动，但总体上依然维持在较高水平。2011年后，中俄间贸易快速反弹,再次呈现快速增长的趋势。2012 年中俄贸易额达 880.3 亿美元。

表 1 中国与俄罗斯的双边贸易发展趋势

单位:十亿美元

年份	中国出口(增长率)		中国进口(增长率)		贸易平衡	总贸易额
1992	2.34		3.51		-1.18	5.85
1993	2.69	15.2%	4.99	42.0%	-2.29	7.68
1994	1.58	-41.4%	3.47	-30.5%	-1.89	5.05
1995	1.67	6.1%	3.80	9.6%	-2.12	5.47
1996	1.69	1.1%	5.16	35.7%	-3.46	6.85
1997	2.03	20.2%	4.08	-20.8%	-2.05	6.12
1998	1.83	-9.9%	3.63	-11.2%	-1.79	5.46
1999	1.50	-18.3%	4.22	16.4%	-2.73	5.72
2000	2.23	49.1%	5.77	36.6%	-3.54	8.00
2001	2.71	21.6%	7.96	37.9%	-5.24	10.67
2002	3.52	29.7%	8.41	5.6%	-4.88	11.93
2003	6.03	71.4%	9.73	15.7%	-3.69	15.76
2004	9.07	50.3%	12.09	24.3%	-3.02	21.16
2005	13.21	45.6%	15.89	31.4%	-2.68	29.10
2006	15.83	19.8%	17.54	10.4%	-1.71	33.37
2007	28.48	79.9%	19.63	11.9%	8.85	48.11
2008	33.01	15.9%	23.78	21.2%	9.23	56.79
2009	17.52	-46.9%	21.10	-11.3%	-3.58	38.62
2010	29.59	68.9%	25.81	22.3%	3.78	55.40
2011	38.89	31.4%	39.04	51.3%	-0.16	77.93
2012	44.07	13.3%	43.95	12.6%	0.12	88.02

数据来源:联合国商品贸易数据库。

从贸易平衡角度分析,2006 年以前,中国对俄罗斯一直保持贸易逆差。但是,自 2001 年中国入世开始,中国对俄罗斯的出口保持高速增长,而且出口增长快于进口增长,从而使得中国对俄罗斯的贸易逆差逐渐减小,在个别年份甚至出现顺差。

从表 2 中可以看出:中国主要从俄罗斯进口矿物、润滑油和原油等资源类

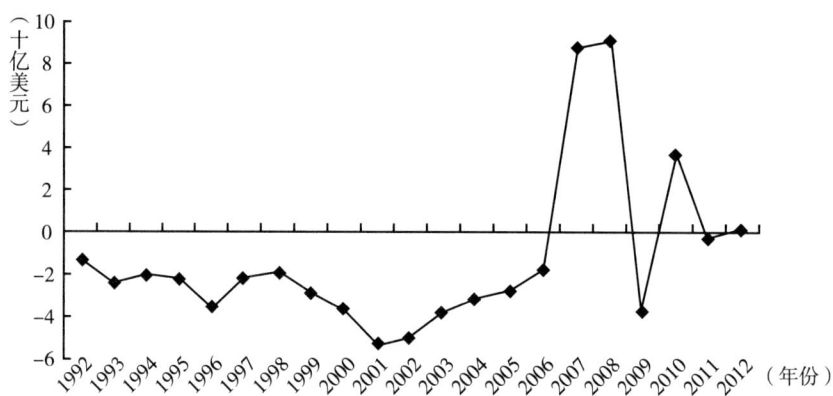

图1 中国与俄罗斯的贸易平衡

产品,大约占中国自俄进口总量的80%以上。其他的则主要是"化学品及相关产品等"。一方面,俄罗斯地域辽阔,石油与矿产等自然资源丰富。另一方面,近年来,中国制造业的迅猛发展对原材料的需求旺盛。两国相邻的地理条件也为俄罗斯自然资源向中国的输送和运输提供了极大便利。中俄之间在自然资源领域的贸易一直是俄罗斯贸易顺差的主要来源。未来一段时期内,这一状况仍将持续。

表2 2012年中国从俄罗斯进口前三位的商品

中国从俄罗斯进口			
排名	分类编码	商品类别	比例
1	3	矿物燃料、润滑油及相关材料	66.86%
2	2	原油材料(不包括燃料)	15.54%
3	5	化学品及相关产品等	7.03%

注:SITC第4版1位数分类。
数据来源:联合国商品贸易数据库。

从表3中可以看出,中国向俄罗斯的出口主要包括"机械与运输设备"等工业制成品。产品门类较多,但主要集中在第二产业。俄罗斯轻工业、机械制造业等的生产技术相对落后于中国,需要从中国部分进口来满足国内需求,而中国工业制成品产能普遍过剩的特点恰好满足了这一出口需求。因此，中俄产业竞争力的差异导致两国贸易具有较强的互补性特征。

表3 2012年中国向俄罗斯出口比重前三位的商品

中国向俄罗斯出口			
排名	分类编码	商品类别	比例
1	7	机械与运输设备	39.04%
2	8	杂项制品	30.38%
3	6	靠材料分类的制成品	20.44%

注：SITC第4版1位数分类。
数据来源：联合国商品贸易数据库。

从表4可以看出，在资源类贸易中，中国主要从俄罗斯进口石油和石油产品。中国对俄罗斯的贸易逆差也主要源于资源类贸易品。中国对俄罗斯能源的进口需求伴随中国经济的高速增长而迅猛扩张，从2002年的12.66亿美元增加到2012年的292.14亿美元，十年间增长了22倍多。另外，由于中国国内对能源需求的持续旺盛，近年来开始大量从俄罗斯进口煤炭、天然气和电能等能源类产品。

表4 中国从俄罗斯进口的"矿物燃料"行业变化情况

单位：百万美元

		2002			2007			2012		
		进口	出口	逆差	进口	出口	逆差	进口	出口	逆差
编码	矿物燃料行业	41	1266	-1225	198	9343	-9144	295	29508	-29213
32	煤，焦煤及煤球	0	37	-37	1	21	-20	0	2399	-2399
33	石油和石油产品	41	1226	-1185	197	9319	-9122	295	26637	-26342
34	煤气，天然气	0	0	0	0	0	0	0	349	-349
35	电能	0	3	-3	0	3	-3	0	123	-123

注：SITC第4版2位数分类。
数据来源：联合国商品贸易数据库。

过去十年来，中俄之间的制造业贸易实现了跨越式发展。2002年，两国之间的制造业贸易额仅为1.47亿美元，而且中国处于贸易逆差。2012年，在制造业的各个行业，中国对俄制造业贸易都成了净出口，中国对俄制造业贸易顺差日益扩大，中国制造已经取得压倒性优势地位。中国向俄罗斯大量出口机械、电气机械、交通运输等工业制成品，同时中国的纺织、纸质和皮革等轻工业部门也打开了俄罗斯市场。中国加入 WTO、灵活的外资政策、市场化改革、低廉优质的劳动力资源等一系列良好的竞争优势条件的叠加创造了良好的制造业环境，令其迅速成为全球的制造业中心，也使得中国制造的出口日新月异，而俄罗斯在制造业领域相对落后于中国，两国在制造业领域的贸易不平衡状况在未来短期内难以发生根本性改变。

表5 中国对俄罗斯制造业出口情况

单位：百万美元

编码		2002 年			2007 年			2012 年		
		出口	进口	平衡	出口	进口	平衡	出口	进口	平衡
	制造业	32	115	-83	699	115	584	2150	0	2150
61	皮革	11	2	9	251	9	242	761	0	761
62	橡胶	3	1	2	112	1	111	711	0	711
63	软木及木材	5	2	3	176	16	160	282	0	280
64	纸质	12	110	-98	159	89	70	396	0	396
65	纺织	164	3	161	1147	6	1141	2637	0	2637
66	非金属矿物	48	11	37	621	27	594	877	0	877
67	钢铁	8	973	-965	989	350	639	913	0	913
68	有色金属	14	365	-351	216	961	-745	319	0	319
69	金属	61	0	61	1011	1	1010	2112	0	2112
71	机械除电力	191	601	-410	2481	159	2322	8053	0	8053
72	电气机械	304	83	221	3595	44	3551	6076	0	6076
73	交通运输设备	19	994	-975	1970	23	1947	3072	0	3072

注：2012 年进口数据不足百万美元，数值用 0。

（二）中国与上合其他成员国间的贸易状况

上合组织成员国总面积近 3020 万平方公里，约占欧亚大陆面积的 3/5。研究结果显示，建立上合组织自由贸易区因取消各种关税壁垒和非关税壁垒，可使成员国贸易额增加、国内生产总值增长、就业状况改善。哈萨克斯坦、吉尔吉斯斯坦等国矿产资源比较丰富，但制造业相对落后，这与中国的经济特征形成互补，因此双方的经济合作具有了良好的基础。中国与上合组织其他成员之间的贸易近年来发展迅速。

表6 2001~2012年中国与上合组织其他成员国间的外贸进出口

单位：亿美元

国家	形式	2001	2002	2003	2004	2005	2006	2007	2008	2009	2010	2011	2012
哈萨克斯坦	总量	12.9	19.5	32.9	45	68.1	83.6	138.8	175.5	141.3	204.2	249.6	256.7
	出口	3.3	6	15.7	22.1	39	47.5	74.5	98.2	78.3	93.2	95.7	110.0
	进口	9.6	13.5	17.2	22.9	29.1	36.1	64.3	77.3	63	111	153.9	146.7
吉尔吉斯斯坦	总量	1.2	2	3.1	6	9.7	22.3	37.8	93.3	53.3	42	49.8	51.6
	出口	0.8	1.5	2.5	4.9	8.7	21.1	36.7	92.1	52.8	41.3	48.8	50.7
	进口	0.4	0.6	0.7	1.1	1.1	1.1	1.1	1.2	0.5	0.7	1.0	0.9
塔吉克斯坦	总量	0.1	0.1	0.4	0.7	1.6	3.2	5.2	15	14.1	14.3	20.7	18.6
	出口	0.1	0.1	0.2	0.5	1.4	3.1	5.1	14.8	12.2	13.8	20.0	17.5
	进口	0.1	0.1	0.2	0.2	0.1	0.2	0.1	0.2	1.9	0.6	0.7	1.1
乌兹别克斯坦	总量	0.6	1.3	3.5	5.8	6.8	9.7	11.3	16.1	19.2	24.8	21.7	28.7
	出口	0.5	1	1.5	1.7	2.3	4.1	7.7	12.8	15.7	11.8	13.6	17.8
	进口	0.1	0.3	2	4	4.5	5.7	3.6	3.3	3.5	13	8.1	10.9

注：数值计算仅保留小数点后一位。
数据来源：UN Comtrade。

近年来，上合组织成员国间双边贸易额大幅提升。根据联合国商品贸易数据库统计，中俄贸易额在2001年只有55.96亿美元，而到2012年达到了880亿美元，同比增长50.3%，占俄进出口总额的10%以上，中国已成为俄罗斯的第一大贸易伙伴。中国与其他四个上合成员的贸易额已由2001年上合组织成立时的122.2亿美元增至2012年的1233亿美元，年均增长超过30%。俄罗斯、哈萨克斯坦与上合组织其他成员国的贸易额也分别从2001年的168亿美元和64.1亿美元增加到2010年的305.2亿美元和90.6亿美元，增加迅速。

中国与哈萨克斯坦的贸易额也从2001年的12.9亿美元跃升至2012年的

256.7亿美元。中国在2009年成为哈第一大贸易伙伴国，最大的出口市场。中国同时也成为乌兹别克斯坦、吉尔吉斯斯坦、塔吉克斯坦的第二大贸易伙伴。中国已经成为中亚国家最重要的出口市场。随着各国经济稳步发展和内需扩大，中国与上合组织其他成员国间经贸合作的巨大发展潜力将得到进一步发挥。

二 模型的基本架构设定

本研究采用全球贸易分析模型GTAP（Global Trade Analysis Project），GTAP模型是由美国普渡大学开发的一般均衡模型（Hertel, 1997），目前该模型被广泛运用于分析各种政策对贸易的影响。GTAP模型建立了可细致描述每个国家（或地区）生产、消费、政府支出等行为的子模型。通过国际商品贸易关系，将各子模型连接成一个多国多部门的一般均衡模型。在GTAP模型架构内进行政策模拟时，可以同时考察分析该政策对各国各部门的实际产出、进出口、商品价格、要素供需、要素报酬、各国GDP、社会福利水平以及贸易条件等各项指标的变化。

我们应用的是GTAP标准静态模型，模型中共有五种不同类别之要素：土地、资本、技术劳动力、非技术劳动力，以及自然资源。该模型假设市场是完全竞争的，而且生产的规模报酬不变；每种产品的生产采用嵌套的常系数替代弹性方程；中间投入品是由国内和国外产品通过常系数替代弹性方程复合而成，不同的国外产品按原产地进行分类。在要素市场上，劳动力在国内是可以自由流动的，而土地在部门间不是完全流动的，不同用途的土地价格可以不一致。每个国家只有一个账户，所有的税收和禀赋收入都积聚到这个账户，并通过柯布—道格拉斯效用方程，以固定比例将收入分配到私人消费、储蓄和政府消费。私人的支出方程采用CDE方程，政府的支出方程采用柯布—道格拉斯方程。在GTAP模型中，有两个设想的国际部门："国际银行"和"国际运输部门"。各个地区的储蓄汇总到"国际银行"，并根据资本的回报率在各个国家间分配；"国际运输部门"可以平衡到岸价和离岸价之间差异，并通过双边贸易将世界各国联系起来。

上海合作组织FTA对成员国的经济影响研究

表7 模型整合

地区			生产部门	生产要素
情景一	情景二	1	林业	土地
中国	中国	2	渔业	劳动力
俄罗斯	俄罗斯	3	谷物和农作物	资本
哈萨克斯坦	哈萨克斯坦	4	加工食品	自然资源
吉尔吉斯斯坦	吉尔吉斯斯坦	5	煤炭、石油和天然气	
美国	塔、乌、土	6	矿物与矿产品	
日本	美国	7	牲畜和肉类	
欧盟25国	日本	8	纺织、服装和皮革	
亚洲	欧盟25国	9	木制品和纸制品	
其他地区	亚洲	10	汽油和煤炭产品	
	其他地区	11	化工、橡胶和塑料	
		12	金属	
		13	车辆与零部件	
		14	运输设备	
		15	电子设备	
		16	机械与设备	
		17	其他制造业	
		18	服务业	

数据来源：作者根据GTAP8.0数据进行重新组合。

本文所采用GTAP8.0数据，运用RUNGTAP6.2模型操作系统进行模拟。该数据发布于2012年，数据库包括129个地区和57类商品组。我们选择数据库中的2007年全球宏观经济数据作为我们本次研究的基期（Base Year）。在GTAP8.0数据库中，各地区双边服务贸易数据已经更新到2007年，商品贸易数据更新到2009年。

在模拟中，由于数据库中缺失了塔吉克斯坦的独立数据，而是将塔吉克斯坦、土库曼斯坦和乌兹别克斯坦三国合并组成了一个地区。因此我们设定了两组模拟数据。其中，情景一和情景二的模拟地区分别为九个和十个，而生产部门和生产要素在两个情景中完全相同。在第一个情景中，笔者将129个国家重新划分为九个国家和地区：中国、俄罗斯、哈萨克斯坦、吉尔吉斯斯坦、美国、日本、欧盟25国、亚洲、其他地区（the Rest of World）；并将原有的57

个部门根据类别和相似性整合为18种产品或产品组：1. 林业 2. 渔业 3. 谷物和农作物 4. 加工食品 5. 煤炭、石油和天然气 6. 矿物与矿产品 7. 牲畜和肉类 8. 纺织、服装和皮革 9. 木制品和纸制品 10. 汽油和煤炭产品 11. 化工、橡胶和塑料 12. 金属 13. 车辆与零部件 14. 运输设备 15. 电子设备 16. 机械与设备 17. 其他制造业 18. 服务业。同时在生产要素中，我们整合了两类劳动力，因此共有四类生产要素。在情景二中，我们增加了"塔、乌、土"地区，共十个地区，其他则保持不变。

通过不同行业的比较我们发现，中国大部分行业的进口关税率低于俄罗斯。在18个行业中，中国只有渔业、谷物和农作物、汽油和煤炭产品、车辆与零部件和其他制造业等五个行业的进口关税率略高于俄罗斯。俄罗斯在加工食品、矿物与矿产品、木制品和纸制品等三个行业的进口关税均比中国高出十个以上的百分点，保护程度很高，但是这种保护并非完全反映了国家的竞争劣势，恰恰相反，俄罗斯在后两类产品的国际竞争中处于明显优势，而根据经验，优势行业的高关税保护往往反映了国内该行业利益集团针对国家政策决策形成的强大游说能力和影响力。此外，俄罗斯的煤炭、石油和天然气行业的进口关税保护同样高达10.1%，远远高于中国的1.3%，而相对于中国，俄罗斯在该类行业中的竞争力具有一定的优势，这同样能够反映强势利益集团对国内关税政策的影响力。我们设定的两个模拟情景都假定将FTA各成员国的进口关税一次性取消，通过CGE模型预测这种关税的取消对中俄两国的福利、GDP、外贸以及国内各产业产出等形成的冲击。

三 上合组织FTA对上合各国经济的潜在影响

FTA的建立将不可避免地产生贸易创造和贸易转移，进口关税的取消使得产业竞争在FTA范围内加剧，弱势产业面临淘汰，优势产业获得更多的市场和机会。失去关税保护的弱势产业会被FTA伙伴国具有竞争优势的同类产业所代替，FTA成员国之间的贸易量将扩大，贸易创造有利于产业生产效率的提高。

上合组织FTA的建立对中俄两国国内的产业会产生冲击和调整。进口关税的取消具有双重效应。在本国弱势产品面临淘汰的同时，本国的消费者可以更好地享受到物美价廉的伙伴国产品，有助于消费者剩余的增加。本国强势产业的出口竞争力增强也将增强该类企业生产效率，有助于生产者剩余的扩大。资源配置的空间从国内拓展到区内，市场规模的扩大和资源配置空间的拓宽有利于生产要素的优化配置和产业分工合理调整，从而有助于FTA区域内生产效率的提高。

我们的模拟结果显示，建立上合组织FTA以后，从两个情景来看，中俄两国的福利、实际GDP和外贸进出口都将有所增加，贸易条件获得改善，预计将出现"双赢"的局面。情景一和情景二的模拟结果分别显示，上合组织FTA将使得中国的福利分别增加27.48亿美元和29.35亿美元（见表8）。两个模拟情景下都显示中国的GDP预计将增长0.02%。情景一下，中国的出口和进口分别将增长0.31%和0.54%，情景二下，中国的出口和进口分别将增长0.43%和0.76%，而中国的整体贸易顺差会扩大，并且中国的贸易条件也会因中韩FTA而得到改善（贸易条件分别提升0.17%和0.22%）。

表8 上合组织FTA对中俄宏观经济变量的影响

情景一	福利变化	外贸平衡	GDP(%)	出口(%)	进口(%)	贸易条件(%)
中国	2748	642	0.02	0.31	0.54	0.17
俄罗斯	588	-497	0.08	1.04	1.72	0.07
哈萨克	124	-450	0.25	3.08	4.12	-0.35
吉尔吉斯	9	-11	0.13	0.99	1.13	0.19
情景二						
中国	2935	692	0.02	0.43	0.76	0.22
俄罗斯	549	-1043	0.02	1.58	2.57	0.01
哈萨克	-147	-612	0.07	4.51	0.76	0.22
吉尔吉斯	15	-17	0.11	1.31	2.57	0.01
塔乌土	44	-98	-0.29	0.82	5.90	-0.52

注：福利变化、外贸平衡单位为百万美元。
数据来源：作者根据GTAP数据模拟。

对比中国的情况，上合组织FTA对俄罗斯的影响有所不同，情景一和情景二下，俄罗斯的福利预计将分别增加5.88亿美元和5.49亿美元，俄罗斯的 GDP 将分别增加 0.08% 和 0.02%。情景一下，俄罗斯的出口和进口分别将增长 1.04% 和 1.72%，情景二下，俄罗斯的出口和进口分别将增长 1.58% 和 2.57%。两个情景都将预计使俄罗斯的贸易条件获得改善，但俄罗斯的整体贸易将预计各新增加 4.97 亿美元和 10.43 亿美元的贸易逆差。

情景一背景下，哈萨克斯坦与吉尔吉斯斯坦的福利预计将分别增加 1.24 亿美元和 900 万美元，GDP 将分别增加 0.25% 和 0.13%；哈萨克斯坦的出口和进口分别将增长 3.08% 和 4.12%，吉尔吉斯斯坦的出口和进口分别将增长 0.99% 和 1.13%。情景二背景下，哈萨克斯坦的福利预期将面临损失，而吉尔吉斯斯坦的福利预期将增加 0.15 亿美元。两国的 GDP 预期将分别增加 0.07% 和 0.11%，对比情景一，哈萨克斯坦的福利状况和 GDP 预期都将趋于恶化。

表9　上合组织 FTA 影响中俄两国福利变化的原因分析

单位：百万美元

国家 \ 福利构成	效率分配		贸易条件变化		投资与储蓄的变化		全部福利变化	
	情景一	情景二	情景一	情景二	情景一	情景二	情景一	情景二
中　国	511	696	2762	2779	-525	-541	2748	2935
俄罗斯	295	297	92	44	201	208	588	549
哈萨克	267	71	-167	-251	25	33	124	-147
吉尔吉斯	5	4	4	9	0.05	2	9	15
塔乌土		-111		178		-24		44

数据来源：作者根据 GTAP 数据模拟。

同时，我们研究了上合组织 FTA 促进中俄两国福利变化的结构性原因（见表9）。首先我们看到，情景一和情景二对两国福利的影响趋势相同，而且福利的各结构性变量也呈现出高度的一致性。即不论是情景一或者情景二，中俄两国福利变化的原因都是由于效率分配、贸易条件和投资与储蓄的变化三因子引起的，两次模拟的三因子前后对比变动幅度不大，对福利增加的贡献度水平接近。

但是各部分的贡献率在两国之间存在明显差异，中国的福利增加主要源于分配效率的提高和贸易条件的改善,FTA 引起的投资与储蓄的变化对中国的福利产生负面效应。而俄罗斯方面,效率分配、贸易条件和投资与储蓄的三因子均对其福利的增加产生了正向效应。哈萨克斯坦方面,在情景一背景下,哈萨克斯坦的福利增加主要源于上合组织 FTA 导致的效率分配的改善和投资储蓄的增加,而贸易条件的恶化弱化了哈萨克斯坦总经济福利的改善程度。在情景二背景下,上合组织 FTA 使得哈萨克斯坦的贸易条件进一步恶化,从而使得其因上合组织 FTA 而获得的总体福利为负。依托两种情景的模拟结果,我们预期:对哈萨克斯坦而言,对比一个包含七国的上合组织FTA,一个涵盖四国(中俄哈吉)的 FTA 将使得哈萨克斯坦的经济处于更为有利的局面。

表10　上合组织 FTA 对中俄两国产业效率分配的影响(情景二)

单位:百万美元

部门 \ 效率分配	中国	俄罗斯	哈萨克	吉尔吉	塔乌土
林业	0.29	0	-0.21	0	0
渔业	0.2	-0.06	-0.12	0	0
谷物和农作物	119.5	9.87	4.83	0.22	9.26
加工食品	18.72	5.06	60.99	-0.36	-9.21
煤炭、石油和天然气	15.47	-123.15	12.56	0.52	-70.26
矿物与矿产品	17.57	23.96	3.19	1.12	3.98
牲畜和肉类	18.22	-0.49	8.08	0.2	-0.9
纺织、服装和皮革	9.85	60.95	-3.07	-1.36	-25.66
木制品和纸制品	13.21	58.78	-4.53	0.52	0.83
汽油和煤炭产品	24.69	78.9	1.34	0.05	1.09
化工、橡胶和塑料	-17.1	91.59	-4.87	3.34	-2.49
金属	46.7	72.72	6.84	-0.17	-1.49
车辆与零部件	68.81	-18.43	-3.49	-0.14	-0.82
运输设备	26.48	-7.43	-5.12	0.07	-0.16
电子设备	0.38	-38	-0.12	-0.12	-1.5
机械与设备	206.97	34.47	-3.87	-0.24	0.49
其他制造业	0.77	-6.04	-0.5	0.02	-0.49
服务业	124.8	54.31	-1.13	0.58	-13.45
全部	696.37	296.7	70.81	4.23	-110.79

数据来源:作者根据 GTAP 数据模拟。

上合组织 FTA 的建立将对各成员国的产业效率分配产生深刻的影响。效率分配是两国福利构成的一个重要部分，但是从上合组织 FTA 对各国的福利影响及福利构成分解来看，效率分配的提高对福利的贡献率并不高，特别是中国，FTA 导致的效率分配对总福利变化的贡献率仅为 23.7%。

从上合组织各成员国的贸易情况来看，各国的产业贸易具有很强的互补性。根据 FTA 理论，产业的竞争有利于产业分配效率的提高。在成员国产业竞争性较弱互补性较强的情况下，尽管贸易自由化过程依然可以提高两国的总体福利，但是这一进程会产生剧烈的产业调整。关税保护的全部放开在短期内会对成员国的弱势产业产生巨大的冲击，并最终可能导致弱势产业全军覆没。这种潜在的威胁一方面加大了 FTA 在国内进行利益调整的困难，国内弱势产业的利益集团会强烈反对贸易自由化进程，另一方面，互补性较强的贸易结构不利于良性竞争的形成和分配效率的提高。优势产业一旦获得绝对的竞争优势，将逐渐形成价格垄断，从而有碍于完全的市场竞争，进而歪曲区域内资源的配置。

从模拟结果来看，在上合组织 FTA 的影响下，中国国内的优势产业如"机械与设备""服务业""谷物和农作物"等的生产效率预期将获得较大的提高；而中国的"化工、橡胶和塑料"产业的分配效率将出现下降。俄罗斯方面，"化工、橡胶和塑料""汽油和煤炭产品""木制品和纸制品""纺织、服装和皮革"等行业的分配效率将获得提高，而俄罗斯最具有相对竞争力的"煤炭、石油和天然气"产业的分配效率反而下降最快。同时俄罗斯的"电子设备"和"车辆与零部件"等行业的分配效率预计也将会下降。

从贸易相对变化量分析，建立上合组织 FTA 后，中俄两国双边贸易基本上呈现出增加的趋势，且部分产品出口增加的比例较大。根据我们的情景模拟结果（见图2），上合组织 FTA 对中国出口和进口的影响有限，但考虑到中国进出口贸易额的巨大，微小的比例变化也将伴随巨大的进出口贸易额。上合组织 FTA 将使得中国纺织、服装和皮革，加工食品等行业的进出口量相对变化增加明显。俄罗斯方面，上合组织 FTA 实施以后，俄罗斯的牲畜和肉类，加工食品和纺织、服装和皮革等三类产业的出口明显增加；而制造业、纺织、服装和皮革以及煤炭、石油和天然气三类产品的进口量将增加相对明显。

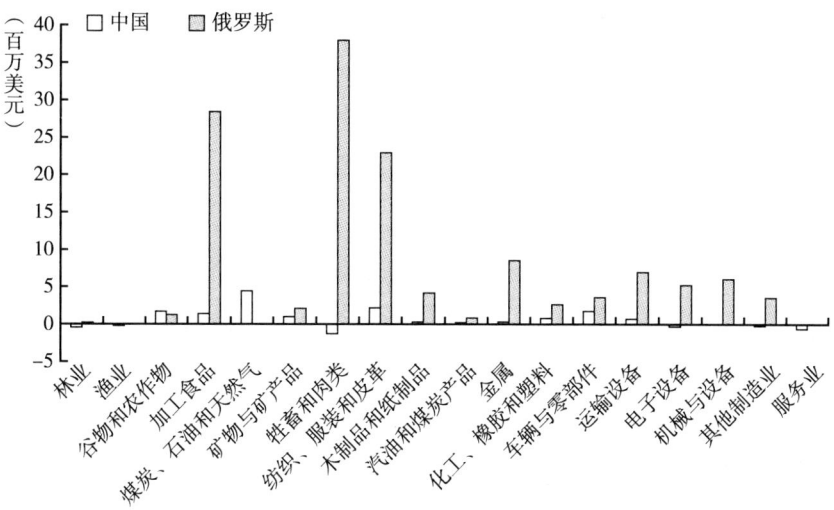

图 2　上海合作组织 FTA 对中俄两国行业出口的影响（情景一）

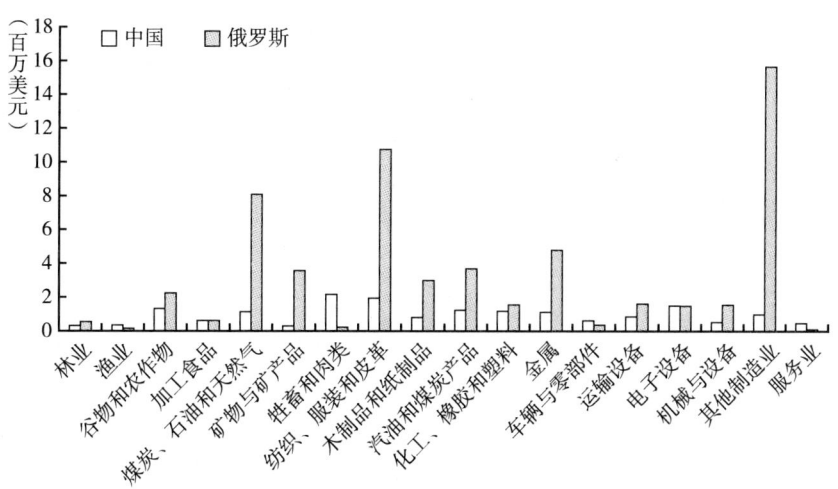

图 3　上海合作组织 FTA 对中俄两国行业进口的影响（情景一）

从上合组织 FTA 对哈萨克斯坦和吉尔吉斯斯坦两国的产业进出口来看，各产业受影响的程度差异比较大。在情景一背景下，从出口来看，哈萨克斯坦的牲畜和肉类，纺织、服装和皮革等产业的出口预期将增加迅速；而吉尔吉斯斯坦的化工、橡胶和塑料，煤炭、石油和天然气，牲畜和肉类，木制品和纸制品，运输设备，其他制造业部门的出口增速也将获得较快的发展。从进口来看，哈萨克斯坦的林业，加工食品，牲畜和肉类等产业的进口将明显扩大；而吉尔吉斯斯坦方面，除了牲畜和肉类，纺织、服装和皮革两个部门以外，其他各行业的进口增加幅度变化不太明显（见图4，5）。

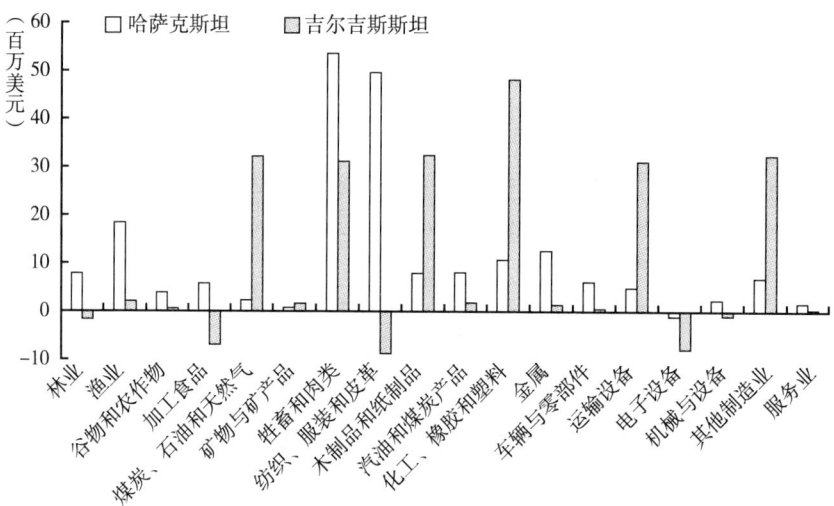

图4 上海合作组织FTA对哈、吉两国行业出口的影响（情景一）

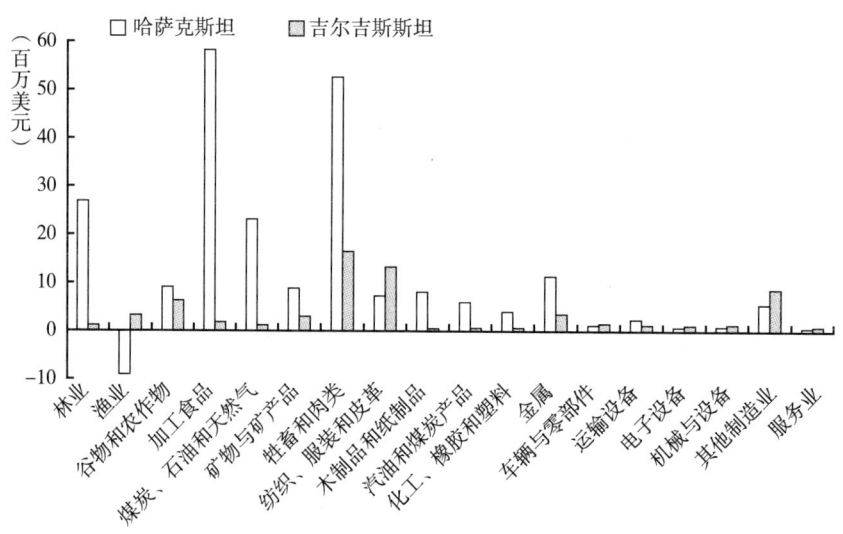

图5 上海合作组织FTA对哈、吉两国行业进口的影响（情景一）

四 结论

本研究首先分析了中国与俄罗斯以及哈、吉、塔、乌等上海合作组织成员国之间的贸易结构和特点，然后构建了两个情景，运用 GTAP 模型模拟了上合组织 FTA 对各成员国产生的各种潜在经济影响和冲击，得出如下结论。

第一，从贸易结构来看，中国与上合组织成员国特别是俄罗斯之间的贸易具有较强的互补性。中国主要从俄罗斯进口石油和天然气等的能源类产品，而向俄罗斯出口机械、电器、运输工具和纺织品等制成品。中国与其他上合组织成员国的外贸结构也基本接近这一特征。从贸易指数反应的两国贸易竞争力看，中国在"轻工业制成品"出口方面优势明显，而俄罗斯等国家在"煤炭、石油和天然气"等自然资源类产品具有较强的国际竞争力。

第二，从模拟情景分析，上合组织 FTA 将对中、俄、哈、吉、塔、乌两国的宏观经济指标产生积极的影响。模拟结果预测在两个情境下，除了情景二背景下的哈萨克斯坦，各成员国的福利和实际 GDP 都将出现较大程度的提高。同时上合组织 FTA 将对各成员国的进、出口产生一定的促进效应。

第三，从国际战略视角分析，在上合组织框架下，中俄两国，特别是俄罗斯的态度将决定上合组织区域经济一体化的方向和未来。由于俄罗斯已经构建了包含俄、白、哈、塔等国的欧亚经济共同体，这对上合组织 FTA 的构建形成冲击。但是，在全球双边和多边 FTA 迅猛发展、全球贸易新秩序急欲重构的今天，以 WTO 为核心的多边贸易体系面临严峻的挑战。以中国和俄罗斯为主导的上合组织只有不断加强相互之间的经济合作，在经济一体化进程中实现利益互补，取长补短，促进生产要素的合理流动，提高生产效率，才能妥善应对复杂的国际经济形势和挑战。

Y.11 经济全球化多边主义趋势中的上海合作组织战略选择

毛雁冰 秦鹏亮*

摘 要： 地区和次区域国际合作与竞争以及地区多边主义正成为经济全球化多边主义的新趋势，面对世界经济危机深化所造成的影响，加强上海合作组织内部的经济合作机制，落实经济合作的措施及计划，应成为上合组织未来发展的战略性选择，这既符合世界政治经济发展的趋势，又符合上合组织各成员国自身的利益诉求。

关键词： 经济全球化 新多边主义 上海合作组织 经济合作机制

一 经济全球化的新多边主义发展趋势

经济全球化的多边主义趋势正在发生新的变化，世界经济危机的深化导致区域保护主义抬头，以自由化为核心的经济全球化受到了挑战。美国和西方国家深陷危机，经济在缓慢中复苏，中国经济平稳过渡，一枝独秀，形成了以中国为驱动力的研究地缘经济新局面；美国高调重返亚太，全面实施"亚太再平衡战略"，试图构建以美国为主导的亚太区域经济架构。面对世界经济危机

---

* 毛雁冰，德国奥尔登堡大学经济学博士，上海大学经济学院副教授，硕士生导师，上海合作组织公共外交研究院研究员；秦鹏亮，经济学硕士，中信银行上海分行助理研究员。

的冲击和复杂多变的世界经济形势及安全问题,加强区域合作应成为每个国家及区域组织的战略思考,在走向多中心全球治理的新多边主义框架下,加强和落实上海合作组织(以下简称"上合组织")的经济合作,对于地区经济发展及安全显得尤为重要。

随着新型市场国家的发展和兴起,国际政治经济格局不断发生变化,全球性经济危机加剧了世界经济的动荡状态,加速了国际政治经济重心由大西洋转向太平洋沿岸,亚太地区正成为世界主要大国激烈竞争与合作的博弈之地。在此形势下,地区多边主义及贸易保护主义有所抬头,一定程度上影响了经济全球化的发展。在欧洲,欧盟利用技术、法律、外交手段加大对中国等发展中国家采取贸易救济措施的力度,贸易保护主义色彩浓厚;在亚太,美国力推跨太平洋伙伴关系协议(Trans‑Pacific Partnership Agreement,简称"TPP"),拉拢日本、韩国、澳大利亚、东盟等亚太主要经济体加入,而将中国、俄罗斯排除在外,以达到主导亚太经济发展的目的。而中国、俄罗斯和印度等国的迅速崛起,成为推动国际经济发展的重要动力,在区域合作中发挥着越来越重要的作用和影响。

二 上合组织内部经济合作的发展状况

世界经济危机的深化及经济全球化的新多边主义趋势将对以中俄为主导的上海合作组织经济合作产生重大影响。金融危机对上合组织成员国经济都造成了不同程度的打击,在经历了2008~2009年经济增长率急速下滑之后,除中国和乌兹别克斯坦经济增速放缓之外,其他成员国经济都进入了持续复苏阶段。经济危机对上合组织成员国的冲击主要体现在,首先,欧美日等发达经济体经济增速放缓,外部需求疲软,对组织成员国的商品出口造成负面影响;其次,国际能源价格高位运行对中国这样的能源进口大国来说无疑会增加进口成本,拖累经济发展,对俄罗斯及中亚能源出口国来说虽是利好消息,但由于美元与欧元持续贬值,上述能源出口国的外汇收入并未大幅提高,反而由于短期资本流动性的急剧波动,造成国内人民饱受低工资、高物价之苦;再次,欧美日等国试图边缘中俄、拉拢中亚国家的做法,也对上合组织经济合作的凝聚力构成挑战，影响组织成员国间经济合作的进程。此次国际金融危机带给中亚国家的一个重要启示在于，面对全球性的危机，各个国家都难以自保，客观上又置身于各自的区域组织框架内，推进多边的经济合作机制，在地区和次区域层面加强国际合作是非常必要的。① 因此，把握世界经济危机深化和经济全球化下新多边主义趋势的时代背景，分析上合组织经济合作机制的发展现状，提出上合组织经济合作的战略思考，可以进一步维护和促进地区共同繁荣与稳定发展。

上合组织虽以"安全合作"起家，但随着该组织安全合作机制的日益深化以及经济合作重要性的日益凸显，加强经贸领域合作已成为组织发展壮大的重要推动力。在各成员国的共同努力下，上合组织成立后的经济合作机制得到不断强化，在贸易和投资、能源、金融、交通运输等领域均取得了长足发展，日益形成稳固的共同经济利益，成为上合组织成员国紧密合作的纽带。但同时也必须看到，仍存在一些影响组织经济合作不断深化的不利因素，组织成员国间的经贸合作仍处于较低层次，成员国间经济合作的潜力仍相当巨大。

（一）贸易和投资领域

上合组织自成立之初就确定了该组织经济合作的基本目标，即从贸易和投资便利化、降低成本、消除障碍开始，大力开展经济合作，力争到2020年逐步实现货物、资本、服务和技术的自由流动。在一系列文件的推动下，组织成员国间的经贸联系日益密切，贸易规模不断扩大。以中国与其他五国的双边贸易为例，苏联解体之初的1992年贸易额为63.2亿美元，占中国对外贸易总额的3.8%。随后十年双边贸易发展缓慢，至上合组织成立时的2001年，贸易额仅为129.5亿美元，占中国对外贸易总额的比重下降为2.5%。上合组织成立后，双边贸易额增长迅速，到2012年达1237.9亿美元，占中国对外贸易总额的3.2%。② 同样，对于其他成员国而言，中国在其对外贸易中的地位也显著上升。而据俄罗斯海关统计数据，2011年俄与其他成员国的贸易额为995

---

① 潘光：《当前中亚经济安全形势及其对上海合作组织的影响》，《国际问题研究》2011年第6期，第61~68页。
② 数据根据历年《中国统计年鉴》整理计算。

亿美元，占当年俄对外贸易总额的13.3%。①

需要指出的是，虽然上合组织成立以来成员国间的贸易规模不断扩大，但在成员国对外贸易中的比重却不高，尤其是2008年全球经济危机爆发以来，成员国间的贸易比重出现较大幅度波动。以中国为例，2008～2012年与其他五国的贸易额分别占对外贸易总额的比重为3.4%、2.8%、2.8%、3.3%和3.2%，表明上合组织成员国间的贸易规模及稳定性均处于较低层次。上合组织经济一体化所取得的进展，有深刻的全球经济一体化背景，它甚至还落后于全球经济一体化的速度。② 究其原因，主要是由于该地区的经贸合作机制不健全，存在着大量的非关税壁垒和贸易投资障碍，阻碍了区域内贸易规模的扩大，而且上合组织的经济合作目前仍以双边合作为主，多边合作尚处于起始阶段，二者之间并未形成良性互动。

（二）能源领域

以石油为核心的能源仍是当前世界经济运行的命脉，能源安全事关各国重大战略利益。上合组织内部既有中国这一能源需求和进口大国，也有俄罗斯、哈萨克斯坦等能源生产和出口大国，加强组织内部的能源互补合作，符合各方共同利益。目前，中国已分别与俄罗斯、哈萨克斯坦修建了中俄、中哈两条陆上石油管道，在一定程度上缓解了中国原油进口过度依赖海洋运输的局面，提高了中国石油供给的稳定性和安全性。根据中国海关总署的数据，中国自俄罗斯进口原油从1993年的1.4万吨攀升到2012年的2433万吨，占中国原油进口总量的比重由0.09%提高到9%，俄罗斯由此成为中国第三大原油供应国；而哈萨克斯坦也成为中国第八大原油供应国，2012年共供应1070万吨，占当年中国原油进口总量的3.9%。

同时必须看到，上合组织内部的能源合作仍存在一些问题：一是规模不大，2012年中国从组织其他成员国进口原油量约为中国原油进口总量的13%，而从

---

① 郭晓琼：《世界经济危机深化背景下的上海合作组织》，《俄罗斯中亚东欧研究》2012年第5期，第63～71页。
② 朱显平，邹向阳：《上海合作组织框架下的区域经济一体化：进展与动力》，《俄罗斯中亚东欧研究》2010年第3期，第47～54页。

中东和非洲这一局势动荡地区的原油进口比重仍超过60%，石油进口来源地过度集中，使得我国能源安全形势不容乐观；二是过程曲折，虽然中俄原油管道业已建成投产，但却在"安大线""安纳线""泰纳线"一波三折的过程中拖延了十五年之久，这源于俄罗斯在对外油气资源合作中过于政治化的表现和单方面追求国家利益最大化的诉求，至于天然气领域的合作更是一拖再拖，迄今仍未达成最终协议，能源价格问题仍将是困扰未来中俄能源合作的主要障碍。

（三）金融领域

目前，上合组织成员国间的金融合作已取得一定进展，成员国通过积极开展有关货币和金融领域的合作，努力推动货币互换的实施。尤其是2008年金融危机爆发后，上合组织成员国在改变以美元为主导的国际货币体系，为发展中国家提供更加便利和宽松的贸易环境等方面达成广泛共识。目前，中国已分别与俄罗斯、哈萨克斯坦、乌兹别克斯坦三国签署了大额双边货币互换协议，积极开展金融互动，这对于组织框架下的金融合作是个良好开端，对于推动双边经贸往来也起到了重要作用。

无论是从广度还是从深度上来看，目前上合组织成员国开展的金融合作都处在初级阶段，远远落后于整体经济合作的步伐，特别是多边融资体系建设尚处于初级探索阶段，远不能满足市场需求。比如说，现有的金融合作多限于双边的合作协议，缺少多边、区域性的合作；签订的合作协议虽然较多，但开展的实质性合作却较少，合作项目大多停留在政策层面，大部分并未开展商业化运作，对双边和多边贸易的促进作用并没有充分显现和发挥出来。①

（四）交通运输领域

完善的交通运输网络是促进贸易往来和发展地区经济的重要基础，尤其是中亚作为连接欧亚大陆的枢纽，可以成为中国、俄罗斯与欧盟、中东等主要贸易伙伴开展贸易往来的重要桥梁。为完善该地区的交通运输系统，中国积极推

---

① 朱显平、张建政：《"上海合作组织"框架下的中国与中亚国家金融合作目标及途径》，《东北亚论坛》2007年第3期，第15~19页。

动建立了上合组织框架下的交通部长定期会晤机制,为成员国间交通运输领域的合作奠定了制度基础。目前,组织框架下的交通运输合作已取得了一定成果,多条公路和铁路业已建成,如贯通中国—哈萨克斯坦—土耳其的亚洲大陆桥,贯通中国—哈萨克斯坦—俄罗斯—欧洲的欧亚大陆桥。此外,还有多个合作项目正在稳步推进,如霍尔果斯(中国)—热特肯(哈萨克斯坦)铁路干线、中—吉—乌三国公路建设项目、塔—乌公路等。

然而,需要看到的是,虽然近年来组织成员国在交通运输领域的合作取得了重大进展,但相对运输需求的增长来说仍存在较大差距,铁路、公路、航空也未形成立体化的交通运输网络,对双边及区域间贸易的服务性作用仍未充分体现。

三 上合组织经济合作的战略选择

上合组织框架下的合作涉及政治、安全、经济、人文等诸多领域,但目前经济合作的效果是最不理想的,已然成了该组织发展壮大的瓶颈。① 2013 年上合组织比什凯克元首理事会通过的《〈上海合作组织成员国长期睦邻友好合作条约〉实施纲要》,对成员国在政治、安全、经济和人文领域的合作进行了战略部署,重在落实深化合作的措施计划,这对于未来上合组织的发展具有重大的现实意义。作为一个开放性的国际组织,上合组织国家正处于经济转型发展的关键时期,都致力于本国经济的现代化发展,各国相互之间的经济互补性强,在世界经济危机深化和经济全球化新多边主义趋势的背景下,进一步加强贸易和投资、能源、金融、交通运输等多领域的合作,密切经济联系,加快一体化进程,应成为上合组织的战略选择,这既符合上合组织国家自身的利益,又顺应全球化发展的新趋势。

(一)促进贸易和投资便利化,扩大贸易规模

贸易和投资便利化是上合组织实现经济一体化的基础。当前,上合组织成

---

① 赵华胜:《上海合作组织的发展路径》,《新疆师范大学学报(哲学社会科学版)》2012 年第 2 期,第 39~47 页。

员国之间在贸易和投资方面潜力巨大，积极推动合作框架下的贸易和投资便利化，有利于各国充分挖掘潜力，促进经济发展，同时也可以加快区域内资源整合，形成群体优势，在全球化、区域化浪潮中争得一席之地。具体来说，成员国间的贸易和投资便利化，应首先从消除非关税壁垒和投资障碍、扩大投资领域起步，逐步推进，重点向本地区最重要的能源项目和基础设施建设项目进行投资，[①] 推动地区经济的整合。

从贸易角度看，中国与其他成员国之间具有高度的市场互补性。中国亟须其他成员国丰富的自然资源，以及木材、棉花、羊毛、皮革等国内短缺原材料，而其他成员国则对中国物美价廉的工业制成品和日用消费品颇为青睐。因此，加强在海关、质检、电子商务、过境运输等方面的相互协调，实现上合组织框架下的贸易便利化，有利于进一步挖掘成员国间的贸易潜力，激发区域经济活力，实现互惠互利的贸易格局。从投资角度看，中国目前对其他成员国的投资仍处于极低水平，而且中俄对中亚国家的投资主要集中在能源领域，并不利于中亚经济结构的调整和经济的可持续发展。中亚国家应当打破投资过分集中于能源产业的格局，改善投资环境，扩大投资领域，优化投资结构。同时，鼓励中国企业以独资、合资、合作等各种形式到中亚及俄罗斯开展直接投资，实现资源领域与非资源领域投资均衡发展，培育区域经济合作新的增长点，为整合区域经济，密切成员国间的经贸合作奠定物质基础。

（二）推动能源一体化，实现互利共赢

上合组织内部既有能源供给大国，又有能源消费大国，还有能源过境国，建立能源对话机制，加强一体化框架下的双边和多边能源合作，促进能源生产国、消费国和过境运输国之间的务实合作，建立统一的油气和能源运输系统，符合各成员国的共同利益。尤其是在当前欧洲能源需求疲软以及由乌克兰政局动荡引发俄欧冲突的背景下，俄对欧能源出口的潜在风险加大，这迫使俄不得不将能源出口重心转向亚太及独联体国家。加快上合组织框架下的"能源俱

[①] 陈小沁：《关于深化上海合作组织区域经济合作的思考》，《国际论坛》2010年第2期，第13~17页。

乐部"建设，可以避免俄罗斯对欧洲能源需求市场的过度依赖，也有利于中国能源需求的多元化供给安全。

在能源合作方式上，可以通过投资、贸易、合作研发、技术转让等手段将资源开发向上延伸至勘探领域，向下延伸至资源深加工及与此相关的服务业，同时带动煤炭、油气、核电、森林、矿产等资源设备和技术等领域的合作；在国别上，要以战略眼光看待经济外交，尤其是协调好与俄罗斯、哈萨克斯坦等国的能源合作，形成上合组织成员国间在能源领域的共同利益，从而最终使能源合作真正成为保障地区安全，促进地区经济发展的可靠基础。

（三）加强金融合作，密切经济联系

随着上合组织成员国间经贸往来的不断扩大，有必要进一步强化成员国在金融领域的合作，探讨建立有效的区域金融服务体系，为促进地区整体贸易和投资增长提供金融支持。

首先，继续扩大成员国间本币互换和结算合作，抵消以美元作为单一结算货币的风险。作为上合组织的主导国，中国、俄罗斯应积极参与和推动与其他成员国之间实现双边乃至多边货币互换的步伐，在中亚地区试点和推动人民币与卢布的国际结算，逐步形成区域内的贸易清算支付体系，提升人民币和卢布在国际金融体系中的地位，为成员国之间顺利实现贸易的结算、降低金融风险提供必要援助。其次，强化上合组织银行间联合体的作用，加强金融合作的制度建设。要创新融资合作模式，通过银联体渠道重点支持道路、电力、通信、能源、管道运输等大型基础设施建设项目，为扩大成员国间的贸易和投资提供融资支持与金融服务。最后，挖掘"能源金融"领域合作的可能性，扩大金融合作的范围。目前，中国对其他成员国的能源需求较大，而这些国家在国际金融危机后普遍缺乏资金，其能源行业也亟须外来资金支持。因此，中国应积极探索双方在"能源金融"领域合作的可能性，推动能源资源与金融资源的整合，促进能源产业与金融产业的良性互动与协调发展，形成共同利益基础。

（四）建设立体化交通运输网络，服务区域间贸易

由于中亚国家均为内陆国家，没有出海口，所以交通运输成为该地区经济

发展的大问题。而上合组织交通一体化的实现可以充分发挥中国及俄罗斯的港口优势,更好地为成员国的对外贸易服务;同时贯通东南西北交通运输走廊的实现,也可以节省石油、大宗商品以及战略物资运输的时间成本和资金成本,成为欧亚经济整合的必要条件。

目前上合组织在交通运输领域的合作无疑将进一步巩固和发展成员国间的交流与合作,扩大相互间的贸易和投资,同时更好地融入世界经济一体化。根据发展趋势和需求,上合组织成员国应传承丝绸之路精神,开辟交通和物流大通道,尽快在成员国间签署《国际道路运输便利化协定》,构建起铁路、公路、航空一体化的交通运输网络,形成横跨欧亚大陆的"丝绸之路经济带",使中亚内陆国家尽享亚洲东部发展的机遇和欧洲西部的繁荣。[①] 同时,加强各国在交通技术领域、通道经营领域等方面的合作,以综合多模式运输基础设施网络为基础,协调并简化成员国间的跨境运输手续,降低运输成本,提高运输效率,服务区域间贸易。

四 结论

在当前世界经济危机深化和经济全球化的新多边主义趋势下,上合组织成员国在自身经济现代化发展的目标之下,根据成员国之间经济互补性强的特点,充分利用中国的经济发展红利,俄罗斯的国家实力,中亚的能源资源优势,共同的政治军事及安全利益,便捷的交通运输条件等资源禀赋,发挥区域组织的规模优势,通过合作机制整合地区资源,重点加强成员国在贸易和投资、能源、金融、交通运输等领域的合作,以经济一体化促进成员国间形成相互依存、互惠互利的共同利益基础,应对全球化挑战,这不仅是上合组织发展所面临的现实问题,更应当成为一种长远的战略性选择。

---

① 陈玉荣:《凝聚共识,全面推进务实合作——上海合作组织第十三次元首理事会》,《当代世界》2013年第10期,第19~22页。

Y.12 上合组织应该成为"利益共同体"和"命运共同体"

许文鸿*

摘　要： 中国领导人在2012年的上合组织峰会上提出了"上合组织应该成为'利益共同体和命运共同体'"的倡议。本文从"利益共同体"和"命运共同体"的含义和特点，上合组织成为"利益共同体"和"命运共同体"的基础和条件、不利因素、前景展望及对世界的意义等方面阐述了该战略构想的合理性和现实性。

关键词： 上合组织　利益共同体　命运共同体

自2001年6月上海合作组织（以下简称"上合组织"）成立以来，就在西方的唱衰和诅咒声中茁壮成长，并且表现出了强大的生命力：陆续增加了蒙古国、巴基斯坦、伊朗、印度、阿富汗等国为观察员国；白俄罗斯、斯里兰卡、土耳其为对话伙伴国。上合组织成员国总面积3000多万平方公里，约占欧亚大陆的3/5；人口14.89亿，约占世界人口的1/4。从战略地位、经济潜力与能源开发等角度来看，上合组织所涵盖的地区，已经成为当代世界地缘政治决定性因素之一。上合组织的发展既受到欧亚新兴国家和发展中国家的高度重视，也受到全球其他地区国家和国际组织的高度关注。

经过十多年的发展，上合组织已完成了基本的组织建设和法制建设，各项必要的机制均已齐备，具备了今后充分发挥作用、促进地区稳定和经济发展的

---

* 许文鸿，博士，中国社会科学院俄罗斯东欧中亚研究所俄罗斯经济研究室助理研究员。

基本条件和坚实基础。上合组织将进入全面、深入、务实、有效合作的新阶段。与此同时，上合组织向何处去？上合组织的未来会怎样？也是一个需要各成员国不断思考的问题。其间，上合组织各成员国也群策群力，提出了不少真知灼见，不断推动着上合组织向前发展。

2012年6月，上海合作组织成员国元首理事会第十二次会议在北京举行。在此次会议上，胡锦涛主席首次提出："未来十年是上海合作组织发展关键时期……要将上合组织建设成为成员国休戚与共的利益和命运共同体。"[1] 此后，2012年12月，中共十八大报告中正式提出："要倡导人类命运共同体意识，在追求本国利益时兼顾他国合理关切，在谋求本国发展中促进各国共同发展。"2013年9月，上海合作组织成员国元首理事会第十三次会议在吉尔吉斯斯坦首都比什凯克举行，习近平主席发表了重要讲话，讲话中再次强调要"把上海合作组织打造成成员国命运共同体和利益共同体，使其成为成员国共谋稳定、共同发展的可靠保障和战略依托"[2]。

中国倡导"利益共同体"和"命运共同体"的主张反映了世界各国的普遍愿望，得到爱好和平、渴望发展的世界各国的支持[3]。同时，中国把上合组织建设成为欧亚地区各国的"利益共同体"和"命运共同体"的倡议也得到上合组织各成员国的积极响应，成为上合组织在今后中长期内的一个重要的任务和需要各成员国共同努力的目标。

一 "命运共同体"和"利益共同体"的含义和特点

所谓"利益共同体"（Common Interest Group）强调"责任共担，利益共享"，要求各成员国之间要有"相互配合，合作共赢"的战略理念，某一成员的不配合、不合作都会关系到该群体其他成员国的根本利益。

---

[1] http://www.gov.cn/ldhd/2012-06/06/content_2155143.htm.
[2] http://news.xinhuanet.com/mrdx/2013-09/14/c_132719864.htm.
[3] 除上合组织外，习近平主席在坦桑尼亚、博鳌论坛、中国东盟论坛上也曾提出要打造"命运共同体"的倡议，都得到相关国家的积极响应。详见http://www.gov.cn/jrzg/2013-12/15/content_2548061.htm.

上合组织应该成为"利益共同体"和"命运共同体"

所谓的"命运共同体"(Community of Common Destiny)强调"共享繁荣与稳定,互助危机与灾难"。在不结盟、不排他的原则上,共同追求地区的繁荣与稳定,共同面对可能的危机与灾难。

相对而言,"命运共同体"是比"利益共同体"层次更高、更为密切的相互联系,毕竟"利益共同体"强调以"利"为核心,是"有利则合,无利则散"的联系;而"命运共同体"则强调各成员之间是"生死与共,同舟共济"的紧密联系。无论"利益共同体"还是"命运共同体",二者最大的意义和共同点是相关成员之间要"互利互惠,合作共赢",在追求本国利益时兼顾他国的合理关切,在谋求本国发展中促进各国乃至本地区的共同发展,这是"利益共同体"和"命运共同体"二者共同的核心内涵和实质。

中国提出"利益共同体"和"命运共同体"的新外交理念是对传统的国际关系理念新的突破和发展。在传统的国际关系理论中认为"世界是无政府状态的,国家利益至高无上,国家是国际政治行为体中单一的行为体,国家就是用各种手段(包括使用武力)和他国争夺资源和维护主权的工具,以势力均衡和势力支配确保相互安全"[1]。而在全球化的时代,面对全球性的问题,如霸权主义、恐怖主义、局部不稳定问题、跨国犯罪、走私毒品问题等,没有一个国家可以独善其身。中国主张"人类只有一个地球,各国共处一个世界。弱肉强食不是人类共存之道,穷兵黩武无法带来美好世界"[2],所有有关国家必须树立"利益共同体"和"命运共同体"的观念,联起手来,共同努力,才能打造人类美好的家园。

中国提出的"利益共同体"和"命运共同体"是一个全新的外交理念,具有以下几个鲜明的特点。

第一,它不同于结盟战略。各成员国之间不缔结军事同盟,不搞集体军事对抗,不搞霸权,这既是中国外交的基本原则,也是这一外交理念的生命力之所在。但是,在全球化的背景下,单一国家很难面对和解决许多全球性或地区性的问题。在这种情况下,中国提出建立基于共同利益,休戚与共的命运共同

---

[1] 参见卡伦明斯特《国际关系精要》,潘忠岐译,上海人民出版社,2007,第101~135页。
[2] 《坚定不移沿着中国特色社会主义道路前进 为全面建设小康社会而奋斗》第十一部分,详见 http://www.xj.xinhuanet.com/2012-11/19/c_113722546_11.htm。

体,携手共建,同舟共济是符合历史发展潮流,也得到各有关国家广泛支持的。

第二,是"不结盟外交原则"的发展和完善。不结盟,不等于不合作;不对抗,不等于不斗争;不冲突,不等于不竞争。当今世界还不太平,国家间的各种斗争和冲突无处不在。在国际政治经济格局依旧处于变化中的今天,某些国家顽固坚持"冷战思维"和"零和思维",党同伐异。严峻的现实迫使许多不结盟国家寻求联合发展,联合竞争之路。"利益共同体"和"命运共同体"的理念号召拒绝加入大国同盟或军事同盟组织的国家联合起来,"共享繁荣与稳定,互助危机与灾难"。在不结盟,不排他的原则上,共同追求地区的繁荣与稳定的同时,共同面对可能的危机与灾难。

第三,"利益共同体"和"命运共同体"紧紧把握时代的主题"和平与发展",其宗旨是强调发展,不主张对抗。因此,"利益共同体"和"命运共同体"都非常重视有利于发展的机制建设。如在上合组织框架内,中国积极支持上海合作组织开发银行等有利于地区稳定和发展的基础设施建设等。

第四,开放、透明、包容性强。"利益共同体"和"命运共同体"的凝聚力来自于组织自身发展的潜力,开放、透明、平等、互利等都是这一理念的基本原则。同时,这一理念还具有较强的包容性,不排除其他地区国家为本地区的繁荣与稳定积极发挥建设性作用。

二 上合组织成为"利益共同体"和"命运共同体"的基础和条件

上合组织是由"上海五国"边境安全机制发展起来的。自该组织成立以来,安全和打击"三股势力"就是该组织需要解决的主要问题;随着形势的发展,区域经济合作逐渐上升为重要的合作内容;于是,安全与经济成为上合组织的"两个轮子"。此外,该组织还面临着有组织的国际犯罪、贩毒和武器走私等问题的挑战。同时,上合组织成员国也致力于发展在政治、经济、科技、文化、教育和能源等领域的务实合作。上合组织面临的诸多问题和挑战是该组织成为"利益共同体"和"命运共同体"的牢固基础;而上合组织自成上合组织应该成为"利益共同体"和"命运共同体"

立以来的成就和发展趋势为上合组织成为"利益共同体"和"命运共同体"提供了良好的条件。

(一)上合组织成为"利益共同体"和"命运共同体"的基础

上合组织成为"利益共同体"和"命运共同体"具有坚实的现实基础。这个现实基础就是上合组织成员国面临的一系列问题,但单靠一个或几个国家的努力无法彻底解决,只有上合组织所有成员国联起手来,成为一个"利益共同体"和"命运共同体",才能更好更有效地解决这些问题。

1. 安全问题

在全球化和区域一体化的大背景下,各国之间的融合越强,交流越多越密切,彼此间共同的战略利益与战略需求就越强,成员国所共处的区域安全问题的重要性也日益凸显。因而,安全领域的合作就成为捍卫各成员国共同利益,排除区域外势力的干扰,决定自己命运的重要途径与方式。安全领域合作的需求使得上合组织的"利益共同体"和"命运共同体"成为现实。

维护本地区的和平与稳定,促进本地区的安全是上合组织成员国共同的利益。上合组织的前身"上海五国"机制就是为加强边境地区信任和裁军的共同任务而开始的。极端思想和恐怖主义跨地区和跨国家传播是目前世界各国面临的主要威胁,在诸多发生严重动荡的国家和地区都可以看到极端宗教组织和恐怖组织活动的身影。上合组织同样也面临这样的问题,恐怖势力、极端势力和分裂势力在一些成员国出现活跃态势,对这些国家安全与稳定构成严重威胁。如迄今存在于吉尔吉斯斯坦、乌兹别克斯坦、塔吉克斯坦和阿富汗等国的"三股势力"、毒品走私等活动对中国、俄罗斯等国家的影响毋庸置疑。上合组织成立后,成为诸多国际组织中较早重视"三股势力"危害的国际组织。2001年上合组织创立的第一次峰会就通过了《打击恐怖主义、分裂主义和极端主义上海公约》,当时,西方国家还没有充分认识到"三股势力"的潜在威胁,甚至某些国家还企图利用"三股势力"达到削弱对手的目的。2002年6月签署的《上海合作组织宪章》明确提出要发展多领域合作,维护和加强地区和平、安全与稳定,推动民主公正合理的国际经济政治新秩序;共同打击一切形式的恐怖主义、分裂主义和极端主义,打击非法贩卖毒品、武器和其他跨国犯罪活动。2009年召开的上合组织成员国元首理事会会议通过了《上海合作组织反恐怖主义公约》，进一步强化了上合组织反恐合作的法律基础和能力，使上合组织安全合作迈上新的台阶。

事实证明，上合组织在打击恐怖主义，维护世界和平方面走在了各国际组织的前面。上合组织各成员国作为一个"利益共同体"和"命运共同体"切实实现了本地区大国与小国、强国与弱国的强弱互补、信息互补、地缘互补，最终实现了以相互协助达到集体安全的目的，谋得地区的稳定，捍卫了成员国共同的利益，排除了外来势力的干扰，主导了成员国自己的命运。因而，安全领域的密切合作为上合组织成为"利益共同体"和"命运共同体"奠定了坚实的基础。

2. 经济领域的合作

上合组织成员国面积约占欧亚大陆面积的3/5，成员国的总人口约占世界总人口的1/4。上合组织成员国的经济发展在一定程度上反映当今世界1/4人口的经济发展和人民生活的水平。

由于诸多的历史和现实的原因，上合组织成员国的经济发展在取得巨大进步的同时，也还存在诸多的问题，如中国经过三十多年的改革开放，经济取得举世瞩目的成就，2010年中国成为世界第二大经济体，但中国目前面临着产能过剩、就业压力比较大等问题。俄罗斯凭借其丰富的自然资源，在2000~2008年全球能源价格上涨周期内，经济也取得了迅速的发展。但俄罗斯面临着经济结构单一、对能源原材料行业依赖严重、人口逐步下降等问题。中亚国家脱胎于原苏联，从独立之后逐步走上经济复苏和发展轨道，经济增长也取得了令人瞩目的成就，但总体而言，中亚国家经济结构比较单一，对能源原材料的依赖比较严重，市场化程度还不够充分，经济发展水平比较低，贫富分化差距比较大。

由于上合组织各成员国之间国情不同，国力相差较大，有的国家依靠自己的力量来解决上述诸多现实问题难度较大，而上合组织成员国之间所存在的诸多问题之间在某种程度上有着较强的互补性，这种互补使得各成员国之间倾向于加强更密切的经济合作与交往，都有意促进生产要素在各成员国之间合理流动，逐步消除生产要素有序流动的各种障碍，通过互利合作、扩大合作领域、建立合作机制等具体措施,逐步推动上述问题的解决。在密切的经济合作和交往中各成员国逐步加强了对"利益共同体"和"命运共同体"的认知和共识。

上合组织创立的出发点是安全问题,但在实际操作过程中,经济领域的合作已成为该组织不断发展的基础和落脚点。"安全"与"经济"也成为上合组织的"两个轮子"①。早在2005年7月的上合组织阿斯塔纳峰会上中国国家主席就提出了"加强经济合作将是上海合作组织今后三个重点发展领域之一"②。2012年6月7日上合组织北京峰会通过《上海合作组织中期发展战略规划》,提出未来10年发展蓝图,并确定未来7个基本行动方向,其中之一便是扩大经济合作。

上合组织成员国在经济领域的合作发展迅速,如成员国贸易这些年来增长迅速,在相互投资和经济合作方面也取得了积极进展。在机制建设方面,上合组织成立了银行联合体(银联体)和实业家委员会,每年还召开工商论坛,这对促进企业界合作起到了积极作用。经济贸易投资领域的合作不仅对上合组织中像中国和俄罗斯这样的大国很重要,对成员国中的小国也有重要意义,而且对小国的意义可能会比对大国更重要。通过经济合作,成员国可以解决诸如改善民生等许多国内问题。

3. 阿富汗问题

阿富汗是上合组织成员国共同的重要邻国,阿富汗局势的变化对上合组织成员国都有直接或间接的影响。2012年上合组织峰会上正式接纳阿富汗成为上合组织的观察员。虽然塔利班政权早已垮台,但经历长期内战的阿富汗经济凋敝,百废待兴,国内依旧是军阀割据,塔利班残余势力在一些地区继续兴风作浪,社会治安状况严重恶化,重建的道路非常漫长。阿富汗政府也希望国际社会给予更多的帮助。由于与阿富汗的地缘关系在政治和经济上联系密切,上合组织成员国理所当然地关注阿富汗重建问题并在各方面开展合作,但上合组

---

① 《上合组织在安全和经济领域合作意义深远》,http://news.xinhuanet.com/world/2010-11/23/c_13618300.htm。

② 《胡锦涛在上海合作组织阿斯塔纳峰会上的讲话》,http://news.xinhuanet.com/world/2005-07/06/content_3179996.htm。

织任何一个成员国都无法单独面对阿富汗问题。因此，阿富汗问题将是检验上合组织作为一个"利益共同体"和"命运共同体"的试金石。

2014年是阿富汗向和平重建过渡过程中非常关键的一年：驻阿美军即将撤离，阿富汗总统和议会选举的临近使得各种政治力量日趋活跃，塔利班势力又有死灰复燃之势，地方势力不断壮大，而阿富汗的经济基础薄弱，对外部因素依赖严重。作为重要的邻国，阿富汗局势的发展必将影响到上合组织各成员国。支持阿富汗维护国家独立、主权和领土完整，尊重阿富汗人民依据本国的实际国情选择的发展道路，支持阿富汗实现平稳过渡，改善和发展本国经济的努力是上合组织各成员国应尽的职责。同时，上合组织作为一个整体，各成员国也应联手应对，共同在打击恐怖主义，走私和毒品交易过程中对阿富汗的局势和本地区的发展作出应有的积极贡献。在支持和帮助阿富汗重建的过程中既能加强各国对"利益共同体"和"命运共同体"的重要性的认知，也能检验上合组织作为"利益共同体"和"命运共同体"各成员国之间的联系是否密切。

4. 在国际政治中发出自己的声音

上合组织的中亚成员国都是自苏联解体后新独立出来的国家，他们有着在国际舞台上树立自己国家形象，发出自己独特声音的要求；中国和俄罗斯是拥有核武器的联合国安理会常任理事国，是国际舞台上有重要影响力的大国。但同时，面对与西方国家在"软实力"领域的竞争，中俄也需要在国际舞台上发出不同于西方国家的声音；但长期以来，由于文化、语言、宗教、传统、历史等诸多因素的影响，国际政治经济中的话语权和主导权都垄断在西方国家手中。在国际舞台上发出自己的声音，这是涉及上合组织每一个成员国的自身利益的问题，但单一国家的力量过于薄弱，而上合组织作为一个非结盟国家的整体，联合起来将会对国际政治和世界格局起到一定的影响。

在国际政治中发出自己的声音，主要的渠道是同现有的国际组织建立良好的合作关系。上海合作组织自成立后，就积极扩大与各有关国家和国际组织的交往与合作，国际影响力和威望不断提高。从上海合作组织对外交往的实践过程来看，该组织的对外交往与合作是全方位和富有成效的。目前上海合作组织已经与联合国、独联体、欧亚经济共同体、独联体集体安全条约组织、联合国亚太经社理事会、联合国开发计划署、东盟等国际组织及其下属机构建立起密切的关系，其中，已同东盟、独联体、欧亚经济共同体、集体安全条约组织、经济合作组织和联合国亚太经社理事会等国际组织签署了合作谅解备忘录①。

上海合作组织与诸多国际组织的交往也越来越密切，每年的各种活动也得到国际社会越来越多的关注。上合组织作为一个新型的国际组织，在国际社会中也越来越能发挥重要作用。各成员国期望在国际舞台上发出自己声音的愿望也得到了实现。

5. 抵御西方的影响和渗透

上合组织的中亚成员国地处欧亚大陆的"心脏地带"，连接南亚、中东等重要地区，油气资源储量丰富，具有非常重要的地缘战略意义和重大的经济价值。地缘政治学者公认"谁控制了欧亚大陆的心脏，谁就控制了世界"。大国对该地区的争夺与觊觎持续存在，美国等国家在该地区千方百计想渗透和进入到该地区，期望对该地区的发展施加一定的影响。近年来，国际局势并不太平，本地区也多次受到波及。前有"颜色革命"的动荡，后有西亚、北非的波动，如今乌克兰又起波澜，这些动荡与冲突并不局限在某一地区。从国际和地区局势发展趋势和特点看，来自外部势力干涉、入侵与渗透的可能性大大增加，这就要求上合组织大力加强整体抵御外部干涉和入侵的能力。美国在中亚和南亚地区积极推动"大中亚"战略，其主要目的和动机就是削弱上合组织在该地区的影响力；以美国为首的欧盟正在拉拢东欧、独联体国家加入欧盟，其触角已伸展到俄罗斯和中国的身边；美国还在中亚的阿富汗等国驻有军队，已形成对俄罗斯和中国的战略包抄。面对大国对该地区的介入和渗透，中亚国家由于国力有限，同时由于种种原因的限制，都无法对这种来自地区之外的渗透和影响给予反击。唯有上合组织各成员国联起手来，形成一个"利益共同体"和"命运共同体"，共同应对，才能最大限度地维护自己的利益，充分地保障自己的安全。

6. 上合组织使中国意识到周边安全合作对中国的重要性

上合组织对中国有着特殊的意义，除了"上合组织是迄今为止唯一在我

---

① 吴宏伟：《上海合作组织的对外交往》，《上海合作组织发展报告》，2012。

国境内成立,以我国城市命名,总部设在我国境内的区域性国际组织"[1]之外,中国的西部地区与中亚国家在地理位置上毗邻,在经济、民族、文化等领域都有着密切的联系。新提出的"丝绸之路经济带"的战略构想更是把中国未来的发展同中亚国家的命运紧密联系在一起。上合组织使得中国充分认识到同周边国家安全合作的重要性。中国同上合组织的密切联系需要我们牢固树立上合组织"利益共同体"和"命运共同体"的共同意识,积极促进同上合组织成员国之间的良性互动,协调发展的格局。不仅仅在上合组织框架内,而且在中国同上合组织成员国的双边合作或多边合作中也要继续高举和平、发展、合作、共赢的旗帜,做本地区和平发展的实践者,共同发展的推动者,经济发展的参与者。

中国在上合组织发展历程的实践告诉我们:实现本国本地区的发展最有效的方法就是借助同该地区的相关国家实现区域合作,互联互通。只有实现整个地区的稳定、安全与发展,才能有效地保障本国的安全、稳定与发展。正如党的十八大报告中提出的"尊重世界文明多样性"。"每一种文明和发展模式都有自己独到的地方,各国之间不应相互排斥,而应相互借鉴,相互启发,这样才能实现人类的共同进步,才能构建起真正的和谐世界。"[2]

上述问题,每一个问题都涉及上合组织成员国的切身利益,甚至在某种程度上决定着上合组织未来的命运。但每一个问题靠一个或几个国家的力量都无法完全顺利地解决。上合组织成员国都充分认识到了单独一个或几个国家力量的有限,各成员国都认为,只有上合组织各成员国联起手来,形成一个"利益共同体"和"命运共同体",才能更有效、更彻底地解决上述问题。

(二)近年的成就为上合组织成为"利益共同体"和"命运共同体"提供了良好的条件

近年来,上合组织发展壮大过程中取得的一系列成就为上合组织进一步成为"利益共同体"和"命运共同体"提供了良好的条件。

---

[1] http://politics.people.com.cn/GB/8198/243877/index.html。
[2] 《坚定不移沿着中国特色社会主义道路前进 为全面建成小康社会而奋斗》第十一部分,详见 http://www.xj.xinhuanet.com/2012-11/19/c_113722546_11.htm。

1. 完善的机制建设为上合组织成为"利益共同体"和"命运共同体"提供了制度准备

上合组织自成立伊始就致力于组织的机制化建设,除了召开成员国元首理事会会议、成员国政府首脑理事会会议和各部门领导人会晤外,还设立了秘书处和地区反恐怖机构两个常设机构。地区反恐怖机构的设立具有重大现实意义,它下设理事会和执行委员会,主要职能有准备有关打击恐怖主义、分裂主义和极端主义的建议和意见;协助成员国打击"三股势力";收集、分析并向成员国提供有关"三股势力"的信息;建立关于"三股势力"组织、成员、活动等信息的资料库;协助准备和举行反恐演习;协助对"三股势力"活动进行侦查并对相关嫌疑人员采取措施;参与准备有关打击"三股势力"的法律文件;协助培训反恐专家及相关人员;开展反恐学术交流;同其他国际组织开展反恐合作。这些机制建设的完善为上合组织成为"利益共同体"和"命运共同体"奠定了良好的机制准备。

2. 密切的安全合作是上合组织成为"利益共同体"和"命运共同体"的坚强后盾

上合组织是国际上较早重视"三股势力"危害的国际组织。2001年6月的成员国第一次峰会就通过了《打击恐怖主义、分裂主义和极端主义上海公约》,而当时西方国家并没有认识到"三股势力"带来的威胁,甚至企图利用"三股势力"削弱对手,达到自己的政治目的。2002年6月签署的《上海合作组织宪章》明确提出,要发展多领域合作,维护和加强地区和平、安全与稳定,推动建立民主、公正、合理的国际政治经济新秩序;共同打击一切形式的恐怖主义、分裂主义和极端主义,打击非法贩卖毒品、武器和其他跨国犯罪活动。2009年召开的上合组织成员国元首理事会会议通过了《上海合作组织反恐怖主义公约》,进一步强化了上合组织反恐合作的法律基础和能力,使上合组织安全合作迈上新的台阶。事实证明,上合组织在打击恐怖主义、维护世界和平方面走在了各国际组织的前面。成员国利益一致,合作共赢的效果显著,为维护地区安全与稳定作出了贡献。2008年的北京奥林匹克运动会上,上合组织各成员国在组织机制框架下建立起密切的协作,在安保方面给中国提供有力支持。这是上合组织安全合作一次极为成功的范例,为以后成员国大型活动安保合作积累了经验。反恐机构和合作机制的建立和高效运转,为成员国安全合作提供了强有力保障,也是上合组织成为"利益共同体"和"命运共同体"的坚强后盾。

上合组织各成员国间"责任共担,利益共享"还体现在禁毒和信息安全领域,在西方国家还在极力鼓吹信息自由和信息开放的时候,上合组织已经认识到信息安全对国家安全和社会稳定的重要影响。2006年上海峰会发表了《上海合作组织成员国元首关于国际信息安全的声明》,指出信息通信技术和当代威胁与挑战具有跨国性质,必须通过双边、地区和国际层面的合作,加大各国保障信息安全的力度。

此外,应对其他非传统安全威胁的协作也在增加,包括金融安全、生态环境安全、粮食安全、资源安全、跨国犯罪等。非传统安全具有跨国和跨地区以及不确定特点,单靠某一个国家很难解决问题。各成员国希望通过参与上合组织的集体行动来确保本国和本地区安全不受外来势力的侵犯。在这种需求推动下,上合组织的重要性和作用明显提升。在遇到涉及本地区重大切身利益事件时,本着"责任共担,利益共享","共享繁荣与稳定,互助灾难与危机"的精神,上合组织会积极行动起来,表明成员国一致态度,采取一致措施和行动,从而在国际纷争中获得有利地位,显示出上合组织作为区域性国际组织在解决地区问题时的独特地位。

3. 紧密的经济联系是上合组织成为"利益共同体"和"命运共同体"的纽带

自成立之日起,上合组织始终将经济合作视为重要领域,《上海合作组织宪章》中就明确规定:"在平等伙伴关系基础上,通过联合行动,促进地区经济、社会、文化的全面均衡发展,不断提高各成员国人民的生活水平,改善生活条件;在参与世界经济的进程中协调立场。"2012年6月7日上合组织北京峰会通过《上海合作组织中期发展战略规划》,提出未来10年发展蓝图,并确定未来7个基本行动方向,其中之一便是扩大经济合作。成立12年来,上合组织在加强能力建设和便利化建设的同时,始终坚持和强调务实合作,通过实体项目建设巩固和夯实经济合作,有效推动了区域稳定和发展。6个成员国的GDP总值从2001年的1.67万亿美元增加到2012

上合组织应该成为"利益共同体"和"命运共同体"

年的10.58万亿美元。中国与其他5个成员国的对外贸易总值从2001年的129亿美元增加到2012年的1185亿美元,其中出口从34亿美元增加到585亿美元,进口从96亿美元增加到600亿美元,这一增速快于同期中美、中欧、中日、中韩贸易增长率。这一现象在一定程度上说明,区域多边合作可以更好地促进双边合作,上合组织未来若能建成自由贸易区,必将极大提升合作效率和水平。2009年上合组织提出设立100亿美元的反危机稳定基金,极大帮助了成员国尽快走出国际金融危机阴影;基础设施项目也让成员国境内以及成员国间的互联互通获得极大改善,如已经完工的中哈石油管道、中国—中亚天然气管道、中哈霍尔果斯边境合作区,正在建设的"达特卡—克明"500千伏输变电项目、中塔公路修复工程项目等。可以说,如果没有上合组织这一多边合作平台,仅靠成员国间的双边合作很难取得今天的成绩。密切的经济联系是上合组织成为"利益共同体"和"命运共同体"的纽带。

随着成员国陆续加入世界贸易组织,交通、通信、电网、管道等网络型基础设施建设稳步推进,成员国政治互信日益深化,各部门联系机制不断加强,上合组织经济合作基础愈加巩固,为今后提供更多新机遇。与此同时,各成员国当前均面临外部需求减少导致国内经济增速放缓困局,保增长、抗通胀和促就业压力大。共同维护宏观经济稳定、确保民生水平稳步提高、降低外部风险冲击,成为区域经济合作的新挑战。另外,如何提高融资力度,也是成员国关注的热点话题之一。近年来,经济合作项目资金主要来源于中国提供的优惠贷款。上合组织各成员国通过利益一致、协作共赢,最终实现本国和本地区的共同发展繁荣的目的是确定的,因此有必要着手研究建立上海合作组织开发银行,以解决成员国项目融资难题和应对潜在的国际金融风险。

4. 军事合作为上合组织成为"利益共同体"和"命运共同体"提供了充分的保障

上合组织成立以来先后举行了10余次规模不等的联合反恐军事演习,演习规模不断扩大,水平不断提高,形式也由以双边为主发展到双边和多边并举。这些演习加强了成员国军事力量在非传统安全领域开展国际合作的力度,展现了成员国维护地区安全和稳定的决心，也有效震慑了"三股势力"兴风作浪以及敌对势力把动荡祸水引入上合组织地区的企图。充分体现了上合组织成员国"责任共担，利益共享"，"共享繁荣与稳定，互助危机与灾难"的共同愿望。军事合作为上合组织成为"利益共同体"和"命运共同体"提供了充分的保障。

上合组织不是军事同盟，其军事合作并不针对特定国家和国际组织，完全是为应对"三股势力"和其他威胁的需要。中国倡导互信、互利、平等、协作的新型安全观。新型安全观是上合组织得以稳步发展的根本保证。上合组织军事领域的合作有力地保障了本地区的安全与稳定，也为保障世界和平作出了积极的贡献。

完善的机制准备，坚强的安全后盾，密切的经济纽带和强大的军事保障使得上合组织有决心、有能力维护本地区安全与稳定，繁荣与发展。只有上合组织各成员国从维护本地区安全与稳定，促进本地区繁荣与发展出发，从"利益共同体"和"命运共同体"的角度出发，"责任共担，利益共享"，"共享繁荣与稳定，互助危机与灾难"，上合组织才具有巨大的发展潜力和广阔的发展前景，并吸引越来越多的国家希望成为正式成员或与其建立更加密切的联系。

三 上合组织成为"利益共同体"和"命运共同体"的不利因素

尽管中国政府自2012年提出上合组织成为"利益共同体"和"命运共同体"的倡议，之后得到了上合组织成员国的广泛响应和积极支持，但顺利实现这个战略目标依旧存在许多不利因素。

（一）中俄在上合组织内部的互动

中俄作为上合组织的发起国和重要创始国，对上合组织的发展有着非常重要的主导性作用。上合组织自成立伊始就面临着西方媒体的污蔑和嘲讽。随着上合组织的发展，西方媒体又开始渲染"中俄在上合组织内部存在争夺领导权的激烈斗争"[①]。如果真存在这样的竞争,那将是上合组织成为"利益共同体"和"命运共同体"极大的不利因素。

实际上,上合组织各成员国都遵循该组织"所有成员国一律平等,协商一致解决问题"的原则,中俄在上合组织框架内一直开展密切的合作。如果"中俄争夺主导权"的论点成立的话,上合组织会发展这么快和这么好吗?实际上,中俄之间不存在谁占主导权的问题。因为中俄两国是完全平等、相互尊重的全面战略协作伙伴关系。两国关系是不结盟、不对抗、不针对第三方,是完全新兴的国家关系。而且两国共同坚决反对霸权主义、反对强权政治,两国都支持对方走符合国情的发展道路,支持对方发展振兴,把自己的事情办好,绝不存在中俄之间谁主导谁这个问题。

美国的战略东移,西方对华的遏制企图都要求我们只能把上合组织发展成为"利益共同体"和"命运共同体",而不能把上合组织看作是实施自己对外战略的排他性工具。俄罗斯是中国可以长期发展的战略协作伙伴,而不是潜在的竞争对手,尤其不是在上合组织内部争夺的对象。

(二)上合组织中亚成员国之间的相互矛盾以及中亚国家同本区域之外机制的联系

上合组织要成为"利益共同体"和"命运共同体",中亚国家间因民族矛盾,经济利益和地缘政治利益竞争存在的一些矛盾将是不利因素,如中亚国家在跨境水资源的利用、管理和开发问题上存在着较大的分歧和矛盾,尤其是上游与下游国家在水电工程和农业灌溉等领域对水资源开发使用而产生的矛盾等。

此外,上合组织并不是该地区唯一的区域性组织,中亚国家还平行地参与其他区域组织和机制,如集体安全条约组织、欧亚经济共同体、关税同盟、亚信会议(亚洲相互协作和信任措施会议)等。中亚某些国家还积极参与本区域之外的区域性组织和机制,如哈萨克斯坦积极参与欧安组织并担任了2010年主席国,乌兹别克斯坦更看重同美国和欧洲的联系等。

目前要解决中亚国家间存在的这些矛盾还存在一定的难度,但相关国家间

[①] 参见 China's SCO Challenges, http://thediplomat.com/2013/12/chinas-sco-challenges/。

已经签署了多个协议，表明各方彼此有着基本的共识和互信，也具备了一定的法律基础。由于相关国家都是上合组织的成员国，因此，他们也有将水资源等问题在上合组织框架内解决的条件。只要相关国家从大局出发，从本地区的长远利益出发，本着"共享繁荣与稳定，互助灾难与危机"的精神协商共同面对这一问题，用别的领域的合作促进这一问题的妥善解决，这将既是上合组织成为"利益共同体"和"命运共同体"的有力见证，也将对上合组织成为"利益共同体"和"命运共同体"是极大的促进和推动。在以往上合组织达成广泛协议和共识的基础上，我们有理由相信中亚国家能够成为这个"利益共同体"和"命运共同体"中重要的参与者和积极的推动者。

在中亚国家同本区域之外的组织和机制联系的问题上，我们既要充分理解他们参与的初衷是企图实现利益最大化，在多种机制之间寻求平衡，也要照顾到中亚国家所面临的种种现实问题。毕竟，上合组织对各成员国的吸引力来自于机制的优越性和带给各国的实际利益。

（三）俄罗斯的"欧亚联盟战略"与中国的"丝绸之路经济带"之间的相互关系

上合组织所处的战略位置非常重要，地缘战略学者甚至提出了"谁占有了心脏地带，谁就占领世界"的观点。因此，这一地区的发展得到国际政治舞台上主要大国的关注，并提出了一系列相关方案：美国提出的"新丝路计划"，俄罗斯提出的"欧亚联盟战略"，中国在此基础上提出了自己的主张——"丝绸之路经济带"的构想。在把上合组织建设成为"利益共同体"和"命运共同体"的过程中，中俄两个主要成员国的方案之间的关系成为重点。西方媒体一再渲染两个方案的冲突性。实际上，正如习近平主席在索契冬奥会期间同俄罗斯总统普京见面时提出的，中国的"丝绸之路经济带"是一个开放包容的构想，欢迎俄罗斯政府参与其中。俄方作出积极回应，表示愿意将俄方跨欧亚铁路与"一路一带"对接[1]，中俄双方的战略协同为上合组织成为"利益共同体"和"命运共同体"树立了新的典范。

---

[1] 《习近平会见俄罗斯总统普京》，http://news.xinhuanet.com/world/2014-02/07/c_119220650.htm。

(四) 上合组织扩员问题

"扩员"是目前上合组织需要解决的问题。扩员问题对上合组织成为"利益共同体"与"命运共同体"有着直接的影响：俄罗斯与其他成员国在印度加入上合组织问题上的不同态度；印巴矛盾将把潜在的风险带进上合组织；中俄印作为大国的过分积极表现将有可能降低中亚国家对上合组织的向心力；扩员将导致上合组织议题过分分散的问题等。

上合组织的扩员问题既是一个组织不断发展壮大的问题，同时也是该组织凝聚力如何不断提升的问题。处理得好，可以为该组织增加新鲜的血液；处理得不好，将成为阻碍该组织成为"利益共同体"和"命运共同体"的不利因素。

四 上合组织成为"利益共同体"和"命运共同体"的展望

展望上合组织成为"利益共同体"和"命运共同体"的前景，我们大胆地作出如下四种假设：发展很顺利，发展很不顺利，逐渐衰退，稳步发展。

第一种假设虽然令人向往，但是对上合组织成员国之间客观存在的问题和矛盾忽视不见，实际出现的可能性不大。

第二种假设不符合客观上上合组织各成员国之间要求加强联系的现实，所以也不可能出现。

第三种假设表明上合组织成为"利益共同体"和"命运共同体"的战略缺乏内在的动力，各成员国之间凝聚力逐渐衰退，最终停滞不前，也不符合客观现实。

第四种假设，尽管面临着诸多困难，面临着各成员国相互间的矛盾以及外部的各种因素的影响，但上合组织各成员国基于本国本地区的长期稳定和繁荣发展的需求，逐步克服各种困难，最终在合作中加强认知，交流中增进共识，经过较长时间的共同努力，最终成为一个真正的"责任共担，利益共享"，各成员国之间"相互配合，合作共赢"的"利益共同体"和强调"共享繁荣与稳定，互助危机与灾难"的"命运共同体"，在不结盟、不排他的原则上，共同追求地区的繁荣与稳定，共同面对可能的危机与灾难。

综上所述，我们认为，最终出现第四种假设——上合组织稳步发展成为"利益共同体"和"命运共同体"的可能性最大，最符合上合组织的实际情况，也最有可能实现。这种假设的实现不仅仅是全球化和地区一体化的大势所趋，而且也符合上合组织各个成员国的政治、经济、安全形势等方面发展的客观需求。

五 上合组织成为"利益共同体"和"命运共同体"对世界的意义

1995年"上海五国"机制建立时提出的要构建新型的"合作、开放、不结盟"的合作模式，曾遭到很多人的质疑。在质疑声中，上合组织已成为国际政治中不可或缺的一员，上合组织在国际舞台上显示出的影响力已经辐射到区域外的大国和国际组织。经过十多年的发展，上合组织从理念、机制等各方面都有了很大的提高。2012年中国首倡的上合组织应成为"利益共同体"和"命运共同体"就是新的理念和尝试。我们相信，这将对全球其他地区的区域一体化合作模式又是一个全新的启示。

过去所有的区域合作都是先从组织入手，后有发展方向，而中国首倡的上合组织成为"利益共同体"和"命运共同体"则是先有"责任共担，利益共享"，"共享繁荣与稳定，互助危机与灾难"的理念，再有各成员国之间的合作。上合组织各成员国应该继续坚持并不断创新，在观念的引导下让组织向前发展。在某种意义上，上合组织在成为"利益共同体"和"命运共同体"的过程中肩负着构造新型国际秩序的使命。"利益共同体"和"命运共同体"外交理念的提出是中国外交理论自信、制度自信和道路自信的充分体现，同时也是中国以大国的姿态走向国际舞台的象征。

中国首倡的上合组织应该成为"利益共同体"和"命运共同体"是一个全新的外交理念，是对传统外交理念的一次冲击。经过上合组织十多年的发展，上合组织已经具备了坚实的基础和充足的条件，尽管面临着各种现实的困难和挑战，我们有理由相信，这个充分反应上合组织成员国需求，并得到上合组织成员国的广泛支持的理念必将成为上合组织各成员国共同努力的方向。

Y.13 经略西部视域下的上海合作组织扩员*

王晓泉**

摘　要： 上海合作组织成员国结构已不适应内外环境的重大变化：中俄在上海合作组织发展模式问题上结构性矛盾增大，使该组织单一内涵式发展愈加艰难；域内安全威胁的域外根源难除，使上海合作组织无法从根本上解决安全稳定问题；美国战略重心东移，提升了上海合作组织对中国的战略价值；国际垄断资本过度扩张，为上海合作组织推动建立公正、合理的世界新秩序提供了契机。上海合作组织扩员对中国经略西部意义重大，有助于构筑对华"U型睦邻友好合作带"，建设"丝绸之路经济带"和解决阿富汗问题。但是，上海合作组织扩员需要讲求策略，提前设计好规划和路线图，以不损害现有成员国根本利益为前提，需要采取措施保证扩员后上海合作组织能够继续保持运转效率，并在重大国际和地区问题以及区域经济合作中保持一致立场。

关键词： 向西开放　上合组织　对外战略

世界格局正在经历深刻变化。美国的战略重心东移，致使中国越来越需要通过经略西部来缓解东部战略压力和赢得新的发展空间，因而对上海合作组织的战略倚重有所增加。上海合作组织成立迄今，取得了令人瞩目的巨大成绩，形成

---

* 本报告由上海大学"085 都市社会发展与智慧城市建设"内涵建设项目资助。
** 王晓泉，中国社会科学院俄罗斯东欧中亚研究所博士，上海大学上海合作组织公共外交研究院兼职研究员。

了较为坚实的法律基础及较为完善的组织结构和合作机制，具备了保障中亚地区稳定与发展的较大能力，已成长为有重要国际影响力的新型区域合作组织。随着世界和地区形势的发展以及组织内部环境的变化，上海合作组织成员国和域内发展中国家对上海合作组织寄予了更高期望，希望上海合作组织与时俱进、开拓创新，以新思路迎来更好的发展。可以说，上海合作组织经过十余年发展，法律基础不断得到夯实，组织架构不断得到完善，扩员条件已经成熟。

一　上海合作组织内外环境的变化

上海合作组织自成立伊始，便拥有了巨大发展潜力，并肩负着重要历史使命。随着世界格局的深刻调整，上海合作组织在中俄等国对外战略中的价值明显上升，而目前的成员国结构却制约了组织的能力发挥，越来越不适应组织内外环境的重大变化。

（一）中俄在上海合作组织发展模式的问题上结构性矛盾增大，使该组织单一内涵式发展愈加艰难

上海合作组织迄今所走的是单一内涵式发展道路，重点放在内部建设上，成员国数量和责任区久未变化。虽然上海合作组织增加了观察员国和对话伙伴国，但是这并不足以改变其单一内涵式发展的特征，即发展重点在于加强成员国之间合作而不是扩大成员国数量。在组织成立初期，集中力量进行内部建设可以提高组织的凝聚力，为组织的未来发展打下坚实基础。然而，内部建设初具规模之后，中国推动上海合作组织多边合作特别是经济领域的一些目标和举措与俄罗斯地缘战略利益产生了结构性矛盾。如果不能有效化解这些矛盾，上海合作组织的发展就会受到很大制约。

中俄结构性矛盾的根源在于上海合作组织所在地域与俄罗斯对外战略重点区域几乎完全重合。俄罗斯在中亚拥有重大战略利益和巨大影响力，将上海合作组织定位为自己主导的中亚多边合作机制的补充版。上海合作组织的重要决策基本上都是建立在中俄一致的基础上。由于中国对中亚的影响力尚无法与俄罗斯相提并论，在多数情况下，所谓的中俄一致，实质上是中国对俄罗斯的妥

协。即使如此,俄罗斯也未能彻底打消对华疑虑,对中国提出的上海合作组织发展建议时常持保留态度。中俄在上海合作组织政治和安全合作领域并非没有矛盾,但是共识比经济合作多得多。

政治领域,中俄都希望上海合作组织在改造世界秩序方面发挥重要作用,尽管强调的重点有所不同。俄罗斯比中国更加排斥美国在中亚地区的存在,希望在上海合作组织框架下借中国之力,抵御美国等西方国家对中亚的渗透;中国对美国等西方国家在中亚地区的存在相对宽容,尽量避免与美国在中亚地区发生正面冲突。俄罗斯积极推动上海合作组织参与全球事务,将上海合作组织作为其与西方博弈的重要依托;中国则对上海合作组织直接参与全球事务相对保守,更希望上海合作组织以"上海精神""新安全观"等理念影响世界。

安全领域,中国力图将中亚打造为中国西部的安全屏障,希望通过上海合作组织协调中亚国家,共同防范地区内部各种安全威胁。俄罗斯采取的则是积极防御战术,更注重对中亚安全问题的源头治理,希望上海合作组织能够在包括印度、巴基斯坦、阿富汗、伊朗等所谓大中亚范围内特别是阿富汗问题上发挥积极而重要的作用。

俄罗斯积极推动欧亚经济共同体和集体安全条约组织的发展,努力将其打造为巩固中亚地区主导地位的支柱。可以预见,随着俄罗斯朝建立欧亚联盟的目标不断迈进,俄罗斯主导的中亚地区多边合作机制对上海合作组织的竞争压力将日益增大。中国应该及时调整上海合作组织的发展思路。

(二)域内安全威胁的域外根源难除,使上海合作组织无法从根本上解决安全稳定问题

中亚有上海合作组织反恐机构、集体安全条约组织反恐中心等多边安全合作机构。中亚国家与俄罗斯、中国签订了内容广泛的安全合作协议,但是中亚安全形势并没有发生根本性好转。在2012年上海合作组织北京峰会上,成员国元首们明确指出,"恐怖主义、分裂主义、极端主义、非法贩运毒品、跨国有组织犯罪等威胁的尖锐性有增无减。"[1] 造成这种局面的原因是,中亚安全

---

[1] 《上海合作组织成员国元首理事会会议新闻公报》,2012年6月7日。

问题的源头在上海合作组织成员国域外。上海合作组织目前采取的措施是通过加强成员国合作，将威胁本地区安全的各种势力挡在地区之外。成员国元首们在2012年北京峰会上批准的《上海合作组织关于应对威胁地区和平、安全与稳定的政治外交措施及机制条例》和《上海合作组织成员国打击恐怖主义、分裂主义和极端主义2013~2015年合作纲要》，虽然可以称为安全合作领域的重大成果，但是仍然难以解决中亚安全问题的源头治理问题。中亚安全问题大多来自阿富汗及其与巴基斯坦等邻国的交界地区。阿富汗已成为"三股势力"的大本营和世界最主要的毒品种植基地。2013年上海合作组织峰会《比什凯克宣言》指出，"元首们对来自阿富汗境内的毒品威胁及其对中亚地区的危害表示担忧，呼吁在本组织框架内不断加强禁毒合作，国际社会共同努力在阿富汗周边建立'反毒安全带'。"美国发动的阿富汗战争非但没有肃清恐怖主义势力，反而激化了矛盾，诱发了更严重的安全问题。中亚地区严重的毒品问题就是在美国发动阿富汗战争后愈演愈烈的，而制毒和贩毒的巨大利润成为"三股势力"重要的资金来源。目前，阿富汗形势正在发生有利于塔利班的变化。如果美国按计划于2014年撤军，阿富汗政府将很难依靠自身力量控制局面。届时，动荡的阿富汗将给上海合作组织成员国带来更为严峻的考验。

威胁中亚国家政权稳定的根源基本上也在域外。美国等西方国家对上海合作组织成员国政治生态改造的企图，对中亚政局稳定造成极大负面影响。由于中亚国家领导人大多不愿意走全盘西化的道路，其政权因此成为颠覆目标。西方大国利用中亚国家政府对被戴上"破坏民主"帽子的惧怕，通过NGO等平台广泛地接触和培植中亚国家反对派势力，灌输西方民主价值观，甚至直接干预其内部事务，极力将中亚国家纳入其战略轨道。法国情报研究中心研究报告指出，"9·11"事件后，美国惊讶地发现，阿拉伯—伊斯兰世界大部分民众对美国怀有刻骨仇恨，便试图了解其中缘由。众多研究成果给出了答案，其中两个因素特别重要：美国无限支持以色列；美国支持腐败专制的阿拉伯政权，以阻止伊斯兰势力上台。美国不可能在第一点上让步，但决定在第二点上重新考虑自己的立场，特别是如果此举能够减缓恐怖势力针对美国利益及侨民的冲击。华盛顿于是不再反对伊斯兰势力执政，甚至帮助他们推翻北非中东的任人唯亲的腐朽政权。在此背景下，美国不惜冒着塔利班卷土重来的风险决定从阿富汗撤军。同样，美国也不再阻挠中亚伊斯兰势力的壮大，甚至在某种情况下有可能支持其夺取政权。

（三）美国战略重心东移，极大提升了上海合作组织对中国的战略价值

美国认为中国的崛起对其霸权构成全方位挑战，难以容忍中国继续保持快速增长之势，明显加大了对华战略的力度。美国实施"亚太再平衡"战略，大力加强亚洲军力部署，巩固美日、美韩军事同盟，与菲律宾、澳大利亚、越南等国加强了军事合作关系，挑动南海争端，矛头直指中国，给中国施加巨大安全压力。

中国东部安全环境的恶化，首先会干扰中国和平发展的进程，同时也会给海上贸易通道带来安全风险。在此背景下，如果能够打通向西通往欧洲、中东、非洲的陆上运输通道，修建能源输送管线，那么不但可以大大缓解东部安全压力，而且能够使中国成为连接东亚与欧洲、中东、非洲的走廊，增加东亚国家对中国的经济倚重，弱化其追随美国遏制中国的意图。中国掌握的高铁等先进技术为打通西部通道创造了良好条件。如果大中亚地区出现大的动荡，中国就会同时陷入东西两线的安全压力之中。在此情况下，上海合作组织对于中国西部大周边的稳定和发展的战略价值进一步提升，不但可以为应对东部安全压力提供稳定的后方，而且可以为开展对外经贸合作提供更广阔的空间。

二 经略西部与上海合作组织扩员

国际社会对上海合作组织的关注和期望与日俱增。在上海合作组织内外，一直存在上海合作组织扩员的呼声。目前上海合作组织扩员的主要分歧是是否吸收印度。巴基斯坦的加入则与印度的加入密切相关。

（一）构建"U型睦邻友好合作带"与上海合作组织扩员

美国战略重心东移，对华进行战略遏制的重点区域是中国东部沿海地区。中国的一项重要反措施是大力加强与东盟等周边国家的关系。中国高度重视周

边外交，与周边国家的交往非常密切。2013年10月24日，中央举办周边外交工作座谈会。习近平在会上强调，"要奋发有为地推进周边外交，为我国发展争取良好的周边环境，使我国发展更多惠及周边国家，实现共同发展。"这意味着，中国的周边外交将更为积极主动，强调"奋发有为"。上海合作组织成员国和观察员国分布于中国周边，上海合作组织的扩员首先应以是否能够从总体上促进周边外交作为判断依据。

中国东临大海，西、北、南被陆地环绕。与中国陆上接壤的邻国从北、西、南三个方向呈U型环抱中国。印度位于中国邻国U型正中，是除俄罗斯以外实力最强的中国陆上邻国。受历史问题、领土纠纷、印巴矛盾等因素的困扰，印度对华战略疑虑很深。2012年，一个由印度政府外交与国防专家组成的课题组发表了题为《不结盟2.0：21世纪印度对外与战略政策》的报告，指出"在可预见的未来，中国依然将是印度外交与战略的重大挑战，是直接冲击印度地缘政治空间的一个主要大国"①。印度的对华疑虑在其对华战略中表现为突出制衡、避免对抗。印度实施"东进战略"，除获取东亚快速发展的经济利益外也有制衡中国的考虑，试图借助他国力量将中国束缚在太平洋，迟滞中国海军进入印度洋与印度海军竞争的步伐。《不结盟2.0：21世纪印度对外与战略政策》报告指出："美国重返亚太舞台，强化亚太地区的海上力量；日本坚定地推进加强海军的计划，强化先发制人的能力；印度尼西亚、澳大利亚和越南等沿海国家积极扩充海军。所有这些即使不能制止，也能够迟滞中国海军的印度洋计划。印度应借机加强海上力量，发展与上述制衡力量的关系，包括与这些国家签署安全合作协议和定期开展联合海上军演。"为此，印度加强了与美国、日本、越南等国的军事与安全合作关系。

印度制衡中国的需求被美国利用，美国拉拢印度，怂恿和支持印度加大"东向"力度。奥巴马政府上台后向印度提供巨额美元军售，将印度的多家机构从军售管制的"黑名单"中删除；两国签署《反恐合作倡议》，启动两国间战略级别的国土安全对话；高调支持印度成为联合国安理会常任理事国。2011

---

① Sunil Khilnani, Rajiv Kumar, Pratap Dhanu Mehta, Lt. Gen. (Retd.) Prakash Menon, Nandan Nilekani, Srinath Raghavan, Shyam Saran, Siddharth Varadarajan, *Nonalignment* 2.0: *A Foreing and Strategic Policy for India in The Twenty First Century*, 2012, Printed in India.

年7月，美国国务卿希拉里·克林顿出席第二轮美印战略对话时发表讲话称："现在该是领导的时刻了。印度不应该只是'向东看'，而应该有所行动。"《印度斯坦时报》2011年7月21日对此评论说，在所有新兴国家中，美国对印度成为"全球性玩家"的潜力倾注了最多的热情。美国拉拢印度，怂恿和支持加大"东向"力度，其战略考虑并不在于与中国全面对抗，而是使印度加入防范中国的战略网络中，造成印度与日本等国牵制围困中国的态势。只要造成这个态势，它就可以将日本继续捆在其战略轨道上，就可以将印度编制在其"重返亚洲"的战略网络中，就可以使日本、印度及其他国家依赖于美国提供的安全保障，大量购买美国军火，向美国提供军事基地；就可以延缓、阻止中国崛起的势头，限制中国对周边地区的影响力和辐射力。印度也不愿卷入对中国的战争，它也只想凭借这一态势使中国纠缠在西太平洋，从而获得经营印度洋的历史机遇。①

由此可见，印度的对华战略疑虑不但会在中国U型陆上邻国的中部制造巨大不稳定因素，而且会干扰中国与东盟国家的关系。其实，印美的战略矛盾性远大于印美在遏制中国问题上的战略一致性，而印中的战略一致性远大于印美的战略一致性。印美分歧"是崛起中的第三世界国家与力图维持现有支配地位的超级大国之间的矛盾，此消彼长是这种矛盾演变的不可避免的结果。而在这些方面，中印间有着更为相近的观点和立场，有着共同的利益和目标。因此，印度'东向战略'与美国'重返亚洲'战略契合，仅是双方出于短期目的、针对特定对象而采取权宜之计的结果，而双方的分歧则是长期发生作用的结构性因素。印度只能充当美国'重返亚洲'一段时期内的同路人，而不可能完全投入美国的战略轨道"。② 实际上，印度面临的两大安全问题——中印领土争端和印巴领土争端，都是西方殖民者撤离时有意埋下的祸根，并且今天仍在被美国等西方国家用以谋取战略利益。

有效化解印度对华战略疑虑，不但能使印中战略合作提升到较高水平，而

---

① 吕昭义：《印度"东向政策"：发端、演变、新趋向》，《印度洋地区发展报告（2013）》，社会科学文献出版社，2013，第114页。
② 吕昭义：《印度"东向政策"：发端、演变、新趋向》，《印度洋地区发展报告（2013）》，社会科学文献出版社，2013，第118页。

且能消除印度对中国与东盟关系的干扰，真正使中国陆地接壤国连成一个完整的"U型对华睦邻友好合作带"。对于中国这个海陆兼备的国家而言，陆权的巩固不但有效对冲海权受到的威胁，而且为赢得海权打下坚实的基础，而发展中印关系是关系到我国陆权能否巩固的关键。中国领导人早已意识到印度的重要性和中印战略利益的一致性，长期致力于发展对印友好合作关系。中国即使在当年被迫进行对印自卫反击战时，也坚持了"有理、有利、有节"的原则，以便为发展中印关系留有余地。

相对于中国发展中印关系的积极姿态而言，印度显得较为迟疑。印度的对华战略疑虑与战略需求交织在一起，向两个不同方向牵拉着两国关系。由于中印战略利益的一致性随着世界局势的发展而不断得到强化，两国关系的主流是向前发展和不断深化。2013年10月，印度总理辛格访华，受到中国高规格礼遇。双方从《边防合作协议》入手，探讨确保边界和平和解决领土纠纷之路。《边防合作协议》规定双方保持实际控制线上的和平、安全和稳定，两军之间建立热线电话；如果发生冲突，双方都要保持"最大限度的克制"。印度国内支持对华合作的呼声渐高，印度亚洲通讯社刊发文章《不断变化的世界需要印中战略合作》称："总把中国放在对手的角度加以看待是适得其反，也是没有用的。在面对中国时，印度的观点必须'去美国化'，不要像美国一样常把中国视为挑战。一个无知的印度既不能直面中国，也无法从中国得到尊重和友谊。总把中国视为侵略者、神秘且不可信的敌人便是无知，而且是弱者的观点。"[①] 2014年5月新当选的印度新总理莫迪主张加强印中关系，有望在任期内为推动印中关系发展作出更多贡献。

与此同时，化解中印矛盾绝非易事。就在中国2013年高规格接待印度总理辛格访华时，"印度智库国防分析研究所的一篇文章指出，中印关系近来虽得到很大拓展，但两国深层次的不信任并未减少，两国只是成功地管理好了复杂而困难的关系，没有让分歧升级"[②]。由于意识到仅靠双边经济和边防合作无法有效消除印度对华战略疑虑，中国领导人更加注重强调两国的战略共识，

---

① 《印媒：习近平为辛格设宴是罕有礼遇》，《新闻晨报》2013年10月23日。
② 《印媒：习近平为辛格设宴是罕有礼遇》，《新闻晨报》2013年10月23日。

希望通过拓宽两国战略合作领域来增强战略互信。2013年10月23日，习近平主席会见辛格总理时就中印关系提出四点建议："一要推动中印关系同国际大势相结合，增进战略互信。二要推动中印关系同各自发展需求相结合，深化务实合作。三要推动中印关系同两国复兴进程相结合，妥善管控分歧。四要将中印关系同振兴东方文明相结合，扩大交流对话。"四点建议中，只有第二条谈双边务实合作，而其他三条，即中印关系"同国际大势相结合""同两国复兴进程相结合""同振兴东方文明相结合"，都是在强调双方战略利益的一致性以及围绕一致的战略利益进行战略合作，强调双方应当着眼于世界格局变化的大趋势，立足于两国都是发展中大国和新兴大国，以及同属东方文明的相同特质，在共同改造世界秩序的伟大实践中加深战略互信，谋求共同发展。

随着科技飞跃、区域一体化以及上海合作组织的深入发展，欧亚大陆经济整合之势愈发明显。"欧亚大陆经济整合将改变印度对中国的看法。与其天天担心中国是否建立经缅甸与巴基斯坦往印度洋的通道而对印度形成包围，印度更应该操心自己如何加入欧亚大陆的经济整合。如果它仍然对中国和巴基斯坦持敌视态度，这两个国家就会成为把它隔在欧亚大陆经济整合这一21世纪大趋势之外的天然屏障。"①

目前，上海合作组织成员国分布在中国U型陆上邻国的西北部，如果加上印度、巴基斯坦、蒙古国、阿富汗这四个与中国接壤的上海合作组织观察员国，那么上海合作组织所覆盖的区域位于U型圈的北部和西部。中国在构筑U型睦邻友好合作带时，上海合作组织具备消除印度这一薄弱环节的地缘优势，并有巨大潜力通过多边机制将中国北部、西部与南部的东盟国家连为一体。印度希望借助上海合作组织打通其通向中亚和欧洲的陆上走廊，维护中亚和南亚地区的稳定。并且，印度的对外战略理念与上海合作组织的基本理念相通，比如，印度坚持走独立自主的发展之路，在追求成为世界大国的目标时，明确地提出不走前世界大国的强权扩张的老路。2013年上海合作组织峰会批准了《〈上海合作组织成员国长期睦邻友好合作条约〉实施纲要（2013～2017）》，强调将进一步提升成员国之间的政治互信，深入开展务实合作。此次峰会上，

---

① 高柏：《高铁与中国21世纪大战略》，社会科学文献出版社，2012，第2页。

中方宣布成立上海合作组织睦邻友好合作委员会。如果印度加入上海合作组织，那么在上海合作组织框架下，中印将会进行经常性交流和机制化沟通，印度将能够更准确地判断中国的战略意图，从而消除对华误解与疑虑。同时，中国有可能借助俄罗斯等成员国的力量，使印度与美国拉开距离，并推动印巴加强交流与合作，缓解印巴矛盾。中印在上合组织的有效合作将为两国关系的良性循环提供支点，不但有利于两国边界问题的缓解，而且大大降低印度的对华战略遏制需求和对达赖集团的支持力度，上海合作组织章程及睦邻友好合作条约的相关规定也会对印度在这些问题上的负面行为构成制约。因此，将印度、巴基斯坦吸纳为上海合作组织成员国①，并强化上海合作组织与东盟的关系，有望以一种较为成熟的新型国际合作机制为我国"U型睦邻友好合作带"钉上铆钉。印度、巴基斯坦加入的上海合作组织，必将显著增强中国与西部国家的合作，由此对冲东盟和东北亚一些国家试图借美国重返亚太之势提高对华合作要价的风险，使这些国家与中国西部国家形成对华合作竞争，从而保障其对华友好政策的稳定。

（二）建设"丝绸之路经济带"与上海合作组织扩员

2013年9月7日，习主席访问哈萨克斯坦时提出了"丝绸之路经济带"战略构想。建设"丝绸之路经济带"，是中国政府在深刻洞察世界发展大趋势的基础上，着眼于发挥"负责任大国作用"，立足于中国国情作出的重大战略决策。它标志着我国对外经贸合作由偏重东部海路变为东部海路与西部陆路双方向均衡发展。这必将对21世纪欧亚大陆乃至世界经济格局产生重大而深远的影响。

1. "丝绸之路经济带"涉及中国重大战略利益

"丝绸之路经济带"是以对外"经济大合作"为主的综合性战略构想，涉及中国经济、外交、安全等诸多领域的战略利益，只要规划合理、实施得当，就能够使中国突破若干制约发展的战略瓶颈。

---

① 蒙古国目前为上海合作组织的观察员国。本文没有提到吸收蒙古国为上海合作组织成员国的问题，因为蒙古国的重要性远逊于印度，无论其是否成为上海合作组织成员国，对华政策走向都不会有大的变化。从地缘格局看，蒙古国位于中国和俄罗斯的中间，如果中国和俄罗斯保持着高水平的战略协作，蒙古国即使不加入上海合作组织，也难以选择不友好的对华政策。

(1) 激活陆权优势,破解东西部发展失衡的难题

陆权的统治地位被海权取代,是贯穿世界近现代史的一条主线。西方工业革命后,海权步入大发展时代,陆上商路的价值大大降低,陆上丝绸之路随之没落。正如海权的崛起得益于科技进步,当代快速发展的交通和信息技术正在推动陆权和海权的关系发生几百年来的首次逆转。海运较陆运的优势下降,导致欧亚大陆经济整合进程加快,陆上丝绸之路的复兴已是大势所趋。21世纪即使不是欧亚世纪,至少也是欧亚大陆与太平洋并立的世纪。中国面朝太平洋、背靠欧亚大陆的地缘优势将尽显无疑。

改革开放初期,海权仍保持着绝对优势。中国中西部地区的劳动力、矿产资源等生产要素向东部聚集虽符合经济规律,但也加剧了东西部发展差距,造成西部地区处于产业链低端。为解决东西部发展失衡问题、挖掘西部发展潜力,2000年10月,中共十五届五中全会通过《中共中央关于制定国民经济和社会发展第十个五年计划的建议》,把实施西部大开发、促进地区协调发展作为一项战略任务,强调"实施西部大开发战略、加快中西部地区发展,关系经济发展、民族团结、社会稳定,关系地区协调发展和最终实现共同富裕,是实现第三步战略目标的重大举措"。在政府大力扶持下,西部地区经过十余年的发展,经济得到了较大提升,但东西部差距仍然巨大,究其原因,与西部地区远离出海口,只能充当东部地区外向型经济的大后方和原料、劳动力供给基地不无关联。"丝绸之路经济带"的建设,将为中国打通通往欧洲、中东的陆上通道,中国新疆、云南、四川、重庆等西部省区市将成为这条通道的战略前沿,必然产生类似东部地区发展外向型经济的地缘经济优势,从而吸引生产要素聚集,刺激经济发展。例如,"渝新欧"铁路开通后,重庆加工的商品出口到欧洲的时间大大缩短,惠普等知名跨国公司于是把重庆作为对欧出口笔记本电脑等产品的主要生产基地而大幅增加投资。

(2) 促进区域合作,创造拉动经济发展的新外需

商品出口特别是对西方的出口是拉动中国经济的主引擎之一。2008年世界金融危机之后,西方国家的订单急剧减少,导致中国东部大量工厂减产或停工。为"促增长、保就业",中国政府努力提升投资和消费的拉动作用。然

而，增加消费与建立完善的社会保障体系和收入分配体系紧密相连，难以一蹴而就。增加"铁、公、基"投资的见效虽相对较快，但不具备可持续性，引发通货膨胀和经济结构失衡的副作用十分明显。因此，中国必须下大力气开拓境外市场、刺激出口。

广大发展中国家的市场潜力远大于发达国家，且其市场更符合中国商品的特点。与发达国家不同，发展中国家一旦具有投资能力，就会发展基础设施和工业设施，为中国带来更多出口订单和服务合同。十八大报告指出："中国将继续高举和平、发展、合作、共赢的旗帜，坚定不移致力于维护世界和平、促进共同发展。"以此为指导，中国向发展中国家进行工业输出，不但有利于自身经济结构的调整，而且将给合作伙伴国带来更多经济收益，其中相当一部分将转换为对中国制造业的新需求。

（3）维护经济安全，打造多元化出口贸易通道

中国经济的持续快速增长，使美国在各个领域都遇到了来自中国的挑战，中美深层次结构性矛盾正在激化。美国明显加快了对华战略遏制步伐，致使中国东部安全压力陡增。日本则试图借此阻滞中国崛起，恶化中国东部安全环境。美、日的对华遏制战略，给中国海上贸易通道的安全造成巨大风险。建设"丝绸之路经济带"将为中国打造多条陆路出口贸易通道，不但可以直接对冲东部经济安全风险，而且能够使中国成为连接东亚与欧洲、中东、非洲的交通和能源走廊，增加东亚国家对中国经济的倚重，弱化其追随美、日遏制中国的动力。

2. 上海合作组织扩员对"丝绸之路经济带"建设的促进作用

上海合作组织是"丝绸之路经济带"建设的天然合作平台，其成员国、观察员国和对话伙伴国几乎覆盖了"丝绸之路经济带"的主要地区。将印度、巴基斯坦吸收为上海合作组织成员国，是建设"丝绸之路经济带"的题中应有之义。印度、巴基斯坦加入上海合作组织，上海合作组织的多边经济合作机制就能够覆盖到整个"丝绸之路经济带"，从而提高经济合作的有效性和保障工业输出方案的系统性。

印度、巴基斯坦加入上海合作组织后，"丝绸之路经济带"与其他区域经济一体化机制的对接将更具可操作性：东南向与东盟及未来的"区域综合伙

伴关系"（RCEP）计划①对接；西向与中东、非洲对接；西北向与欧洲对接；东向与东亚及未来的"中日韩自贸区"对接。这样，"丝绸之路经济带"位于欧亚大陆中心得天独厚的地理优势就能进一步凸显，而作为"丝绸之路经济带"和上海合作组织经济合作的倡导者，中国将可大大增强在世界经济体系中的地位。

（三）解决阿富汗问题与上海合作组织扩员

2014 年，美军将按计划从阿富汗撤军，美国撤军后阿富汗政局的走向以及对地区安全环境的影响成为阿富汗周边国家高度重视的问题。阿富汗地理位置十分重要，位于麦金德所说的"世界岛"，即欧亚大陆心脏地带，自古便是各大地缘军事力量的必争之地。同时，阿富汗又是世界强国的梦魇，英国、俄罗斯、苏联、美国先后在阿富汗折戟而归，出现了张文木教授所说的"麦金德悖论"，即最重要的世界心脏地带恰恰是世界强国所难以控制的地带。对阿富汗，世界列强意欲争夺而又难入囊中，导致战乱不断，局势复杂，宗教极端势力肆虐，毒品泛滥，人道主义危机深重。随着美军撤出阿富汗日期的临近以及中国和上海合作组织影响力的增强，国际社会希望中国深度介入阿富汗问题的呼声渐高。中国应从世界发展趋势、时代特点和中国全球战略的高度分析深度介入阿富汗问题的战略收益、成功概率和方法途径。参与解决阿富汗问题对中国来说有利的方面如下。

1. 改善中国西部地缘安全环境，形成稳定的区域安全秩序

阿富汗是"三股势力"的主要策源地之一，也是毒品种植和有组织犯罪的重灾区，对中国、俄罗斯、中亚和南亚国家安全构成严重威胁。然而，阿富汗周边各国所采取的应对措施基本属于本土防御性质，难以从源头上彻底消除安全威胁。只有彻底解决阿富汗问题，包括中国等阿富汗周

---

① 2011 年东盟提出了"区域综合伙伴关系"（RCEP）计划。2012 年 11 月在柬埔寨金边召开的东亚领导人系列会议上，东盟宣布将于 2013 年开始有关"地区全面经济伙伴关系"的谈判。RCEP 涵盖 16 个国家——东盟 10 国和中国、日本、韩国、印度、澳大利亚和新西兰，有 35 亿人口（约占世界总人口的一半），目前的 GDP 总和达 23 万亿美元（占全球年生产总值的 1/3)，如若建成，将是世界最大的一体化大市场。引自张蕴岭《国际热点问题报告》，中国社会科学出版社，2013，第 188 页。

边国家的安全问题才能得到根本性缓解。解决阿富汗安全问题,需要域内所有国家相互配合,由此将形成域内多边安全合作机制,而该机制即使在解决阿富汗安全问题后,也会继续得以保留,成为维护域内安全秩序的支柱。

2. 改善中国西部地缘政治环境,增强域内国家与中国的政治互信

中国的西部邻国中,中印关系最需要加强。阿富汗问题得到解决,巴基斯坦作为过境国在印度地缘战略中的价值大大提升,这无疑有利于缓解印巴矛盾,促使两国加强合作。印巴矛盾的缓解,也会在一定程度上消除印度对中国的戒心,因为中国一直被印度视为巴基斯坦的盟友和后台。中国在解决阿富汗问题的过程中,必然与印度加强沟通与协作,从而促进印中政治互信,为两国解决领土纠纷和达赖问题打下基础。阿富汗问题涉及宗教、经济、安全等多个领域,解决阿富汗问题需要开展各领域合作,需要建立一种地区多边政治协商机制。在该机制下,各国充分进行信息交流,广泛开展合作,从而可为中国利用这个机制宣传对外政策、增强域内国家对华政治信任创造有利条件。

3. 改善中国西部地缘经济环境,促进"丝绸之路经济带"的建设

阿富汗是重要的十字路口,向北连接中亚,向南连接南亚,向东连接中国西部,向西连接中东。如果"丝绸之路经济带"拥有西北、西和南三个战略走向,那么阿富汗正好位于中间。阿富汗问题的解决将使"丝绸之路经济带"把中国西部与中亚、南亚、西亚在地理上连成一个整体,使中国中西部地区成为丝绸之路经济带的战略前沿,从而强化中国的陆权优势和中国在欧亚大陆经济整合进程中的地位。只有阿富汗瓶颈被打通,域内多边经贸合作特别是互联互通建设才能够迎来一个高潮,并进而释放出大量的需求,给中国的发展注入新的动力。

4. 改善中国国际形象,为中国崛起增强"软实力"

任何大国的崛起都需要占有道义制高点,形成一种"势",否则难以成为具有重大影响力的世界强国。中国人均 GDP 尚处于发展中国家水平,但综合国力已名列世界大国前茅,国际社会特别是广大发展中国家对中国寄予很高期望。反华势力大肆散布"中国威胁论"和"中国责任论",目的是抹黑中国的国际形象或让过多难以承担的国际责任压垮中国。因此，中国对国际责任的选择至关重要。解决阿富汗问题是一个巨大的国际责任，如果中国与国际社会共同努力，成功解决阿富汗问题，中国的国际威望无疑将空前增长，足以确立中国的"负责任大国"形象。

三 上海合作组织扩员的策略

综上所述，在经略西部的视角下，在各方面条件已经接近成熟的情况下，中国可以考虑就上海合作组织在扩员问题上与成员国进行讨论。一些重要问题还需要与成员国达成共识。

首先，应在扩员前进一步夯实法律基础，以不损害原有成员国根本利益为前提，提前设计好游戏规则。成员国越多，达成一致以及更改游戏规则的难度就越大。应该尽快完善上海合作组织法律法规体系，为组织的可持续发展打下坚实的法律基础。

其次，分批、分层次地扩员，把握好条件和时机。如前文所述，印度和巴基斯坦成为上海合作组织成员国的条件比较成熟，应成为上海合作组织扩员的首选对象。过去上海合作组织暂时不考虑吸收伊朗加入从策略上讲是对的，但应与伊朗保持密切合作，推动伊朗走出"核陷阱"，为其早日正式加入上海合作组织创造条件。

上海合作组织还可考虑在观察员层面进行扩员，发展土耳其为观察员国。土耳其是北约成员，但不是欧盟成员，因文化与西方异质而处于不被西方完全认可的尴尬处境。土耳其民族虽然穆斯林占多数，但土耳其属于世俗国家。虽然土耳其与西方国家关系密切，但在外交上又表现出比较大的独立性、进取性和灵活性。土耳其在地理位置上横跨欧亚两大洲，是中国经过中亚、西亚通往欧洲的重要门户。将土耳其发展为观察员国（条件成熟时可吸收其为正式成员国），有利于地区稳定和经济发展。

最后，通过加入上合组织谈判，使愿意加入上合组织的国家接受上海合作组织宪章和所有基础性法律文件，接受上海合作组织主张的"上海精神"。这有助于使上海合作组织在扩员之后继续在重大国际问题上保持一致立场，提高

上海合作组织运行效率。

在逐步扩员之后,上海合作组织将逐渐成为中国与相关国家开展地区安全、区域经济合作和多元文化交流的重要平台。"丝绸之路经济带"建设、阿富汗的稳定与发展、能源与金融合作、打击"三股势力"等重大问题将成为上海合作组织的关注重点。

Y.14 "新丝绸之路经济带"的区域发展理念与中亚地区的交通合作*

连雪君　张晓晴**

摘　要：

"新丝绸之路经济带"是在特定的地区发展环境中被提出的。作为一项新的地区发展计划，通过建构一种共享的合作观念重构地区国家间的社会关系。"新丝绸之路经济带"可被视为一种合作理念或共享观念，可以起到地区行动路线图的作用。中亚地区存在多元化的经济地区主义，这些多元化的经济地区主义反映了中亚国家寻求多样的地区发展理念（路径），而不同的地区发展理念对于中亚国家的利益实践也有所不同。中亚国家试图在不同的地区主义中谋求国家利益最大化，因而"新丝绸之路经济带"观念在中亚复杂的地区环境中获得优势，需厘清具体的利益范畴。随后的篇幅着重分析"新丝绸之路经济带"所包含的一个基本经济合作要素——中亚交通合作中的问题，探讨中国具备哪些推动中亚交通建设的优势，以加快"新丝绸之路经济带"观念的制度化与实践。

关键词：

"新丝绸之路经济带"　中亚地区　交通合作

---

* 本文是上海大学"十二五"内涵建设项目"都市社会发展与智慧城市建设"资助的"高铁：欧亚大陆经济整合与中国21世纪大战略"课题的阶段性研究成果。
** 连雪君，上海大学社会学院与上海合作组织公共外交学院博士研究生；张晓晴，陕西师范大学政治经济学院硕士研究生。

中央最近对一年来外交工作的总结和未来的部署可为我们进一步的外交研究带来一种启迪。中央强调中国的外交战略应该从整体把握国际环境的变化，注重局部区域经济空间建设和增进地区内的社会和文化交流。具体来看，在区域战略上规划为建设西部的"新丝绸之路经济带"和东部的"21世纪海上丝绸之路"，不断强化地区命运与利益共同体的意识。①

一 "新丝绸之路经济带"的区域经济发展理念

"新丝绸之路经济带"具体包含的范围是从太平洋到波罗的海，以上海合作组织地区为基础，逐步形成连接东亚、西亚、南亚的交通运输网络。"新丝绸之路经济带"旨在扩大经济合作区域，形成新的欧亚区域经济合作模式和促进地区社会的交流与融合。地区交通网络不仅是经济与社会要素流动的载体，而且承担着更多的历史意义。从欧亚大陆地区发展的历史来看，能够真正意义上贯通欧亚大陆经济交流的渠道，要追溯到2000多年前的"古丝绸之路"。这段历史记忆为广大欧亚大陆国家所认可，从历史记忆中攫取当代欧亚大陆经济合作的意义成为可被接受的共享观念。当一项具有历史意义的传统被发明或向社会群体灌输一定的价值和行为规范时，必然暗含与过去的连续性，就需要利用象征实践和交流的旧材料，如语言、复古的仪式等要素来为之所用。② 习近平主席在提出"新丝绸之路经济带"的演讲中，作为铺垫，使用了诸多各国所能认可的话语来表述。比如提到张骞开辟"古丝绸之路"的故事，"我的家乡陕西，就位于古丝绸之路的起点""哈萨克斯坦这片土地，是古丝绸之路经过的地方"；也使用了如"驼铃声""大漠""袅袅孤烟"等具有历史韵味的词语，来唤起听众的记忆。③ 习近平主席在随后的

---

① 《习近平：让命运共同体意识在周边国家落地生根》，新华网，2013年10月25日，http：//news.xinhuanet.com/2013-10/25/c_117878944_2.htm。
② 霍布斯鲍姆、T. 兰杰编《传统的发明》，顾杭、庞冠群译，译林出版社，2008，导论，第2、6、7页。
③ 具体内容参见习近平《弘扬人民友谊，共创美好未来：在纳扎尔巴耶夫大学的演讲》，新华网，2013年9月7日，http：//news.xinhuanet.com/fortune/2013-09/08/c_117273079.htm。

上海合作组织峰会上,将本地区的国家称为命运与利益的地区共同体。虽然不同于民族共同体的具体建构方式,但他提出的顺序,是以文化密切交流历史的共同想象开始的,这种历史记忆能够让人们产生共鸣。正如安德森所指出的:所有比面对面接触的原始村落更大的共同体,都是通过想象的方式被建构起来的。①

"古丝绸之路"不仅代表着商贾和使节等地区社会群体在贸易和文化等领域的密切交流,也表达了欧亚大陆交通网络的畅通。习近平主席随后在比什凯克将其称为"丝绸之路精神",从而将"古丝绸之路"的贸易自由与道路畅通的历史,移植到了"新丝绸之路经济带"观念之中,为后者赋予了历史的合法性。这种具有历史传统的合作观念的功能,在于其通过采取参照旧形势的方式来回应新形势,它的存在是为了使得当下的行动能够从过去存在模式中获得更直接的意义,从而简化了对行动意义重新界定的复杂性。② 换言之,"古丝绸之路"不仅表征着一种经济意义上的地区社会群体的互动过往,更是一种多元文化交流与融合的历史象征,巧妙的是它与全球化时代对文化多元化共存的渴求具有一种"亲和性"。中国以国家的名义进行传统的再发明,使"古丝绸之路"所代表的多元文化融合的历史情境,"嵌植"到"新丝绸之路经济带"所覆盖的多元文化的欧亚大陆腹地之中。在某种程度上,地区层面的历史,将为地区多元化空间的发展提供帮助③,共同的历史可成为整合多元文化并存的欧亚大陆的一种选择方式,东盟共同体的发展就是一个例证。④

---

① 本尼迪克特·安德森:《想象的共同体:民族主义的起源与散布》,吴叡人译,上海人民出版社,2005,第6页;关于地区可视为一种想象的共同体的陈述,参见 Marie - Claude Smouts, "The Region as the New Imagined Community", in Patrick Le Gales and Christian Lequesne, editors, *Regions in Europe*, London: Routledge, 1998。
② 霍布斯鲍姆、T. 兰杰:《传统的发明》,导论,第 2~3 页。
③ 赫特、索德伯姆:《地区主义崛起的理论阐释》,《世界经济与政治》,袁正清译,2000 年第 1 期,第 66~71 页。
④ 东盟共同体的形成有着诸多原因,比如亚洲金融危机、安全考虑、美国的介入等因素,但有一点是重要的,即共同的被殖民史。Mark Beeson, "Rethinking Regionalism: Europe and East Asia in Comparative Historical Perspective", presented at the Oceanic Conference on International Studies, Canberra July 14 - 16, 2004.

二 中亚地区一体化路径的多元化与"制度过剩"

总览世界各个地区,没有哪个地区像中亚存在着如此众多的地区合作组织,发挥一定作用的地区组织就有数十个之多,单就经济合作的地区组织就有9个(见表1),围绕着本地区建立的地区组织范围覆盖了从北冰洋到南印度洋,从地中海西岸延伸到东太平洋,从东西伯利亚到东欧平原的广大地区,几乎涉及中亚地区可能合作的各个领域,可见中亚地区在整个欧亚大陆乃至世界中的重要性。因而,就中亚一体化的成就而言,众多的地区经济合作组织或经济发展计划更多的是呈现了一种地区"制度过剩"而带来的协调困难问题。

表1 中亚地区存在的次区域经济合作组织与合作机制

合作组织与机制	成立宗旨	成员构成
欧亚经济共同体(中亚合作组织2005年并入)以及俄白哈关税同盟	建立统一经济空间,保证商品、服务、资本、技术和人员的自由流动	俄、白、乌克兰、哈、吉、塔、乌
中亚经济专门计划(联合国)	促进交流合作,加快经济一体化进程	联合国有关部门和中亚五国
丝绸之路区域合作项目(联合国)	复兴丝绸之路沿线国家在贸易、投资和旅游领域的传统优势	中、哈、乌、吉、塔
中亚区域合作机制(亚行发起)	促进成员国加速经济发展	中、哈、乌、吉、塔、阿、蒙
独联体七国合作倡议(国际货币基金组织、世行、亚行和欧洲复兴开发银行发起)	实现金融稳定和经济增长,提高参与国际合作和国际竞争力	阿、亚、格、摩、吉、塔、乌
欧亚运输走廊(欧盟发起)	支持成员国获得政治和经济独立,通过开发新干线,摆脱俄罗斯的依赖	欧盟、乌克兰、亚、格、摩、中亚五国、保加利亚、罗马尼亚、土耳其和蒙古国
中西亚经济合作(土耳其、伊朗和巴基斯坦发起)	发展区域一体化	土耳其、伊朗、巴基斯坦、中亚五国、阿塞拜疆和阿富汗
上海合作组织	安全合作基础上,开展贸易和投资便利化	中、俄、哈、吉、塔、乌

"新丝绸之路经济带"的区域发展理念与中亚地区的交通合作

中亚国家参与多种地区组织,很大程度上是该地区国家的平衡外交战略的结果,在多边合作中试图谋求国际经济和政治利益的最大化。对于中亚地区存在的众多地区组织,新区域经济学理论也给出了另外的一种解释,即"地区主义的多米诺骨牌理论",该理论认为当某一区域经济合作组织加深自身的一体化程度时,会对非成员国产生经济压力,使其市场份额下降、竞争优势削弱,而压力的大小则取决于其与该组织成员国经济关系紧密程度、该区域经济合作组织规模的大小等。① 从区域经济学的共同市场理论来看,地区间的经济合作有助于促进市场要素的自由流动,通过竞争机制降低生产成本,增加地区国的经济福利。中亚几个国家作为新兴浮现的民族国家,面临着国内经济落后和发展的压力,促使了中亚各国的领导人急需参与多种经济组织推动国内经济的发展。同时,中亚国家试图通过参与多个不同的经济组织向国际社会传递其同地区外经济实体合作的强烈意愿,吸引更多的投资。

目前,在中亚地区发挥实质性的经济整合的地区经济组织主要是欧亚共同体和俄白哈关税同盟。俄罗斯一直以来通过独联体对中亚地区施加影响。自中亚国家独立以来,通过参与外部国家、地区组织和国际组织发起的或自身发起的地区组织来实现均衡的外交政策。对此,俄罗斯近几年也逐步改变了传统的中亚战略,转向以经济合作的"软"方式来整合中亚地区,比如俄主导的欧亚共同体和俄白哈关税同盟的实际效力正在不断壮大。因俄罗斯在中亚的经济和政治的巨大影响力和文化、民族等的历史渊源,决定了俄罗斯主导下的欧亚共同体对于中亚国家的吸引力和凝聚力。

美、俄等大国在中亚地区的经济竞争中,都希望把中亚拉入以本国为主导的经济圈,如俄罗斯似乎希望以"欧亚经济共同体"为轴心把中亚经济向北拉,以将其控制在独联体范围内;而美国则希望以"大中亚战略"为契机促进中亚经济向南靠,以此推动中亚和南亚地区的一体化进程。② 习近平主席在

---

① Richard E. Baldwin, 1993, "A Domino Theory of Regionalism", Graduate Institue of International Studies, University of Geneva, September, Revised, November 1994, http://www.graduateinstitute.ch/webdav/site/ctei/shared/CTEI/Baldwin/Publications/Chapters/Regionalism/dom_ old. pdf.

② 张宁:《上海合作组织面临的几个发展方向问题》,《亚非纵横》2009年第2期,第14~19页。

2013年出访哈萨克斯坦和出席比什凯克上海合作组织峰会上提出的"新丝绸之路经济带"具有更强的战略指向和操作的可能性。一方面中国与中亚国家的经济合作日益增强，中国与俄罗斯的关系日进佳境，即使俄罗斯不太情愿中国加强与中亚的经济合作但也不会有明确的反对；另一方面上海合作组织在中亚地区的沟通功能不断增强，可发挥区域组织的规模优势，通过合作机制整合资源，以上合组织经济一体化来维护自身利益，为协调"丝绸之路"上地区国家的利益和分歧提供了一个制度平台。某种程度上"新丝绸之路经济带"的实践具有解构美国版的"大中亚"计划和"新丝绸之路"战略的影响。"新丝绸之路经济带"能够增进上海合作组织地区的经济发展，来重构后阿富汗时代的中亚地区。

三 "新丝绸之路经济带"核心要素：交通合作及问题

当下对于"新丝绸之路经济带"的具体内容是什么，暂时还没有一个明确的地区发展规划。当谈到地区商品与劳动力自由流动、投资和金融（汇率协调机制、货币结算业务）便利化、海关壁垒等区域贸易制度问题时，因中国经济力量借此发展规划可能会进一步加强与中亚地区的关系，而影响地区国家间的利益分配和地缘政治格局的未来走势，"新丝绸之路经济带"的经济地区主义的实践可能被政治议程所搁浅。在经济地区一体化的发展历程中，经济地区主义从来未脱离民族国家的经济安全和大国地缘战略的政治考虑。

王缉思就中国当前面临的亚太局势谨慎地建议应面向欧亚大陆实施"西进"，沟通南亚、中亚与西亚地区的经济联系；杨毅沿着该思路认为中国在西部应以上海合作组织为平台提升与西部国家的全面合作关系，实现"稳中求进"和"进中促稳"的"稳西"战略。[①] 具体实现的途径是建议国家应该推动西部地区的经济发展和向西开放，加强欧亚陆路交通网络建设，通过将东部

---

① 王缉思：《"西进"：中国地缘战略的再平衡》，《环球时报》2012年10月17日；杨毅：《周边安全需要全方位战略：兼与王缉思教授商榷》，《环球时报》2012年10月26日。

"新丝绸之路经济带"的区域发展理念与中亚地区的交通合作

地区的产业结构向西转移，将欧亚大陆特别是欧洲市场有效地联系起来，最终实现中国在太平洋与欧亚大陆的政治与经济力量的均衡分布。① "新丝绸之路经济带"能否被长期实践，一个重要问题是中国西部地区与中亚乃至欧亚大陆的经济联系与地区的社会认同。在中亚地区地缘战略格局形成和演变过程中，中亚社会出现了一些中国"威胁论"和中亚成为"中国附庸国"的舆论。因而，无论是从西北地区的民族问题的治理，还是中国在中亚的战略的长期性，必须强调中国西部地区在整个中国与欧亚大陆合作中的重要地位，通过西部大开发和东部产业的转移推动西部地区的经济发展，将被放大了的抽象的中国经济权力具象化在毗邻的西部地区，让想象中的担忧变成可见的次地区繁荣。②

就目前来看，"新丝绸之路经济带"观念制度化具备的唯一可协调的地区要素是交通网的建设。因而，在现有的地区政治环境中，"新丝绸之路经济带"观念的核心，应是通过交通网络将本地区的经济与社会有效地联系起来。③

在整个"新丝绸之路经济带"中，中亚地区的地理位置，对于欧亚大陆的公路网贯通起着关键的作用。中亚地区现在主要的对外交通联系，是原苏联时期留下的通往俄罗斯和其他独联体国家的铁路和公路。预计未来，中亚地区短期内交通运输网将快速发展，铁路年增率为5% ~6%，公路将达到6% ~8%；而公路的发展还将以中亚各国国内为主。④ 贯通欧亚大陆的主要公路，是由国际道路联盟（IRF）发起的"新丝绸之路"项目。该线路从中国沿海延

---

① 高柏等著《高铁与中国21世纪大战略》，第1~19页；王湘穗：《倚陆向海：中国战略重心的再平衡》，第54~64页；叶小文：《一个外涉国际战略平衡、内涉统筹区域发展的问题》，《决策通讯》2003年第11期，第19~20页。

② 连雪君、甄志宏、李华：《中国"西进"战略：地区治理与经济政策》，《国际政治研究》2013年第3期，第155页。

③ 在此，我们有必要作一个说明，"新丝绸之路经济带"不仅仅是交通网络建设所带来的利益实践，还包括能源、贸易、投资、劳动力、文化等要素为沿线国家带来的益处，这些问题在"新丝绸之路经济带"观念被提出之前已经被广泛地讨论过。限于文章篇幅和为了文章结构清晰，本文主要阐述"新丝绸之路经济带"所包含的基本要素——交通建设可能带来的利益，因而最后一部分也主要是对"新丝绸之路经济带"在交通领域的制度化展开论述，对于"新丝绸之路经济带"进行整体的制度设计和分析并不是本文所能承担的。

④ Manmohan Parkash, "Connecting Central Asia: A Road Map for Regional Cooperation", *Asian Development Bank Report*, 2006.

伸到欧洲，覆盖了中亚、俄罗斯、中国、中东和阿拉伯海整个地区。截至2007年，已恢复了20000公里的路线；预计到2020年，货物流量将达到1200万~1500万标准箱（TEU），比2004年增加三倍到四倍。① 中国与中亚国家已开通了87条公路客货运输线路：中哈间64条（客运33条、货运31条），中吉间21条（客运10条、货运11条），中塔间2条（客运1条、货运1条）。② 其中，中国连接欧洲大陆的最重要公路，是中国的连云港经西安至霍尔果斯的国家高速公路，与穿越中亚的欧洲E40号公路相连。然而由于中亚地区复杂的地理位置，决定了中亚地区铁路运输（而非公路）是更为便利、经济的基本运输方式。中亚的铁路网连接着东亚、哈萨克斯坦北部工业中心、俄罗斯南部、南亚和欧洲；而公路则在吉尔吉斯斯坦、塔吉克斯坦和乌兹别克斯坦与俄罗斯、哈萨克斯坦南部和欧洲之间扮演着主要的角色。从整体上来看，在地区内贸易运输方面，更多的是依靠卡车，而铁路主要是地区间进出口贸易的主要运输工具。③ 中亚铁路网（哈、吉、乌、塔）总长为19600公里，但四国之间拥有的规模各不相同。哈萨克斯坦的铁路网在中亚地区内国际合作水平是最高的，而其他国家规模较小，能够沟通整个中亚地区的铁路网还没有被有效地建立起来。

中亚交通运输的不畅通，大体有三个原因：一是中亚国家经济基础薄弱，限制了对于交通建设的投入力度。吉尔吉斯斯坦和塔吉克斯坦的交通设施，在原苏联时期并没有得到很好的建设，现在基本是"白手起家"，而经济发展的落后更加限制了这两国的铁路建设。二是地区国家间彼此的不信任，导致互相增加额外的过境运输费用。比如对于连接费尔干纳盆地的别卡巴德－卡尼巴达姆的塔吉克线，乌塔之间关于铁路运价问题上一直存在着争议；从吉尔吉斯斯坦南部炼油厂出口的石油要经过乌、塔和哈境内，过境费用占到出口价格的27%~30%，整体运输成本达到50%。由于过境难等问题，中亚的部分国家更多投资公路来发展区域贸易，比如作为中亚地理交通枢纽的乌兹别克斯坦，

---

① "Financing Developing Road Infrastructure", October 28, 2008, http://www.roadtraffic-technology.com/features/feature44493/.
② 秦放鸣、毕燕茹：《中国新疆与中亚国家区域交通运输合作》，《新疆师范大学学报（哲学社会科学版）》2007年第4期，第65页。
③ Manmohan Parkash, "Connecting Central Asia: A Road Map for Regional Cooperation".

主要的交通运输工具是汽车；在乌兹别克斯坦，对公路的投资，在2009年大约占了整个交通运输投资的80%。① 三是边境贸易官僚主义盛行和运输体系的容量有限，增加了运输的车次，提高了运输时间和成本，从而降低了货物到达目的地的时间，加大了供货商的成本与风险。虽然各国签署了大量的国际和地区交通合作协议，但是由于内部法律制度和行政管理水平，不能完全执行已签署的这些交通合作协议。如这些国家都参与两个重要的交通协议：国际铁路关税协定（MTT）和统一运输关税协定（UTT）。这两个运输关税协定起着协调铁路运输经过其他国家关税等问题的作用，但中亚国家在铁路改革中在获取商业利益的铁路管理权限、有效率的激励制度以及政府的责任和义务之间，缺乏明确的界限，使得中亚地区内部交通运输始终无法有效落实有关国际和地区交通协议的内容和要求。② 整体来看，中亚地区缺乏资金、国家间彼此的不信任和地区间交通运输网络缺乏整体区域规划，是整个中亚地区交通合作水平低的主要原因。

四　上合组织推动中亚交通合作服务"新丝绸之路经济带"建设

上海合作组织为中国推进中亚地区的交通整合，提供了一个可靠的平台。中国政府在2012年上海合作组织北京峰会上表示，"交通运输是成员国合作的优先方向之一。目前，成员国正就签署《国际道路运输便利化协定》进行协商。这一协定的签署将促进覆盖上海合作组织地区公路网络的形成，有助于充分发挥本地区过境运输方面的巨大潜力，为商品、货物高效便捷流动和人民往来创造条件。"③ 2013年在比什凯克举行的上海合作组织峰会上，中国政府再次催促各成员国尽快签署该项协议。上海合作组织在政治和经济两个层面，已经建立起了相对完善的组织制度框架，并就贸易、能源、电信、农业和交通等领域达

---

① Asia Development Bank, "Second Central Asia Regional Economic Cooperation Corridor 2 Road Investment Program—Tranche 1: Uzbekistan", Number 2772, Project Number 44483 – 02, 2011.
② Manmohan Parkash, "Connecting Central Asia: A Road Map for Regional Cooperation".
③ 《胡锦涛主席接受上海合作组织成员国媒体联合书面采访》，新华网，2012年6月6日，http://news.xinhuanet.com/world/2012 – 06/06/c_ 112127792.htm。

成了合作的协议,具有一定的法律效应,具备了协调各成员国就多边项目合作的可能性。上海合作组织交通部长会议,是该组织内交通协调与磋商的主要机制,共举行了四次会议,起草了数个交通领域的合作协议(见表2)。这为上海合作组织地区协调国家间利益分歧、提高贸易流量、完善过境能力和协调非关税壁垒等问题,奠定了指导协议框架。上海合作组织也应积极地与欧亚大陆,特别是中亚地区现存的主要组织进行协商,这样才能进一步推动中亚地区的交通整合进程,"渝新欧线路"就是欧亚大陆国家协商成功的一个典型案例。①

表2 上海合作组织交通运输多边合作协议

签署地点	时间	上合组织交通运输合作文件
比什凯克	2002年11月	《上海合作组织成员国交通部长第一次会议纪要》和《上海合作组织成员国交通部长第一次会议联合声明》
圣彼得堡	2003年09月	各成员国加入《欧洲综合运输重要干线协定》
杜尚别	2004年11月	落实联合国亚洲及太平洋经济社会委员会2004年4月26日在上海签订的《亚洲公路网政府间协议》的国内批准手续,呼吁各有关国家采取措施完成有关程序,并保障在各成员国领土内执行该协定,各成员国一致同意在2005年上半年制订完成《为国际公路运输创造有利条件政府间协议》草案,其中包括8个议定书
北京	2009~2013年	推进《上海合作组织成员国政府间国际道路运输便利化协定》的制定

对于中亚地区间的交通运输的合作困难,除了国家间的利益分歧和海关执行过程中存在的低效率的制度问题,还有两个因素是最重要的:铁路技术和资金。中亚国家的铁路技术,还是原苏联留下的基础设施和铁路运输设备,这些设施和设备已经非常落后和老化,缺乏电气化的铁路设备。而近几年中国铁路技术的发展,特别是高铁技术得到了快速的发展,已经达到国际水平。② 中亚

---

① 具体参见《"渝新欧"打通欧亚经脉》,《时代周报》第150期,2011年10月13日。
② 参见甄志宏《中国铁路体制一无是处?——从比较的视野看高铁》,高柏等著《高铁与中国21世纪大战略》,第50~76页;Keith Bradsher, "High - speed train system is a huge success for China", The New York Times, September 30, 2013;《李克强"高铁外交",推动地区经贸合作》,中国新闻网,2013年10月14日,http://finance.chinanews.com/cj/2013/10 - 14/5378602.shtml。

地区乃至整个欧亚地区铁路网的快速发展和巨大的地理空间距离，潜在地增加了对电气化铁路设备的需求。① 就目前来看，中国对中亚以及欧亚大陆的其他地区铁路设备出口规模还比较低（见表3）。中国应首先在上合组织的范围内，推进高铁技术的出口，协调中亚地区的国家使用中国的高铁技术。中亚国家和其他欧亚大陆的国家，在铁路建设和铁路维修等方面，都存在着资金不足的问题，中国可以通过多种渠道，解决该地区在交通建设中资金匮乏的瓶颈。② 上海合作组织推动中亚地区的交通建设，还将为中国和上海合作组织赢得中亚国家更多的信任。中国通过加强在铁路技术和资金上的投入，推动中亚地区乃至欧亚大陆交通运输网的整合，发挥上海合作组织的协调作用，"新丝绸之路经济带"观念才有可能被制度化，也才能有效地防止中亚国家因外部因素的介入和出于自身的国家利益虚化该合作观念。

表3 中国向中、西亚③地区国家出口铁路设备
（铁轨、电车车头和电气装备）的贸易状况

指标	2001年	2008年	2009年	2010年	2011年
出口份额(%)	0.01	0.54	3.26	1.47	2.49
出口增长率(%)	-98.13	-59.77	69.80	40.89	171.56
出口总贸易额(百万美元)	0.19	56.22	94.15	131.37	356.68

数据来源：Asian Development Bank：Asia Regional Integration Center（ARIC）database，http：//aric.adb.org/indicator.php.

结 论

虽然"新丝绸之路"概念并不是第一次被提出，美国曾经也借用其历史意义提出过"新丝绸之路"计划，其他国家、国际组织、学术机构和会议也

---

① 参见《中国的高铁外交》，《金融时报（英国）》，2011年2月24日，FT中文网，http：//www.ftchinese.com/story/001037106。
② 高柏等著《高铁与中国21世纪大战略》，第17页。
③ 该数据库所指的中、西亚是由阿富汗、巴基斯坦、"中亚五国"、亚美尼亚、阿塞拜疆和格鲁吉亚构成的。

曾提出过沿"古丝绸之路"国家的发展合作计划。但中国政府的提议也许会更具有影响力,这与中国在古代与现代在"丝绸之路"的地位和经济影响力相关,观念或许仅仅因为发明者的利益和实力而变得重要[①]。当然,中国也无法通过一次会议即可让本地区的国家完全采纳"新丝绸之路经济带"的合作提议,还需做更多"务虚"与"务实"的地区沟通来达成共识。"务虚"过程是组织成员对某一共享观念达成共识的政治仪式;"务实"是通过具体的行动来强化这一共享观念,认知框架需要组织成员与实践相结合。具体来看,"务虚"是通过媒介、会议和国家首脑对话等仪式,不断强化地区国家与社会对"新丝绸之路经济带"观念的认知。仪式本身构成了一种集体行动的政治结构,成为政治舞台上的"演员"群体团结的可能,或更确切地说,仪式是各种群体得以形成和动员起来的团结机制。观念对于制度的作用,除了需要强大的合法性来源和实践的历史,会议、媒介、政府首脑的会议等政治仪式不断强化地区成员国对"新丝绸之路经济带"观念的认知。未来,"新丝绸之路经济带"的制度化不可能一蹴而就,需要从多元化的方式来增进其合法性,使该项合作观念能够在诸多的中亚地区主义竞争之中获得优势。

---

① 朱迪斯·戈尔茨坦、罗伯特·基欧汉:《观念与外交政策:分析框架》,朱迪斯·戈尔茨坦、罗伯特·基欧汉编《观念与外交政策:信念、制度与政治变迁》,第13页。

各领域合作新情况新进展

New Developments in Various Areas of SCO

Y.15
2013年上海合作组织安全合作

李中海*

摘　要： 维护和保障地区安全是上合组织的一项基本职能，安全合作是上合组织多边合作的重要内容。"三股势力"是上合组织所在地区面临的最大安全威胁，阿富汗问题及毒品走私、跨国有组织犯罪、水资源安全、粮食安全、网络安全等新型安全问题在中亚也非常突出。加强上合组织安全合作具有非常突出的现实意义。2013年上合组织成员国元首峰会等相关机制对加强地区安全合作进行了讨论，制定了落实相关文件的措施，并成功举行了联合反恐演习。上合组织安全合作将继续不断深入。

关键词： 2013年　上海合作组织　安全合作

---

* 李中海，中国社会科学院俄罗斯东欧中亚研究所战略室研究员。

维护和保障地区安全是上合组织的一项基本职能,安全合作是上合组织多边合作的重要内容。该组织自成立以来,始终将安全合作置于非常突出的位置。该组织建立伊始,就签订了《打击恐怖主义、分裂主义和极端主义上海公约》等基础文件,2004年建立了上合组织地区反恐机构,连续多年在上合组织框架内举行联合反恐演习。可以说,在法律基础、机制构建及实质合作等方面,上合组织都已成为名副其实的维护和保障地区安全的国际组织。近年来,受各国国内及周边地区局势影响,地区安全稳定出现了一些新的威胁。2013年在上合组织及其成员国对"三股势力"的高压打击下,地区安全形势未出现重大问题,但应该看到,影响地区安全稳定的因素仍然大量存在,在特定情况下,地区安全稳定可能出现新的问题,加强该组织安全合作仍具有非常突出的现实意义。

一 当前上合组织成员国所在地区面临的安全威胁

首先,"三股势力"是上合组织所在地区面临的最大的安全威胁。2013年,"三股势力"在上合组织所在地区活动的特点是,在中俄两国多次制造事端,对和平居民和治安机构发动暴力恐怖袭击,造成较大的社会影响。2013年10月,俄罗斯伏尔加格勒一辆公交车发生爆炸,造成至少6人死亡,30多人受伤。12月底,在同一城市再次发生两起连环爆炸案,在火车站实施的爆炸案中,至少18人死亡,50多人受伤;在无轨电车爆炸案中至少14人死亡。从俄罗斯警方披露的消息看,俄近年发生的暴力恐怖袭击案均为"黑寡妇"所为。所谓"黑寡妇"是指俄罗斯打击车臣恐怖主义活动期间死亡的武装分子的遗孀。他们对和平居民和设施实施的爆炸行动,很大程度上带有报复性质。

近年来我国新疆地区的暴力恐怖活动同样呈现出高发多发的特点。2013年4月在新疆喀什地区巴楚县,6月在吐鲁番地区鄯善县,8月在喀什地区叶城县,11月在喀什地区巴楚县,12月在喀什地区疏附县和莎车县,先后发生武装暴徒袭击警察和当地群众的暴力恐怖案件,造成数十人死亡。同年10月,"东突"分子驾车冲击北京长安街上的金水桥,造成2人死亡,40多人受伤。

在我国新疆地区发生的上述暴力恐怖案件的特点是武装分子的人数较多,活动频繁、猖獗,造成了较大的社会影响。

其次,阿富汗和平进程前景不明朗,是地区安全的潜在威胁。多年来,阿富汗和平、稳定与安全问题一直没有得到解决。阿中央政府软弱,地方军阀各自为政;在美国及国际安全援助部队驻扎期间,恐怖事件频发,动辄造成数十人伤亡;2014年美国将从阿富汗撤出主要的作战部队,"塔利班"可能卷土重来,不排除发生新一轮内战的可能性。阿富汗恢复国内和平的前景不明朗,国际社会对此普遍担忧。如果阿富汗内战再起,对中亚地区的安全稳定将造成一定程度的影响。如何参与阿富汗和平进程,如何消除阿富汗问题对中亚的负面影响,是近年上合组织面临的新问题。

再次,阿富汗毒品走私猖獗,毒害中亚和俄罗斯社会。多年来,阿富汗一直是国际毒品的主要来源地。在美国和国际安全援助部队驻扎期间,阿富汗所产鸦片规模并未减少。据联合国毒品和犯罪问题办公室发布的数据,2012年阿富汗虽然鸦片歉收,鸦片产量不足5000吨,但仍是全球鸦片首要的生产国和种植国,其生产的鸦片占全球非法鸦片生产的74%[①]。据媒体报道,2013年阿富汗境内的罂粟种植面积明显扩大,鸦片产量大幅增加。联合国估计,2013年阿富汗鸦片产量将达到5500吨,比上年有一定程度的提高。有分析认为,国际安全援助部队的撤离以及国际市场上毒品价格攀升是导致阿富汗毒品产量提高的主要原因。阿富汗毒品一直是中亚和俄罗斯社会的主要威胁。中亚既是阿富汗的毒品市场,也是向俄罗斯和欧洲运送毒品的通道。俄联邦麻醉药品与精神药物流通监管局局长维克托·伊万诺夫认为,阿富汗海洛因和鸦片的产量占全球总产量的92%,海洛因主要流向俄罗斯。

最后,水资源安全、粮食安全、网络安全等新型安全问题在中亚也非常突出。中亚是水资源相对短缺地区,尤其是乌兹别克斯坦、土库曼斯坦和哈萨克斯坦这些处于河流下游的国家,水资源短缺问题尤为严重。塔吉克斯坦和吉尔吉斯斯坦两个上游国家一直希望建设水电站,缓解本国能源短缺问题。这势必造成上下游国家之间关系的紧张。受气候条件和水资源等问题的影响,中亚国

---

① UNDOC, *World Drug Report*, 2013, http://www.unodc.org.

家粮食生产不稳定,尤其是吉尔吉斯斯坦和塔吉克斯坦,本国粮食产量有时难以满足国内需求。网络安全则是非传统安全领域中的重要问题。"互联网无国界",近年来,宗教极端主义、恐怖主义等势力利用互联网,在中亚国家进行极端主义思想宣传,对年轻一代价值观产生极大影响。2012年哈萨克斯坦多地发生恐怖袭击爆炸案件,宗教极端主义的鼓动宣传、恐怖主义势力的内外勾结难辞其咎。

二 2013年上合组织安全合作的主要进展

2013年上合组织安全合作的进展体现在以下方面。

其一,上合组织元首峰会和总理峰会对安全合作高度重视,多次重申上合组织多边安全合作及成员国双边安全合作的重要性。2013年9月13日,上海合作组织成员国元首理事会第十三次会议在吉尔吉斯斯坦首都比什凯克举行,会议发表了《比什凯克宣言》。

宣言指出,当前国际关系正经历重大演变,不稳定、不确定因素明显增加;恐怖主义、分裂主义和极端主义,大规模杀伤性武器扩散,毒品走私,有组织犯罪,网络犯罪,发展失衡,粮食市场不稳,气候变化等具有跨国性质的全球威胁和挑战需要国际社会高度关注。一些地区动荡和局部冲突尚未解决。成员国积极而有针对性地开展工作,以应对国际恐怖主义、分裂主义、极端主义,跨国有组织犯罪,非法贩运麻醉药品、精神药物及其前体,走私武器、弹药及爆炸物,信息安全威胁,非法移民,并将进一步完善在上述领域开展合作的法律基础。成员国强调上述消极因素共同对全球和地区安全构成严重挑战,决心继续开展工作,切实落实《打击恐怖主义、分裂主义和极端主义上海公约》《上海合作组织反恐怖主义公约》《上海合作组织成员国打击恐怖主义、分裂主义和极端主义2013~2015年合作纲要》《上海合作组织成员国保障国际信息安全政府间合作协定》。宣言强调非法贩运和滥用毒品严重威胁安全和稳定,危害地区各国人民健康和福祉,提出应采取措施,建立共同应对毒品威胁的有效工作机制,构筑制止麻醉药品、精神药物及其前体非法贩运的可靠防线,打击毒品扩散。成员国主张与其他有关国家、国际和地区组织及机构就此积极开展合作。成员国将积极切实落实《上海合作组织成员国关于合作打击非法贩运麻醉药品、精神药物及其前体的协议》《2011~2016年上海合作组织成员国禁毒战略》及其落实行动计划有关条款。宣言提出,成员国致力于以尊重国家主权、不干涉别国内政原则为基础,构建和平、安全、公正和开放的信息空间,反对将信息通信技术用于危害成员国政治、经济和公共安全的目的,阻止利用国际互联网宣传恐怖主义、分裂主义和极端主义思想,主张制定统一的信息空间国家行为准则。成员国支持将阿富汗建设成为独立、中立、和平、繁荣、没有恐怖主义和毒品犯罪的国家;强调阿富汗民族和解进程应由阿人主导,以尽快实现国家和平与稳定。成员国呼吁国际社会为阿早日实现和平创造条件,支持联合国在协调解决阿富汗问题和协助阿重建的国际努力中发挥主导作用。

其二,上合组织相关机制就安全合作问题进行定期磋商,深入交换意见。2013年4月29日,上合组织安全会议秘书第八次会议在比什凯克举行,与会成员国代表就如何在周边形势变化背景下维护上合组织所在地区安全,共同打击"三股势力"、毒品走私、跨国有组织犯罪和网络犯罪等问题进行了讨论。次日,上合组织禁毒部门领导人在比什凯克举行了会议。9月26日,上合组织成员国总检察长会议在比什凯克召开,会议讨论了改善上合组织成员国检察机关在打击跨国有组织犯罪领域的合作问题,其中包括反洗钱的相关问题,与会者签署了一份文件,商定加强打击毒品犯罪和拐卖人口活动。

其三,上合组织成员国利用其他双边和多边机制商讨非传统安全问题。2013年9月3日,在第三届中国—亚欧博览会框架内,举办了首次上合组织粮食安全研讨会,交流成员国粮食生产和保障粮食安全方面的政策和经验,探讨建立上合组织粮食安全保障机制,共同促进区域农业可持续发展。会议认为,粮食安全合作是上合组织农业合作的重点领域之一,今后上合组织成员国将在以下方面加强交流与合作:一是推动建立上合组织粮食安全合作框架,加强粮食安全政策交流与立场协调,建设农业示范推广基地,改善成员国粮食生产条件,提高粮食综合生产水平。二是推动成员国农业信息共享,加强粮农信息交流,推进粮农信息系统建设,加强动植物疫病防控信息共享和经验交流。三是推动农业科技交流与合作,鼓励支持开展人力资源培训合作,加强在农业和农产品加工领域开展科研合作和技术推广。四是推动企业参与合作，鼓励和支持企业开展良种繁育、农产品产后处理加工和农业生产科技服务等领域的合作。

其四，2013年上合组织执法安全部门举行了联合反恐演习等实质合作，对本地区"三股势力"和其他犯罪分子起到了震慑作用。近年来，上合组织成员国联合反恐演习机制日臻成熟，参与成员国日益广泛，参演兵种走向合成，演习想定越来越贴近实战。6月13日，上合组织执法部门在哈萨克斯坦南部举行了代号为"卡兹古尔特—反恐—2013"反恐联合演习。演习的演练重点是在人员密集场所消灭恐怖团伙、制止恐怖行为并解救人质等，旨在提高上合组织成员国反恐部队协同作战的能力，加强各国反恐主管机关的务实合作。8月11日，根据上海合作组织地区反恐怖机构理事会相关决议，中国与吉尔吉斯斯坦"边防联合决心—2013"联合反恐演习在中吉边境地区举行。这是中吉主管机关边防部门在上海合作组织框架内首次举行联合反恐演习。演习分为室内推演和实兵演练两个阶段，共设置搭建联指、联合决策、预检筛查、口岸查缉、边境捕歼等5个科目，重点演练信息交流、分析研判、联合决策、联合行动的方法及展开实兵围剿的战术动作，中吉双方共投入1075名兵力参加演习。

三　对上合组织安全合作的评价及展望

上合组织自成立以来，在安全领域的合作取得了很大成绩。首先初步建立了一套比较完整的反恐法律体系。正如上合组织地区反恐机构执委会主任张新枫所说，《上海合作组织成员国合作打击恐怖主义、分裂主义和极端主义构想》《上海合作组织反恐怖主义公约》和《关于在上海合作组织成员国境内组织和举行联合反恐行动的程序协定》等文件的制定，为本组织成员国主管机关合作打击"三股势力"奠定了坚实的法律基础。但是应该看到的是，目前组织框架下的反恐及安全合作仅局限于情报交换、联合演习和定期磋商层面，合作广度有待拓展，深度有待加强。

其次，大型活动安全保障合作具有突出重要的现实意义，加强在这方面的合作非常具有针对性。近年来，地区反恐机构根据反恐形势发展的需要，先后建立了年度联合反恐演习、大型活动安保、情报交流会议和边防部门领导人会议等合作机制，协调各方主管机关开展了多种形式的务实合作，为维护本地区的和平稳定作出了重要贡献。地区反恐机构在本组织成员国此后举办的历次大型活动中都启动了这一合作机制，并于2012年制定了本组织成员国大型活动安保合作常设机制①。

综上所述，上合组织安全合作关系到本地区的国家安全和社会稳定，在国际金融经济危机尚未根本缓解、西亚北非持续混乱、原苏联空间同样存在不稳定因素、美军可能撤出阿富汗的背景下，加强上合组织在维护和保障地区安全方面的作用，将成为今后一个时期的重要课题。需要指出的是，由于上合组织中亚成员国在领土、边界和水资源等方面存在内部分歧，有些分歧还比较尖锐，对多边安全及经济合作起到了很大的制约作用。解决深化合作的现实需要与制约合作的客观障碍之间的矛盾，值得持续观察和深入研究。

---

① 《上合组织地区反恐机构执委会主任：上合反恐成就巨大》，http://world.people.com.cn/n/2013/0531/c1002-21682162.html。

Y.16
区域经济合作步入调整期
——评上海合作组织区域经济合作

刘华芹*

摘　要： 本文着重阐述了2013年上海合作组织区域经济合作的特点，区域经济合作继续保持稳步发展态势，贸易增幅趋缓，但投资增长显著，贸易投资便利化不断推进。未来除了地区安全因素外，各国经济增速放缓，尤其关税同盟的发展将制约区域经济合作进程，但是"丝绸之路经济带"建设为加强各成员国之间的经贸往来提供了新机遇。总体上，区域经济合作步入调整期。进一步推进贸易投资便利化，扩大相互贸易，扩大区域投资将为区域经济合作注入新的活力，从而为各国经济摆脱萧条创造有利条件。

关键词： 上海合作组织　经济　贸易　投资　贸易投资便利化

自2003年上海合作组织成员国签署《多边经贸合作纲要》以来，在各国的共同努力和各种机制的协同作用下，成员国按照"三步走"的目标积极推进区域经济合作，取得了明显成效，实现了区域内的安全、稳定、发展和繁荣。2013年，区域经济合作已走过10年发展历程，历经初期的快速发展之后，步入了调整期。

---

* 刘华芹，商务部国际贸易经济合作研究院研究员。

一 区域经济合作继续保持稳步发展态势

2013年受全球经济持续低迷、国际市场需求萎缩的影响,部分成员国经济增幅明显放缓,成员国之间贸易增速下滑,但是投资作为区域经济合作的新动力呈现加速发展趋势,区域经济合作整体上仍保持良好发展态势。

（一）区域贸易增幅明显放缓

2013年全球金融危机的持续性影响仍不断蔓延,尽管部分发达国家经济形势有所好转,但主要经济体和地区经济发展出现新的不平衡,世界经济仍处在深度调整转型期,继续维持低速增长。低迷的全球经济前景导致国际市场大宗商品价格不断走低,加之发达经济体需求不振,对上海合作组织成员国经济发展构成一定冲击。2013年除个别国家外,大多数成员国的经济增速基本与2012年持平或略有下降,区域整体经济发展呈现缓慢增长态势。

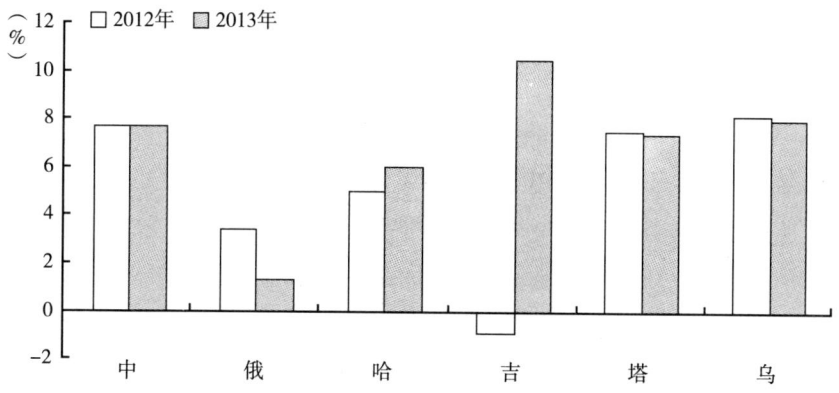

图1 2012~2013年上海合作组织成员国GDP增幅比较图

资料来源：中国,www.stats.gov.cn,2014年1月20日发布；俄罗斯,www.economy.gov.ru,2014年2月7日发布；哈萨克斯坦,www.kz.mofcom.gov.cn；吉尔吉斯斯坦,www.kg.mofcom.gov.cn；塔吉克斯坦,www.tj.mofcom.gov.cn；乌兹别克斯坦,www.uz.mofcom.gov.cn。

1. 区域贸易呈现低速增长态势

2013年各成员国对外贸易增幅明显放缓（见图2），除中国外，其他四国对外贸易增幅均低于2012年的发展水平，其中哈萨克斯坦和塔吉克斯坦对外贸易增幅分别为-1.1%和2.9%，为金融危机后五年内的最低水平。

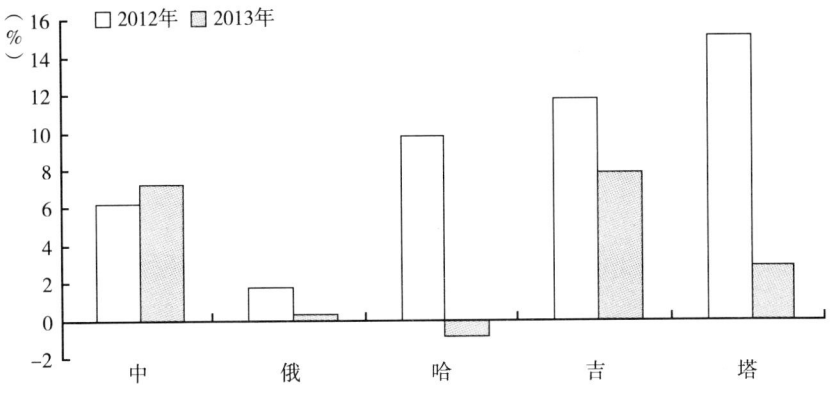

图2　2012～2013年上海合作组织成员国对外贸易增幅比较图

资料来源：中国，www.stats.gov.cn，2014年1月20日发布；俄罗斯，www.economy.gov.ru，2014年2月7日发布；哈萨克斯坦，www.kz.mofcom.gov.cn；吉尔吉斯斯坦，www.kg.mofcom.gov.cn；塔吉克斯坦，www.tj.mofcom.gov.cn。

近10年来，成员国之间经济联系日益密切，已成为主要贸易伙伴，一国经济与贸易的波动必然对双边贸易，以至区域整体经济与贸易的发展产生一定影响。中国和俄罗斯作为区域内主要经济体，其产业结构与经济发展方式的调整直接引起对传统大宗进口商品需求的变动，并波及双边贸易的发展，这在中俄贸易和中哈贸易中已体现得更为突出。受此影响，2013年中国与上海合作组织成员国的贸易规模增幅较此前明显放缓，贸易总额达到1294.54亿美元，同比仅增长4.63%（见图3）。这与2010年和2011年30%以上的年增速形成了较大反差。

2. 区域贸易出现结构性不平衡

尽管总体上中国与上海合作组织成员国贸易增幅明显回落，但区域内双边贸易状况差异较大。中国与中亚四国的贸易总额达到402.41亿美元，同比增

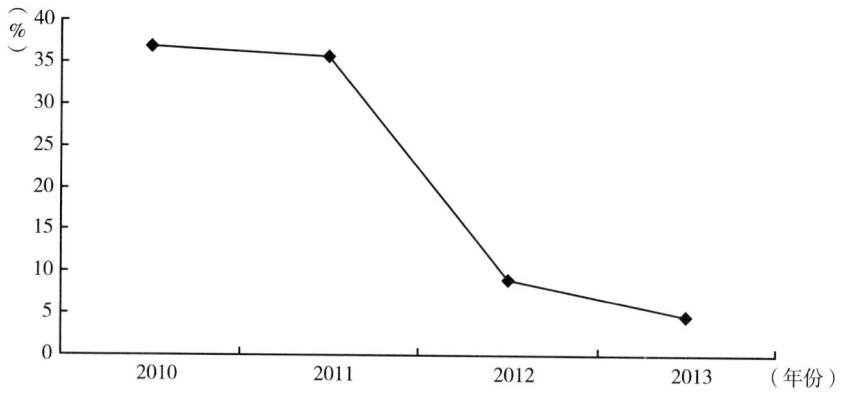

图3　2010～2013年中国与上海合作组织成员国贸易规模增幅变化图

资料来源：中国海关统计月报（2010～2013年）。

长13.13%，超过了同期中国对外贸易7.6%的增幅。而中俄双边贸易仅为892.13亿美元，同比增长1.20%，低于同期中国对外贸易增幅。在区域整体贸易增幅放缓的形势下中国与中亚国家贸易依然保持了强劲增长态势，与中俄贸易低速增长形成鲜明对比。

从进出口增幅看，2013年中国对其他五个成员国的出口达到716.98亿美元，同比增长12.62%，高于同期中国全国出口平均7.9%的增幅，因而该区域仍是中方扩大出口的重要市场，具有较大发展潜力。相比之下，中国自五国的进口为577.55亿美元，同比下降3.85%，低于同期中国全国进口平均7.3%的增幅。自2013年以来中国经济进入调整期，转变经济增长方式，调整产业结构，压缩过剩产能导致中国自成员国原材料性商品进口明显下降，波及钢材、化工产品和木材等传统大宗进口商品。着眼于未来发展，培育新的贸易增长点将是扩大区域贸易规模的重要任务。

3. 成员国之间贸易联系依然密切

2013年，尽管区域整体贸易增幅放缓，但是成员国之间多年来形成的紧密贸易联系并未受到明显影响，区域总体贸易格局也未发生变化。成员国之间仍互为主要贸易伙伴，区域经济合作的成就仍不断延续。

表1　2013年上海合作组织成员国主要贸易伙伴排名

国别	主要贸易伙伴（依照贸易额排列）
中国	欧盟、美国、东盟、中国香港、日本
俄罗斯	中国、荷兰、德国、意大利、乌克兰
哈萨克斯坦	中国、俄罗斯、意大利、荷兰、乌克兰
吉尔吉斯斯坦	俄罗斯、中国、哈萨克斯坦、瑞士、土耳其
塔吉克斯坦	俄罗斯、哈萨克斯坦、中国、立陶宛、美国

资料来源：中国，www.stats.gov.cn，2014年1月20日发布；俄罗斯，www.economy.gov.ru，2014年2月7日发布；哈萨克斯坦，www.kz.mofcom.gov.cn；吉尔吉斯斯坦，www.kg.mofcom.gov.cn；塔吉克斯坦，www.tj.mofcom.gov.cn；缺少乌兹别克斯坦的相关信息。

（二）区域投资保持快速增长

投资带动贸易发展一直是上海合作组织区域经济合作的重要方针，各成员国对扩大区域内投资给予极大关注。在全球经济持续低迷的背景下区域内投资的快速增长成为合作的一大亮点。2013年9月中国国家主席习近平访问中亚四国为该区域带来新的投资高潮，也为促进成员国之间的经贸合作，实现区域经济合作的持续稳定发展奠定了重要基础。

1. 区域投资规模迅速扩大

根据联合国贸易和发展组织发布的《2013年世界投资报告》，2012年上海合作组织成员国吸引外资的流量总计1879.74亿美元，中俄哈三国对外投资总量达到1367.98亿美元。尽管受全球金融危机影响吸引外资和对外投资规模较2011年分别下降了3.68%和6.39%，但仍好于世界平均水平，即-18.21%和-17.21%，中国和俄罗斯入围全球十大外国直接投资目的地国，分别排在第二和第八位。与此同时，中俄两国在世界十大对外投资来源国中居于第三和第八位，由此可见该区域不仅成为吸引外资的重要区域，也逐渐成为对外投资的重要来源地。

2. 成员国之间相互投资不断增长

中国与俄罗斯对外投资能力的提升为扩大区域内成员国之间的相互投资创造了重要条件。根据《2012年度中国对外直接投资统计公报》，2012年中国对上海合作组织成员国的非金融类直接投资总额达到41.76亿美元,比 2011 年增长 2.69 倍。在中国对外直接投资最大的二十个国家中哈萨克斯坦居第三位,俄罗斯居第十七位,中国对两国的投资占同期中国对外非金融类直接投资总额的 4.3%,接近中方对美国的投资。2013 年 9 月习近平主席访问中亚四国期间,中哈签署了总计 300 亿美元的合作协议,中乌签署了 150 亿美元的经贸合作协议,中吉签署了 30 亿美元的合作协议,总计达 480 亿美元。

据吉方统计,2013 年 1～9 月份中国对吉投资达 2.54 亿美元,占其吸引直接外资总额的 37%,就此成为吉第一大投资来源国。俄罗斯和哈萨克斯坦是吉尔吉斯斯坦的第四和第五大投资来源国。同期中国成为吉对外投资第一大目的地国,投资达到 8490 万美元,占吉对外投资总额的 56%。哈萨克斯坦是吉对外投资的第四大目的地国。

俄罗斯是乌兹别克斯坦的最大投资伙伴。近 6 年来,俄罗斯企业在乌兹别克斯坦的投资总额累计达 60 亿美元。俄乌两国在能源领域合作发展迅速。乌兹别克斯坦与俄罗斯 68 个联邦主体保持经贸联系。

3. 非资源领域成为新的投资热点

近年来,伴随区域投资的拓展,非资源领域的投资项目逐渐增多,投资规模不断扩大,成为新的投资热点。2013 年 9 月召开了上海合作组织农业部长会议,提出"加强农业产业化合作,共同保障粮食安全"的倡议。同期还召开了科技部长会议,决定将成员国之间的合作向农业和科技领域延展。

2012 年中国对俄罗斯的非金融类直接投资中农业、租赁业和商务服务业以及制造业成为主要投资行业,对这些产业的投资占同期中国对俄非金融类直接投资总额的 75.5%。[①]

2013 年中国企业在哈萨克斯坦实施风能、太阳能开发。在交通和通信领域,哈萨克斯坦国家铁路公司与江苏省连云港市政府签署了通过中国连云港码头出口货物的合作协议,合作建设"达斯德克－阿拉山口"和"霍尔果斯－

---

① 《2012 年度中国对外直接投资统计公报》,商务部、国家统计局和国家外汇管理局联合发布,2013 年 9 月。

阿尔德科尔"铁路。中哈还将建立联合农业合作示范区，在和平探索并利用宇宙空间等领域开展合作。

截至2013年底，在乌兹别克斯坦境内的中资企业总计455家。中国金融机构对乌兹别克斯坦的贷款达45亿美元，主要用于乌方的教育、医疗、能源、交通、通信等领域的合作项目。中乌两国就在吉扎克工业园实施高技术合资项目达成14项协议，中乌挖泥船项目已正式启动，乌兹别克斯坦安格连电站燃煤机组建设项目也取得积极进展。

2013年中方在吉尔吉斯斯坦的主要投资行业中原油加工业已升至第二位，占投资总额的16.9%，对促进吉国经济发展发挥了积极作用。此外，基础设施建设也成为投资的重点领域。在吉尔吉斯斯坦正推动"奥什－萨雷塔什－伊尔克什坦"公路、"比什凯克－纳伦－吐尔尕特"公路、"奥什－巴特肯－伊斯法纳"公路，以及"南部电网改造"、"达特卡－克明"输变电线等项目。在吉南部承建的住宅楼项目已正式竣工。

2013年中方投资30亿美元吸收塔吉克斯坦参与中土天然气管道D线建设。华为公司在塔方首都实施了"安全城市"项目。此外，两国在水能、建材工业、农业等领域确立了一系列合作项目。中方在塔吉克斯坦建成了丹加拉小学，为解决塔方的民生问题作出了贡献。

（三）稳步推进贸易投资便利化进程

贸易投资便利化一直是区域经济合作的主要方向之一，在2013年成员国之间的合作也取得了显著成效。

1. 海关程序更加便利

2013年8月，上海合作组织成员国海关合作工作组举行了第21次会议。各方讨论了知识产权保护、打击走私、开展成员国风险管理制度合作等问题，并协商了加强海关部门合作的文件草案。

2013年哈萨克斯坦政府大力推进了电子口岸建设，探讨开展电子申报试点并逐步过渡到进出口货物完全实现电子申报制度。哈国海关实施了"绿色通道"计划，诚信守法企业的货物在口岸通关时间将不超过100分钟。企业在口岸通关后，可尽快将货物运抵指运地海关，指运地海关在1天之内完成货物清关手续。同年12月中哈巴克图－巴克特口岸农产品快速通关"绿色通道"正式开通。

2013年6月，吉尔吉斯斯坦海关总署与中国检验认证集团签署了《关于通过信息交换简化中吉外经贸商品过境海关程序的协议》。自2013年8月1日起，中国检验认证集团将向中方对吉出口的商品进行质量检验，并根据检验情况颁发合格证。对拥有上述检验合格证的商品，在通过中－吉"吐尔尕特"和"伊尔克什坦"口岸时吉海关将简化检查程序或免检。对于无中方检验合格证的商品，吉海关将加大检查力度。

2. 交通运输便利化

2013年11月，上海合作组织经贸部长会议框架内发展过境潜力工作组举行了会议，各方研究了发展上海合作组织成员国交通基础设施和过境运输问题，商定将采取切实措施落实在专业工作组活动中遴选的交通合作项目。各方还就《上海合作组织成员国政府间国际道路运输便利化协定》草案交换了意见。

首条西安至哈萨克斯坦阿拉木图的国际货运专列正式开行，全长3860公里，历时6天。这趟班列开通后，将成为中国通往中亚各国最便捷的货运线路之一，货运时间比公路运输缩短20多天。

3. 人员往来便利化

俄联邦政府制定了俄出入境管理法修正案，放宽对乘火车游客的入境签证限制。乘坐火车入境的外国游客在俄滞留不超过72小时，无须签证。俄罗斯官方表示，72小时免签制将不仅针对外国游客，可能还扩展至有回程机票的任何外国公民。中国列入首批免签证国家，这将促进两国之间的人员往来。

二　未来区域经济合作发展所面临的形势

总体来看，未来区域经济发展将面临复杂的内外部环境，安全问题仍是制约区域经济合作的主要外部因素。2014年美国撤离阿富汗后区域内的安全形势将变得更为复杂，不可预测性将逐渐加大。若从区域经济发展角度看，未来既有机遇，又面临前所未有的挑战。

（一）未来区域经济合作发展面临的不利条件

1. 成员国经济增速放缓制约区域经济合作发展

2013年12月份，联合国发布了《2014年世界经济形势与展望》报告，预测2014年全球经济增幅将高于2013年，达到3%，但世界经济复苏仍存在不确定性，一些国家宏观政策调整带来变数，新兴经济体又面临新的困难和挑战。全球经济格局深度调整，国际竞争更趋激烈。受此影响，上海合作组织成员国也对本国2014年经济发展速度作出了调整，整体来看，基本与2013年持平或略有下降。2014年中国的GDP增幅将保持在7.5%，比2013年下降0.2个百分点。① 俄罗斯的GDP增速将达到2.0%，略高于2013年的1.3%，但仍属于低速增长。② 哈萨克斯坦、吉尔吉斯斯坦、塔吉克斯坦和乌兹别克斯坦的经济增速将分别达到6%、6.9%、6%和7%，③ 其中只有哈萨克斯坦的预测值略高于2013年，其他国家的经济预测指标均低于2013年的水平。成员国各自的经济发展一直是拉动区域经济增长的内在动力，而2014年各国经济增速继续放缓，将对区域经济合作构成新挑战。

未来中国经济进入转方式、调结构、促升级的新阶段，俄罗斯和哈萨克斯坦政府也提出了建立创新型国家的发展目标，顺应各国经济转型升级的要求，区域经济合作的方式及方向也需要进行调整，以便利用各国经济调整的机遇带动并促进区域经济合作的发展。

2. 关税同盟的发展加大了区域经济合作难度

2013年底，俄罗斯总统普京在欧亚经济委员会最高理事会会议上表示，欧亚经济联盟条约草案将于2014年5月签署，2015年欧亚经济联盟将正式启动。条约草案将明确该联盟的国际法地位及经济协作机制，确保联盟成员国间货物、资本和人员的自由流动，并对关键产业实行统一的产业政策。俄白哈三国代表就欧亚经济联盟条约关于贸易政策、税收政策、金融领域、农工综合体

---

① 《政府工作报告》，李克强，2014年3月5日。
② 俄罗斯，www.economy.gov.ru，2014年2月7日。
③ 哈萨克斯坦，www.kz.mofcom.gov.cn；吉尔吉斯斯坦，www.kg.mofcom.gov.cn；塔吉克斯坦，www.tj.mofcom.gov.cn；乌兹别克斯坦，www.uz.mofcom.gov.cn。

以及工业政策等大部分内容达成重要共识，即三国一体化进程必须分阶段进行，且建立在互利经济合作基础之上。

目前吉尔吉斯斯坦正处于加入关税同盟的进程之中，塔吉克斯坦也提出了申请，由于吉尔吉斯斯坦和塔吉克斯坦同时又是上海合作组织成员国，其双重身份导致上海合作组织出现圈中套圈的局面，形成"4+2"的格局，关税同盟的一体化程度高于上海合作组织，二者之间的运行规则不尽相同，如何协调二者之间的关系将使上海合作组织面临巨大考验。

吉尔吉斯斯坦和塔吉克斯坦加入关税同盟后，因其现行关税水平低于关税同盟的关税水平而被迫上调进口关税水平，并同时改变其相关的贸易政策，而吉作为世界贸易组织成员将面临较其他成员更大的外部压力。在入盟之后其与第三国贸易额短期内将明显下降，其中包括与中国的双边贸易状况将恶化，这不仅不利于双边贸易发展，也不利于区域整体的合作进程。在外部经济环境萧条、自身经济发展困难重重的形势下这对于吉尔吉斯斯坦而言将是雪上加霜。如何走出困境不仅是吉尔吉斯斯坦自身面临的问题，也是各成员国不得不面对的现实。

（二）未来发展面临的有利条件

2013年9月，习近平主席在出访中亚时提出了"用创新的合作模式，共同建设'丝绸之路经济带'"的重大倡议，得到了相关各国的积极响应和广泛共识。哈萨克斯坦前第一副总理杰列先科强调，共建"丝绸之路经济带"为欧亚地区国家乃至世界提供了新机遇。"丝绸之路经济带"建设将依靠两大支柱，其一是经贸合作，其二是人文交流。

经贸合作涵盖贸易、投资和贸易投资便利化三个方向。首先，应加强贸易畅通。"丝绸之路经济带"总人口近30亿，市场规模和潜力独一无二。各国在贸易和投资领域合作潜力巨大。其次，扩大相互投资。"丝绸之路经济带"将突出投资引领合作并带动贸易发展的作用，充实合作内容，提升合作水平，实现共同发展。再次，推动区域贸易投资便利化。探讨贸易和投资便利化问题并作出适当安排，消除贸易壁垒，降低贸易和投资成本，提高区域经济循环速度和质量，实现互利共赢。加强道路联通。打通从太平洋到波罗的海的运输大通道。在此基础上,各方应积极探讨完善跨境交通基础设施,逐步形成连接东亚、西亚、南亚的交通运输网络,为各国经济发展和人员往来提供便利。加强货币流通。各国应在本币结算方面开展合作,力争实现经常项下和资本项下本币兑换和结算,以大大降低流通成本,增强抵御金融风险能力,提高本地区经济的国际竞争力。

人文交流,一方面加强政府层面的政策沟通。各国应就经济发展战略和对策进行充分交流,本着求同存异原则,协商制定推进区域合作的规划和措施,在政策和法律上为区域经济融合"开绿灯"。另一方面应扩大民间往来,即加强民心相通。国之交在于民相亲。搞好各个领域合作,必须得到各国人民支持,必须加强人民友好往来,增进相互了解和传统友谊,为开展区域合作奠定坚实民意基础和社会基础。

人文交流和经贸合作两大支柱应有机结合,人文交流为经贸合作提供保障,经贸合作又为人文交流提供支撑,两者互为因果、互为前提,相互促进,支撑"丝绸之路经济带"区域合作的协调发展。

上海合作组织成员国所在区域是古丝绸之路的必经之地,是连接欧亚大陆的主要陆路通道,也是未来"丝绸之路经济带"互联互通基础设施网络建设的重点所在。李克强总理在上海合作组织总理第十二次定期会晤上发出号召,"中方愿设立面向本组织成员国、观察员国、对话伙伴国等欧亚国家的中国—欧亚经济合作基金,欢迎各方参加"。这为上海合作组织区域经济合作的深化,扩大成员国、观察员国及对话伙伴国之间更广阔区域的合作创造了新条件。

三 上海合作组织区域经济合作未来发展的重要方向

贸易、投资和贸易投资便利化一直是上海合作组织区域经济合作的基本方向。着眼于未来发展,上海合作组织成员国应充分利用"丝绸之路经济带"建设的机遇,进一步提升贸易投资便利化水平,扩大相互投资,拓展合作领域,充分挖掘互补性潜力,使区域经济合作成为带动各国经济发展的火车头。

（一）进一步推动区域内的贸易投资便利化进程

各成员国应在通关、检验检疫等方面简化手续，降低关税，消除贸易壁垒，创造条件实现上海合作组织框架内的自由贸易。尽快签署《上海合作组织成员国政府间国际道路运输便利化协定》，为推进区域内的便利化运输创造必不可少的法律条件。

积极推进互联互通，促进中国与中亚地区物流运输合作。继续完成中国—中亚石油和天然气管道建设，塔中公路二期项目建设，推动中亚地区输变电线路铺设，推动"渝新欧"国际货运班列顺利运行。推动中哈巴克图—巴克特口岸农产品快速通关"绿色通道"顺利运营。加强成员国之间在物流领域的合作，充分发挥连云港作为欧亚大陆桥起点和枢纽的作用。

应进一步发挥好上海合作组织银行联合体的作用，同时推动建立上海合作组织开发银行。推动人民币在与各成员国结算中的运用，为贸易和项目融资提供便利。

（二）扩大相互贸易

大力推广电子商务等创新贸易方式。以投资带动贸易发展，通过在中亚国家开展投资和经济技术合作带动我国机械设备、高新技术产品出口。促进我国与哈萨克斯坦、乌兹别克斯坦原油、天然气贸易顺利开展，并扩大自中亚国家进口农产品等当地的优势产品。

（三）扩大区域投资

提升区域内的经济技术合作水平。积极落实习近平主席2013年9月访问中亚国家期间推动的经济技术合作项目。深化能源领域生产、运输、加工等合作。同时进行核电等新能源方面合作。鼓励中国企业积极参与各成员国的非资源领域合作，实施一批民生项目。各国将加强在油气中下游产业建设，中亚地区火电开发、太阳能和风能发电领域的合作，拓展在纺织、化工、设备制造等领域的投资。加强成员国在农业领域的合作，包括农产

品种植、加工、农机设备生产和农业示范园等项目。探讨在成员国以园区形式开展投资合作。

面对区内外复杂的形势,上海合作组织成员国更应凝聚共识,寻求更多的利益契合点,扎实地推进各个领域的合作,使其取得实质性成效,最终惠及各国人民。

Y.17
上海合作组织军事合作综述

李抒音 王继昌*

摘　要： 2013年，上海合作组织军事安全合作继续深化。体现在高层会晤机制不断深入，军事合作法律机制不断完善，联合军事演习日益常态化，军事技术合作不断发展，打击"三股势力"能力不断提升等多个方面。军事合作程度的不断加深进一步提升了上海合作组织在国际和地区安全中的作用和影响力。

关键词： 上海合作组织　军事合作　现状　特点

2013年是上海合作组织军事合作不断深入发展之年。年内，上海合作组织高层会晤机制不断深入，军事合作法律机制不断完善，军事合作基础日益巩固，而各成员国防务部门则继续秉承"上海精神"，积极采取措施认真落实各项共识，不断增强军事互信，开展军事合作，打击"三股热力"，为巩固各方全方位合作关系、推动上海合作组织不断发展作出巨大贡献。总体看来，上海合作组织的国际影响力日益提升，在维护地区稳定与世界和平方面发挥着重大作用。

一　高层会晤机制不断深入，防务安全合作动力更加强劲

防务安全合作一直是上海合作组织合作的基石，也是其重要优先发展方

---

* 李抒音，军事科学院外国军事研究部欧洲军事研究室副主任，大校，博士；王继昌，军事科学院，上校，博士。

向。而在促进防务安全合作方面，成员国防务领域的高层会晤机制发挥着引领全局的重要作用。在13年的发展历程中，上海合作组织成员国每年都定期举行成员国元首会晤，对防务安全等领域内重大问题进行讨论和决策，各成员国防务部门在本组织框架内也不断加强交流与合作，在军事安全领域内形成了较为固定的高层会晤机制。2013年，在主办国及其他成员国的共同努力之下，上海合作组织成员国元首理事会、成员国国防部长会议等防务安全领域内的高层会晤机制不断深入，为成员国防务安全和军事安全领域的合作提供了更加强劲的动力。

（一）上海合作组织比什凯克峰会为安全等领域合作开启新阶段

2013年9月13日，上海合作组织成员国元首理事会第十三次会议在吉尔吉斯斯坦首都比什凯克举行，中国国家主席习近平、哈萨克斯坦总统纳扎尔巴耶夫、吉尔吉斯斯坦总统阿塔姆巴耶夫、俄罗斯总统普京、塔吉克斯坦总统拉赫蒙、乌兹别克斯坦总统卡里莫夫出席会议。此次比什凯克峰会侧重于落实2012年北京峰会精神，进一步探讨在政治、安全、经济、人文等领域深化合作的具体措施，会议期间与会各成员国元首就全面深化安全等领域内合作达成的共识，成为今后五年上海合作组织在安全等领域合作新的起点。峰会期间，与会各国元首还共同签署并发表了《上海合作组织成员国元首比什凯克宣言》，宣言高度关注防务安全领域的合作，指出"成员国积极而有针对性地开展工作，以应对国际恐怖主义、分裂主义、极端主义……成员国强调上述消极因素共同对全球和地区安全构成严重挑战，决心继续开展工作，切实落实《打击恐怖主义、分裂主义和极端主义上海公约》《上海合作组织反恐怖主义公约》《上海合作组织成员国打击恐怖主义、分裂主义和极端主义2013~2015年合作纲要》《上海合作组织成员国保障国际信息安全政府间合作协定》"。

（二）成员国国防部长会议就防务安全合作重大事项进行协调

2013年6月26日，上海合作组织成员国国防部长会议在比什凯克市召开。这是上海组织成员国防务部门第十次举行本组织军事领域内最高级别的会议,此次会议对于进一步推动成员国国防部长会议机制化,加强成员国军事合作、增强成员国军事互信发挥着重要作用。中华人民共和国国务委员兼国防部长常万全上将出席了此次会议并发表讲话,上海合作组织成员国哈萨克斯坦、吉尔吉斯斯坦、俄罗斯、塔吉克斯坦和乌兹别克斯坦的防务部门领导人参加会议。会议期间,部长们就维护世界和平、稳定与安全等问题深入地交换了意见,防务合作、军事合作成为成员国防务部门领导人讨论和交流的重点。中国国防部长在大会发言时,充分肯定了成员国国防部长会议在维护地区安全、稳定等方面发挥的积极重要作用和近年来成员国军事合作等方面所取得的重大成果。常万全指出,经过多年不懈努力,成员国军事互信不断增强,本地区"三股势力"得到有效遏制,地区安全形势总体稳定,安全环境进一步改善,中方将一如既往高度重视上海合作组织防务安全合作,成员国防务部门应坚决贯彻各国元首达成的共识,认真落实各项合作计划,推进防务安全合作的机制化建设,不断提高防务安全合作水平。此次会议还批准了《上海合作组织成员国国防部2014～2015年合作计划》,讨论了将于2014年在中华人民共和国境内举行联合反恐军事演习的筹备和组织问题,为进一步深化军事合作奠定了基础。结束会议时,还发布了上海合作组织成员国国防部长会议联合公报,与会部长们强调,要继续在本组织框架内加强防务安全合作,提升合作水平,将上海合作组织所在地区建成持久和平、友好、繁荣与和谐发展的地区。

二 军事合作法律不断完善,合作基础更加巩固

从2001年成立至今,上海合作组织已经制定了上百份具有法律效应的文件,建立起了较为完善的法律制度体系,为成员国在军事、安全等各领域的合作发展奠定了良好基础。2013年,在各成员国共同努力之下,上海合作组织军事合作法律机制不断完善,军事合作基础更加巩固,另外部分成员国还批准了双边军事合作协议,对促进组织内成员国之间的双边军事合作发挥了重要作用。

（一）《长期睦邻友好合作条约实施纲要》为军事等领域持续合作奠定法律基础

2007年签署的《上海合作组织成员国长期睦邻友好合作条约》（以下简称《长期睦邻友好合作条约》），是上海合作组织的基础性文件，该文件提出了上海合作组织重要的合作原则，对多边合作提供了全面的指导，对上海合作组织的长期发展具有重要的历史意义。截至2012年底，该条约先后得到了各成员国立法机构的批准，开始在所有成员国正式生效。但是，对于如何具体落实《长期睦邻友好合作条约》，成员国内部尚未达成共识。2013年上海合作组织成员国元首理事会第十三次会议的重要成果之一，就是通过了《〈上海合作组织成员国长期睦邻友好合作条约〉实施纲要（2013～2017年）》。该实施纲要明确了落实《长期睦邻友好合作条约》的具体措施，为成员国持续深化军事等领域合作奠定了坚实的基础，将在巩固成员国睦邻友好互信关系、确保上海合作组织持续健康发展方面发挥重要作用。

（二）中国批准两项协定，推动上海合作组织反恐合作

2013年6月29日，十二届全国人大常委会第三次会议表决通过了全国人大常委会关于批准《上海合作组织成员国组织和举行联合反恐演习的程序协定》的决定和关于批准《关于在上海合作组织成员国境内组织和举行联合反恐行动的程序协定》的决定。这两项协定规定了上海合作组织成员国执法安全部门组织和举行联合反恐演习和联合反恐行动的目的、任务和程序，明确了联合反恐演习和联合反恐行动相关方及其参加行动的部队和人员的权利和义务，规定了联合反恐演习和联合反恐行动的保障措施等内容。这两项协定国内审批程序的完成，完善了我国与上海合作组织其他成员国举行联合反恐演习和联合反恐行动的法律基础，有利于推动上海合作组织各成员国开展打击"三股势力"方面的务实合作，营造安全稳定的周边环境。

（三）俄罗斯批准在吉塔两国部署军事基地相关协议

部署军事基地，是俄罗斯与吉尔吉斯斯坦和塔吉克斯坦两国军事合作的一

种重要形式。但近期俄罗斯驻吉塔两国军事基地，都面临着相关协议即将到期的问题。为此，俄罗斯近年来一直在与吉尔吉斯斯坦和塔吉克斯坦就军事基地相关协议进行谈判协商。2012年9月，俄罗斯与吉尔吉斯斯坦根据两国总统会谈结果签署了俄罗斯驻吉尔吉斯斯坦联合军事基地协议。俄罗斯驻吉尔吉斯斯坦联合军事基地的相关协议将于2017年开始生效，合同期限为15年，依需要还可再延长5年。这样，俄罗斯部署在吉尔吉斯斯坦的军事基地将至少可以保持到2032年。同年10月，俄罗斯和塔吉克斯坦签署关于俄罗斯驻塔吉克斯坦军事基地地位和条件协议，将俄罗斯驻塔吉克斯坦军事基地延期至2042年，并且俄罗斯还有权在2042年期满后要求把租期再度延长5年。2013年，俄罗斯与塔吉克斯坦和吉尔吉斯斯坦继续深化双边军事合作的相关法律机制。同年5月8日，俄罗斯总统普京签署相关法律，批准俄罗斯与塔吉克斯坦和吉尔吉斯斯坦间关于继续部署军事基地的协议。这两项协议的批准，为使协议发挥法律效力提供了依据，这对于加强俄罗斯在吉塔两国的军事存在、巩固俄罗斯与塔吉克斯坦和吉尔吉斯斯坦的双边军事合作关系具有重要意义。

三 联合军演日益常态化，军事合作层次不断提高

联合军事演习是上海合作组织军事合作的一项重要内容。自2002年中吉两国举行上海合作组织框架内首次联合军事演习以来，已举行过多场各类联合军事演习，这些演习既有双边联合演习，又有多边联合演习，联合演习的规模也在十余年的发展过程中不断扩大，有效地强化了成员国之间的军事合作关系，大力加强了成员国之间的军事互信。2013年，上海合作组织框架内的联合军事演习日益常态化，并且显现出军事联合程度更深、实战色彩更浓、参演各方战略互信程度更高等特点。

（一）中俄两国举行"海上联合-2013"中俄海上联合军事演习

7月5～12日，中国和俄罗斯两国海军在俄罗斯海参崴附近的彼得大帝湾举行了代号为"海上联合-2013"的中俄海上联合军事演习。演习旨在深化中俄两国战略协作伙伴关系，提高共同应对海上安全威胁以及在联合行动下的

组织、协调和保障能力，完善优化双方联合演习的组织方法，演习是落实两国元首共识、增进两国政治互信、巩固发展两国全面战略协作伙伴关系、提高两国战略协作水平的一项重要举措。从演习规模上看，两国海军此次出动的水面舰艇、航空兵以及作战人员是最多的一次。俄方参演兵力主要来自俄罗斯海军太平洋舰队，主要包括"瓦良格"号巡洋舰，"沙波什尼科夫元帅"号、"维诺格拉多夫海军上将"号大型反潜驱逐舰，"快速"号驱逐舰等11艘水面舰艇以及1艘潜艇，伊尔-38反潜侦察机、苏-24M重型战斗轰炸机等固定翼飞机3架，卡-27等舰载直升机2架和1个特战分队。中国则派出"沈阳"号、"石家庄"号、"武汉"号、"兰州"号导弹驱逐舰，"盐城"号、"烟台"号导弹护卫舰，"洪泽湖"号综合补给舰等7艘舰艇，3架新型舰载直升机和1个特战分队参演，这是中国海军第一次组织多兵种、多型号大型舰艇编队，跨出国门到境外陌生海区参加联合军演。此次演习的主要特点如下。

一是演习成为中俄海上联合军事演习机制化的起点。自上海合作组织成立以来，中俄两国军事合作日益深化，两国军队多次参加上海合作组织框架下的多边和双边联合演习，两国海军之间的关系也在此框架内不断深化。2012年4月，在中国海军组织下，中俄两国海军在中国黄海海域成功举行了"海上联合-2012"首次中俄海上联合军事演习，迈出了两国海上务实性军事交流合作的重要一步。此次由俄方牵头组织的"海上联合-2013"中俄海上联合军事演习，既是2012年中俄海上联合军事演习的延续和深化，也是中俄海上联合军事演习机制化的起点和标志。

二是演习科目实战性强，两军务实性合作水平高。此次演习期间，两国海军进行了舰艇锚地防御、联合防空、海上补给、通过敌人潜艇威胁区、联合护航、打击海上目标、海上联合搜救、海上阅兵等科目的演练。从演练内容来看，几乎涉及海上编队能够遇到的所有问题，演习科目实战性非常强。另外，此次演习主要侧重于防空、反潜等传统海军作战科目以及搜救、反海盗劫持等非传统安全领域的训练，更加突出两国海军的务实性合作，同时也反映出此次联合演习并不具有进攻性，体现了中俄两军为维护地区和世界和平稳定所做出的努力。

三是演习联合程度高，两军战略互信水平高。此次演习过程中，演习导演部、联合指挥部、舰艇编队指挥部等都进行了混编,"高度体现了演习的联合性和融合性",在防空、反潜科目演练中,两军舰艇打开声呐、火控雷达、照射雷达、制导雷达等设备,向对方展示各自装备的战术和技术性能,这充分反映双方军事合作内容日益深化,两军战略互信水平日益提高。从演习的地点来看,此次演习地点设在俄罗斯的彼得大帝湾,靠近俄罗斯重要海军基地海参崴,俄方将演习地点安排在平时高度保密的军事重镇附近举行,这也说明双方的互信关系达到空前水平。正如"海上联合-2013"联合导演部中方执行导演、中国海军副参谋长段昭显在对演习进行总结时所言,"随着两国海军进一步务实合作,下一步双方将从战略、战役、战术、技术各个层面拓展深化演练内容,全面提升两国海军海上遂行联合行动的能力。"

(二)中俄两国举行"和平使命-2013"联合反恐军事演习

7月27日至8月15日,中国和俄罗斯两国在俄罗斯车里雅宾斯克州切巴尔库尔靶场举行代号为"和平使命-2013"的中俄联合反恐军事演习。中俄双方共投入兵力1000多人,近百辆坦克、步兵战斗车辆、自行火炮等武器装备,20多架歼击轰炸机和武装直升机参演。演习共分为兵力投送与部署、战役筹划和战役实施三个阶段。在兵力投送与部署阶段,主要演练了组织部队向预定地域投送,建立反恐作战部署;在战役筹划阶段,主要演练了协调战役企图、定下战役决心、拟制作战计划、组织战役协同等问题;在战役实施阶段,主要组织实兵演练和装备展示。此次演习的主要特点如下。

一是演习反映中俄两国军事演习正在日益制度化、常态化。"和平使命"系列军事演习是上海合作组织从2005年开始实施的例行性联合军事演习,今年的"和平使命-2013"联合反恐军事演习是中俄两国第六次举行"和平使命"系列军事演习,也是继"海上联合-2013"中俄海上联合军事演习之后中俄两国在一个月内举行的第二次大规模联合军事演习,演习充分反映中俄两军的联合军事演习正在日益制度化、常态化,标志着中俄两军友好合作关系达到了一个新的发展水平。

二是在组训形式上注重参演力量深度融合。与以往中外联演不同,此次"和平使命-2013"联合反恐军事演习期间中俄双方在导调工作、战役指挥、实兵行动等方面都十分注重实现参演力量深度融合。中俄双方导演首先改变了以往计划导调的传统方式,增加了双方导演部共同研究协调企图、临机活导活演等内容,使导调工作变成真正意义的联合导调。在演习指挥方面,除了通过联席会议进行战役筹划外,两军战役指挥部在演习过程中还频繁进行交流,经常共同研究组织指挥、协同行动、联合保障等问题,从指挥层面实现有效互动。此次演习期间,中俄双方还打破以往实兵行动两军界限分明、各自指挥行动的做法,将部分地面分队、特种作战力量混合编组、交叉配属、统一行动,从战术层面实现真正联合。

三是在科目设置上注重紧贴实战实施演练。与以往"和平使命"及其他中外联演不同,此次"和平使命-2013"联合反恐军事演习在科目设置上实战色彩十分浓厚,特别强调向实战化、野战化标准靠拢,注重紧贴实战实施演练。比如,此次演习改变了以往先将部队投送到位再演习的做法,首次把兵力远程机动纳入演习的重要内容,以锻炼部队的战略投送能力。参演的陆航部队往返投送1万余公里,时间跨度之长、飞行距离之远,多年来尚属首次。演习过程中还多次改变实兵协同行动计划,调整、增加实兵协同的内容和课目,以便在接近实战条件下考验指挥员的临机决断和组织指挥能力、检验部队真实的训练水平。

四 军事技术合作不断发展,为军事合作奠定坚实基础

军事技术合作也是军事合作的一个重要组成部分。虽然上海合作组织目前尚未确立涉及所有成员国的军事技术合作项目,但成员国之间的军事技术合作已经十分紧密。2013年,上海合作组织成员国继续深入开展军事技术合作,这不仅进一步增强了成员国之间的军事互信,也为成员国军力发展及成员国双边军事合作奠定了坚实的物质基础。

一是中俄军事技术合作快速发展。长期以来,中俄一直保持着十分紧密的军事技术合作关系,20世纪90年代中国甚至一度在俄罗斯武器进口国中长期占据前列位置,成为俄罗斯最重要的军事技术合作伙伴。虽然前些年一系列原因导致中俄之间的军事技术合作出现一定滑坡,但随着中俄两国战略协作伙伴

关系的不断发展，最近几年中俄两国军事技术合作开始再次进入快速发展时期。2013年，中俄两国继续努力，积极采取措施大力发展双边军事技术合作。年内，双方就中国向俄罗斯采购24架苏－35战斗机、中俄合作建造4艘"拉达级"AIP潜艇事宜进行了富有建设性的谈判和磋商，并就相关事宜初步签订了政府间框架协议，目前双方正在就出口苏－35型机进行技术谈判，有望2014年签署苏－35战斗机的最终采购合同。另外，2013年中俄两国还就俄罗斯向中国出口C－400防空导弹系统相关事宜进行了谈判。据俄罗斯消息人士透露，俄罗斯总统普京已经原则上同意向中国出售C－400防空导弹系统的决定。苏－35战斗机和C－400防空导弹系统都是俄罗斯近年来研制的最新式武器装备，尤其是苏－35战斗机大量应用了俄第五代战机技术，整体作战性能十分突出，该型战机对目前各国普遍装备的非隐身战斗机具有压倒性优势，即使对F－22和F－35等隐身战机也都具备一定的对抗能力。目前，苏－35战斗机和C－400防空导弹系统俄军自己都只是少量装备，若中俄两国近期内就相关采购事宜能够顺利达成共识并签署合同，那么中国将成为首个购买苏－35战斗机和C－400防空导弹系统的海外用户，其中任何一项协议的最终达成都将成为中俄军事技术合作的一个巨大飞跃。这不仅充分反映了中俄两国高度的战略互信水平，而且还有助于俄罗斯缓解国防工业开工不足的困境，对于快速提升我国空军防空作战能力、帮助我军实现武器装备建设跨越式发展更是具有重要的意义。

二是俄罗斯积极推进与哈吉塔等国的军事技术合作。苏联解体后，俄罗斯一直与哈吉塔等国保持着良好的军事技术合作关系。2013年，俄罗斯与哈吉塔等国继续采取措施不断发展军事技术合作关系。年内，俄罗斯与哈萨克斯坦两国总统和国防部长多次举行会晤，对两国军事技术合作等问题进行积极磋商，就深化两国军事技术合作具体措施达成了一系列共识，比如2013年底俄罗斯和哈萨克斯坦两国总统签署的一项军事技术领域协议，大大简化了俄罗斯向哈萨克斯坦提供军事技术装备的程序，为两国使用彼此国防工业资源提供了许可。年内，俄哈两国军事技术合作的法制基础也不断完善。5月15日，哈萨克斯坦总统纳扎尔巴耶夫发布总统令，批准哈萨克斯坦和俄罗斯两国政府此前签署的双边军事技术合作协议，使该协议得以在哈萨克斯坦正式生效。根据该协议，两国将在现代化武器和军事技术装备供应、武器装备维修和现代化改造、共同研制新式武器和军事技术装备等方面展开合作。俄罗斯与吉尔吉斯斯坦的军事技术合作年内也实现了快速发展。两国1月底在吉首都比什凯克签署双边军事技术合作协议，决定在互惠的基础上大力开展合作。2013年内两国还制订了多项基础性军事合作计划。据吉尔吉斯斯坦总统阿塔姆巴耶夫2013年底宣布，吉尔吉斯斯坦将从俄罗斯获得史无前例的军事技术援助。据悉，俄向吉提供的军事技术援助价值将达到11亿美元，包括俄产直升机、防弹装甲运兵车、防弹汽车、火炮、枪械、通讯及侦查设备等军事装备。俄罗斯向塔吉克斯坦提供的军事技术援助也价值不菲。2013年8月，俄罗斯国防部长绍伊古宣布，根据初步估计，俄罗斯计划于2025年向塔吉克斯坦提供1.5亿~2亿美元的军事技术援助，其中部分物资和技术设备将无偿转让。

五 反恐合作日益深入，打击"三股势力"能力不断提升

反恐合作是上海合作组织发展的重要"引擎"和主要内容之一，也是成员国防务部门优先合作领域和关注重点之一。早在20世纪90年代，"上海五国"就对恐怖主义、分裂主义和极端主义的危害达成了共识，开始围绕打击"三股势力"展开磋商与合作。2001年上海合作组织成立时，与《上海合作组织成立宣言》同时签署的法律文件就是《打击恐怖主义、极端主义和分裂主义上海公约》，该公约在国际上首次对"三股势力"作了明确定义，提出了打击"三股势力"的具体方向、方式和原则，为联合打击"三股势力"奠定了法律基础。之后，上海合作组织反恐合作不断深入发展。尤其是2004年6月上海合作组织地区反恐怖机构在乌兹别克斯坦首都塔什干的正式启动，以及成员国元首分别于2005年7月和2008年8月共同签署的《上海合作组织成员国合作打击恐怖主义、分裂主义和极端主义构想》和《上海合作组织成员国组织和举行联合反恐演习的程序协定》，使上海合作组织反恐合作进入全面深化阶段。在各成员国的共同努力之下，上海合作组织日益成为国际反恐合作中的一支重要力量。2013年，上海合作组织各成员国继续采取措施加强反恐合作，不断提升打击"三股势力"能力。

一是在联合反恐演习中积极演练反恐作战针对性战法。为震慑"三股势力"、提高成员国联合反恐的能力水平，上海合作组织成员国武装力量或执法力量从2002年至今已举行了十余次大型联合演习。特别是定期举行的"和平使命"联合反恐军事演习，不仅反映了各成员国应对"三股势力"威胁方面的共同立场，表明了上海合作组织打击"三股势力"、维护地区稳定的坚定决心，还有助于各国参演军队和执法安全部门提高反恐实战经验和技能，有效协调各国的联合反恐作战行动。然而与其他作战行动相比，反恐作战在战场环境、作战对象、参战力量和交战方式方法等方面都存在着明显差异。在联合演习中，只有针对性强、适合反恐作战特点的演练科目，才能真正达到提升打击"三股势力"能力的目的。因此，在举行"海上联合-2013"中俄海上联合军事演习时，中俄两国参演部队就十分注重钻研反恐新战法，制定了针对性极强的反恐作战演练科目。比如，在实施侦察时，注重综合运用空中、地面、特战等力量，采取抵近侦察、武装渗透侦察、综合技术侦察等行动，全面掌握藏匿于深山、混迹于民众之中的恐怖武装情况。在演练过程中，还着重演练了通过狙击手搭载直升机实施机降、特战分队采取"蛙跳式"攻击等方法对恐怖分子头目实施斩首战的战法，以及利用攻心宣传、心理威慑和反制宣传等手段发起心理攻势来争取受欺骗民众、分化恐怖分子的方法。

二是不断拓展成员国反恐合作机制和合作领域。为了达到打击"三股势力"、维护地区稳定的目的，近年来上海合作组织各成员国不断加强反恐合作，根据地区反恐形势发展需要先后建立了年度联合反恐演习、大型活动安保合作、边防部门领导人会议、情报交流会议、防务安全论坛等反恐合作机制，有效地推进了成员国在反恐方面的各种务实合作，为维护本地区和平稳定作出了重大贡献。2013年，除了中俄武装力量举行"海上联合-2013"中俄海上联合军事演习之外，上海合作组织成员国还以其他形式加强反恐合作。比如，8月11日，中国和吉尔吉斯斯坦两国边防部门在中吉边境地区举行了一场代号为"边防联合决心-2013"的联合反恐演习，这是中吉边防部门在上海合作组织框架内首次举行联合反恐演习，双方共投入1075名兵力参加演习，期间重点演练了信息交流、分析研判、联合决策、联合行动的方法及展开实兵围剿的战术动作。

年内,上海合作组织反恐合作领域也开始日益向海上安全、信息和网络安全等领域扩展。2013年7月中俄两国举行"海上联合-2013"中俄海上联合军事演习时,就将提高两国海军共同应对海上安全威胁的能力确定为演习的主要目的之一,演习期间还专门演练了联合解救被劫船舶等科目,有效地提高了两国海军应对海上安全挑战的能力。信息和网络安全也是2013年上海合作组织成员国加强反恐合作的一个重要领域。为了加强各成员国在应对日益严重的网络安全威胁方面的合作,9月20日在俄罗斯联邦雅罗斯拉夫市举行的上海合作组织地区反恐怖机构理事会第23次会议审议通过了《建立上海合作组织地区反恐怖机构执委会和成员国主管机关预防和阻止使用或威胁使用电脑网络进行恐怖主义、分裂主义和极端主义活动的联合专家工作组》等决定。2013年6月,在比什凯克市召开的上海合作组织成员国国防部长会议对信息安全给予了格外关注,与会部长们明确指出,当前利用信息通信技术进行恐怖主义活动的威胁与日俱增,各方要继续在本组织框架内加强防务安全合作,提升合作水平。中国国防部长常万全在发言时强调,各成员国应树立安全共同体意识,加强重大问题的国际协作,密切关注非传统安全领域的现实挑战,坚持以"上海精神"引领防务安全合作发展,以创新理念推进防务安全合作机制化建设,以友好感情浓厚防务安全合作的良好氛围。

Y.18 上海合作组织的文化合作

张 宁*

摘　要： 文化合作是上海合作组织人文合作的重要组成部分。2013年的主要工作是召开第十次文化部长会议和落实《上海合作组织成员国政府间文化领域合作协定2012～2014执行计划》。中国于2013年9月提出新的中亚政策和建设"丝绸之路经济带"倡议，为上海合作组织文化合作带来更多机遇。

关键词： 上海合作组织　文化合作　"丝绸之路经济带"

文化是沟通各国人民之间心灵和情感的桥梁，可充分发掘各国的丰富文化资源，增进相互了解，巩固传统友谊，为推动各国在政治、经济以及其他领域的全面合作作出贡献。世界上没有一种文明可以孤立发展，一个文明如果封闭保守，拒绝向外部学习，无论其最初多么强大，都会走向僵化，进而衰落。强大的文明均具有极强的开放包容心态和能力，能吸纳不同文明的长处和能量，获得持续发展的动力，维持充满活力的生命力。

作为国际社会的积极参与者，面对日新月异的文化发展趋势，上海合作组织肩负着尊重文化差异性和多样性、传承传统文化、促进不同文明和谐相处及和平发展的重任。该组织的文化合作在推动共同发展、巩固睦邻友好关系、增进相互了解和友谊、促进地区繁荣发展方面具有不可替代的作用。

---

* 张宁，中国社会科学院俄罗斯东欧中亚研究所中亚研究室主任、副研究员。

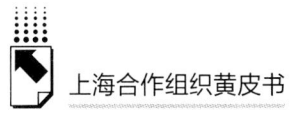

一 2013年上海合作组织文化合作的主要内容

2013年5月24日，上海合作组织成员国文化部长在吉尔吉斯斯坦首都比什凯克举行第10次会议（Совещание министров культуры государств - членов ШОС）。会议由轮值主席国吉尔吉斯斯坦文化、信息和旅游部部长苏尔丹·拉耶夫主持，中国、哈萨克斯坦、俄罗斯、塔吉克斯坦、乌兹别克斯坦等6个成员国的政府文化代表团以及上合组织副秘书长诺斯洛夫出席。会后，各成员国代表团团长共同签署了会晤纪要，通过了新闻声明。中国文化部长蔡武在发言中提出三点建设性意见：一是秉持"上海精神"的基本原则，继续夯实多边合作的基础；二是广开渠道，拓宽领域，努力开创务实合作的新形式；三是充分利用民族传统文化资源，加深各国人民之间的相互了解。中方建议得到会晤各方的积极评价和广泛认同。

为落实《上海合作组织成员国政府间文化领域合作协定2012~2014执行计划》，上合组织成员国2013年组织了多项国际艺术节和国际文化活动，主要有：①4月，中国举办"北京国际和平艺术家作品展暨国际文化交流研讨会"。中方邀请来自上合组织成员国和对话伙伴国的艺术家共同出席；②7月，中国在新疆举办"国际民族舞蹈节"。俄罗斯新西伯利亚国立模范歌剧芭蕾舞剧院和哈萨克斯坦纳孜国家舞蹈团参加；③7月17~21日，吉尔吉斯斯坦举办"伊塞克国际流行音乐节"，中方组派中国歌剧舞剧院两名歌手参加并获得三等奖；④8月25~30日，乌兹别克斯坦在撒马尔罕市举办第九届"东方旋律"国际音乐节，中方组派中国歌剧舞剧院民族器乐组合一行七人参赛并获二等奖。

二 2013年中国与上海合作组织其他成员国的文化合作

针对上海合作组织框架下文化交流现状和各成员国文化投入情况，中国文化部积极探寻符合各方利益的合作形式，在公共文化服务、文化创意产业、传统文化和非物质遗产保护等专业领域积极主动地与其他成员国开展交流与合作,通过创造适宜条件,支持各成员国的文化机构、专业艺术团体相互建立直接合作关系;通过对口业务交流和项目合作,拓展合作形式,深化交流内涵。2013年,中国与上合组织其他成员国的文化合作继续深化发展,表现如下。

(1) 与俄罗斯主要有两类大事:一是举办国际论坛。2013年11月,首届中俄文化旅游论坛在圣彼得堡塔夫里达宫举行。中国国务院副总理汪洋,俄罗斯联邦政府副总理戈洛杰茨,中国文化部部长蔡武,俄罗斯文化部国务秘书、副部长伊夫列耶夫,中国国家旅游局局长邵琪伟,俄罗斯联邦旅游署署长拉季科夫,以及中俄两国文化界、学术界等嘉宾600余人出席。二是举办多种展览会和艺术节。5月,国家大剧院一行七人赴俄参加马林斯基剧院新舞台的开幕庆典音乐会,并与莫斯科大剧院、斯坦尼斯拉夫斯基和涅米罗维奇·丹钦科模范音乐剧院及相关友好机构进行交流;8月,第四届中俄文化大集在黑龙江省黑河市、俄罗斯阿穆尔州首府布拉戈维申斯克同期举行;9月,河南少林武僧团一行百人赴莫斯科参加2013年莫斯科国际军乐节;9月,中国文化部在莫斯科举办"影动梦想——中国当代动漫艺术展",四家中国动漫企业分别与俄方企业签署协议,在制作、发行等领域正式建立了战略合作关系,签约交易额总计达4.7亿人民币。

(2) 与哈萨克斯坦主要有两件大事:一是2013年11月在华举办"哈萨克斯坦文化日"活动。根据中哈两国元首达成的共识和中哈文化和人文合作分委会第八次会议纪要,哈方派出183人的强大阵容来华,先后在国家大剧院举行文化日开幕音乐会和在国家博物馆举办"哈萨克斯坦古代珍宝展"。活动期间,哈文化和信息部副部长布里巴耶夫与中国文化部丁伟副部长共同主持召开了中哈文化和人文合作委员会第九次会议。二是商榷两国互设文化中心事宜。目前,中方已于2013年11月向哈方提交互设文化中心谅解备忘录。

(3) 与吉尔吉斯斯坦主要有两件大事:一是率团出席上海合作组织成员国文化部长第十次会议。二是协助举办文化展览。2013年9月13~18日,世界著名华人美术家"环球绘画和平之旅"赴比什凯克举办"国际和平艺术家作品展";2014年4月10~30日,西安大唐西市博物馆应吉国家博物馆邀请赴吉举办"陕西皮影展"。

(4) 与塔吉克斯坦主要有两件大事:一是举办培训班。11月28日~12

月7日，中国文化部举办塔图书馆领域专家专业培训班。计划于2014年举办塔博物馆专业和杂技演员培训班。二是举办"中国文化日"。9月21~26日，中国文化部组派甘肃省歌剧院、天津市杂技团和天津霍元甲文武学校赴塔举办"中国文化日"。

（5）与乌兹别克斯坦主要有两件大事：一是10月30日在乌首都塔什干召开中乌人文合作分委会第二次会议，并签署会议纪要。二是11月29日李克强总理赴乌出席上海合作组织总理会议期间，两国签署《中华人民共和国文化部和乌兹别克斯坦共和国文化体育部2014~2017年文化交流计划》。

三 "丝绸之路经济带"与上海合作组织文化合作

从历史看，欧亚大陆腹地是东西方交流的桥梁和文化交汇点，横跨欧亚大陆的"丝绸之路"让汉文化、希腊、突厥、阿拉伯、蒙古、俄罗斯等文化相继传入中亚，儒家思想、东正教、伊斯兰教、印度佛教、波斯文化等在此交流碰撞、相互影响、相互渗透，使这个地区成为世界上多元文化相互渗透和相互影响较大的地区之一。

2013年9月7日，国家主席习近平在哈萨克斯坦纳扎尔巴耶夫大学演讲时，倡议共同建设"丝绸之路经济带"，此后，又于10月4日在印度尼西亚国会演讲时，提出共同建设"21世纪海上丝绸之路"，10月24~25日在北京召开周边外交工作座谈会，提出"让命运共同体意识在周边国家落地生根"。这些表述说明十八大后，中国新一届领导集体的对外政策新思路和新方法，即以丝绸之路为切入点，继承和发扬"丝绸之路精神"，开拓中国外交新局面。

文化既是精神载体，也是一种产业形式。发展"丝绸之路经济带"，离不开文化合作，上海合作组织框架内的文化合作便是其重要组成部分。习主席在纳扎尔巴耶夫大学演讲时提出"加强政策沟通、道路联通、贸易畅通、货币流通、民心相通"的"五通"措施，受到国内外广泛关注。可以说，这"五通"中，每一个方面都或多或少包含文化的内容，都需要文化的支撑。各界几乎一致认为，在"丝绸之路经济带"框架下，今后上海合作组织文化合作可关注四个方面。

一是弘扬"上海精神",提倡"和而不同"理念。文化的交流碰撞可增进友谊,也可引发战争,关键取决于合作的方式和内容。遵循"尊重多样文明"的基本原则,奉行相互尊重和互利双赢,则文化合作可增进友谊。若认为某一文化优越,其他文化落后,则通常会爆发冲突。丝绸之路不仅是商业通道,而且是人文社会的交往平台,多民族、多宗教、多文化在此交汇融合,在长期交往过程中形成"团结互信、平等互利、包容互鉴、合作共赢,不同种族、不同信仰、不同文化背景的国家可以共享和平,共同发展"的"丝路精神",是现代国际社会交往的最基本原则之一,也是塑造国际政治经济新秩序的必然要求。这个古老的合作原则,与今天的"上海精神"一脉相承。

二是发展文化产业①,促进区域经济增长。文化产业是现代工业和服务业的核心产业,是典型的低碳产业、绿色产业和新兴产业,抓住文化产业,就抓住了推动可持续发展的重要途径②。作为产业形式,文化合作是经济增长的组成部分。在新技术革命助推下,文化合作不仅促进相关产业发展,也催生一系列新兴文化业态,比如设备制造、信息传播、文化创意产业园等。上合组织成员国间的文化产业合作内容非常宽广,可以在很多领域加强合作,比如动漫、广告制作、商业文艺表演、出版发行、广电节目拍摄和译制、文化设备器材、艺人培训等。

三是培养文化人才,提高成员国和整个区域的竞争力。在一定程度上,国际竞争是人才竞争,文化竞争是人才竞争;文化人才决定文化创造力,文化创造力决定文化创新能力,文化创新能力决定文化竞争力,文化竞争力决定国家

---

① 根据国家统计局《文化及其相关产业分类》,文化产业包括:1. 文化服务(新闻;出版发行;版权);2. 广播、电视、电影服务;3. 文化艺术服务(文艺创作、表演及演出场所;文化保护和文化设施;群众文化;文化研究与文化社团等);4. 网络文化服务;5. 文化休闲娱乐服务(旅游;娱乐;文化艺术商务代理;文化产品出租与拍卖;广告和会展等);6. 文化用品、设备及相关文化产品的生产(文化用品、乐器、玩具、游艺器材及娱乐用品、机制纸及纸板、手工纸、信息化学品、照相机及器材、印刷专用设备、广播电视设备、电影机械、家用视听设备、复印和胶印设备、工艺美术品、摄影扩印、首饰、工艺品及收藏品批发、工艺美术品及收藏品零售等)。

② 王惠英:《中欧文化产业合作前景广阔》,《深圳特区报》2012年5月20日。

竞争力①。上海合作组织的发展，归根到底要靠人才。为推动该组织发展，需要培养一批德才兼备、锐意创新、结构合理、规模宏大的高素质人才队伍，造就善于开拓新领域的领军人物、懂经营善管理的复合型人才、掌握现代技术的专门人才、适应"走出去"需要的国际化人才、富有潜力和活力的青年文化人才等。

四是继承和创新传统文化，宣传国家核心价值观，推广健康生活方式，去宗教极端化。传统文化是民众道德和价值观的组成部分，国家核心价值观能够凝聚民众精神力量并促进国家和平稳定，健康生活方式是公民和国家实现可持续发展的必然要求。这三者都是国家发展的根基，是抵御外来敌对势力和腐朽思潮的重要方式。当前，"三股势力"，尤其是宗教极端势力，是影响欧亚地区稳定的最主要因素，他们总是借口"传统文化存在诸多不合理内容、违背真主的本意"来蓄意诋毁各国的本土文化，进而宣扬"伊斯兰秩序"和"哈里发政权"等所谓纯而又纯的美好"伊斯兰世界"，借机洗脑并灌输宗教极端思想。打击"三股势力"需要上合组织成员国加强文化合作，共同挖掘、继承和改进传统，丰富文化活动和繁荣文化市场，让民众回归理性信教，提高鉴别能力，并关注自己作为一个世俗公民的权利和义务。

四 文化合作项目建议

近些年，上海合作组织成员国文化部门举办多种形式的文化合作，如签订文化合作协议，互设文化中心，互办文化年、文化节、文化日，举办电影节、戏剧节、民间艺术节、工艺美术展、"儿童笔下的童话"巡回展（又名"儿童描绘六国民间童话"），大型活动期间（如奥运会）的文化推介等。从"大文化"合作看，还成立青年联合会，举办青年学生交流营，互派留学生，语言教学推广等。与此同时，各界建议比较多的文化合作项目还有以下几个。

一是欧亚内陆史文献资料整理和丝绸之路考古。历史研究资料主要来源于

---

① 中国现代化战略研究课题组、中国科学院中国现代化研究中心：《提升文化竞争力三重点：人才、产业和贸易竞争力》，《中国现代化报告2009——文化现代化研究》，北京大学出版社，2009。

文献和考古。文献资料实证性较差，很多需要借助考证成果验证。以考古学为基础，结合文献和相关学科，才能比较全面地重现历史原貌。丝绸之路考古学是沿线各个国家和地区的考古学总和，是构建丝绸之路文化内涵必不可少的方式和途径。古时候，欧亚内陆（也称"西域"）地处偏远、地域辽阔、地貌复杂、自然条件较差，在过去交通和通讯不发达时，文献的传递、交流、保存和共享等难度较大。另外，公元751年唐朝军队在怛罗斯（今哈萨克斯坦江布尔市）败给阿拉伯军队后，一方面，阿拉伯势力将伊斯兰文化带到中亚，至今对中亚地区有着重要影响；另一方面，随着唐朝势力逐渐退出，8世纪以后的中亚文献中已少见汉文史料，更多依靠阿拉伯文、藏文、回鹘文、西域各国文字和俄文等语言文字记载。

欧亚内陆史文献资料信息量大，在珍贵的同时也存在整理难度大等难题，只有同时通晓汉语、俄语、阿拉伯语、波斯语、突厥语等，才能更好地将全部资料对比和去伪，形成统一的整体信史。正因为文献和考古的学科分类、资料类型、载体、语种和出版形式等多样性与复杂性，使欧亚内陆考古和历史资料的收集、整理、保存和研究比较困难，也因此成为国际显学。上海合作组织成员国和观察员国几乎涵盖所有欧亚内陆历史涉及的国家，史料丰富，专家人才众多，因此，由上海合作组织承担西域历史研究最合适不过。

二是丝绸之路联合申报世界文化遗产。申报世界文化遗产的意义在于梳理文化根脉，丰富世界文化多样性。各地文物资源不仅需要认真保护，更应从科学的角度出发加以合理利用，为全社会甚至全人类所共享。推动丝绸之路申遗有助于提升文物保护水平，扩大遗产所在地的知名度，发展旅游，推动经济社会协调发展。由于项目范围大、情况复杂，各个国家的申遗基础也参差不齐，因此需要各国政府就具体申报事宜加强协调。

联合国教科文组织世界遗产委员会从20世纪80年代便关注丝绸之路沿线文化遗产的价值认定，并多次组织大规模的丝绸之路文化遗产考察，为实质性推进中国和中亚国家联合申报丝绸之路工作奠定基础。2006年，世界遗产委员会在新疆吐鲁番和中亚国家召开三次国际协商会议，通过《共同行动计划》，决定由中国和中亚5国作为发起国，将中国中原地区至中亚地区丝绸之路核心路段上的重点遗产申报世界文化遗产。2011年12月27日，联合国教科文组织和中、哈、吉三国代表在乌鲁木齐召开丝绸之路跨国系列申遗协商会，就三国丝绸之路跨国系列申遗廊道的名称、时空范围等问题达成一致意见，并由各国代表草签了三国申遗备忘录，明确提出三国跨国系列申遗的项目名称为"丝绸之路：起始段和天山廊道的路网"。2013年2月1日，中国、哈萨克斯坦、吉尔吉斯斯坦三国联合提交丝绸之路申遗文本材料。这个项目线路跨度近5000公里，沿线第一批申报项目包括了中心城镇遗迹、商贸城市、聚落遗迹等代表性遗迹共33处，以及沿途丰富的特色地理环境。其中中国境内有22处考古遗址、古建筑等遗迹。2014年5月的世界遗产大会最终决定将其入选《世界遗产名录》。

三是打造"丝绸之路文体娱乐带"。丝绸之路途经的广阔地区居住着汉、藏、蒙、回、维吾尔、哈萨克、吉尔吉斯、塔吉克、乌孜别克等30多个民族，他们在共同生活过程中创造了绚丽多彩的体育、音乐、歌舞、绘画、工艺美术等文化活动，反映出各民族文化传统、生活特征、道德风尚和身体素质。这些文体活动具有游牧民族特色，比如围绕自然崇拜和动植物的题材、展现人体能力和人性特征的题材、表达爱情和幸福生活的题材较多。与现代竞技体育和艺术活动相比，少数民族的文体活动具有更突出的趣味性、娱乐性、健身性、朴实性、传统性、民族性和地域性等特点。

文体时尚是一种流行生活方式，有助于整个社会和谐。"丝绸之路文体娱乐带"是整合旅游、文化、健身、休闲、消遣、娱乐为一体的跨地区、跨行业发展文化、体育和旅游事业的组织形式。娱乐带开发可坚持"和而不同"思想，采取三种形式：单中心据点模式、多中心集群模式、点轴串联模式。单中心据点模式以一个地区为中心，基于"一对多"关系形成开发思想和发展策略，突出自身特色和差异性。多中心集群模式是处于一个共同区域的若干地区之间的竞合关系，典型代表是区域旅游合作。点轴串联模式是线状或者带状区域内各地区之间的关系，基于一个共同的主题，既强调整体品牌统一，又突出同一主题下的产品多样性。①

---

① 王瑜、吴殿廷、朱桃杏：《论旅游开发中的"和而不同"——以丝绸之路为例》，《人文地理》2011年第2期（总第118期）。

另外，各界还建议举办以下活动。

一是上海合作组织汽车拉力赛，借鉴"中国—东盟"汽车拉力赛（侧重热带丛林）和"巴黎—达喀尔"汽车拉力赛（侧重沙漠和高温）经验，比赛线路横穿部分成员国，最好在冬季举行，考验选手和汽车在雪地和严寒中的性能，以此形成自己的特色。

二是上海合作组织成员国名著译丛。本着"把世界介绍给我们，也把我们介绍给世界"的宗旨，由成员国各推荐若干部本国的传统和现代文化经典，如文学、历史、思想、理论、美术等名著，分别译成中俄文，以上合组织的名义集中推出。

三是上海合作组织青年志愿者论坛或夏令营。与已有青年论坛的参与者主要来自青年组织不同的是，志愿者论坛主要由来自各成员国的志愿者组织，如扶贫、环保、抢险救灾、社区建设、社会公益等。志愿者乐善好施、乐人乐己，既传递爱心，又传播文明，彼此间更容易找到共同语言。

Y.19 2013年上海合作组织教育合作评述

曹治*

摘　要： 近年来，在政治层面的大力支持和院校层面的积极参与下，上海合作组织教育领域合作发展迅速，被誉为未来最具发展潜力的领域之一。各成员国围绕上海合作组织大学的创建与发展开展多层次交流与合作，目前上海合作组织大学已经成为上海合作组织成员国各领域合作中标志性项目之一，具有越来越大的国际影响力。2013年，上海合作组织大学建设进展顺利，各成员国间双边教育合作继续深化，未来发展呈现出广阔前景，但是仍然要对合作实践中产生的问题作出清晰判断，未雨绸缪，积极应对。

关键词： 上海合作组织　教育　合作　2013年

近年来，上海合作组织教育领域合作发展迅速，被认为是未来最具发展潜力的领域之一。成员国就上海合作组织大学的创建与发展开展密切交流与合作。2013年，除上海合作组织大学外，各成员国还在双边教育方面继续深化合作，未来呈现广阔发展前景。对合作中出现的问题各成员国需要作出科学准确判断，及早制定应对措施。

---

* 曹治，法学博士，中国社会科学院上海合作组织研究中心研究人员。

2013年上海合作组织教育合作评述

一 上海合作组织大学建设进展顺利

上海合作组织大学（以下简称上合组织大学）是上海合作组织（以下简称上合组织）成员国落实教育合作战略性定位获得共识的具体举措，是夯实成员国间教育合作基础、提高教育合作质量、扩大教育合作范围的重要平台和抓手。经过5年多的努力，上合组织大学已经成为上合组织成员国各领域合作中极富成果的标志性项目之一，具有越来越大的国际影响力。2013年，上合组织大学建设进展顺利，突出表现在法律法规和机制建设、课程设置和配套建设以及院校间交流三个方面。

（一）法律法规和机制建设继续得到完善

上合组织大学最早源于2007年8月，在上海合作组织比什凯克元首峰会上，俄罗斯时任总统普京倡议成立"上海合作组织大学"，得到一致赞同。之后成员国最终将其定位为由上合组织成员国各方的部分高校组成的项目院校网络，旨在加强成员国教育合作与交流，促进人员流动。近年来，上合组织大学的相关法律法规和机制建设稳步推进，不断完善。2006年6月签署的上合组织成员国政府间教育合作协定为成员国在教育领域合作奠定了基础，指明了方向。在此基础上，2008年10月，上合组织成员国教育部签订关于为成立上合组织大学采取进一步一致行动的意向书；2010年4月，成员国相关高校签署关于成立上合组织大学的合作备忘录。2013年上合组织成员国继续就上合组织大学组建与学科建设等相关法律法规和机制建设进行完善，内容更具体、更细化。

2013年5月22~24日上合组织第六届"教育无国界"教育周暨上合组织大学第三届校长扩大会议在莫斯科举行。上海合作组织成员国教育部代表、上海合作组织大学各国项目院校的代表共100余人参加了此次教育周活动。会议由俄罗斯人民友谊大学校长、俄罗斯前教育部部长菲利波夫主持，上海合作组织大学各方向项目院校分别召开了专家工作会议，就本方向项目院校间国际合作的具体事宜进行了磋商，并在联合培养硕士研究生的具体操作流程问题上达成广泛共识。上合组织大学校长扩大会议期间，与会者们讨论修改了上合组织大学的部分文件，签署了上合组织大学区域学、生态学、能源学、信息技术和纳米技术等五个方向的框架合作协议。

会议期间，上海合作组织各成员国教育部代表出席了会议并围绕本国教育体系现状与变化等问题作了交流发言。中方代表从硕士层面的人才培养状况、本科层面的招生启动工作、政府给予的政策支持、上合组织大学的工作机制和管理模式等方面介绍了中国上合组织大学的发展状况。中方代表指出，根据中方教育体系特点及上合组织大学发展规划，上合组织大学中方项目院校将在较长一段时期内保持现有数量不变，注重内涵建设，完善运行机制。为进一步加强上合组织大学发展战略研究，中方成立了上合组织大学研究中心，负责上合组织大学发展战略的调研、分析，提供合理化建议等研究性工作。为实现项目院校之间的资源共享和信息沟通，中方建了上合组织大学（中国）网站（http：//www.usco.edu.cn），进一步强化了上合组织大学各项目院校之间的联系。

（二）各领域教学课程和配套建设顺利实施

2013年，各成员国内项目院校内按计划已经开设的区域学、生态学、能源学、信息技术和纳米技术五个领域的教学课程安排顺利实施。根据早先达成的合作协议，区域学方向的中方项目院校在2011年招收首批硕士研究生后，在2013年上半年首次实现了与俄罗斯合作伙伴院校的学生互换交流。生态学和信息技术方向的中方项目院校也于2012年招收了第一批硕士研究生，互换交流工作也将在2014年进行。

为配合上合组织大学项目的顺利开展，成员国项目院校开始逐步加强各领域的配套建设，以提高合作办学的水平。2013年中国能源学、区域学、生态学等领域学科继续举行各相关项目院校的年度工作会议，查找问题、协调关系、提升质量。6月6日，上合组织大学"能源学"方向中方项目院校第二次工作会议在哈尔滨工业大学召开。9月25~26日，上合组织大学"区域学"方向国际会议暨"区域学"方向中方项目院校第三次工作会议在大连外国语大学召开。10月14日，兰州大学召开上合组织大学中方项目院校生态学第四次工作会议，并举行"上合组织大学生态学中方研究中心"揭牌仪式。12月13日，上合组织大学区域学中方研究中心揭牌仪式暨首届学术年会在琼州学院举行。

（三）院校间交流积极开展

上合组织大学所涉各国项目院校已经达到 80 多所，院校间往来交流的增多对彼此增进了解、加强沟通，进一步深化合作具有重要意义。2013 年上海合作组织成员国项目院校间的交流积极展开，多个院校实现了跨国间的学术交流与沟通，许多意见和建设非常具有建设性，为未来的合作营造了良好的合作环境。如 2013 年 11 月 11 日，俄罗斯阿尔泰国立大学东方学教研室副教授娜塔利娅·卡里茨科娃率团到大连外国语大学交流访问。大连外国语大学校长孙玉华接见了代表团成员，上合组织大学中方校长办公室等参加了会见。双方均对上合组织大学各项目院校间日益紧密的联系、不断完善的机制、不断增加的合作项目和不断创新的合作方式表示满意。双方介绍了各自学校在上合组织大学框架下的学科发展和建设现状，并对未来的合作和发展充满希望。大连外国语大学校长孙玉华表示，大连外国语大学始终努力打造中方教学基地，创建高质量实践性俄语人才培养基地，为求进一步为中俄学生提供良好的学习交流平台。阿尔泰国立大学娜塔利娅·卡里茨科娃教授对大连外国语大学的教学文化建设、设施建设及人才培养计划等表示赞赏。她说，阿尔泰国立大学自 2012 年成为上合组织大学项目院校以来，一直致力于扩大与亚洲国家大学间在教育、科学领域的联系与合作，从而促进亚洲地区大学合作伙伴间的教学活动，并扩大文化交流。最后双方均表示愿意在上合组织大学框架下，在今后的合作中为培养新型国际化实践性人才作出共同努力，并不断巩固良好的合作关系，继续协作开发合作项目。会见中，双方就"区域学"方向教学计划、科研合作等进行了研究与探讨，深度挖掘未来的合作潜力，并就多个合作项目达成初步意向。

二 成员国间双边教育合作继续深化

上合组织成员国间的双边教育合作在双边关系的发展中占有越来越重要的地位，同时这成为上合组织框架下教育合作的有益补充。2013 年上合组织成员国间双边教育合作继续深化，取得一系列成果。9 月 8 日，中国国家主席习近平在访问哈萨克斯坦期间，选择在纳扎尔巴耶夫大学发表演讲。在演讲中，习近平主席明确表达了对加强两国间青年交流的愿望，希望通过双边教育合作和文化交流，继续加深中哈两国彼此间的沟通和互信，为未来的发展奠定更加坚实的基础。

8月12日，中俄教育合作分委会第十三次会议在北京召开。会议由分委会中方主席、教育部副部长郝平与分委会俄方主席、俄罗斯联邦教育科学部第一副部长特列季亚克共同主持。会议高度评价了中俄关系及人文、教育领域合作，总结了分委会第十二次会议以来的主要工作进展，并对下一阶段的重点工作进行了部署。双方表示，将继续贯彻落实《中俄人文合作行动计划》，举办好中俄"国家年""语言年"教育领域机制化项目，继续加强在上海合作组织框架内的多边教育合作。会议研究通过了"中俄10万人留学计划"中方实施方案。会后，双方签署了《中俄人文合作委员会教育合作分委会第十三次会议纪要》。

4月28日，中国教育部部长袁贵仁会见了吉尔吉斯斯坦副总理塔利耶娃一行。袁贵仁代表教育部欢迎塔利耶娃一行来访，他高度评价中吉两国在教育领域合作所取得的丰硕成果，表示希望推进两国在语言教学、国情研究、人才联合培养等领域的交流与合作，为增进两国人民传统友谊发挥积极作用。塔利耶娃完全赞同袁贵仁对中吉教育合作的评价。双方就进一步深化两国教育交流合作充分交换了意见。

5月20日，塔吉克斯坦总统拉赫蒙访问中国，并在人民大会堂与中国国家主席习近平举行了会谈。两国元首决定，建立塔中战略伙伴关系，全面深化合作，造福两国和两国人民。两国元首决定，以建立塔中战略伙伴关系为契机，全方位推进务实合作。人文领域，中方鼓励更多塔方学生来华学习，塔方欢迎在塔吉克斯坦增设孔子学院，开展丰富多彩的文化交流活动，包括互办文化日、文化节。10月24~25日，"2013年亚洲教育论坛"在中国成都举行，塔吉克斯坦驻华特命全权大使阿利莫夫·拉希德·古特比金诺维奇先生参加论坛。阿利莫夫回顾了中塔两国的教育合作历史，并对近年教育合作领域的快速发展表示赞赏，他强调指出中塔大学之间建立的联系，使得中塔的学生不仅有更多的机会可以进修，同时可以获得中国高校的毕业文凭，促进了两国间青年的交流与互信，对发展未来两国间关系具有重要意义。

三 未来教育领域合作的发展方向

未来，上合组织大学的建设和发展将成为上海合作组织教育合作的重点，而作为一所区域性的国际大学联盟，上合组织大学是上合组织成员国教育合作的一个重要平台，具有广阔的发展前景和空间。

（一）政治层面大力支持，合作规模将不断扩大

上合组织最初是以安全领域合作为重点，随着合作领域的深化与扩展，成员国间的互信存量不断积累，各方对发展包括教育合作在内更大领域合作的需求日益迫切。经过多年的探索与酝酿，2006年上合组织成员国迈出实践教育领域合作的步伐。虽然相比安全、经济等领域的合作教育合作起步较晚，但自那时起，教育合作始终得到来自政治层面的大力支持，发展强劲。上合组织成员国间的多边和双边高层会晤中多次涉及教育合作问题，在政治层面直接、明确的指导与支持下，上合组织教育领域的合作取得了积极的进展，呈现出"后来居上"的良好发展势头。2013年各成员国领导人在会晤中也多次提到要加强教育领域的合作，并公布了一些具体的鼓励政策，使人们有理由相信上合组织教育领域的合作规模将不断扩大，知名度和影响力将不断提高。中国国家主席习近平9月7日在哈萨克斯坦纳扎尔巴耶夫大学发表重要演讲时表示，为促进上合组织框架内青年交流，中国将在未来10年向上合组织成员国提供3万个政府奖学金名额，邀请1万名孔子学院师生赴华研修。这发出一个清晰的信号，表明中国政府加强与成员国间教育合作的强烈意愿，这种实实在在的举措必将对上合组织建设和成员国间的交往产生深远影响。9月26~28日，欧亚经济论坛在西安浐灞生态区举行。欧亚经济论坛副秘书长汪涛表示，在教育方面，今后"丝绸之路"沿线各国的学生，有可能享受类似于申根国之间的教育政策。比如，各国之间出入境不用再办烦琐的手续，学生上学准入条件简化等。"据我所知，有关方面正在推进教育方面进行考察和磋商。"不仅如此，根据习近平主席出访时提出的"丝绸之路经济带"战略，将促进西安与"丝绸之路"沿线国家、中亚各国交流。

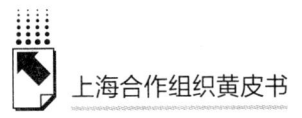

（二）院校层面积极响应，进一步实现培养层次合理化、办学实体化、模式多元化

近年来，上合组织成员国教育合作围绕上合组织大学的创建与发展紧密展开。在项目院校层面，上合组织大学的创建得到了各方积极响应。各项目院校一方面加强自身学科建设，以建设性姿态规划未来发展，并在本国教育部门的统筹协调下加强国内院校间的联合与交流；另一方面则以此为契机进一步加强基础设施建设，提升优质教育资源的配置能力，积极展开与国外相关院校间的交流与沟通。

在近年的教育合作实践中，各项目院校认识到上合组织大学的建学目标是致力于为各成员国培养文化、科学、教育、经济等领域高层次人才，因此，现有的领域专业并不能满足未来的发展需求。各国教育界专家在多个场合都曾表示将根据上合组织成员国的需求，经上合组织成员国教育部门协商后，大力拓展联合培养专业方向。未来，上合组织大学将不断寻求突破，在现有硕士研究生基础上，拓展至本科、副博士及博士研究生，开设进修班、培训班；创新人才培养模式，支持上合组织大学间的全方位合作，特别是支持导师间的科研合作，以带动学生的联合培养；开展各个层次的学生、教师等人员的交流活动；联合开展科研，联合举办国际研讨会、学术会议等活动；尝试在中国建设上海合作组织大学基地，积极推动上海合作组织大学国际校长办公室实体化进程。

四　需要关注的几个问题

目前上合组织的教育合作取得了一些进展，为保持这种良好的发展势头，实现教育领域合作的战略目标，应该关注和解决好两个比较重要的问题。

（一）上合组织大学的国际知名度和吸引力问题

一方面，上合组织大学的发展势头良好，各领域合作正有条不紊地展开，但是毕竟组建时间不长，多项合作构想仍然处在探索和初创阶段，国际知名度低；另一方面，由于历史和现实的原因，与欧美等发达国家的院校教育合作相比，各成员国项目院校间的交流合作在社会层面仍然缺乏足够的吸引力。为此，一是要采取创新思维、不断探索、大胆实践，充分利用政策支持的有利条件，努力提高自身硬件设施水平和师资力量投入水平；二是要重视上合组织大学学员的教学质量，特别是关注学生毕业后的就业和再深造等现实问题，短期可以采取一些行政性的安排，但长期来看，必须考虑引入市场竞争机制，真正提高就业竞争力，提高社会认可度。

（二）成员国项目院校间的发展不平衡问题

成员国项目院校之间的合作办学时间并不长，存在合作院校层次不对等，教育体制、教学方式和学习条件发展不平衡等突出问题。项目院校在办学规章制度等方面还很不健全，缺乏具体的指导性文件，即便双方学校制订了统一的培养方案、教学大纲等，但由于派往对方学校学生数量较少，不能按商定大纲进行授课，导致两校所授学科课程设置并不完全对等，学分转换存在困难。在联合培养上，众多学生在国外并没有指定导师，不能参与课题研究，从而使联合培养转化成了一个简单留学。如中俄教育体制、教学方式、学习条件、创新意识的培养、学校管理等方面存在较大差异，导致许多学生难以适应学习环境，学习质量不高，直接影响学业。为此，必须适时调整法律法规，创新培养模式和方法，逐步提高交流规模，加强对对象国的国情学习，鼓励参加国家或院校间举办的各种短期交流活动。

Y.20
粮食安全与上海合作组织农业合作

肖 斌*

摘 要： 粮食安全是上海合作组织农业合作的一项重要内容。但由于对粮食安全的认识不同，上海合作组织的粮食安全合作还处在启动阶段。为此，本文以粮食安全为主题分析了上海合作组织成员国的合作意愿，并讨论上合组织粮食安全合作的发展方向。

关键词： 粮食安全 上海合作组织 农业合作

作为深化上海合作组织（以下简称上合）成员国间务实合作的一项重要内容，粮食安全已成为上合农业合作的重点领域之一，也是上合成员国农业合作的一个契合点。作为上合粮食安全合作主要的推动国，2013年中国在双边及多边层次上积极推动上合成员国间的粮食安全合作，并赢得了一定的共识。但也存在很多不足，尤其是亟待寻求更多契合点，不断增加上合成员国在粮食安全方面的合作意愿，既保证粮食安全合作的有效推进，又能推动农业乃至其他领域的合作。为此，本文是在总结2013年上合粮食安全合作的基础上，分析上合粮食安全合作中存在的问题，并讨论上合粮食安全合作的发展方向。

一 粮食安全继续成为上合农业合作重要议题

尽管上合组织在2001年成立之初就提出了农业合作的目标，但直到6

---

* 肖斌，政治学博士，中国社会科学院俄罗斯东欧中亚研究所中亚研究室助理研究员。

年后上合的农业合作才有了具体的行动。与 2012 年相比，2013 年度世界粮食价格指数有所下降，为 209.8，依然高于 2007 年粮食危机时的 161.4。上合成员国粮食产量也有增加。以小麦为例，2012 年度上合成组织成员国总产量为 1.7 亿吨，① 2013 年（估计数）为 1.97 亿吨，比 2012 年增加 14.6%，其中增加较快的成员国是俄罗斯、哈萨克斯坦和吉尔吉斯斯坦。上合成员国的人口总数也从 2012 年的 15.7 亿增加到 2013 年的 15.8 亿，② 粮食安全压力对上合成员国有一定的缓解，但粮食安全的压力并没有根除。因为上合组织成员国都处在气候风险较高的区域，而农业则是最容易受气候影响的领域，加上各成员国人口增多而带来的需求增加，粮食安全的风险依然存在。

尽管 2013 年上合组织有很多亟待解决的问题，但是粮食安全问题依然成为上合组织成员国关心的核心内容，并在多边层次上达成一定的共识。

主题为"加强农业产业化合作，共同保障粮食安全"的上海合作组织粮食安全研讨会（2013 年 9 月），明确提出为了加强粮食安全合作，上合将推动以下几个方面的工作，推动建立上合组织粮食安全合作框架，加强粮食安全政策交流与立场协调，建设农业示范推广基地，改善成员国粮食生产条件，提高粮食综合生产水平；推动成员国农业信息共享，加强粮农信息交流，推进粮农信息系统建设，加强动植物疫病防控信息共享和经验交流；推动农业科技交流与合作，鼓励和支持开展人力资源培训合作，加强在农业和农产品加工领域开展科研合作和技术推广；推动企业参与合作，鼓励和支持企业开展良种繁育、农产品产后处理加工和农业生产科技服务等领域的合作。③

---

① 上合组织成员国 2013 年小麦产量统计数据中哈萨克斯坦的数据来自 "Kazakh 2013 gross grain harvest rises 47% on year to 18.9 MMT", http://www.platts.com/latest-news/agriculture/lausanne/kazakh-2013-gross-grain-harvest-rises-47-on-year-26625067。
② 联合国粮食及农业组织。
③ 中华人民共和国农业部对外经济合作中心，"上海合作组织粮食安全研讨会成功举行"，http://www.fecc.moa.gov.cn/xwdt/201309/t20130906_3598447.htm，最后访问日期：2014 年 2 月 24 日。

在吉尔吉斯斯坦首都比什凯克举行的上合组织元首峰会上,中国领导人倡议上合组织"建立粮食安全合作机制。在农业生产、农产品贸易、食品安全等领域加强合作,确保粮食安全"①。随后,在上海合作组织成员国元首《比什凯克宣言》中对"粮食市场不稳"表示了高度关注。②

通过成员国双边农业合作,积极深化各方感兴趣的合作领域,既为推进上合组织的多边农业合作奠定良好的基础,又满足了各成员国之间农业合作的不同需求。2013年中国农业企业在俄罗斯境内的种植面积已达360多万亩,并建立了黑龙江对俄农业产业协会,会员企业的种植区域遍布俄罗斯远东联邦管区、西伯利亚联邦管区、乌拉尔联邦管区,与阿穆尔州、哈巴罗夫斯克边疆区等10个州区政府建立了长期稳定的农业合作关系,其中以在远东联邦滨海边疆区、阿穆尔州、犹太自治州种植居多,占全部境外种植的87%。中哈两国农业高校签订农业科技合作协议,为中哈农业合作助力。中国与塔吉克斯坦商讨在新疆塔什库尔干县建立农业产品自由贸易区的可行性。

作为一个合作契机,在中国的带动下围绕粮食安全合作上合组织成员国做了许多建设性的工作。但是上合组织目前还缺乏足够的能力在提高成员国粮食安全水平上发挥核心作用,其中的主要原因是上合组织成员国还缺乏足够的合作意愿。

二 上合组织成员国粮食安全的合作意愿

国家粮食安全水平的高低是由国家的粮食供给能力所决定的。粮食供给能力大致可以分为国家的粮食生产能力和粮食获取能力。粮食生产能力主要是指国家在一定时期、地区、经济技术条件下,由各生产要素综合投入所形成的,

---

① 习近平:《弘扬"上海精神"促进共同发展——在上海合作组织成员国元首理事会第十三次会议上的讲话》,2013年9月13日,比什凯克,中华人民共和国外交部网站,http://www.fmprc.gov.cn/mfa_chn/ziliao_611306/zyjh_611308/t1076570.shtml,最后访问日期:2014年2月28日。

② 《上海合作组织成员国元首比什凯克宣言》,中华人民共和国外交部网站,http://www.fmprc.gov.cn/mfa_chn/ziliao_611306/1179_611310/t1076667.shtml,最后访问日期:2014年2月28日。

可以稳定地达到一定产量的粮食产出能力。粮食获取能力大致包含两方面，一是市场交易，二是营养的均衡摄入。除国家自行生产和援助外，市场交易是粮食主要获取途径，而市场交易则取决于人们的购买力。[①] 由于国家粮食供给能力的不同，国家对粮食安全水平的预期也不同，从而影响了国家对外粮食安全合作意愿强弱，此外，国家粮食安全水平预期高低也是在特定条件下显著发生的，即当国际粮价持续上涨时，国家对外粮食安全合作意愿可能会出现以下几种较为常见的情况。

一是当国际粮价持续上涨时，粮食生产能力和获取能力强的国家，出于对粮食安全水平的高预期，国家对外粮食安全合作的意愿较弱。

二是当国际粮价持续上涨时，粮食生产能力和获取能力弱的国家，出于对粮食安全水平较低预期，国家对外粮食安全合作的意愿强。

三是当国际粮价持续上涨时，粮食生产能力强但粮食获取能力弱的国家，或者粮食生产能力弱但粮食获取能力强的国家，出于对粮食安全水平比较低的预期，国家对外粮食安全合作的意愿较强。

需要说明的是，即便国家粮食供给能力强，但是国家依然有可能选择对外粮食安全合作，这是因为国家可以通过让渡部分粮食安全上的收益以期换取其他领域的好处，例如欧盟推动共同农业政策的进程、世界贸易组织的农业谈判等。粮食生产能力强但获取能力弱的国家选择对外粮食安全合作是因为此类国家农业受气候影响较大，加上人口过多耕地较少，即便生产能力强，但也无法完全依靠本国生产来解决粮食需求问题，例如印度、中国、巴西等。此外，尽管可能是一个辅助性的要素，但国家的农业政策也能在一定程度上解释国家对外粮食安全合作意愿。

既然国际粮价上涨是上述命题成立的前提条件，那么展开讨论之前需要分析国际粮价是否对上合组织成员国产生影响。综合国际货币基金组织、美国对外农业服务中心的报告，俄联邦统计服务中心、中国国家统计局的数据，以食品在CPI的比重为指标，上合成员国平均值都在30%以上，其中比重较高为俄罗斯联邦、乌兹别克斯坦、塔吉克斯坦、中国、哈萨克斯坦和吉

---

① 肖斌：《中亚国家的粮食安全指数及评估》，《俄罗斯中亚东欧研究》2013年第1期。

尔吉斯斯坦。① 此外，除俄罗斯、哈萨克斯坦外，其余上合成员国对进口粮食都有不同程度的依赖，对国际粮价上涨较为敏感。也因为自2005年以来世界粮食价格上涨过快，粮食供给能力不足或较差的上合成员国希望通过多边合作来减轻粮食安全的压力，并提高本国粮食安全问题的能力（见图1）。

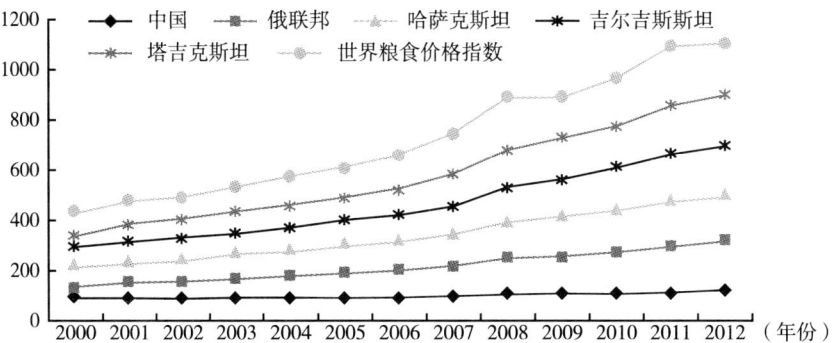

图1　2000～2012年世界粮食价格指数与上海合作组织成员国CPI指数比较

注：世界粮食价格指数权重指标为2002－2004＝100。上合成员国CPI指数权重2005＝100，在WB统计乌兹别克斯坦的数据中没有有关CPI的数据。
数据来源：FAO &WB。

三　上合成员国的粮食供给能力

正如上文所讨论的那样，粮食供给能力决定了上合成员国的粮食安全合作意愿。由于成员国有着不同的粮食供给能力，那么上合成员国对粮食安全合作也存在一定的差异性。为此，本文将通过比较上合组织成员国间的粮食供给能力讨论差异性。根据联合国粮食及农业组织的定义，粮食就是指谷物，包括麦

---

① Ali Al‑Eyd, David Amaglobeli, Bahrom Shukurov, and Mariusz Sumlinski, *Global Food Price Inflation and Policy Responses in Central Asia*, http：//www.imf.org/external/pubs/ft/wp/2012/wp1286.pdf；Russian Federation Food Processing Ingredients Update of Food Processing Sector in Russia, http：//gain.fas.usda.gov/；Russian Federation Federal State Statistics Service, http：//www.gks.ru/；国家统计局，http：//www.stats.gov.cn/，最后访问日期：2014年2月27日。

类、粗粮和稻谷三大类。根据粮食消费习惯以及可比性，本文以小麦作为分析上合成员国粮食供给能力的主要参考指标。

（一）上合成员国的粮食生产能力

与 2012 年相比，上合组织成员国小麦产量在 2013 年都有不同程度的增加，俄罗斯、哈萨克斯坦产量增加较快。同期，世界粮食价格指数稳中有降，从年初的 212.9 下降到 203.4。① 2013 年上合成员国粮食安全的压力有所降低。如果单从产量上来说，中国、俄罗斯、哈萨克斯坦等三国是上合成员国粮食生产能力较强的国家，而且中国基本上保持了持续增产的势头，其余成员国小麦产量略有起伏（见表1）。但是，如果把上合成员国小麦产量与各成员国的农业人口相比（1000 人为单位），那么在上合组织成员国中每千人人均小麦产量中最低的是中国，最高的是哈萨克斯坦，其余成员国（从高到低）依次排列为俄罗斯、乌兹别克斯坦、吉尔吉斯斯坦和塔吉克斯坦。如果以上合组织成员国的总人口数为参考，那么在成员国中每千人拥有的小麦数量（从高到低）依次为哈萨克斯坦、俄罗斯、乌兹别克斯坦、吉尔吉斯斯坦、塔吉克斯坦和中国。

表1　2007~2012 年上合组织成员国小麦产量

单位：万吨

国　　家	2007 年	2008 年	2009 年	2010 年	2011 年	2012 年
中国	10929	11246	11511	11518	11741	12058
俄罗斯联邦	4936	6376	6173	4150	5623	3371
哈萨克斯坦	1646	1253	1705	963	2273	984
吉尔吉斯斯坦	70	74	105	81	79	54
塔吉克斯坦	64	65	108	103	72	85
乌兹别克斯坦	619	614	663	673	652	651

数据来源：FAO。

---

① 联合国粮食及农业组织网站，http：//www.fao.org/family-farming-2014/en/，最后访问日期：2014 年 3 月 3 日。

表 2 2007~2012年上合成员国人均小麦产量

单位：吨/1000人，农业人口

国家	2007年	2008年	2009年	2010年	2011年	2012年
中国	218	224	230	230	235	243
俄罗斯联邦	7401	9742	9622	6614	9188	5660
哈萨克斯坦	13564	10396	14245	8119	19346	8469
吉尔吉斯斯坦	1381	1457	2067	1594	1574	1068
塔吉克斯坦	819	806	1299	1194	834	962
乌兹别克斯坦	2282	2253	2426	2458	2388	2391

数据来源：FAO。

表 3 2007~2012上合成员国人均小麦拥有量

单位：吨/1000人，总人口

国家	2007年	2008年	2009年	2010年	2011年	2012年
中国	81	83	85	84	85	87
俄罗斯联邦	343	443	429	289	392	235
哈萨克斯坦	1069	805	1083	605	1412	604
吉尔吉斯斯坦	138	143	200	152	148	98
塔吉克斯坦	91	90	146	135	93	106
乌兹别克斯坦	232	227	242	242	231	228

数据来源：FAO。

综上，如果仅以小麦为标准上合组织成员国中粮食安全压力最大的成员国是中国，其次为塔吉克斯坦、吉尔吉斯斯坦，乌兹别克斯坦压力较小，而俄罗斯和哈萨克斯坦几乎没有粮食安全的压力。当然，由于水稻在中国主要的粮食作物中也占据了较大的比重，[①] 因此在上合组织成员国中，粮食安全的实际压力（从高到低）依次为吉尔吉斯斯坦、塔吉克斯坦、中国、乌兹别克斯坦，哈萨克斯坦和俄罗斯粮食安全几乎没有压力。由此可见，在粮食安全合作中，吉尔吉斯斯坦和塔吉克斯坦的合作意愿最高，中国和乌兹别克斯坦合作意愿较高，而哈萨克斯坦和俄罗斯的合作意愿低。

---

① 2012年水稻产量为小麦产量的1.69倍，联合国粮食及农业组织（FAO）。

（二）上合组织成员国的粮食获取能力

粮食获取能力大致包含两方面，一是市场交易，二是营养的均衡摄入。

除国家自行生产和援助外，市场交易是粮食主要获取途径，而市场交易则取决于人们的购买力。为此，本文以上合组织成员国人均国民总收入为主，以成员国小麦进口量、外汇总储备为辅来讨论购买力。根据表4我们可以看出，在上合成员国中，购买力依次（从高到低）排列为俄罗斯、哈萨克斯坦、中国、乌兹别克斯坦，吉尔吉斯斯坦和塔吉克斯坦人均购买力最低。也就是说如果国际粮价上涨，那么吉尔吉斯斯坦和塔吉克斯坦面临的粮食安全压力最大，其次为乌兹别克斯坦和中国。

表4 2006~2012年上合成员国按购买力平价（PPP）衡量的人均国民总收入（GNI）

单位：美元

国　家	2006年	2007年	2008年	2009年	2010年	2011年	2012年
中国	4740	5560	6200	6740	7470	8240	9040
俄罗斯联邦	14500	16350	19850	18600	20110	21700	22720
哈萨克斯坦	8690	9510	9650	10010	10440	11070	11780
吉尔吉斯斯坦	1780	1970	2110	2150	2070	2180	2230
塔吉克斯坦	1480	1630	1770	1800	1890	2040	2180
乌兹别克斯坦	2170	2520	2810	2920	3120	3390	3670

数据来源：世界银行。

表5 2006~2011年上合组织成员国小麦进口量

单位：1000吨

国　家	2006年	2007年	2008年	2009年	2010年	2011年
中国	584	83	31	893	1218	1248
吉尔吉斯斯坦	248	416	303	341	349	289
塔吉克斯坦	291	283	258	413	442	442
乌兹别克斯坦	118	144	218.4	165	165	508

数据来源：联合国粮食及农业组织。

在粮食安全压力较大的上合成员国中，中国、乌兹别克斯坦进口能力较强。而2007~2008年中国小麦进口大幅下降的主要原因是中国粮食自给政策的出台，且对进口小麦实施了配额管理。2010~2011年中国小麦进口增加则是因为饲料用小麦进口的增加，用于满足中国日益增长的肉食需求。另外根据联合国粮食及农业组织的分析，与上一年同期相比，2012~2013年度中国和塔吉克斯坦的小麦进口将有不同程度的增加，吉尔吉斯斯坦和乌兹别克斯坦小麦进口有所下降，而俄罗斯和哈萨克斯坦的小麦出口也有小幅下降。

国家总储备也能证明上合组织成员国的粮食获取能力。如果粮食安全压力不断上升且需要国家干预时，国家有可能动用国家储备来减轻粮食安全的压力。根据表6，我们可以看出在既有数据统计的上合组织成员国中，国家储备最高的是中国，其次为俄罗斯、哈萨克斯坦，最弱的是塔吉克斯坦。

表6　2006~2012年上合组织成员国国家总储备（包括黄金）

单位：亿美元（按现价美元计算）

国家	2006年	2007年	2008年	2009年	2010年	2011年	2012年
中国	10807	15463	19660	24528	29137	32546	33875
俄罗斯	3037	4788	4262	4393	4792	4974	5378
哈萨克斯坦	191	176.4	198	231	282	292	282
吉尔吉斯斯坦	81	11.7	12	15.8	17.2	18	20.6
塔吉克斯坦	2	0.85	1.6	2.5	4	5	6.3
乌兹别克斯坦	N/A	N/A	N/A	N/A	N/A	N/A	N/A

注：世界银行数据中无乌兹别克斯坦的总储备数据。
数据来源：世界银行。

作为考察上合成员国粮食安全的参考指标，营养的均衡摄入是考察营养不足的问题，国际粮食政策研究所按照全球饥饿指数来解释营养不足的问题。

根据表7，上合成员国的全球饥饿指数总体上是呈下降趋势，但是塔吉克斯坦依然处在"严重饥饿"程度，中国、乌兹别克斯坦、吉尔吉斯斯坦处在"适度饥饿"的程度，俄罗斯和哈萨克斯坦处在"低饥饿"程度。可以看出，2013年上合成员国中塔吉克斯坦粮食安全问题依然最严重，其次为中国、乌兹别克斯坦、吉尔吉斯斯坦，粮食安全问题较好的是哈萨克斯坦和俄罗斯。根据上文的讨论，全球饥饿指数不同水平也从一个侧面反映出上合成员国对粮食安全合作的意愿度。

粮食安全与上海合作组织农业合作

表7 2007~2013年上合成员国的全球饥饿指数

国 家	2007年	2008年	2009年	2010年	2011年	2012年	2013年
中国	8.37	7.1	5.7	6	5.5	5.1	5.5
俄罗斯	小于5	小于5	小于5	小于5	小于5	小于5	小于5
哈萨克斯坦	5.87	小于5	小于5	小于5	小于5	小于5	小于5
吉尔吉斯斯坦	7.33	小于5	小于5	小于5	5.5	5.8	小于5
塔吉克斯坦	29.93	25.9	18.5	15.8	17	15.8	16.3
乌兹别克斯坦	13.6	11.2	7.5	7.1	6.3	6.9	5.3

注：全球饥饿指数（GHI）以百分制来衡量一个国家，其中0为最佳（"不存在饥饿"），100为最差（亦即分数越高，该国的食物状况越差）。分数低于4.9表示"低饥饿"，分数在5~9.9之间表示"适度饥饿"，10~19.9之间表示"严重饥饿"，20~29.9之间表示"惊人"，而30以上表示"非常令人担忧的"饥饿问题，http://www.ifpri.org。

数据来源：国际粮食政策研究所报告。

四 上合成员国提高粮食安全水平的行为偏好

一般情况下，各国的客观农业条件决定了上合组织成员国提高粮食安全水平的行为，而由于农业政策能在一定程度上反映出成员国解决粮食安全问题的行为偏好。为此，本文将以2013年度上合各成员国主要的与粮食安全相关的政策为准，分析和讨论提高粮食安全水平的行为偏好。

作为上合主要的主导国，中国曾在2008年出台了《国家粮食安全中长期规划纲要（2008~2020年）》，该纲要提出了六项主要任务，即提高粮食生产能力、利用非粮食物资源、加强粮油国际合作、完善粮食流通体系、完善粮食储备体系、完善粮食加工体系，[①] 也就是说国际合作是中国提高其粮食安全水平的第三大任务。为此，通过走出去、引进来的形式中国积极拓展对外农业合作。中国十分重视农业发展，每年都会出台关于农业发展的指导性文件，在2013年的指导性文件中，针对粮食安全问题强调，"确保国家粮食安全，保障重要农产品有效供给，始终是发展现代农业的首要

---

① 中华人民共和国中央人民政府网，《国家粮食安全中长期规划纲要（2008~2020年）》，http://www.gov.cn/jrzg/2008-11/13/content_1148414.htm，最后访问日期：2014年3月8日。

任务。必须毫不放松粮食生产，加快构建现代农业产业体系，着力强化农业物质技术支撑。"① 重点是提高粮食生产能力，完善市场交易，推动进口来源多元化。

作为小麦生产大国，气候变化对俄罗斯的小麦产量有较大的影响，俄罗斯学者曾撰文指出，全球气候变化对俄罗斯农业有明显影响。一是农作物种植面积可向俄罗斯高纬度和中纬度的地区发展，但由于这些地区土壤肥力有限，收益率不高。而俄南部传统的农业区可能会因干燥气候过多而出现长时期的干旱天气，水资源将出现短缺、杂草生长较多、害虫扩散较快。② 因此，从长期来看，俄罗斯也存在一定程度的粮食安全问题。2012 年俄罗斯颁布了《农业发展计划（2013~2020）》，在该计划中俄罗斯计划在 2013~2020 年安排 760 亿美元发展农业和粮食市场，而畜牧业将是俄罗斯农业的优先发展方向。同时在该计划中俄罗斯也强调提高粮食生产能力是保证该国粮食安全的重要步骤，计划在 2020 年前提高谷物产量到 1.15 亿吨。③

哈萨克斯坦是世界上优质小麦重要的生产和出口国，年平均产量为 1300 万吨左右，自 2007 年以来平均每年出口 800 多万吨小麦。根据哈萨克斯坦 2013 年 2 月颁布的《农业领域发展计划（2013~2020）》，畜牧业将是哈萨克斯坦优先发展的领域之一，并计划采取政府补贴的方式鼓励从国外引进优质种牛及其基因。此外，该计划还将投入 205 亿美元提高哈萨克斯坦农产品的市场竞争和进入能力。④ 在农业发展计划中也明确指出该计划的作用之一就是确保哈国粮食安全。

吉尔吉斯斯坦是上合组织中粮食安全压力较大的国家，70% 以上的耕地依靠灌溉。在 2013 年 1 月批准的《2013~2017 年国家可持续发展战略》中，吉

---

① 新华网，《中共中央、国务院关于加快发展现代农业进一步增强农村发展活力的若干意见》，http://news.xinhuanet.com/2013-01/31/c_124307774.htm，最后访问日期：2014 年 3 月 8 日。
② Sergey Kiselev, Roman Romashkin, Gerald C. Nelson, Daniel MasonD'Croz, and Amanda Palazzo, *Russia's Food Security and Climate Change*: *Looking into the Future*, http://www.economics-ejournal.org/economics/discussionpapers/2013-16，最后访问日期：2014 年 3 月 8 日。
③ 美国农业部对外农业服务中心网站，"Russian Federation Agriculture Development Program 2013~2020"，最后访问日期：2014 年 3 月 8 日。
④ 美国农业部对外农业服务中心网站，"Kazakhstan Outlines Continued Strategy and Support for Cattle Sector"，"Agricultural Development Program 2013-2020"，最后访问日期：2014 年 3 月 8 日。

尔吉斯斯坦提出发展有机农业是该战略的优先领域,[①] 推动本国农业部门生产出更多高品质的食品,以及改善农村人口不合理的膳食习惯,从而提高国家的粮食安全水平。[②]

塔吉克斯坦土地面积较少,并造成农业用地面积供给受到约束,进而导致农作物播种面积增加受到限制,加上农村人口比重过高、农业机械设备陈旧落后、毁损严重,化肥及农药供给严重依赖进口,致使塔吉克斯坦是上合成员国中粮食安全压力最大的国家。在世界卫生组织的帮助下,塔吉克斯坦卫生部制定了《塔吉克斯坦共和国营养和粮食安全战略行动计划（2013～2020年）》,核心目标是提高该国粮食安全水平。此外,塔吉克斯坦农业部也制定了《塔吉克斯坦共和国农业领域改革计划（2012～2020）》,希望通过农业改革提高粮食生产能力,提高国家粮食安全水平。[③]

农业对乌兹别克斯坦经济的发展依然发挥着较为重要的作用,2013年乌兹别克斯坦农业对经济的贡献率为19%。[④] 尽管近几年乌兹别克斯坦经济发展较快,但依然属于低收入缺粮国。[⑤] 作为"双内陆国",乌兹别克斯坦发展农业的条件并不十分有利,近年来受气候变化的影响较大。由于缺少足够的灌溉水,乌兹别克斯坦部分棉田开始改种蔬菜、水果等作物。为了提高粮食生产能力,2013年乌兹别克斯坦大力发展农业机械租赁,计划将租赁规模提高20%;[⑥] 计划投入6240万美元实施530个禽类养殖项目。[⑦]

---

① Asker Sultanov, *Kyrgyzstan develops organic agriculture*, http://centralasiaonline.com/en_GB/articles/caii/newsbriefs/2013/11/04/newsbrief-06, 最后访问日期:2014年3月8日。
② 联合国粮食和农业组织网站, *Food Security seminar in Kyrgyzstan*, http://www.fao.org/fileadmin/templates/SEC/docs/stories/Story15_KR_en.pdf, 最后访问日期:2014年3月8日。
③ 塔吉克斯坦共和国农业部网站, "Program for reforming the Agriculture Sector of the Republic of Tajikistan for 2012-2020", http://moa.tj/wp-content/Program_Taj_Rus_Eng_ready.pdf, 最后访问日期:2014年3月8日。
④ CIA "World Fact Book (2013)", https://www.cia.gov/library/publications/the-world-factbook/geos/uz.html, 最后访问日期:2014年3月8日。
⑤ 联合国粮食及农业组织,LIFDC-2013年名单。
⑥ 中国驻乌兹别克斯坦共和国大使馆经济商务参赞处, http://uz.mofcom.gov.cn/article/jmxw/201301/20130100008009.shtml, 最后访问日期:2014年3月8日。
⑦ 中国驻乌兹别克斯坦共和国大使馆经济商务参赞处, http://uz.mofcom.gov.cn/article/jmxw/201307/20130700209211.shtml, 最后访问日期:2014年3月8日。

综上，粮食安全是上合组织所有成员国都关注的问题，但由于各国农业禀赋的不同，上合成员国关注的重点也不同。中国、乌兹别克斯坦、塔吉克斯坦都是以提高粮食生产能力为主；吉尔吉斯斯坦在提高粮食生产能力的同时还关注农产品的质量；俄罗斯和哈萨克斯坦则更关注营养的均衡。

小　结

通过比较分析，针对上合组织粮食安全合作问题，本文有以下几点结论。一是尽管都存在粮食安全问题，但上合成员国在粮食安全多边合作方面依然有较大差异性。这种差异性主要在粮食安全合作的方向上，即是以粮食生产为主，还是以粮食获取为主。二是由于粮食安全水平的高低与上合成员国粮食安全合作的意愿呈反比，上合成员国粮食安全合作意愿从高到低依次为塔吉克斯坦、吉尔吉斯斯坦、中国、乌兹别克斯坦、哈萨克斯坦和俄罗斯。中国高于乌兹别克斯坦并不是粮食安全水平比乌兹别克斯坦低，而是因为中国在粮食安全合作上是主导国。三是气候变化是对上合组织成员国粮食安全乃至整个农业领域最主要的影响，这可能逐步成为上合农业合作重要的议题，需要上合组织成员国集体应对。四是中国对上合组织农业合作的作用明显，但仍需找到更多的合作契合点，推动更多的上合成员国推动多边农业合作发展。五是由于现有分歧较多，以双边或小多边带动上合成员国多边农业合作十分必要，多从较容易且易操作的合作项目入手。

Y.21 上海合作组织金融合作

郭晓琼*

摘　要： 上海合作组织建立以来，金融合作的制度建设逐步完善，中国与上海合作组织成员国的金融合作也顺利开展，具体表现为：金融机构间合作更加密切，各项优惠贷款逐步落实，银联体合作稳步发展，开发性金融收效显著，货币合作顺利开展。然而，尽管上合组织金融合作取得了较好的成绩，但金融合作仍是上合组织经贸合作中的短板，还存在许多问题亟待解决。

关键词： 上海合作组织　金融合作　货币合作　开发性金融

上海合作组织自2001年建立以来，已经从一个单纯的安全合作组织发展成为集政治、经济、人文、安全、能源、交通等多领域合作的地区性国际组织。金融合作是上海合作组织经济合作的重要组成部分，它为区域经济合作的拓展和深化创造了良好的条件，同时成员国间贸易、投资规模的不断扩大也对上海合作组织金融合作提出了更高的要求。近年来，上合组织金融合作取得了显著成效，但也仍存在较多问题。

一　上海合作组织金融合作的制度建设

（一）法律基础与机制建设

上海合作组织成立以来，成员国元首和总理相继签署了一系列重要的框架

---

* 郭晓琼，博士，中国社会科学院俄罗斯东欧中亚研究所俄罗斯经济研究室助理研究员。

性文件和多边协定。2001年6月15日，上海合作组织成员国元首签署了《上海合作组织成立宣言》和《上海合作组织宪章》。《上海合作组织成立宣言》提出，上海合作组织的宗旨是：加强各成员国之间的相互信任与睦邻友好；鼓励各成员国在政治、经贸、科技、文化、教育、能源、交通、环保及其他领域的有效合作；共同致力于维护和保障地区的和平、安全与稳定；建立民主、公正、合理的国际政治经济新秩序。《上海合作组织宪章》以法律的形式确定了上海合作组织的基本宗旨、任务、原则、合作方向、机构、经费等具体问题，为成员国间的合作奠定了法律基础。2004年9月23日，在比什凯克召开的上海合作组织政府首脑理事会上，六国总理批准了《上海合作组织成员国多边经贸合作纲要的落实措施计划》。该计划涵盖了六国经济、科技、人文合作等重要领域，涉及127个具体项目、课题和合作方向，其中多个项目涉及金融合作，并根据分阶段原则确定了落实机制。该计划为促进上合组织金融合作奠定了法律基础。此外，该计划还确定了农业、食品工业以及高科技领域为金融重点优先支持的领域。2007年8月16日，在上海合作组织成员国元首理事会第七次会议上，六国元首共同签署了《上海合作组织成员国长期睦邻友好合作条约》，该条约将各成员国人民"世代友好、永保和平"的思想以法律的形式确定下来，对促进成员国睦邻友好、互信互利具有重要意义，极大地增强了上海合作组织的凝聚力。2012年底，成员国立法机构先后批准了该条约，该条约正式生效。2013年9月13日，在上海合作组织成员国元首理事会第十三次会议上，《上海合作组织长期睦邻友好合作条约实施纲要》被批准通过，该纲要为条约的落实提供了更具体的保障，为各领域合作的持续深化奠定了基础。2009年10月14日，为应对全球金融危机带来的不利影响，成员国签署了《上海合作组织成员国关于加强多边经济合作、应对全球金融危机、保障经济持续发展的共同倡议》，明确提出了通过上合组织银行联合体促进银行和金融领域合作的建议。这些文件的签署为上海合作组织金融合作奠定了坚实的法律基础。

在金融合作的机制建设方面，上海合作组织先后建立了国家元首、政府首脑、经贸部长等定期会晤机制，共同就金融合作中的各种问题展开讨论与磋商。除此之外，金融危机之后，上海合作组织很快成立了成员国财长和央行行长会议机制,已于2009年和2012年举行了两次会议,就全球及区域宏观经济形势、共同应对金融危机、扩大本币结算、上合组织财金合作机制化、筹建上合组织发展基金和开发银行等诸多议题进行了深入讨论。领导人会晤机制对密切成员国间金融合作、提高金融服务质量和金融合作效率提供了有力的制度保障。

(二)建立上合组织银联体

2005年10月26日,在上海合作组织成员国政府首脑第四次会议期间,成员国签署了《上海合作组织银行联合体(合作)协议》,当年11月16日,上合组织银联体在莫斯科正式成立,银联体成员均为各国政府指定的金融机构。银联体成立之初由五家成员行组成,即中国国家开发银行、俄罗斯对外经济银行、哈萨克斯坦开发银行、塔吉克斯坦国家银行和乌兹别克斯坦对外经济活动银行。2006年6月14日,上合组织银联体理事会第二次会议期间,吉尔吉斯斯坦储蓄结算公司加入银联体。银联体设理事会、协调员会、高官会三级工作机制,各机制每年分别召开一次会议。上合组织银联体的成立开辟了上合组织框架下多边金融合作的新纪元,是促进各国经济社会发展、加强区域经济合作的迫切需要,为上合组织国家更好地应对全球化挑战提供了有效的金融手段和长效的金融保障机制。中国国家开发银行作为银联体的倡议发起方,银联体的成立以金融合作的方式取代了过去财政和捐赠的方式,有利于中国通过开发性金融的方式对周边国家发挥作用,同时也对中国企业实施"走出去"战略提供了有效的金融支持。

二 上海合作组织金融合作现状

(一)金融机构间的双边合作更加密切

上海合作组织成立以来,各成员国金融机构之间的双边合作更加密切。由于独联体国家具有传统的经济联系和较为相似的金融体系,因此独联体国家间的双边金融合作较早地开展。俄罗斯和哈萨克斯坦的一些金融机构在乌兹别克

斯坦、塔吉克斯坦和吉尔吉斯斯坦均设有分支机构，在当地积极开展投融资业务，并参与一些大型项目的建设。卢布在这些国家得到广泛使用，其地位仅次于美元和欧元。

近年来，随着中国与上合组织成员国贸易往来的逐渐频繁，金融机构间的交流与合作也逐渐增多。中俄双边金融联系最为频繁和密切，金融合作的范围也比较广泛。具体表现在：第一，中俄两国在总理定期会晤机制下设有银行合作分委会，定期召开会议，共同探讨和协调两国银行间合作的问题。中俄两国央行定期举办中俄经济工商界高峰论坛金融分论坛，中国金融学会和俄罗斯银行协会共同举办中俄金融合作论坛，这两个论坛成为中俄两国金融界定期交流的重要机制。第二，中俄两国金融机构互设分支机构。早在1993年中国银行就在莫斯科设立了子行，2007年中国工商银行在莫斯科也设立了全资子行。中国国家开发银行、中国进出口银行和中国建设银行在俄罗斯均设有代表处。俄罗斯对外经济银行于2008年在上海设立分行，俄罗斯储蓄银行于2010年在北京设立了代表处，俄工业通讯银行等商业银行也在华设立了代表处。第三，中俄两国签署了一系列银行合作协定。具体包括银行间贷款协定、跨境贸易本币结算协定、货币互换协定等，这些协定的签署为两国金融合作创造了良好的制度基础和政策环境。第四，商业银行间业务往来频繁。除政策性金融外，中俄两国商业银行间的业务往来也比较频繁，双方开展了信贷合作、贸易结算、融资服务、信息交流、人员培训等一系列业务合作。中哈两国金融机构间的合作也顺利开展。2004年中国国家开发银行与哈萨克斯坦开发银行在北京签署全面合作协议，旨在为两国企业提供融资，促进双边经贸合作和产业发展。中国银行和中国工商银行在哈萨克斯坦设立了分支机构。哈萨克斯坦中国银行是中国银行在哈萨克斯坦设立的全资子行，目前已发展成为哈萨克斯坦十大银行之一，该行还在哈境内设立了亚联分行。中国工商银行也将第一家海外分行设立在阿拉木图。此外，中国金融机构与乌、吉、塔等国的金融合作也逐步展开。中国进出口银行与吉尔吉斯进出口银行、塔吉克斯坦农业投资银行、乌兹别克外经银行等20多家银行建立了代理行关系，与其中的多家银行建立了授信关系，并与多家金融机构合作为当地一些重大项目提供了联合融资。

(二)"两优"贷款逐步落实

"两优"贷款指的是优惠援外贷款和优惠出口买方信贷。目前上合组织内的"两优"贷款主要有赖于中国的投入，信贷资金主要用于支持成员国一些重大项目和基础设施的建设，对成员国经济建设、社会发展以及投资环境的改善作出了巨大贡献。以吉尔吉斯斯坦为例，截至2013年5月，该国外债总额共计27.91亿美元，双边优惠贷款为12.54亿美元，其中中国的优惠贷款债务余额为5.28亿美元[①]，中国成为继世界银行和亚洲开发银行之后的第三大债权方，极大地支持了吉尔吉斯斯坦的经济发展。

中国进出口银行是中国向上合组织国家提供"两优"贷款的唯一承办行。截至目前，中国政府先后4次承诺向上合组织成员国提供优惠贷款。2004年6月，中国政府在上合组织塔什干峰会上宣布，向上合组织成员国提供总额为9亿美元的优惠出口买方信贷。截至2006年6月，中国进出口银行先后与哈、吉、塔、乌分别签署了优惠出口买方信贷贷款协议，圆满落实了中国政府9亿美元优惠贷款的承诺。上述贷款协议主要涉及基础设施等关系成员国国计民生的领域，其中包括塔吉克斯坦境内的塔乌公路、塔中公路、塔吉克斯坦南北输变电线路等基础设施项目等。[②] 2007年，中国政府承诺向上合组织成员国提供12亿美元的优惠出口买方信贷，也已由中国进出口银行全部落实。2009年6月，在上合组织元首理事会上，中国国家主席胡锦涛宣布向上合组织成员国提供100亿美元贷款，用于帮助成员国应对金融危机，推进成员国国内交通、电力、通信、水利等重大基础设施项目的实施。其中与乌兹别克斯坦的优惠出口买方信贷协议于2011年4月签署，总额为9.15亿美元，用于支持乌兹别克斯坦8个重大项目的建设及成套设备的购买，这8个项目分别为：供应挖泥船，供应10台电力机车，改造"舒尔贡"煤矿，建设锡尔河电站至新安格连电站500千伏高压线路，建设安格连热电站13万~15万千瓦机组，建设德赫卡纳巴德钾肥厂二期工程，组建传送带及农用和汽车轮胎生产厂，改造安集延州、

[①] 中国驻吉尔吉斯共和国大使馆经参处，http://kg.mofcom.gov.cn。
[②] 中国进出口银行2006年年报。

纳沃伊州、纳曼干州和撒马尔罕州5个泵站。① 与吉尔吉斯斯坦签署的优惠出口买方信贷协议主要用于吉尔吉斯斯坦南部电网改造、达特卡—克明输变电线等项目的建设。2012年6月，胡锦涛主席在上合组织北京峰会上宣布向上合组织成员国再提供100亿美元贷款，用于为上合组织框架内经济合作项目提供融资支持，促进成员国经济发展。目前，相关款项正在逐步落实。

（三）银联体合作稳步发展

自上合组织银联体成立以来，成员行在各国政府的支持和推动下，在制度建设、项目投融资、信息交流和人员培训等方面展开了广泛和务实的合作。银联体作为上合组织重要的融资平台，为区域内经济合作项目提供了数百亿美元的融资，对成员国间经济合作项目的落实起到了重要的促进作用。近年来，在各国政府的推动下，在各成员行的共同努力下，上合组织银联体得到稳步发展，不断取得新的成果。2006年6月15日，各成员行签署了《上海合作组织银联体关于区域经济合作的行动纲要》，明确了未来银联体工作的方向和目标。2007年8月15日，在上合组织银联体第三次理事会上，通过了《上海合作组织银行联合体成员挑选、审查和执行项目的合作规则》，银联体制度建设得到完善。8月16日，银联体与上合组织实业家委员会签署了合作协定，标志着银联体与实业家委员会等上合组织框架下其他机制加强联系、协调行动的开始。2008年，在上合组织杜尚别峰会期间，银联体与欧亚开发银行签署了《上海合作组织银行联合体与欧亚发展银行伙伴关系基础备忘录》，银联体与其他国际组织和国际金融机构的合作不断加强。2009年，为应对全球金融危机，各成员行采取本币结算、货币互换措施，这对规避美元汇率风险起到了重要作用。2010年10月26日，在银联体成立五周年之际，成员行就未来合作重点达成共识，创新金融合作方式，开发在资本和证券市场，以及租赁业务等领域的金融合作。2011年11月7日，上合组织成员国政府首脑理事会通过了《上海合作组织银行联合体中期发展战略（2012～2016）》，该战略确定了优先支持基础设施、创新、节能技术等领域的合作项目，扩大成员国间的本币结

---

① 中国驻乌兹别克斯坦大使馆经参处，http://uz.mofcom.gov.cn。

算,利用上海、香港、莫斯科的证券交易所吸引投资等工作为未来银联体工作的重点方向。2012年6月5日,在上合组织银联体第八次理事会上,六家成员行发出《可持续发展倡议》,共同倡导履行社会责任,加强可持续发展领域、能源、农业、民生和环保领域的合作,加强对经济欠发达地区、偏远地区和中小企业金融普惠方面的合作,重视发展"绿色经济",为成员国经济可持续发展作出贡献。此外,还吸纳了白俄罗斯银行为上合组织银联体的伙伴行。

(四)开发性金融收效显著

开发性金融一般为政府赋权经营,具有国家信用,在开发市场的同时弥补制度落后和市场失灵,通过贯彻国家政策,实现政府的发展目标。中国国家开发银行为上合组织银联体中资产规模最大的成员行,还是中国对外投融资的主力银行和中国政府的开发性金融机构,在推进与其他成员行的金融合作中,国开行立足开发性金融的定位,关注政府力争解决的经济和社会问题,以项目融资推动市场建设和制度建设,为各国经济可持续发展和人民生活的改善作出了巨大贡献。截至2013年6月,国开行在上合组织国家中的贷款余额为491亿美元,为一批能源、农业、交通、通信等领域的基础设施项目和民生项目提供了融资。2006年以来,国开行成功促成了中石油、中石化、中信等公司的重大海外并购项目,中俄、中哈的"贷款换石油""贷款换煤炭"等合作也均有赖于国开行开发性金融作用的发挥,为我国经济高速发展提供了有利的能源保障。2011年,国开行与乌兹别克斯坦国家对外经济活动银行签署5亿美元融资框架合作协议,用于促进中国企业对纳沃伊特区投资、支持乌中小企业发展及乌航空公司2012~2013年采购飞机等项目。① 2013年,国开行与俄罗斯对外经济银行签署12亿美元信贷协议,用于建设莫斯科"光荣"科技园区和哈萨克斯坦艾斯基巴图兹2号电站。此类贷款协议不胜枚举。开发性金融方法在上合组织经济合作中的运用,对于维护我国经济和能源安全、开拓国际市场、支持中国企业"走出去"、贯彻和落实对上合组织国家外交政策发挥了积极的作用。

---

① 中国驻乌兹别克斯坦大使馆经参处,http://uz.mofcom.gov.cn。

(五)货币合作顺利开展

上合组织国家间的货币合作主要体现在三个方面:跨境贸易本币结算、货币互换、人民币和卢布的区域化。

1. 跨境贸易本币结算

随着上合组织国家间经济贸易联系的日益密切,推广跨境贸易本币结算具有重大意义:第一,这为各国企业创造了有利的贸易环境,有效降低了交易成本;第二,金融危机期间美元币值稳定受到影响,在双边贸易中使用本币结算有利于双方避免汇率波动带来的损失;第三,本币结算对上合组织国家联手防范金融风险,以及相互配合推动国际金融秩序的改革也具有积极的意义。

在上合组织中,中俄两国的本币结算开始得较早。2002年8月22日,在中俄总理第七次定期会晤期间,中国人民银行与俄罗斯联邦中央银行签署了《中国人民银行与俄罗斯联邦中央银行关于边境地区贸易的银行结算协定》,为中俄两国本币结算试点工作奠定了法律基础。在此基础上,2003年3月起,中国银行黑龙江省黑河分行与俄罗斯布拉戈维申斯克远东外贸股份商业银行之间开展了本币结算试点工作。从2005年1月起,边贸本币结算试点工作在中俄两国边境地区的商业银行全面推广。2006年,开展本币结算业务的银行在地域上扩大到黑龙江、吉林、内蒙古和新疆。2007年,中俄两国在总理定期会晤期间签署协定,将本币结算范围从边境贸易扩展到边境旅游服务。此后,资本项目下的人民币结算业务陆续启动,中方银行使用人民币对俄进行投、融资的金额也逐渐提高。2011年6月23日,中国人民银行与俄罗斯联邦中央银行签订了新的双边本币结算协定。根据协定,中俄本币结算从边境贸易扩大到了一般贸易,并扩大了地域范围。

除俄罗斯外,中国还与哈萨克斯坦和吉尔吉斯斯坦签订了边境贸易本币结算协定,但由于结算金额小、结算形式单一、银行清算渠道也较窄,因此,中哈和中吉间的本币结算仍停留在边境贸易结算中,尚未扩大到一般贸易的水平。

2. 货币互换

2008年以来,为应对全球金融危机,各国央行间的货币互换大行其道,

上海合作组织金融合作

央行间的货币互换机制提供了有效解决"特里芬难题"的基本路径,因为这种机制客观上为签约国货币当局提供了一种在危机或其他紧急情况下获得流动性的保险,因而大大减少了各国积累储备货币的需求。在国际贸易中,央行间签订货币互换协议,将他国货币注入本国金融体系,本国商业机构可以借到对方货币,用于支付从对方进口的商品,对于本国的出口企业而言,得到的是本币计值的货款,有效地规避了汇率风险,降低了汇兑费用。自危机以来,中国与其他经济体间的货币互换交易发展得极为迅速。截至 2013 年 10 月底,中国人民银行先后与 29 个经济体的货币当局签署了总额超过 2 万亿人民币的双边本币互换协议,其中在上合组织框架内,中国与对话伙伴国白俄罗斯的货币互换协议签署得最早,额度也最大(见表1)。此后,于 2011 年,中国先后与上合组织成员国乌兹别克斯坦和塔吉克斯坦签署了额度为 7 亿人民币和 70 亿人民币的货币互换协议,与观察员国蒙古国和巴基斯坦签署了额度为 50 亿人民币和 100 亿人民币的货币互换协议。中国与上合组织国家进行货币互换,一方面推动了人民币的国际化进程,另一方面,则使得人民币与其他国家货币供给有了越来越复杂的机制关联,这也对中国的货币政策提出了新的挑战。

表1 中国与上合组织相关国家签订本币双边互换协议

协议签约方		时间	额度
成员国	乌兹别克斯坦	2011 年 4 月 19 日	7 亿人民币
	哈萨克斯坦	2011 年 6 月 13 日	70 亿人民币
观察员国	蒙古国	2011 年 5 月 6 日	50 亿人民币/1 万亿图格里克
	巴基斯坦	2011 年 12 月 23 日	100 亿人民币/1400 亿卢比
对话伙伴国	白俄罗斯	2009 年 3 月 11 日	200 亿人民币/8 万亿白俄罗斯卢布

资料来源:中国人民银行。

3. 人民币和卢布的区域化

自本轮全球金融危机以来,中国积极鼓励人民币在国际储备、跨境贸易、对外投资等多方面、多层次的国际化使用,"中国力量"在推动国际货币金融格局变迁中作用逐渐显现。在上合组织框架下,人民币区域化进程也逐步推进。第一,中国已与乌兹别克斯坦、哈萨克斯坦、蒙古国、巴基斯坦、白俄罗斯签署了双边本币互换协议，这一政策安排不仅降低了互换双方的汇率风险，也为人民币成为国际储备货币开辟了重要途径。此外，近年来，俄罗斯、白俄罗斯等国已经将人民币资产纳入官方储备。第二，人民币跨境结算通过先试点、后扩展的方式，从无到有，实现了跳跃式发展。第三，2010年12月15日，卢布对人民币挂牌交易在俄罗斯莫斯科银行间外汇交易所正式启动，这是人民币首次在中国境外直接挂牌交易，是推动人民币区域化、国际化的一项重大举措。第四，2011年10月10日俄罗斯对外贸易银行旗下最大的零售银行ВТБ24银行开始接受人民币存款，使人民币的区域化、国际化进程又向前迈进了一步。

中国在上合组织内推行人民币区域化的同时，俄罗斯也积极扩大卢布的使用范围，努力推进卢布的区域化。目前，在俄罗斯与中亚国家的贸易中，卢布已超过美元成为贸易结算中的第一大币种。2013年12月，中国绥芬河成为卢布使用试点市。这是新中国成立以来，首次允许一种外币在中国某个特定领域行使与主权货币同等功能。对俄罗斯而言，这是推动卢布在上合组织内区域化进程的重要举措；对中国而言，这为人民币在俄罗斯相关城市流通使用打下了基础；同时，这一举措也促进了人民币与卢布直接汇率的形成。

三 存在的问题

经过多年发展，上合组织成员国间金融合作已经取得了较好的成绩，但不可否认，由于各种条件所限，金融合作仍是上合组织经贸合作中的短板，仍然存在很多问题，主要体现在以下五个方面。

（一）项目资金严重不足

2008年全球金融危机为上合组织成员国经济带来了不同程度的冲击，各国政府为应对金融危机带来的负面影响，纷纷采用扩张性财政政策，以刺激总需求增长，从而达到复苏经济的目的。因此，资金短缺成为危机后大多数成员国面临的共同难题。根据《上海合作组织成员国多边经贸合作纲要的落实措施计划》，要想落实计划内涉及的127个项目需要数百亿美元的资金，上合组织现有的融资能力与项目所需资金存在巨大缺口。如何拓宽融资渠道,从而为区域内重大项目的落实和贸易、投资便利化的改善提供充足、稳定的资金来源,成为未来上合组织金融合作中最亟待解决的问题。

(二)成员国金融体系尚不健全

上合组织成员国金融体系还不够健全,尚处于发展的初级阶段。这主要表现在:融资模式主要是以商业银行为主导的间接融资,资本市场发育尚不健全,金融业务受到较多的政策性限制等。中亚国家还存在金融机构业务品种单一、效率低下、金融政策多变、金融体系不稳定性较强等问题。金融体系的不健全严重阻碍了金融服务效率的提高,制约了金融资源的优化配置。此外,中国与俄罗斯、中亚国家金融体制方面的差异还会加大在金融合作中业务对接的难度。

(三)成员国在经济发展水平、贸易结构等方面存在差异

上合组织成员国经济总量差距巨大,2012年中国GDP达到8.227万亿美元,俄罗斯为2.015万亿美元,哈萨克斯坦为2035亿美元,乌兹别克斯坦为511亿美元,塔吉克斯坦和吉尔吉斯斯坦仅为69.7亿美元和64.7亿美元。① 从经济实力看,各成员国经济总量和经济发展水平相差悬殊,导致区域内贸易和投资主要在中俄和中哈间展开,其他双边贸易增长的潜力不大,金融合作也相应地受到限制,上合组织框架下的项目融资对大国(尤其是中国)的依赖性也过强。从贸易结构看,上合组织成员国间贸易结构仍然比较低级化,贸易品中的制成品比例较低。以中俄双边贸易为例,能源等初级产品在中俄贸易中的比重达到50%~70%,这就意味着贸易品价格受国际市场价格波动影响较大。此外,根据"最优货币区"理论,最优货币区的衡量标准包括:要素实现自由流动、出口产品多样化、经济开放度和通货膨胀率相近等。与此对比,上合组织的情况是:上合组织内远远没有实现人员、资本、商品等要素的自由流动,各国出口产品相对单一,在经济开放度和通货膨胀方面各国

---

① 世界银行数据库,http://data.worldbank.org/country。

也存在较大差距,这些因素都加大了区域内货币、汇率等金融政策相互协调的难度。

(四)上合组织金融合作仍处于起始阶段

上合组织框架下的金融合作起步较晚,从目前的情况看,各国金融机构在他国建立分支机构、组织内建立银联体、各国间签订本币结算和货币互换等协议,这些举措都只是金融合作的起始阶段,金融合作对区域经济一体化和各国经济发展的促进作用尚不明显。此外,上合组织框架下的金融合作也主要以双边为主,除银联体外,多边金融合作开展较少。

(五)各成员国间利益博弈掣肘多边金融合作

上合组织内,成员国出于各自地缘政治利益、经济利益和国家安全等方面的考虑,在多边金融合作和区域内金融合作机制构建过程中,各国间利益的博弈拖延金融合作深化发展的脚步。中俄两国在建立上合组织开发银行问题上的利益博弈就是最好的事例。2010年10月,在上合组织成员国第九次总理会议中,中国国家总理温家宝首次提出建议建立上合组织开发银行,推动区域融资体系建设。上合组织开发银行将参照世界银行、国际货币基金组织的模式,由各国共同出资,共同受益。在此后的上合组织元首理事会及总理会议中,中国又曾多次提出建立上合组织开发银行。针对中国的建议,俄罗斯提出组建上合组织专门账户,用于解决区域内项目融资问题。2013年10月23日,在俄新社北京举行的记者招待会上,俄罗斯对外经济银行行长弗拉基米尔·德米特里耶夫表示:"上合组织开发银行不会在近期内成立,应该是更遥远的将来的事情。"① 俄罗斯对建立上合组织开发银行的不支持态度主要源于两方面原因:一是,组建上合组织开发银行,中国将会成为最大出资方,这就意味着中国成为最大的控股方,俄罗斯不愿意看到中国在上合组织内扩大影响力。二是,在与上合组织相近的地域范围内,还存在由俄罗斯主导的欧亚经济共同体和俄、白、哈统一经济空间两个国际组织。在上合组织成员国中,除俄、

---

① 俄新网,http://rusnews.cn/guojiyaowen/guoji_sco/20131023/43894142.html。

哈两国外，吉尔吉斯斯坦也曾提出加入由俄罗斯推动的欧亚经济一体化进程。因此，由俄罗斯主导的欧亚经济共同体、未来的欧亚联盟与由中国主导的上海合作组织，在经济功能上必然存在重叠和冲突的地方。已经成立的欧亚开发银行的业务范围也锁定俄罗斯、中亚地区及周边国家，这与上海合作组织开发银行的作用重合。

成员国、观察员国、对话伙伴国与上海合作组织

Member States, Observer States, Dialogue Partner States and the SCO

Y.22
哈萨克斯坦与上海合作组织

包 毅*

摘 要： 2013年是哈萨克斯坦国内政治相对稳定的一年。继2012年政府更迭和执政精英人事大变动之后，哈萨克斯坦政府进入了一个相对稳定的政治休整期。总统纳扎尔巴耶夫在2012年底发表的国情咨文《哈萨克斯坦——2050年》国家战略既提出了国家和地区形势的总体判断，也为未来近40年的国家建设与发展指明了方向和目标。其中，哈萨克斯坦领导人表达出来的对全球与中亚地区问题的责任意识，以及对于未来可能发生的安全危机的前瞻性思考，都足以透视出哈萨克斯坦对于自身的地区大国的定位。哈萨克斯坦在上海合作组织所提出的利益诉求与建议，

---

* 包毅，法学博士，中国社会科学院俄罗斯东欧中亚研究所副研究员。

也都是基于其国家利益和国家发展战略的实施而提出的。

关键词：

哈萨克斯坦　上海合作组织

2013年是哈萨克斯坦国内政治相对稳定的一年。继2011年扎瑙津事件之后，2012年初在哈萨克斯坦西部地区再次出现一系列暴力袭击事件，最终导致2012年下旬总统对执政精英内部进行大规模的人员调动。原总统办公厅主任穆辛以及西部党羽的多位地方官员因此下马，而原总理马西莫夫主动请辞，填补了因穆欣调离而出现的职位空缺，并由此出现了行政权力机关各级官员的新一轮人事调整。2012年的政府更替事件被视为消除扎瑙津事件后续影响的重大政治举措，大批地方政治精英及其在执政阶层的代理人被剔除出总统阵营，进而在很大程度上钝化了地方对中央政权以及执政精英内部的矛盾与对立。

一　总统阵营重新调整与反对分离主义和极端主义

自2011年扎瑙津事件以来，以总统为核心的中央政权逐渐加强了对地区的社会经济发展和福利待遇的关注。促进执政精英内部的稳定与团结，维护中央政权的稳定成为哈萨克斯坦政治管理的重中之重。

近年来，哈萨克斯坦依靠能源经济的拉动作用，已经跃身成为仅次于俄罗斯的独联体第二大经济体，2013年人均GDP已超过12000美元。① 但伴随着国民经济的持续增长，地区发展不平衡问题也日益凸显，并成为政权稳定的羁绊。西部地区的经济与政治精英拥有较大的经济资源，并依靠石油收入逐渐积累起挑战中央政权的资本。地方的经济精英在中央政府内部寻找代言人，政治寻租现象严重，并逐渐成为操控政权的影子势力。同时，哈萨克斯坦的部族精英间的政治资源与经济分配不相匹配。大玉兹掌握着国家政治，而西部的小玉

---

① IMF数据，哈萨克斯坦2013年人均GDP为12843美元，排名世界第55位，俄罗斯为14818美元，排名第49位。

兹更多地掌握着国家的石油命脉，为国家预算的贡献率较高，二者在石油经济利益分配、税收以及部族政治等领域存在着诸多矛盾与对立，并在国家管理层面上呈现政治资源分配的失衡状态。2011年底以来哈萨克斯坦西部地区出现的诸多骚乱事件都是这种矛盾对立的写照。因此，哈萨克斯坦政府在2013年面临的主要任务就是消除地区经济发展的差异，加大对地方财政与经济的监管力度，尤其是加强对西部油气产业的管理与监督工作，保证哈萨克斯坦经济的持续发展。2013年哈萨克斯坦政府专门设立了地区发展部，将经济与财政规划部和经济发展与贸易部的部分职能转由该部执行，意在加强地方与中央的经济与政治联系与管理。与此同时，政府还对各部委的相关机构进行了结构调整，在地区发展部下设建筑与住房、企业发展、土地资源管理等专门委员会，并在工业与新技术部设立核能委员会，在劳动与社会保障部设立移民委员会，在环境保护部设立渔业委员会和林业与狩猎业委员会，① 以促使各部门采取更为灵活的政策与措施，吸引和推动非石油产区和非石油领域的投资。②

在行政管理方面，哈萨克斯坦希望通过政治改革，探寻新型的地方行政管理模式。哈萨克斯坦总统纳扎尔巴耶夫在2012年总统国情咨文中指出，哈萨克斯坦将放权于地方，把部分由中央掌握的资源下放到地方，以缓解中央与地方精英的竞争压力。总统纳扎尔巴耶夫指出，哈萨克斯坦未来政治改革的方向是社会民主化道路。2013年，哈萨克斯坦计划实施一系列具体措施，划分中央和地方的权责，强化地方执政机关职能。通过地方自治机构选举扩大公民解决地方问题的参与度，给予居民决定地方问题的自决权。从2013年开始，将实行通过村议会进行村长选举。③

此外，在中东北非政治危机的影响、中亚其他国家暴力恐怖袭击事件频发以及宗教极端主义势力渗透下，哈萨克斯坦的群体恐怖主义犯罪也逐年递增。

---

① Главные политические события 2013 года в Казахстане, 3 января 2014, http://www.zakon.kz/4594588-glavnye-politicheskie-sobytija-2013.html.
② Главные политические события 2013 года в Казахстане, 3 января 2014, http://www.zakon.kz/4594588-glavnye-politicheskie-sobytija-2013.html.
③ Послание Президента Республики Казахстан-Лидера нации Нурсултана Назарбаева народу Казахстана «Стратегия «Казахстан – 2050»: новый политический курс состоявшегося государства», 14 декабря 2012 г., http://strategy2050.kz/ru/multilanguage/.

2008~2013年哈萨克斯坦的暴力恐怖犯罪案件从27起增加到171起,极端主义犯罪从56起增加到168起。① 为此,哈萨克斯坦政府提出,把严打宗教极端主义势力、民族分裂主义和地方分离主义当作国家安全的当务之急来抓,对破坏秩序行为国家将采取"零容忍"原则。为此,总统一方面提出完善有关反恐和反极端主义工作的法律基础,另一方面强调加强社会舆论和思想文化领域的宣传和建设工作的必要性,防止中东北非的政治动荡在哈萨克斯坦上演。总统纳扎尔巴耶夫在题为《哈萨克斯坦——2050年》的国情咨文中指出,极端主义和恐怖主义是对国家和平与稳定的攻击,二者在哈萨克斯坦没有思想意识基础,只有刑事犯罪的企图,在伪宗教的花言巧语之下掩藏的是破坏社会的犯罪动机。② 哈萨克斯坦要进一步完善立法,消除宗教激进主义和极端主义的影响,严厉制止邪教组织的活动。同时,还有必要建立新的管理机制,化解社会、民族和宗教矛盾和冲突。哈萨克斯坦官方认为,宗教极端主义蔓延的趋势是全世界范围的,宗教极端主义的宣传主要是通过互联网传入哈萨克斯坦境内的,因此加大对境外极端主义渗透的打击力度,并在意识形态领域加强健康的思想文化建设。③ 2013年9月总统发表了"关于2013~2017年反对宗教极端主义和恐怖主义国家计划"的总统令,其中规定,国家将斥巨资用于反极端势力。鉴于近年来宗教极端势力对青年人思想意识渗透的不断加深,总统责成政府制定相关法律与政策加强对极端主义的打击。同时,还在中高等教育机构中增加有关宗教知识和宗教组织的普及教育,加强对农村地区的青年和儿童的思想文化的正常疏导,分阶段地消除极端主义的思想基础。此外,总统还强调哈萨克斯坦是世俗国家,国家政权与宗教分离,反对政教合一,反对宗教极端主义以伊斯兰教的名义向本国教民进行政治渗透。总统在《哈萨克斯坦——

---

① Указ Президента Республики Казахстан от 24 сентября 2013 года №648 О Государственной программе по противодействию религиозному экстремизму и терроризму в Республике Казахстан на 2013–2017 годы, http://www.nomad.su/?a=3-201310070036.

② Послание Президента Республики Казахстан-Лидера нации Нурсултана Назарбаева народу Казахстана «Стратегия «Казахстан – 2050»: новый политический курс состоявшегося государства», 14 декабря 2012 г., http://strategy2050.kz/ru/multilanguage/.

③ Указ Президента Республики Казахстан от 24 сентября 2013 года №648 О Государственной программе по противодействию религиозному экстремизму и терроризму в Республике Казахстан на 2013–2017 годы, http://www.nomad.su/?a=3-201310070036.

2050年》国家战略中指出，哈萨克斯坦为作为伊斯兰世界的一分子感到自豪，但同时也有世俗社会的传统，世俗性是哈萨克斯坦成功发展的重要条件。哈萨克斯坦应该树立符合本国传统和文化准则的宗教意识，并借鉴良好的行为模式。"哈萨克斯坦绝不允许对上天的虔诚信仰被侵蚀性和毁灭性的宗教狂所取代。"① 此外，哈萨克斯坦还希望借助"世界与传统宗教领袖大会"和上海合作组织的互动平台，推动建立解决宗教冲突和极端主义蔓延的有效机制。

在反对民族分裂主义方面，哈萨克斯坦总统试图通过在民众中建立"哈萨克斯坦人"的概念，强化哈萨克斯坦的国家意识与爱国主义观念，其中国家性在爱国主义中占有重要地位。哈萨克斯坦总统就曾指出，哈萨克斯坦公民是拥有平等权利和平等机会的哈萨克斯坦人。新型哈萨克斯坦爱国主义是能够凝聚整个社会的精神，在民族关系问题上没有双重标准。为消除民族隔阂，总统纳扎尔巴耶夫呼吁族际和睦共存，警惕那些企图打民族分裂牌，企图从内部破坏国家安定的外部势力。这里指向的不仅是主体民族哈萨克族与其他少数民族之间的和平共处问题，还涉及哈萨克族各部族间的矛盾与斗争。对于部族政治和以其为基础发展起来的地方政治精英，总统特别提出了部族间的团结问题，就此总统纳扎尔巴耶夫特别指出，族谱传统是哈萨克族最本质和最深层的特征，它给予哈萨克族以共同的根，因此，族谱带给我们的不是分裂而是团结。需要指出的是，尽管纳扎尔巴耶夫总统多次强调在用人工作中，要做到任人唯贤，尤其要摒弃地方机关对民族属性的考量，但对于独立与转型仅二十余年的哈萨克斯坦来说，很难将主体民族性与国家性进行理性分离，因而也不可避免地将主体民族的意识与观念带入国家治理中。

二 社会经济的长期发展规划与养老金体制改革

哈萨克斯坦总统将2013年总统国情咨文提前至2012年底国家独立日之际发表，提出了《哈萨克斯坦——2050年》国家战略，随后于2014年1月针对

---

① Послание Президента Республики Казахстан - Лидера нации Нурсултана Назарбаева народу Казахстана «Стратегия «Казахстан – 2050»: новый политический курс состоявшегося государства», 14 декабря 2012 г., http://strategy2050.kz/ru/multilanguage/.

此战略规划推出了题为《哈萨克斯坦道路2050：共同目标、共同利益、共同未来》，对国家中长期发展战略的具体实施步骤进行了全面的诠释。总统纳扎尔巴耶夫指出，哈萨克斯坦已经提前完成了1997年提出的"2030经济发展战略"中的多项内容，如今全球和地区形势发生的诸多新变化和新挑战，如全球粮食安全、水资源短缺、自然资源储量下降、社会不稳定因素激增等新挑战，要求对国家的发展战略和目标作出新的调整，将跨入世界最发达的30个国家行列作为哈萨克斯坦未来近40年的奋斗方向。

在社会经济发展的长期目标中，纳扎尔巴耶夫总统提出，至2050年，哈萨克斯坦国民经济年增长率都应低于4%，中小企业产值占国内生产总值的比重将从目前的20%提高到2050年的50%。[①] 人均国内生产总值将从目前的1.3万美元增加到2050年的6万美元。同时，进一步推进哈萨克斯坦的城市化进程，使城市居民人口从目前的55%增加到70%。在谈及战略规划的实施步骤时，总统指出，战略规划将分两个阶段实施，2030年将设为历史的节点。第一个阶段将重点保障传统经济领域的快速发展；第二个阶段则将依靠知识密集型产业实现国民经济的可持续发展。在阐释实施途径与具体任务时，总统提出了产业调整和经济增长的七大优先发展方向，其中提升传统矿产、油气等资源开采领域的生产质量与贡献率，以及加强农工综合体、基础设施建设和鼓励中小企业发展都是哈萨克斯坦多年来的战略发展方向。同时，哈萨克斯坦将工业化创新、发展科技和知识密集型经济置于促进产业结构调整的重要位置。

值得一提的是，哈萨克斯坦2013年在《世界经济论坛全球竞争力报告》中位列第50位，提前实现了2006年提出的跻身于世界最具有竞争力的前50个国家的目标。而在洛桑国际管理发展学院发布的最新全球竞争力排名中哈萨克斯坦位次已经排到了第32位。[②] "制度建设与发展"是哈萨克斯坦近年来社会政治经济发展最突出方面。良好的商业经营与投资环境以及经济危机后国民

[①] Послание Президента Республики Казахстан Н. Назарбаева народу Казахстана. "Казахстанский путь - 2050：Единая цель, единые интересы, единое будущее", 17 января 2014 г., http://strategy2050.kz/ru/page/message_text2014/.

[②] 资料来自中国驻哈萨克斯坦使馆商务参赞处，http://kz.mofcom.gov.cn/article/ddgk/zwjingji/201405/20140500605838.shtml。

经济的快速恢复与发展、战略规划与国家政策的相对稳定、制度建设的有效性，以及对外关系的开放性都成为哈萨克斯坦迅速跻身于具有竞争力的国家行列的重要因素。在社会制度项目中，投资保护、政策透明度和社会对政治的信任度，以及宏观经济稳定项目中的国家债务和预算赤字等指标都高于报告的平均水平。而社会制度项目中的司法独立、政府机构中的裙带关系以及宏观经济项目中的通货膨胀、商业的竞争、商品市场效率、反垄断政策效率等指标却均处于劣势，远远低于其他国家的平均水平。由此可见，影响政治和经济发展的消极因素尚存，那些部族政治问题、族际问题、金融体系的稳定性问题并未因经济的增长而消除，而是随着国家经济的发展，而逐渐成为政治发展和市场经济持续增长的阻滞机制。

在社会经济领域，养老金体制改革问题成为哈萨克斯坦在2013年热议的话题。2013年总统纳扎尔巴耶夫下令建立统一的养老储蓄基金股份公司，将全国现有养老储蓄金合而为一。截至2012年，哈萨克斯坦全国共有11个养老储蓄基金，总资产额近210亿美元，保户达850万人，其中95%为具有工作能力的公民，因此养老金体制的安全性与稳定性不仅是社会经济发展的有力保障，而且还关乎哈萨克斯坦未来政权的稳定。与养老金体制改革出现连动反应的是妇女退休年龄的改革。议会通过决议，自2014年起将妇女的退休年龄逐步延长，即在未来10年间每年延长半年，渐进地将妇女的退休年龄延长至63岁。为此，哈萨克斯坦政府在2014~2016年预算中专项拨款307亿坚戈，作为支付给15万适龄的退休妇女的延迟退休津贴。① 民生问题关乎民意，处理不得当将对总统权力的基础产生不利影响。在养老金体制改革问题上，哈萨克斯坦劳动与社会保障部部长及总理因招致民怨而相继于2013年9月和2014年4月被解职。

三 经济领域的一体化与政治领域的去俄化

在对外关系中，哈萨克斯坦将加强地区与国际安全置于外交政策的重中之

---

① ТОП 10 наиболее важных политических событий уходящего года., 3 января 2014, www. Zakon. kz.

重。纳扎尔巴耶夫总统在2012年的国情咨文中指出，国际局势和地缘环境正在日益变化，从北非、中东到东南亚拉出了一条巨大的动荡弧。全球和一些地区的力量平衡正在发生显著变化。哈萨克斯坦明确自己在中亚地区的安全责任，并为中亚的稳定作出贡献，尽一切可能消除地区冲突隐患。①

除了承担地区安全责任外，哈萨克斯坦还希望借助各种合作平台，提升其在解决地区和国际事务中的影响力。哈萨克斯坦不仅是集体安全条约组织和上海合作组织成员国，还是北约对话伙伴计划的参与者，并曾担任过欧安组织的轮值主席国，并且还是亚信会议的主导国和世界宗教大会的积极参与者。哈萨克斯坦一贯坚持实用主义的多边平衡外交政策，除了积极保持同地区大国与世界大国及国际组织的友好合作关系外，哈萨克斯坦近年来还加强了同第三邻国，如日本、韩国及亚太地区国家的政治交往与经济联系，以此来开辟中亚地区之外的能源市场与商品市场，增加同大国博弈的政治筹码。总统纳扎尔巴耶夫就曾指出，哈萨克斯坦要在经济上以超前的速度接近亚太地区国家，由此获得的不仅是经济利益，还将有益于哈萨克斯坦的外交平衡。由此可见，哈萨克斯坦已经把自己定位为中亚地区的大国，其外交视野已不仅局限于本国的安全利益，而是放眼于整个中亚乃至更广阔地区的整体利益。

除此以外，作为中亚地区的大国，哈萨克斯坦还将对境外公民实施保护的责任作为其未来长期的外交重点。总统在《哈萨克斯坦——2050年》国家战略中指出，外交政策的重点之一即是加大对在境外的哈萨克斯坦公民及其个人、家庭和商业利益的保护力度。

在解决危机和维护国家稳定与安全的核心利益上，哈萨克斯坦也不单纯地依靠国家安全的防御模式解决地区危机，而是积极地促进地区一体化进程，通过多边合作机制推进合作共赢。2011~2012年总统纳扎尔巴耶夫便提出"进化而非革命"的G-GLBAL新型对话模式，意在打造建设性的多极化世界格局，并在平等、公正与协商等原则下实现全球治理。在谈及国家未来的外交政策构想时，总统指出，稳定中亚局势的最佳方法是地区一体化。近年来，哈萨克斯坦除了继续参加俄罗斯主导的集体安全条约组织等军事防御性机制外，还

---

① 详见哈萨克斯坦总统《2012年国情咨文》。

积极参与和推进符合本国国家利益的区域经济一体化进程。2013年1月1日哈萨克斯坦同俄罗斯和白俄罗斯共同签订了《统一经济空间统一宏观经济政策协定》，加强成员国间的信息交换，对经济发展实施监测与分析。2014年5月三国首脑还签署协议，提前成立了欧亚经济联盟。

在经济一体化合作中，哈萨克斯坦尤其重视交通运输的基础设施建设和物流运输业的发展。哈萨克斯坦希望凭借其独特的地理优势，发展欧亚大陆的交通与物流业，为国民经济提供新的增长点和拉动力。总统认为，"哈萨克斯坦应该复兴自己的历史地位并成为中亚地区最大商业过境运输枢纽，连接欧亚的特殊桥梁"，"在哈萨克斯坦所在的关键运输走廊上建立包含贸易物流、金融商务、创新技术和旅游在内的完整国际枢纽综合体"[①]。为此，哈萨克斯坦专门在2013年11月举办了"哈萨克斯坦——新丝绸之路"第二届国际运输物流商业论坛，并又一次提出了重建"丝绸之路"的构想。该构想中包括修建"西欧—中国西部"交通走廊、"乌津—土库曼斯坦边界"铁路、"热兹卡兹干—别伊涅乌"铁路、"科尔加斯—热特肯"公路等诸多项目。为实现总统提出的"哈萨克斯坦——新丝绸之路"项目，哈萨克斯坦政府还制订了《2020年前哈萨克斯坦运输系统基础设施发展和一体化纲要》，预计2020年前将投资超过600亿美元用于运输物流综合体系现代化的项目。对于中国提出的共建"丝绸之路经济带"战略构想，哈萨克斯坦也给予了积极的回应，并希望通过中国的战略构想吸引更多的国家参与到欧亚空间的交通基础设施一体化与便利化进程。目前，在交通与物流领域，哈萨克斯坦已同俄罗斯和白俄罗斯建立了关税同盟框架下的联合运输物流公司，三方利用各自的列车资源，推进统一经济空间国家的基础设施和物流一体化合作，力图通过简化过境手续，带动三方的物流行业与贸易的发展。在谈及联合物流公司的意义时，哈萨克斯坦国有铁路公司总裁马明对联合物流公司给予了积极的评价，他称该公司被看作是集装箱物流从海运向亚欧铁路运输转变的战略目标的主要实施工具。

[①]《新丝绸之路——全球过境运输的催化剂》，2013年11月26日，中国驻哈萨克斯坦经济商务参赞处，http://kz.mofcom.gov.cn/article/ztdy/201311/20131100403326.shtml。

哈萨克斯坦与上海合作组织

　　伴随着同俄罗斯的经济一体化进程，哈萨克斯坦等中亚国家的去俄罗斯化进程也一直如影随形。哈萨克斯坦强调独立治国和走本国特色的发展道路，因而在其国家发展战略中的独立意识与去俄化思维远远高于与俄罗斯一体化进程意愿。以俄语的地位为例。哈萨克斯坦同中亚的其他国家一样，在保留着俄语通用语言地位的同时，也逐步开始了主体民族语言——哈萨克语的拉丁化进程。总统就曾指出，负责任的语言政策是哈萨克民族一个非常重要的凝聚因素。哈萨克斯坦将从2025年起着手实现哈文字母拉丁化的过渡，到2020年95%的哈萨克斯坦人都将会掌握哈萨克语。同时，哈萨克斯坦还将大力推动英语教学，以便为公民的未来开辟新的广阔机遇。此外，在政治领域，以哈萨克斯坦为代表的中亚国家对俄罗斯的若即若离，甚至明确表达着自己独立的外交立场。如2014年3月在对"是否支持克里米亚独立"的联合国投票中，独联体国家中仅有白俄罗斯和亚美尼亚投了赞成票，哈萨克斯坦和乌兹别克斯坦投了反对票。① 由此可见，中亚国家对于俄罗斯在原苏联地区的政策行为心存忌惮。即便是与俄罗斯存在军事和经济上依赖关系的塔吉克斯坦和吉尔吉斯斯坦，也以弃权票的方式表达了对此问题的疑虑。作为新独立的国家，中亚国家珍视其主权和领土完整。因此，俄罗斯主导的欧亚联盟在经济层面上或许可以获得中亚国家的认同，但在政治层面上推进合作将受到阻力。

四　哈萨克斯坦与上海合作组织

　　哈萨克斯坦对于中亚地区和国际局势的研判决定着其对于上海合作组织的利益诉求。如前所述，哈萨克斯坦将中亚地区的安全与稳定置于其外交政策的重点，而上海合作组织同中亚地区的其他国际组织一样，是哈萨克斯坦发展区域合作的重要平台。同时，管理预测与危机意识的加强都使得哈萨克斯坦在2013年上海合作组织峰会和部门会议上提出了一系列应对危机与挑战的预警机制的建议。

---

① Послание Президента Республики Казахстан - Лидера нации Нурсултана Назарбаева народу Казахстана «Стратегия ‹Казахстан - 2050›: новый политический курс состоявшегося государства», 14 декабря 2012г., http：//strategy2050.kz/ru/multilanguage/.

哈萨克斯坦总统就多次指出，国际局势和地缘环境正在日益变化，而且不一定都是向好的一面发展。中东地区的政治乱局与突发事件的迭起对中亚政权的稳定与地区安全造成直接的冲击。而中亚地区的政治极端主义和宗教极端主义等安全隐患一直是影响地区各国安全和社会稳定的重要因素。哈萨克斯坦官方认为，国际恐怖主义、毒品走私、跨国有组织犯罪等非传统安全仍然是中亚地区安全与稳定的严重威胁。因此，哈萨克斯坦重视上海合作组织在安全领域的合作，尤其对组织框架内的反恐、禁毒和维护地区安全的合作具有较高的诉求。在2013年举办的上海合作组织法院院长会议上，哈萨克斯坦公民与行政事务司法监督委员会主席、哈萨克斯坦最高法院院长叶·阿布得卡得罗夫指出，毒品犯罪问题已经超出一个国家的界限，毒品和毒品贸易已覆盖整个中亚地区，而哈萨克斯坦正处在上海合作组织成员国的交通枢纽位置上，与俄罗斯、吉尔吉斯斯坦、乌兹别克斯坦和中国都接壤。[①] 国家间司法机关加强紧密而专业的协作对于打击和遏制非传统安全威胁的蔓延意义重大。

首先，针对哈萨克斯坦关心的反恐与禁毒领域的合作，总统纳扎尔巴耶夫在上海合作组织第八届峰会上提出，建议成员国共同制定并签署在边界地区的合作行动协议，以提高打击"三股势力"的效率。纳扎尔巴耶夫建议，在上海合作组织合作框架内建立预警中心，作为打击"三股势力"的预警机制，并对自然灾害、技术工程出现的紧急状态等地区危机情势作出反应。[②]

其次，在政治合作方面，哈萨克斯坦主张发挥地区性合作组织对国际和地区事务的影响力，协调成员国立场，对重大的国际和地区事件发出自己的声音。对于上海合作组织的政治影响力问题，哈萨克斯坦的一些学者表示尚有可为。哈萨克斯坦政治学博士、战略研究所研究员库什库巴耶夫表示，上海合作组织虽然没有在叙利亚问题上作出有力的反应，但鉴于上海合作组织成员国中的中俄两国在联合国安理会的独特身份与核大国的地位，二者若能统一立场，将有望在叙利亚问题和阿富汗问题及其他全球问题上发挥其潜在

---

① В 2014 году в Казахстане соберутся председатели Верховных судов государств-членов ШОС, 21 Февраля 2013, http：//www. inform. kz/rus/article/2536901.

② О Саммите глав государств стран-членов ШОС в Бишкеке, http：//www. kaz-emb. kg/index. php？id＝729.

的影响力。① 上海合作组织在政治领域的合作在一定程度上契合了哈萨克斯坦作为中亚大国的外交思路，因而对上海合作组织的政治领域的合作提出了更高的利益诉求。哈萨克斯坦总统就在 2013 年上海合作组织峰会上提出，上海合作组织应该将缔造和平和推动区域一体化进程作为其合作的优先方向。他强调，阿富汗的和平与稳定问题是上海合作组织最紧迫的问题。解决阿富汗观察员国身份问题是对其实施经济支持的重要前提。哈萨克斯坦国防部部长让克西巴耶夫也在上海合作组织国防部长会议上表示，哈萨克斯坦主张参与上海合作组织框架下及其他国际合作机制下的有关阿富汗和平进程的协调工作。在伊朗的核计划问题上，哈萨克斯坦主张在组织框架内协调立场，通过平等而长期的外交手段解决。作为中亚地区的大国，哈萨克斯坦表示支持友好的睦邻关系，并有责任承担包括军事领域在内的高层次的国际义务。②

再次，在经济合作领域，哈萨克斯坦根据国家长期的发展规划，提出了在组织框架下建立能源俱乐部和解决粮食危机的相关机构的建议。③ 能源俱乐部构想最初是由乌兹别克斯坦学者提出，后为俄罗斯接受并在 2007 年上海合作组织峰会上提出，其目的是促进包括油气资源在内的能源的生产者和消费者之间的对话与沟通。如今，哈萨克斯坦重拾能源俱乐部的概念，主要是为了配合 2050 年国家发展战略中水资源的保护与开发的内容。哈萨克斯坦拥有丰富的地表和地下水资源，政府还在积极进行工业用水资源和地热水资源的勘探开发工作，但哈萨克斯坦在水资源的可持续利用问题上存在着较强的危机感。随着经济快速发展和人民生活水平显著提高，哈萨克斯坦对淡水的需求迅速增长，水利系统的现代化改造、淡水资源的保护、水资源可持续利用等诸多问题被提到了政府的工作日程上。目前，中亚国家间已经有的水务合作机制有中亚政府间水利事务协调委员会、"阿姆河流域水资源管理协会"和"锡尔河流域水资源管理协会"等协调机构。但由于中亚国家间在水资源利用与保护方面存在

---

① ШОС и проблемы безопасности Евразии, 01/05/2013, http：//ru. forsecurity. org/shos-i-problemy-bezopasnosti-evrazii.

② Адильбек Джаксыбеков принял участие в Совещании министров обороны государств-членов ШОС，http：//www. nomad. su/? a = 3 – 201306270033.

③ Галия ШИМЫРБАЕВА, Государства ШОС нуждаются в постоянном анализе быстро меняющейся ситуации в мире. , Алматы, http：//kp. kazpravda. kz/c/1338844373.

着诸多矛盾与分歧,所以中亚地区尚难形成多边的水务合作机制。这也是哈萨克斯坦希望借助上海合作组织的合作平台成立能源俱乐部的初衷。但由于多边合作机制并不符合多数成员国解决水资源问题的立场和国家利益,因此哈萨克斯坦的此项倡议将有可能被搁置。

此外,基于对世界粮食安全形势的判断,总统纳扎尔巴耶夫在2013年上海合作组织峰会上提出了建立上合组织水资源与粮食问题的机构的建议。在总统的《哈萨克斯坦——2050年》国家战略国情咨文中指出,粮食安全是人类遇到的新的全球范围内的挑战之一,尤其是世界人口快速增长使得粮食问题愈加突出。粮食的短缺问题可能比金融危机更严重,因此,有必要在现阶段探讨和建立适合的反应机制,这是对成员国国家利益的需要,也是避免上海合作组织地区内出现粮食危机的考虑。哈萨克斯坦的粮食生产具有优势,它是独联体地区第三大小麦生产国,也是世界最大的面粉出口国之一。① 总统纳扎尔巴耶夫坦言,全球粮食危机会给哈萨克斯坦带来巨大商机。农业是哈萨克斯坦实现产业结构调整的重点产业。因此,哈萨克斯坦既需要推进农业现代化,提高农产品的产量和竞争力,也需要借助上海合作组织的经济合作平台,解决农畜产品的销售市场等问题。因此,可以说,建立水资源与粮食安全的预警机制的建议,是哈萨克斯坦为实现2050年国家长期经济发展规划未雨绸缪的考虑。

---

① 《哈农业具有巨大的开发潜力》,中国驻哈萨克斯坦经济商务参赞处,2013年12月25日,http://kz.mofcom.gov.cn/article/ztdy/201312/20131200437834.shtml。

Y.23
中国与上海合作组织

宋月红*

摘　要： 2013年是中国全面深化改革的开局之年。深化改革，以解决经济社会发展中深层次的矛盾和问题，进一步解放和发展社会生产力，实现了经济稳中向好发展，也显示了深化改革对全面建成小康社会的战略意义。同时，中国共产党坚持和发展中国特色社会主义，在党内开展了第一批群众路线教育实践活动，执政党的思想理论建设、作风建设取得积极成效，干部与群众的关系得到进一步端正和改善。上海合作组织深入发展，中国在全方位外交格局中提升和深化了与中亚国家、与上海合作组织其他成员国之间的全面战略关系。

关键词： 中国　全面深化改革　群众路线教育实践活动　上海合作组织成员国元首理事会第十三次会议

　　2013年是中国全面深化改革的开局之年，又逢毛泽东诞辰120周年纪念。全面深化改革和纪念毛泽东成为社会广泛关注的热点，也形成中国思想理论和意识形态领域尖锐、复杂的态势。中国共产党坚定走改革开放的执政道路，在党内深入开展群众路线教育实践活动，正确认识和处理改革开放前后两个历史时期的关系，并在新的历史条件下积极评价毛泽东的历史地位和毛泽东思想的科学体系，以加强思想理论建设、作风建设，始终掌握了中国意识形态领域的

---

* 宋月红，中国社会科学院当代中国研究所理论研究室主任、研究员、博士生导师。

领导权和主导权。同时,在全方位外交中深化与周边国家、与上海合作组织及其成员国之间的战略关系,为保障中国全面建成小康的战略机遇期、促进中国和平发展的国际环境,发挥了不可替代的重要作用。全面深化改革日益成为当代中国发展进步的鲜明主题与特征。

一 以改革红利实现经济发展稳中向好

2013年是以李克强为总理的中国新一届政府上任的第一年。一年中,中国政府面对世界经济复苏艰难、国内经济可能下滑的现实困境与潜在风险,根据经济全球化、工业化、城镇化、市场化和信息化的快速发展趋势,围绕进一步理顺和完善政府与市场的关系,加快转变政府职能,着力转变经济发展方式,促进改革开放,实现了经济社会稳中有进、民生改善和社会整体稳定。

一年来,中国政府适应社会主义市场经济体制的需要,加强自身建设,简政放权,依法行政,提高行政效能,推进政府与市场之间的关系趋向更加合理、规范和有效。其主要表现是:①适度实施国务院机构改革。引起社会广泛关注的是铁道部的撤销,铁路政企分开,分别组建了国家铁路局和中国铁路总公司。同时,对卫生和计划生育、食品药品、新闻出版和广播电影电视、海洋、能源管理机构,进行行业整合与职能加强,相应地组建了国家卫生和计划生育委员会、国家食品药品监督管理总局、国家新闻出版广电总局,重新组建了适应时代发展需要的国家海洋局、国家能源局。国务院经过这次机构改革,减少了4个正部级机构,其中组成部门减少了2个,副部级机构增减相抵,虽然结构作了调整,但数量没有发生变化。②推进行政审批制度改革。分批取消和下放416项行政审批等事项。③改革工商登记制度,推进工商注册制度便利化。一年中,全国新注册企业增长了27.6%。④修订政府核准的投资项目目录,缩小核准范围,增强监管能力,提高效率,明确职责分工。一年中,民间投资比重上升到63%。⑤营业税改征增值税试点扩大到全国。⑥启动不动产统一登记,将不动产登记职责整合起来,由国土资源部统一负责对全国土地、房屋、草原、林地和海域等的指导监督。

一年来,中国政府发挥财政、金融和基础建设在引导和调控经济中的重要杠杆作用。实施积极的财政政策和稳健的货币政策,增加有效供给,而非采取短期刺激措施、扩大赤字和超发货币,广义货币 M_2 增长13.6%,财政赤字控制在预算范围内。在基础设施建设中,铁路、高速公路发展较快,运营里程均超过10万公里,其中高速铁路运营里程达到了1.1万公里,居世界首位。

一年来,中国政府积极扩大对外开放,提升开放的广度和深度。国际社会和国内民众格外关注的是上海自由贸易区的设立。目前,该自由贸易区总面积为28.78平方公里,包括上海市外高桥保税区(核心)、外高桥保税物流园区、洋山保税港区和上海浦东机场综合保税区等。这是中国大陆境内的第一个自由贸易区。在这一贸易区中,探索实行准入前国民待遇加负面清单的管理模式。此外,推动高铁、核电等技术装备走上国际市场。中国政府还提出了建设与西亚各国之间的"丝绸之路经济带"和进一步深化与东盟合作的21世纪海上丝绸之路的构想,挖掘开放的历史文化底蕴,将历史传统与时代需要结合起来。

一年来,中国经济在合理区间运行,避免了国际上曾一度预测的可能发生"硬着陆"的风险。国内生产总值达到56.9万亿元,比2012年增长7.7%。积极破解"三农"问题,推进现代农业综合配套改革试点,支持发展多种形式适度规模经营,促进粮食产量超过了1.2万亿斤。随着产业结构的优化,规模以上工业企业利润增长12.2%,服务业增加值比重达到46.1%,财政收入增长10.1%。城镇居民人均可支配收入、农村居民人均纯收入实际增长分别为7%和9.3%,农村贫困人口减少1650万人。加强生态环境保护和建设,推动人与自然的和谐,新解决农村6300多万人饮水安全问题,全国森林覆盖率上升到21.6%。

经济稳定发展,为民生、教育、科技、文化、卫生等社会事业的改革和发展提供了物质技术基础。一年来,中国社会保障水平进一步提升,城乡低保标准分别提高13.1%和17.7%,企业退休人员基本养老金水平提高10%。住房问题仍然是当前中国社会生活中比较集中的重大问题,关系到千家万户的安居乐业和生活质量。一年内,新开工保障性安居工程666万套,基本建成544万套。实施大学生就业促进计划,应届高校毕业生绝大部分实现就业。为促进教育均等化发展和社会公平,政府启动了教育扶贫工程,实施农村义务教育薄弱学校改造计划,并对集中连片特困地区乡村教师发放生活补助。深化科技体制改革,推动实施知识、技术创新等工程,如超级计算、智能机器人、超级杂交稻、宇宙飞船等一批关键技术实现突破性进展。深化文化体制改革,促进文化事业和文化产业发展,扩大了公益性文化设施向社会免费开放,文化产业增加值增长了15%以上。深化医药卫生体制改革,全面实施国家基本公共卫生服务项目,城乡居民基本医保财政补助标准增加到人均280元,总体上实现了基本医保全覆盖。深入开展食品药品安全专项整治,进一步提升了食品药品安全水平。

一年来,中国经济状态整体上是好的,但存在的问题仍然比较复杂、尖锐。财政、金融等领域的风险隐患没有完全消除,行业结构调整的阻力和难度增大,能源供求关系紧张,一些地区特别是一线城市的生态环境、交通拥堵、噪音污染严重影响到人们的工作和生活,一些农村地区的水、土壤等的污染相当严重,城镇就业结构性矛盾突出,住房价格虚高、食品药品安全度不高、医患矛盾、养老保障城乡不平衡、教育资源均等化不足、收入分配差距拉大、征地拆迁纠纷、群体性事件突发、社会诚信缺失等社会问题还较多。中国社会和民众对经济社会稳定发展的期望越来越高,对民生改善、社会公平的需求也越来越多。这些都需要通过发展经济和深化改革开放,既要把蛋糕做大,又要把蛋糕分好,以解决深层次的矛盾和问题,进一步增强经济稳中向好的基础和内生动力。

中国经济相当长时期内,将坚持走中国特色新型工业化、信息化、城镇化、农业现代化道路。尽管经济社会中存在一些矛盾和问题,2014年中国经济仍将持续发展,而且出于增强市场信心、促进经济结构调整优化的实际需要,以及兼顾经济增长和民生改善的实际考量,增长预期目标也将相对稳定,以保持合理的经济增长速度。同时,在现实经济活动中,注重加强对增长、就业、物价、国际收支等主要目标的统筹平衡。

全面深化改革,将深入到中国经济社会发展中深层次的矛盾和问题,从而为中国经济社会发展注入强大推动力量。中央成立了全面深化改革领导小组,负责改革的总体设计、统筹协调、整体推进、督促落实。其主要职责是:①研究确定经济体制、政治体制、文化体制、社会体制、生态文明体制和党的建设制度等方面改革的重大原则、方针政策、总体方案;②统一部署全国性重大改革;③统筹协调处理全局性、长远性、跨地区跨部门的重大改革问题;④指导、推动、督促中央有关重大改革政策措施的组织落实。与之配套,各省、自治区和直辖市也相应地成立了全面深化改革领导小组。全面深化改革组织体系的建立,表明中国走改革开放道路的坚定信念,也为下一步改革开放提供了组织保障,有利于避免或克服过去在一些地方和领域有令不行、有禁不止的状况,把改革开放推向深入。

中国共产党十八届三中全会通过了《关于全面深化改革若干重大问题的决定》。这一决定是新一届党中央未来五年或十年治国理政的总体思路。中国政府将遵循这一决定,以完善和发展中国特色社会主义制度、推进国家治理体系和治理能力现代化为全面深化改革的总目标,以经济体制改革为牵引,以调整结构为主攻方向,以改善民生为根本目的,全面深化各领域改革,在经济社会中处理好政府和市场之间的关系,发挥好市场在资源配置中的决定性作用和政府的规范、引导和保障的作用,统筹兼顾经济建设、政治建设、文化建设、社会建设和生态文明建设,不断推进全面建成小康社会的实现。

二 以群众路线教育实践活动为着力点全面推进执政党建设

群众路线教育实践活动以为民、务实、清廉为主要内容,在中国共产党内先后在中央、省部级和省以下各级机关及其直属单位与基层组织中分两批进行,集中解决县处级以上领导机关、领导班子和领导干部中存在的形式主义、官僚主义、享乐主义和奢靡之风问题,以加强中国共产党与人民群众的联系。

第一批群众路线教育实践活动从2013年的年中开始,年底结束。从党员、党组织的面貌和社会效果看,群众路线教育实践活动在党的建设上取得了重要成果,主要是进一步加强了理念信念教育,带动了社会风气的整体好转,初步形成了贯彻群众路线的长效机制,切实为人民群众做了大量实事、解决了一些难事,进一步推动了人民群众生产生活的保障与改善。同时,群众路线教育实践活动,为加强和改进党的建设积累了工作经验。

群众路线教育实践活动是以中国共产党的群众观点、群众路线为理论基础开展的。这一教育实践活动不仅推动了新的历史条件下的群众工作，而且促进了唯物史观的思想理论建设与发展。一方面，在中国的思想理论界，一段时间以来存在将改革开放前后两个历史时期割裂开来并相互否定的学术与社会思潮，严重影响人们对坚持和发展中国特色社会主义、坚持改革开放的思想认识。另一方面，2013年是毛泽东诞辰120周年，改革开放之初出现的"非毛化"即否定毛泽东的历史地位和毛泽东思想的现象，再一次在社会上活跃起来，否定、丑化党和国家领导人的历史虚无主义思潮颇有市场。这些问题关系中国走什么路、向何处去，已到了必须从思想理论上加以解决的程度。

改革开放前后两个历史时期的关系问题，来自于对新中国成立以来历史的认识，在中国的意识形态领域产生了重要影响。历史地看，中国共产党十一届三中全会的召开，重新恢复了马克思主义的思想路线、政治路线和组织路线，决策实行改革开放，由此将新中国成立以来的历史划分为改革开放前和改革开放后两个历史时期。

然而，在新中国成立以来的历史上，一方面毛泽东思想在新民主主义革命时期形成与确立的基础上得以继承、丰富和发展，并指导中国社会主义革命和建设；另一方面则发生了"大跃进""文化大革命"等的严重错误。同时，改革开放以来，逐步实行社会主义市场经济体制，坚持以公有制为主、多种所有制经济共同发展，在促进经济社会发展的同时，也产生了社会分配差距拉大，社会不公平问题显现，腐败问题很突出等现象，出现了"回归新民主主义"等思潮，而否定社会主义改造的必然性和历史发展的合理性。这些历史错误存在、社会思潮的出现，妨碍了人们对历史的认识和对坚持和发展中国特色社会主义的思想自觉和行动自觉。其中的一个基本问题就是，要正确认识和把握改革开放前后两个历史时期的关系。

中国共产党历来十分重视历史经验的总结，以凝聚和增进全党和全社会在各个历史发展阶段的共同思想基础。关于改革开放前后两个历史时期的关系问题，习近平总书记在新进中央委员会的委员、候补委员学习贯彻党的十八大精神研讨班开班式的讲话中，将这一问题作为重点问题进行了阐述，指出这两个历史时期是相互联系的，统一于中国共产党领导人民进行社会主义建设的实践探索之中；但在进行社会主义建设的思想指导、方针政策和实际工作上又是有重大区别的。他强调，这两个历史时期不是对立的，不能用后者否定前者，也不能用前者否定后者。这一论述的发表，在党内和社会上都产生了广泛而深刻的反响，发挥了思想主导和舆论引导作用。

其实，认识改革开放前后两个历史时期关系问题，关键在于如何评价毛泽东的历史地位和毛泽东思想的科学体系。虽然中国共产党十一届六中全会通过的《关于建国以来党的若干历史问题的决议》，在新的历史条件下回答了为什么要坚持和发展毛泽东思想、什么是毛泽东思想及其活的灵魂等一系列理论与实践问题，奠定正确评价毛泽东的历史地位、坚持和发展毛泽东思想的理论与方法论基础，并初步解决中国走什么样的社会主义现代化道路这一历史性课题，成为马克思主义中国化发展史上具有承前启后、继往开来意义的重要历史文献。然而，自此以来，"非毛化"思潮或隐或显，一直没有消失过，逢有关历史节点和纪念活动趁机喧嚣一时。从党的指导思想发展和理论创新来看，评价毛泽东的历史地位、坚持和发展毛泽东思想，是贯穿马克思主义中国化整个历史进程的，不断需要结合新的历史条件、针对新情况新问题加以深化和拓展。

在中共中央举办的纪念毛泽东诞辰120周年座谈会上，习近平总书记发表讲话，回顾毛泽东生平业绩和历史贡献，阐述毛泽东思想的形成与发展，指出不能把历史顺境中的成功简单地归功于个人，也不能把历史逆境中的挫折简单地归咎于个人，也不能撇开其所处时代和社会的历史条件，用今天的时代条件、发展水平、认识水平去衡量和要求前人，苛求前人干出只有后人才能干出的业绩。这就在评价历史人物的问题上，坚持和运用唯物历史观的基本立场、观点和方法，丰富和发展了中国共产党对于党史国史及其领袖人物的科学认识和话语权。这些鲜明立场和认识，增进了坚持和发展中国特色社会主义的历史基础，也使得"非毛化"思潮在社会上有所减退。否定毛泽东的历史地位和毛泽东思想，就会否定中国共产党的一段历史。这一历史逻辑是当代中国正反两方面思想的基础与来源，也在当代中国社会思潮中形成正反两方面力量相角力和争夺的思想领域，并将长期存续，有时可能还很尖锐，成为观察中国共产党选择什么道路、中国社会走向哪里的一个重要的风向标。

除上述思想理论和意识形态建设外，当代中国民族工作中的意识形态问题也越来越突出，主要是面临历史虚无主义和民族理论"西化"的严峻挑战，并在一些领域和民众中造成一定程度的思想混乱与理论模糊，严重影响着维护多民族国家团结统一和反分裂斗争的发展。具有代表性的表现是：①否定民族识别，宣扬中国少数民族是人为"制造"出来的。②把中国作为统一的多民族国家的历史发展虚无化，认为中央政府与少数民族地方的历史关系已失去意义，宣扬美国的自由主义，主张以国家民族主义建构中国社会主体文化。③把民族区域自治视为当代中国民族问题的症结所在，宣扬民族区域自治制度"乱源论"、"过时论"和"取消论"。这些现象在一些社会群体和知识分子中很流行，也很有市场，也使得所谓民族工作、民族政策"失败"的言论与情绪在社会中流传和蔓延。鉴于此，深入研究当代中国民族理论与政策及其话语体系中国化、时代化和大众化，深入研究中国各民族经济社会发展的不平衡性及其规律，深入研究中国特色解决民族问题正确道路的理论体系、政策体系和话语体系，比历史任何时候更为迫切。同时，与民族工作的意识形态问题相联系的，"藏独"分裂主义在后达赖时期调整一些策略与手段，如鼓动喇嘛"自焚"等；新疆分离主义和宗教极端势力暴力恐怖活动加剧，给当地和整个中国社会带来局部性的不稳定和不安全，维护社会稳定、保障社会安全，成为党和政府工作的优先战略和重中之重，不仅加强民族工作中社会稳定和安全体系的顶层设计，而且更加注重少数民族地区基层组织建设，着力保障和改善少数民族的民生。广大民众也积极参与其中，改善和创新社会自治，有力地配合和支持了反分裂、反暴力恐怖斗争的深入发展，经济社会发展和民族团结，始终是当代中国少数民族地区发展的主体与主流。

三 以推动上海合作组织发展为纽带深化全面战略关系

上海合作组织成员国元首理事会第十三次会议在吉尔吉斯斯坦首都比什凯克举行，主要是落实《上海合作组织成员国长期睦邻友好合作条约》（以下简称《条约》），并批准由中国倡议和牵头制定的《条约》实施纲要。会上，中国国家主席习近平发表了题为《弘扬"上海精神"，促进共同发展》

中国与上海合作组织

的讲话，指出上海合作组织发展的机遇与挑战，特别强调了恐怖主义、分裂主义和极端主义"三股势力"，贩毒和跨国有组织犯罪对本地区安全稳定的威胁，以及国际金融危机对各国经济发展的影响，提出在弘扬"上海精神"、共同维护地区安全稳定和着力发展务实合作上，加强成员国之间的相互支持。他还提出了具体的措施，如开辟交通和物流大通道、商谈贸易和投资便利化协定、加强金融领域合作、建立粮食安全合作机制、加强人文交流和民间交往。中国的这些建议和主张被吸收到会议成果之中，中国在上海合作组织发展中的积极作用也必将进一步显现出来。

叙利亚问题是国际社会的一个焦点，上海合作组织成员国元首理事会第十三次会议在发表的《比什凯克宣言》中，阐述了该组织成员国对叙利亚问题的立场。中国国家主席习近平强调了中方对叙利亚局势高度关注，并支持国际社会积极推动停火止暴、劝和促谈，支持俄方提出的将叙利亚化学武器交由国际社会监管并销毁的建议。中国与上海合作组织其他成员国通过该组织积极参与国际事务、协调多边国际关系，维护世界和平与稳定，发挥出越来越重要的作用和不容忽视的国际影响力。

中国国务院总理李克强出席了在乌兹别克斯坦首都塔什干举行的上海合作组织成员国总理会议，与该组织各成员国一起积极推动上海合作组织发展的各项政策、措施的落实。

中国与俄罗斯、哈萨克斯坦、吉尔吉斯斯坦、塔吉克斯坦是邻国，上海合作组织其他成员国是中国的周边国家和周边外交的对象国。中国与这些国家在地理方位、自然环境和相互关系上的特殊性，在中国全方位外交格局中具有重要的战略意义，不仅是国与国之间的外交关系，而且是上海合作组织内部及其各成员国之间的外交关系，并成为中国周边外交关系的重要组成部分。

中国高度重视、积极开展周边外交工作。尽管在中国钓鱼岛问题和南海问题上，中国与有关国家存在争议和分歧，外交关系滑入低谷，但中国周边环境总体上还是稳定的，睦邻友好、互利合作是中国与周边国家关系的主流。其中，中国与上海合作组织其他成员国之间的合作关系发挥了重要作用。2013年10月24~25日，中共中央在北京召开周边外交工作座谈会。会上，习近平总书记强调中国坚持与邻为善、以邻为伴，坚持睦邻、安邻、富邻的周边外交

基本方针。这一方针也是中国处理与上海合作组织其他成员国之间外交关系、经济贸易关系、人文社会往来的基本遵循。

习近平当选中国国家主席后，首次出访选择了俄罗斯。他在与俄罗斯总统普京的会谈中概括了中俄两国之间关系的现状与未来发展趋势。这就是："中俄互为最主要、最重要的战略协作伙伴，深化中俄全面战略协作伙伴关系，在两国外交全局和对外关系中都占据优先的战略地位。"在这次访问中，中国与俄罗斯签订了 32 项合作文件。不仅如此，中俄两国元首还出席了在俄罗斯圣彼得堡举行的二十国集团领导人第八次峰会。据统计，2013 年间，两国元首在不同国际场合进行 5 次会面，规划两国关系的发展，交换两国对国际局势和共同关心的问题的看法与主张，增进了两国之间的共识与友好，提升了两国间全面战略协作伙伴关系的水平。

中国与中亚国家双边关系实现全面战略升级。中亚是中国西北边疆安全屏障和经贸、能源战略合作伙伴。中国国家主席习近平在出席上海合作组织成员国元首理事会第十三次会议之际，对哈萨克斯坦、乌兹别克斯坦、吉尔吉斯斯坦进行了国事访问。在访问中，习近平主席阐述了中国对中亚的政策，其基本点是：中国尊重中亚各国人民自主选择的发展道路，不干涉中亚国家的内政，也不在中亚谋求地区主导权和经营势力范围，同时在关系国家主权、领土完整、安全稳定等重大核心利益问题上彼此相互支持。在这次访问中，中国同哈萨克斯坦进一步深化了全面战略伙伴关系；同乌兹别克斯坦签署了《中乌友好合作条约》；同吉尔吉斯斯坦建立了战略伙伴关系。中国与中亚国家双边关系全面战略升级，增强了上海合作组织发展的基础和各成员国之间的战略合作。

中国与中亚国家处在古丝绸之路上。习近平主席在纳扎尔巴耶夫大学的演讲中阐述了"丝绸之路经济带"的构想，提出加强政策沟通、道路联通、贸易畅通、货币流通和民心相通，以点带面，从线到片，逐步形成区域大合作格局。在上海合作组织其他成员国的区域经济合作中，"丝绸之路经济带"建设，有利于促进中国与中亚、与上海合作组织其他成员国之间互利合作的发展，必将成为上海合作组织发展的一个新的合作领域和外交机制与平台。

中国的发展离不开世界,世界的发展也需要中国。实现全面建成小康社会,需要全面深化改革,也需要和平发展的国际环境。上海合作组织的发展是中国积极参与国际区域合作的典范,中国的发展需要推动上海合作组织的发展。中国坚持独立自主、和平发展,在赢得现代化建设重要战略机遇期的同时,必将对世界和平与稳定发挥越来越重要的作用。

Y.24
吉尔吉斯斯坦与上海合作组织

薛福岐*

摘　要：

2013年吉尔吉斯斯坦国内政局基本保持稳定，经济呈现恢复性增长。2013～2017年国家可持续发展战略确定了五大优先发展方向和一批重大投资项目。议会通过法律撤销与美国的军事基地协议。俄罗斯加大双边合作力度，积极支持吉加入俄白哈关税同盟，吉方通过"路线图"，努力争取税率优惠条件，以图减缓对本国经济可能造成的冲击。2013年吉作为轮值主席国成功举办上海合作组织峰会。年内吉领导人展开经济外交，积极争取国际社会的经济援助和外国直接投资。

关键词：

稳定　恢复性增长　美军基地　关税同盟

2013年吉尔吉斯斯坦发生许多示威抗议活动，但国内政治局势基本保持稳定。在国际金融危机背景下，经济呈现恢复性增长。吉尔吉斯斯坦政府制定的2013～2017年国家可持续发展战略确定五大优先发展方向和一批重大投资项目，但这些项目的实施既需要一个强有力的政府，也需要大量投资。在外交方面，吉尔吉斯斯坦议会通过法律撤销与美国有关马纳斯军事基地的政府间协议。俄罗斯加大双边合作力度，积极支持吉加入俄白哈关税同盟，吉方通过"路线图"，努力争取税率优惠条件，以图减缓对本国经济可能造成的冲击。2013年吉作为轮值主席国成功举办上海合作组织峰会。2013年吉领导人展开

---

* 薛福岐，博士，中国社会科学院俄罗斯东欧中亚研究所研究员。

经济外交，积极争取国际社会的经济援助和外国直接投资，促进本国社会经济发展。

一 政治局势总体保持稳定

吉尔吉斯斯坦自从2010年政权更迭之后以全民公决方式通过的新版宪法大幅度削减总统职权，如总统任期为6年，但只能担任一届且同一人不得两次当选；经济事务由政府处理；总统掌管强力部门和外交事务。议会席位数由原来的90个席位扩大到120个席位，任期5年，职权增加到32项。总体而言，2010年宪法中，总统、政府与议会之间的权力关系较为均衡，基本上排除总统一人专权的可能性。可以说，吉2010年新宪法中对权力架构的安排，汲取了前两任总统借助宪法改革而专权的教训。

当然，这种安排的另一个后果是，国内政治格局只能是维持脆弱的平衡，保障最低限度的政治稳定。目前，现任总统阿塔姆巴耶夫创建的社会民主党，联合尊严党和捷克巴耶夫的"祖国"党以议会微弱多数组建执政联盟。

从目前情况看，虽然对2010年宪法有许多质疑，但国内民众总体上的态度是肯定和支持的。这是国内稳定的一个重要政治因素。对吉尔吉斯斯坦而言，这也是现阶段的最优选项。只有在政局和社会较为平稳的条件下，才能逐步解决社会经济发展问题，进而有可能发展出较为适合本国国情的政治制度框架。

当然，吉尔吉斯斯坦经济和社会发展方面的矛盾依然很多。2013年部分反对派力量和民众围绕库姆托尔金矿的权益展开抗议活动，彰显出政府缺乏相应的能力调整利益结构。政府被迫出动特警应对当地居民的非法集会和针对金矿正常运转的抗议活动。2010年上台的新政权试图借机会与加拿大投资者重新签订合同，关键是重新分配双方在合资公司中的股权比例。

与此同时，反对派往往为反对而反对，拿不出具有建设性意义的主张。2013年新成立的反对派"抵抗运动"及其分裂，显示吉政治发展现阶段的特点依然是反对派的高度分散。预计在2014年吉尔吉斯斯坦国内各派政治力量将加紧活动，分化组合，为2015年的议会选举做准备。

2013年吉尔吉斯斯坦政府大力打击腐败。阿塔姆巴耶夫签署《关于消除权力机关政治及制度腐败原因的措施》总统令，分阶段实施打击腐败行动，力图消除国家权力机关内部腐败发生的制度性原因。

2013年1~9月份前财政部部长（博罗特·阿比尔达耶夫）、前紧急状况部部长（杰米尔别克·阿克马塔利耶夫）和前议长（阿赫马特别克·柯尔季别科夫，"故乡党"议员）都因为涉嫌腐败而被逮捕。这是所谓打击腐败行动的第一阶段。

宗教局势十分严峻。2007年之前，吉尔吉斯斯坦宗教立法过于宽松自由，对成立新的宗教团体的门槛很低，200人便可以成立一个新的宗教团体。宗教立法宽松造成的结果是，伊斯兰宗教团体快速发展，已经超过2000个，这其中就包括来自阿拉伯、巴基斯坦等国的传教士。还有500多个非法的清真寺。许多伊斯兰教团体（джаматы）受外部控制，思想意识形态和资金来自境外。此外，就是传统宗教及其领袖在民众当中失去了威望。吉尔吉斯斯坦的东正教十分封闭，只面对俄罗斯族裔的人群。基督教（新教）在积极吸纳新的信众。此外，300多吉尔吉斯斯坦公民在阿拉伯国家接受宗教教育。

吉尔吉斯斯坦政府认识到问题所在，正在采取积极措施。第一，总统直属的宗教事务委员会正在全国范围举办讲座，向公众说明什么是宗教极端主义。第二，积极推动立法，主要是提高成立宗教团体的门槛。第三，运用法律手段禁止了一批宗教团体，如来自韩国的穆纳（2012年）、Акраматия（印度，总部设在伦敦）和科学教派等。

针对宗教极端主义传播的严峻局面，吉尔吉斯斯坦政府计划成立跨宗教委员会，动员传统宗教的力量协商应对宗教极端主义。此外还计划由政府给伊玛目发工资（吉现在的伊玛目普遍文化程度不高，不懂阿拉伯语），对宗教组织的活动进行规范。

二　经济发展

（一）宏观经济形势

根据吉尔吉斯斯坦国家统计局发布的数字，2013年吉尔吉斯斯坦的国内生产总值为 3500 亿索姆，与 2012 年同比增长 10.5%。扣除"库姆托尔"金矿产出的国内生产总值为 3228.56 亿索姆。其中工业总产值为 1648.43 亿索姆。2013 年职工的名义平均月工资为 11085 索姆，与 2012 同比增长 4%。消费价格指数上升 4%。2013 年通货膨胀率为 1.5%。

2013 年农业和农产品加工业总产值为 1720 亿索姆，占国内生产总值的 1/2，同比增长 2.9%，就业人口则占全国总人口的 68%。农业生产的特点是产品加工度很低，如肉类产品的加工度为 3%~5%，牛奶为 30% 以下，果蔬类产品为 10%，粮食为 25%，皮革和羊毛为 6%~8%。2013 年的粮食产量为 170 万吨，其中小麦 81.94 万吨，土豆 133.2 万吨，蔬菜 88.2 万吨，瓜类 19.6 万吨，豆类 7.98 万吨，甜菜 19.54 万吨，水果 23.36 万吨，肉类产量为 35.49 万吨，牛奶 140.8 万吨。

（二）2013~2017 年国家可持续发展战略（Национальная стратегия устойчивого развития 2013–2017①）

2012 年 12 月 18 日，吉尔吉斯共和国议会批准了 2013~2017 年国家可持续发展纲要和过渡计划。这两份文件是对吉尔吉斯斯坦国家可持续发展战略的实施细则。2013 年 1 月，吉尔吉斯斯坦总统阿塔姆巴耶夫签署 2013~2017 年国家可持续发展战略。这是规划未来 5 年吉尔吉斯斯坦国民经济和社会发展的一份重要文件。

在 2013~2017 国家可持续发展战略框架内，计划在五大领域（农业，电力，交通运输，生产物流和采矿业）实施 77 个投资项目，总投资额为 107 亿美元，其中 39 亿美元的投资（53%）是有保障的，另外 35 亿美元（47%）还需要吸引外国直接投资②。

其中电力行业计划在未来 5 年吸引投资 49.81875 亿美元，实施 16 个投资项目。电力领域投资项目的完成，意味着 2017 年吉尔吉斯斯坦将成为中亚地区最大的电力生产国，在保障本国经济发展和居民生活用电之外，还可以扩大电力出口。采矿业计划实施 16 个投资项目，吸引外资 31.3 亿美元。最大的基

---

① 吉尔吉斯斯坦总统网站，http：//www.president.kg/ru/novosti/1466_ tekst_ natsionalnoy_ strategii_ ustoychivogo_ razvitiya_ kyirgyizskoy_ respubliki_ na_ period_ 2013–2017_ godyi/。

② http：//www.mineconom.kg/index.php?option=com_ content&view=article&id=2899。

础设施项目则是中吉乌铁路,计划2015年开工,投资额为15亿美元。农业领域计划实施24个项目,总投资额为1.41亿美元。

在国家可持续发展战略框架内已签署总额达50亿美元的投资协议。其中部分项目已经完成或正在实施之中。如中国提供贷款2.08亿美元、由中国新疆特变电公司建设的"达特卡"变电站项目已经投入运营。此外,中国投资3亿美元建设的卡拉-巴尔塔炼油厂也已经投入运营。"达特卡-克明"输变电线路投入使用,可以使吉国内电网形成闭环。此外,纳伦河上游梯级水电站项目(投资7.27亿美元)2013年开工。卡姆巴尔塔水电站的可行性报告接近完成。

在实施2013~2017年国家可持续发展战略框架内,预计国内生产总值的增长率将保持在年均7.5%的水平上。随着经济规模的不断扩大,库姆托尔金矿的产出对经济增长率的贡献将逐年下降。预计在2013~2017年四年间可实现国内生产总值翻一番。预计到2017年国内平均工资达到2.6万索姆(约合540美元),平均退休金达到8100索姆(约合170美元)。贫困人口从38%降低到25%。此外,还计划到2017年创造30万个新的工作岗位,为此要在每个部委设立相应的培训中心。

此外,2013~2017年国家可持续发展战略及其实施计划设置了一系列量化指标,独立的监督和评估机制,方便议会和社会公众对实施的过程和结果进行有效监督。

(三)继续发展交通基础设施

2013年9月上合组织比什凯克峰会期间,吉尔吉斯斯坦政府与中国进出口银行签订4亿美元的协议,用于比什凯克—奥什第二条公路的可行性报告和设计文件项目。吉方预计亚洲开发银行、世界银行以及日本方面有可能参与对该项目的投资。

(四)对外贸易

根据吉尔吉斯斯坦海关公布的数据[①],2013年吉尔吉斯斯坦对外贸易增长

---

① http://www.customs.kg/index.php/ru/custstat.

9%，外贸总额为77.362亿美元（2012年外贸总额为75.86亿美元）。其中出口额为17.577亿美元，同比增长4.9%；其中向独联体国家的出口额为7.617亿美元，下降12.4%，向其他国家和地区的出口额为9.96亿美元（增长23.6%）。

进口增长11.1%，进口总额为59.785亿美元。其中从独联体国家的进口为29.244亿美元，增长8.6%，从其他国家和地区的进口为35.41亿美元，增长13.5%。2013年的贸易逆差为44.208亿美元。

电力出口。2013年吉尔吉斯斯坦向乌兹别克斯坦和哈萨克斯坦的电力出口达到23.56亿索姆（约合4320万美元）。吉尔吉斯斯坦"电站"公司按0.028美元/千瓦时的价格向哈萨克斯坦出口14.94亿千瓦时的电力。目前，吉尔吉斯斯坦尚不能做到石油产品自给。据吉尔吉斯斯坦能源和工业部公布的数据，2013年共开采石油8.41万吨，预计2014年开采量为8.41万吨。

根据吉尔吉斯斯坦国家统计委员会的数据，2013年1～9月吸引外国直接投资6.86亿美元，同比增长70%，主要投资领域为不动产、加工业、金融业和宾馆饭店等。其中，中国对吉直接投资2.54亿美元，占直接外资总额的37%，同比增长1.7倍，是第一大直接外资来源国。中方投资的主要行业为地质勘探（占76.7%）和炼油厂等加工业企业（占16.9%）[①]。

（五）外债

吉尔吉斯共和国债务结构（截至2013年5月31日）

债务性质	总额（亿美元）	占2012年GDP的比例（%）
内债	2.72091	4.3
外债	27.91147	47.2
内债和外债	30.63238	51.5

注：债务核算使用2013年5月31日吉尔吉斯中央银行官方汇率，1美元=49.2300索姆。吉尔吉斯斯坦每个居民平均负担的国债为591美元。
资料来源：吉尔吉斯共和国财政部官网，http：//www.minfin.kg/ru/novosti/rukovodstvo/struktura - gosudarstvennogo - dolga - za - yanvar - may - 201.html。

---

① http：//www.customs.kg/index.php/ru/custstat。

三 对外关系

2013年吉尔吉斯斯坦领导人积极开展双边和多边外交活动，积极争取经济援助，扩大务实合作。2013年共签订171个多边和62个双边合作文件。全年共举办22次大型多边或双边活动。总统阿塔姆巴耶夫八次出访（俄罗斯两次，日本、哈萨克斯坦、土耳其、阿塞拜疆、比利时、韩国各一次），其间签署一系列重要的双边合作文件，其中包括减免债务和提供经济援助。

吉尔吉斯斯坦政府的外交政策重点放在邻国。为此，2013年吉尔吉斯斯坦对外交部架构进行调整，将原来的东方国家司改为邻国司，主管吉与中亚邻国、俄罗斯和中国的双边关系事务。吉外交政策的主导思想是，利用自有的有限资源，实施均衡的、面向未来的外交政策。

2013年9月，吉尔吉斯斯坦成功举办上海合作组织比什凯克峰会、集体安全条约组织峰会、突厥语国家峰会，提升了国家形象。其中在上合组织轮值主席国框架内，举办了包括元首峰会和政府首脑理事会会议在内的九场大型活动，签署16项文件和决议。2013年吉尔吉斯斯坦在担任集体安全条约组织轮值主席国期间，共举行六次联合演习。

1. 同俄罗斯的关系

2013年俄罗斯仍然是吉第一大贸易伙伴，双边贸易额增长28%，达到21.938亿美元，其中从俄进口额为20.403亿美元，增长42.7%，向俄出口额为1.535亿美元，下降46%。对俄贸易占吉对外贸易的比重为27.1%，其中出口占7.6%，进口占33.6%。吉对俄贸易逆差为18.868亿美元。

吉对俄出口主要是纺织品和成衣（21.5%，3300万美元），石油产品（34.6%，5310万美元），果蔬烟叶（15.2%，2330万美元），玻璃及玻璃制品（8.6%，1300万美元），机电产品（电机、白炽灯泡、汽车、工具、光学仪器测量仪器等，23.3%，3580万美元），黑色有色金属及制品（5%，770万美元）。在上述产品中，对俄出口的果蔬类农产品下降48.5%，成衣出口下降95%，棉花出口下降53%，非贵金属制品下降15.2%，其他产品的出口均有不同程度的增长。

吉尔吉斯斯坦从俄罗斯的进口主要包括：石油产品（56.7%，11.742亿美元），食品及农产品（12.1%，2.473亿美元），黑色有色金属及其制品（7.6%，1.55亿美元），木材纸张等（6.4%，1.312亿美元），机电产品（锅炉、电气产品、汽车、各种工具仪器等，5.4%，1.101亿美元），化工产品（化肥、药品、洗剂品、化妆品、橡胶制品及塑料，8.4%，1.708亿美元），玻璃、陶瓷制品等（1.6%，3340万美元）。与2012年相比，从俄罗斯的汽油进口量增长11%，航空煤油增长10%，柴油增长23%，机电设备增长2.2%，汽车类产品增长78.8%，黑色有色金属增长33.5%，木材及其制品增长15.1%，洗剂品增长32%，药品增长13%，金属产品增长20%。

俄罗斯继续扩大在吉尔吉斯斯坦的经济存在，控制其经济命脉。俄水电公司签署建设纳伦河上游梯级电站的协议。向俄罗斯天然气公司作价1美元出售吉尔吉斯天然气公司。

俄罗斯继续扩大在吉尔吉斯斯坦的军事存在。2013年9月20日，吉俄两国政府达成一项有关俄方在吉境内联合军事基地的协议，为期15年，包括俄罗斯海军的一个水下武器试验场，俄罗斯海军第338通讯中心，俄罗斯国防部的一个地震观测站和位于坎特的军事基地（名义上是集体安全条约组织的军事基地，俄罗斯空军和防空军第二司令部下属第999空军基地在此驻扎）。俄方每年支付450万美元的土地使用费。2013年，集体安全条约组织在吉南方举行联合军事演习，并在奥什设立指挥中心。

俄方积极争取吉加入俄白哈关税同盟，认为这有利于有效发挥吉方的过境运输潜力①。2013年的谈判主要涉及关税优惠。吉在预定期限之内未能与各方谈判完成"路线图"，主要原因是吉方试图争取更多的税率优惠。

2. 同中亚邻国的关系

2013年1月吉塔边界两国边防军的"对射"是近年来最为严重的一次冲突。吉尔吉斯斯坦独立以来与塔吉克斯坦、乌兹别克斯坦以及哈萨克斯坦的边界谈判未能达成一致意见，边界问题久拖不决，不时引发矛盾和冲突。仅吉乌边界就有56个地段需要划界。2013年在吉尔吉斯斯坦与上述三国边境地区发

---

① http://www.ckgrt.ru/news/ID_198.html.

生41起冲突事件——吉塔边界28起,吉乌边界12起,吉哈边界1起①。

未能完成勘界划界是引发冲突的最基本原因。双方相互指责对方非法侵占土地和水域(放牧、建造房屋、伐木、修建道路水渠、引水等)。自2011年以来,吉乌两国负责边界谈判的政府代表团共举行8次会议,但未能达成任何协议。吉塔边界的勘界工作进展缓慢,2011年以来双方进行7次勘界谈判会晤,但仅仅就15.8公里的边界达成一致意见。在此背景下,近三年来吉塔边界共发生31起冲突,吉方被打死5人,打伤10人。

3. 同美国和欧盟的关系

2013年吉尔吉斯斯坦总统访问欧盟总部。欧盟承诺向吉提供3000万欧元的经济援助支持预算平衡,1350万欧元支持吉法制建设项目。此外,欧盟将为2016年议会选举提供援助,包括组织学术会议、专家咨询等。

美国驻吉军事基地也是两国关系中的一项重要内容。美国驻马纳斯军事基地是2001年12月设立的,其用途是支持美军在阿富汗的军事行动。2013年11月14日,吉方正式照会美国,宣布终止"马纳斯"转运中心有关政府间协议,美方从2014年7月11日起不再使用马纳斯机场。

2013年7月,总统阿塔姆巴耶夫签署了此前议会通过的撤销与美国有关马纳斯军事基地的双边政府协定。吉方计划在马纳斯机场建设本区域最大的民用航空物流枢纽。

4. 同中国的关系

2013年中国国家主席习近平对吉尔吉斯斯坦进行国事访问并出席上海合作组织比什凯克元首峰会。访问期间,双方签署联合声明,将双边关系提升到战略伙伴。在经贸领域,中吉双方共签署了总金额约30亿美元的经贸合作协议②。

此外,在访问期间双方达成贷款协议,中方提供3.9亿美元贷款用于比什凯克热电厂现代化改造,4亿美元用于建设联通南北的第二公路,以及中国开发银行与吉结算储蓄银行1000万美元的合作投资项目。此外,中吉两国政府

---

① http://www.24kg.org/news-stall/170047-salamat-alamanov-v-2013-godu-v-prigranichnyx.html.
② 中国驻吉尔吉斯斯坦大使馆商务参赞处网站,http://kg.mofcom.gov.cn/article/zxhz/sbfw/201309/20130900323215.shtml。

吉尔吉斯斯坦与上海合作组织

签署有关合作建设和运行天然气管道（土库曼斯坦—乌兹别克斯坦—塔吉克斯坦—吉尔吉斯斯坦—中国）的协定。吉方每年可获得过境运输收益。

近几年来，吉方将中方视为经济合作的首要伙伴，对开展各种经济技术合作、帮助吉增强经济实力、电力和成品油供应的自主性、交通基础设施等方面的项目的期望值很高。

在文化人文交流方面，吉尔吉斯斯坦国内对汉语的兴趣与日俱增。目前，有6所大学开设汉语课程，学习汉语的有五六千大学生。

四　问题与挑战

吉尔吉斯斯坦在经济社会发展方面，以及在对外关系方面依然面临一系列长期性的挑战和问题。

第一，经济体量较小，易受外部市场因素干扰。如国际市场粮食价格上涨，而吉尔吉斯斯坦国内市场60%的粮食和面粉依赖进口；国际市场石油价格上涨；欧洲中东国家的金融不稳定；依赖对外举债弥补财政赤字；国际市场黄金价格波动：这些因素都有可能以不同的形式对经济状况产生负面影响。

第二，严重依赖来自俄哈等国劳工汇款。2009～2012年劳工汇款总额达到10亿美元，2012年更是达到19.983亿美元。目前，共有492135名吉尔吉斯斯坦公民在俄罗斯合法居留。

第三，财政对低收入人群的社会保障支出占到财政总支出的16.3%，对医疗卫生和教育的支出分别为20.2%和10.6%。2012年用于社会服务的开支比重达到国家财政支出的47%。在这个意义上，吉尔吉斯斯坦的财政政策是社会导向的。这就要求政府在中长期范围内实现财政收入的可持续增长。

第四，减贫是吉尔吉斯斯坦政府面临的一项艰巨任务。截至2012年，全国38%的居民（215.3万人）生活在贫困线以下，其中65.9%为农村居民。官方确定的贫困线为年收入26182索姆（折合为72索姆/天，1.5美元/天），赤贫的标准线为年收入15434索姆（折合为42索姆/天，0.9美元/天）。

贫困人口在全国的分布不均衡。2011年以来，楚河、塔拉斯以及纳伦三个州的情况有所改善，贫困率整体下降10%。巴特肯州以及伊塞克州仅下降

1.4%。而贾拉拉巴德州的贫困率上升10.4%，奥什州包括奥什市的贫困率上升6.8%。首都比什凯克2012年的贫困率上升3.0%，为21.4%。

政府的减贫计划向失业人员，尤其是农村地区的妇女和青年提供培训，使其获得就业所需的职业技能，支持在境外就业的人员，保障低收入群体、妇女、青年和残疾人的就业权利。

按照吉尔吉斯斯坦经济部的预测，若国内生产总值的增长保持在7.0%～7.5%的水平上，居民平均实际可支配收入增长可达到7.4%/年。到2017年的人均国内生产总值将达到2420美元（2012年为人均1210美元），也就是实现翻一番的目标。预计到2017年的名义月平均工资可达到26053索姆（554美元），比2012年增长130%。职工平均工资与劳动人口最低生活标准线的系数为3.6。预计到2017年平均退休金可达到8164索姆/月（174美元），与2012年相比实现翻一番。作为减贫努力的一部分，吉尔吉斯斯坦积极参与联合国千年发展目标，争取国际社会的经济援助解决国内问题。

Y.25
俄罗斯与上海合作组织

庞大鹏*

摘　要： 从政治体制改革的成效看，俄罗斯实现了政治稳定。但如果结合经济发展及对外战略综合看，俄罗斯的稳定与发展面临挑战。当前，经济增长放缓是俄罗斯政治稳定的隐忧，乌克兰危机对俄罗斯的发展战略亦有掣肘。需要在欧亚地缘政治经济格局的视野下看待俄罗斯与上海合作组织的关系。

关键词： 俄罗斯　国内形势　对外战略　安全态势　上海合作组织

2013年俄罗斯国内形势、对外战略、安全态势等出现了很多新的变化，尤其是乌克兰危机爆发以来对俄罗斯的影响值得关注。乌克兰危机是冷战结束后在国际政治中俄罗斯与西方结构性矛盾的总爆发，将深刻影响未来相当长历史时期内国际格局的变动。乌克兰危机是乌克兰国内外多种因素互相影响的结果。2013年11月乌克兰暂停签署欧盟联系国协定是导致乌克兰国内局势紧张的直接原因。而围绕是否签署协定的争斗则更多反映了乌克兰自苏联解体以来长期未能彻底解决的国家认同与发展道路问题，这也是此次局势紧张的深层原因。而俄罗斯实现发展战略需要一个良好的外部环境。乌克兰危机导致俄乌关系及俄罗斯与西方关系全面恶化并将长期处于软对抗的博弈状态，这对俄罗斯的国际环境和周边安全环境有消极影响，进而对俄罗斯国家形象、国家认同、

---

* 庞大鹏，中国社会科学院俄罗斯东欧中亚研究所研究员。

发展动力及政治稳定等方面产生连锁不利反应，俄罗斯实现既定的发展战略目标面临挑战。

一 国内形势

普京执政以来，先后两次对政治体系的运行机制进行改革。2000～2005年，针对叶利钦时代地方权力自行其是、多党政治无序等现象，普京在政党制度、联邦制度、选举制度、议会制度上进行了一系列改革。通过改革，培育了一个全国性的政权党，加强了垂直管理，维护了联邦统一。到了2006年，普京在国情咨文中宣布，俄罗斯已经有针对性地消除了国家建设和社会领域中出现的偏差。在普京看来，俄罗斯政治体制改革的任务基本完成，俄罗斯长期的任务就是促进经济社会快速发展。但是，2008年开始的金融危机暴露了俄罗斯发展道路的局限性。2009年梅德韦杰夫在国情咨文中表示，俄罗斯由于政治社会封闭和集权统治，已经取得的成就难以维持。2011年底俄罗斯爆发的政治抗议运动，更是暴露了普京时期形成的这种低度政治参与的政治体制的弊端。因此，在2011年12月，俄罗斯提出了全面政治体系改革的口号。这次改革的目的是为了增强政治竞争性。在近两年多的时间里，普京在政党、议会、联邦等制度的运行机制上再次作出调整。这是2013年俄罗斯形势发展的总体背景。

2012年4月，修改后的政党法开始施行。在此之前俄罗斯只有8个政党。截止到2013年7月11日，俄罗斯共有79个政党，其中在国家杜马有4个政党，地方议会有11个政党。另外还有在司法部登记的72个以成立政党为目标的组织委员会和263个社会政治团体。2013年联邦委员会议员直选的法律开始实施。新办法的主要变化是将来自行政机关的代表的产生办法与联邦主体行政长官选举联系在一起。每名行政长官候选人可以推举3名人选，选举中获胜的行政长官候选人从自己所推举的人选中选择1人派往联邦委员会。2014年2月14日，俄罗斯国家杜马通过法律，将国家杜马选举制恢复至混合选举制。国家杜马的450名议员中的225名议员由全国225个选区直接选举产生，另外225名议员由在全国选举中得票率超过5%进入国家杜马的政党根据所得票数的比例分配议会中的席位。2012年6月，恢复地方行政长官直选，2013年3月进行调整，联邦主体有权选择保留行政长官直选或者通过地区立法会议实行行政长官选举程序。

从这两次政治体系的改革来看，2000~2005年是以收为特点，2011~2013年以放为主，但是，无论是前一次的加强中央的权力的改革还是这次加强政治竞争性的改革，最终的政治效果却是类似的：一是控制的本质没变，而且2011年以来的改革更具软性控制的特点。二是政治生态的特点依然是统一俄罗斯党一党主导，改革后的联邦会议及地方行政长官的选举依然掌握在政权手中。

如果单就政治体制改革的成效看，俄罗斯实现了政治稳定。但如果结合经济发展及对外战略综合看，俄罗斯是否能保持稳定值得思考。最主要的是经济增长放缓对俄罗斯政治稳定的影响。

2012年下半年以来，尤其进入2013年以来，俄罗斯出现经济增长放缓甚至停滞的问题，俄罗斯联邦国家统计局2014年1月31日公布初步统计数据，2013年俄国内生产总值较上一年仅增长1.3%，低于预期，不及2012年3.4%增速的一半。2013年11月9日，经济发展部又下调2013~2030年俄经济增速预测，2030年前年均增长为2.5%。进入2014年，经济形势更加严峻。2014年1季度，俄罗斯GDP增速放缓至0.3%。尤其值得关注的是，2013年俄罗斯全年资本外流总共为630亿美元，但2014年前两个月，俄罗斯资本净流出量为350亿美元，已经超过去年全年的二分之一。2014年俄资本外流可能达1000亿美元。企业外债不断增长，1月份达到7320亿美元，占GDP的34%以上，接近2009年35.4%的历史峰值。俄外汇储备持续下降，现在只有4723亿美元。国际货币基金组织预测2014年俄经济将仅增长0.2%。

面对经济停滞的严峻挑战，普京实施《战略规划法》，拟定社会经济发展五年计划，还启动西伯利亚铁路扩建工程。2014年5月，普京调整了西伯利亚和北高加索两个联邦区总统全权代表，任命了强力部门的领导人，这被看做是为了防止政治和经济形势恶化可能造成的挑战，加强垂直领导体系对风险加以防范。可见，经济问题已经影响到了政治稳定。很多俄罗斯学者指出，现有的举措很难有效，只有真正的体制改革才能避免重蹈20世纪70年代的停滞局面。

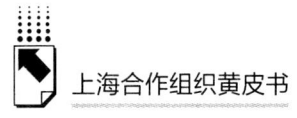

二 对外战略

除了经济问题,乌克兰危机爆发以来,俄欧关系所体现出来的国家认同和自我国际定位对俄罗斯国内发展的影响值得关注。

俄罗斯与欧洲的关系不是一般外交范畴的双边关系,其重要性远远超过人们津津乐道的双边经贸关系、能源依赖乃至安全合作等一系列对外战略中的常规问题。对于俄罗斯而言,俄欧关系具有国家认同的战略意义,归根结底与俄罗斯的文明选择与自我国际定位密不可分。苏联解体后,俄罗斯是一个什么样的国家?俄罗斯的发展道路在哪儿?这是俄罗斯转型与发展的核心问题。而要回答这一问题,首先就要正确处理俄欧关系问题,这是历史上"俄国与西方"问题在当代的延续。因此,研究俄欧关系,分析俄罗斯对欧盟东扩的看法,关键是要看在不同历史时期,俄罗斯对于国家认同及自我国际定位的不同观念理解与战略选择。

苏联解体以后,在叶利钦时代,俄罗斯坚持欧洲-大西洋主义,俄欧关系的发展基本顺利。1994年6月俄罗斯与欧盟签署的《伙伴关系与合作协定》明确了俄罗斯与欧盟关系的性质,即俄罗斯在欧洲方面的主要利益与欧盟息息相关,欧盟是俄罗斯在欧洲建立合作关系的主要伙伴。1999年欧盟通过的与俄罗斯发展关系的总战略,以及俄罗斯提出的建立同欧盟关系的中期发展战略(2000~2010年)则进一步奠定了这种合作关系的政策基础。普京上台后延续了俄欧关系发展的良好势头,明确提出与欧洲国家的关系是俄罗斯外交政策传统的优先方面,其中与欧洲联盟的关系具有关键性意义。1999年12月,普京表示:当今世界在沿着一体化程度越来越高的道路上发展,欧盟是实现这种进程的范例,俄罗斯希望通过欧洲联盟能够更紧密地加入欧洲大陆的经济合作以实现自身的快速发展。因此,普京执政之初对欧盟东扩表示理解,并且强调俄罗斯的战略目标就是建立俄罗斯和欧盟在新的更高水平上的协作关系。这种关系旨在同欧盟保持长期的战略接近。

然而,2003年以后在格鲁吉亚、乌克兰、吉尔吉斯斯坦等独联体地区的一些国家相继发生颜色革命,导致这些国家出现政治危机与动荡,更在一定程度上鼓舞了俄罗斯国内反对派，对俄罗斯的政治稳定造成挑战。颜色革命的主因肯定是国内因素，但由于别斯兰人质事件后西方对于普京政治改革的指责和压力，俄罗斯更多地将颜色革命爆发的原因解读为外部影响。普京认为，颜色革命表明，西方出于政治上的考虑，绕开各种法律准则，在国际关系中用武力解决某些问题。这一国际政治观一以贯之，随后发展到2005年的主权民主思想，再到2007年慕尼黑讲话对单极世界的抨击。最集中的体现是在乌克兰危机后普京2014年3月18日关于克里米亚问题的演讲。这一国际政治观的核心理念是影响国家安全与发展的外在因素是欧美干涉及单极霸权，内在危险则为违宪武力夺权。

正是基于这种判断，俄罗斯认为，通过吸收新成员，逐渐扩大西方的势力范围，并在国际政治中保持敌我分界线的方针是"冷战胜利综合征"的表现。由此俄罗斯对欧盟东扩的看法出现变化。2007年俄罗斯对外政策概论指出，俄罗斯与欧盟的战略伙伴关系的发展总体上是建设性的，但是2004年加入欧盟的国家试图利用成员资格的优越性来解决与俄相关的政治问题，把俄与欧盟的关系变为其自身狭隘的国家利益的筹码。俄罗斯认为，欧洲需要建立真正开放、民主的地区集体安全与合作体系，应该通过与欧盟的平等合作，来实现欧洲没有断层的真正统一。

就在俄欧关系踯躅不前之时，2008年的俄格战争进一步恶化了双方业已存在的矛盾。2009年，欧盟推出了"东方伙伴关系计划"。俄罗斯认为该计划的主旨是进一步蚕食和挤压其战略空间。此后，俄罗斯开始对国家身份的认同进行重新思考。2011年10月竞选总统前夕，普京提出了欧亚联盟的构想，要在欧亚大陆建立强大的超国家联合体模式，使之成为当代世界多极中的一极，并成为欧洲与亚太地区的有效纽带。

欧亚联盟背后体现的是普京的欧亚战略。表面上看，欧亚战略是要实现三个斯拉夫国家——俄罗斯、乌克兰、白俄罗斯——的重新一体化。但其实质是寻求俄罗斯主导的独联体一体化，维护俄罗斯在独联体的势力范围。因此，2011年以来，俄罗斯国家认同的基本特征是两点：一是俄罗斯倡导的一体化，不是经济一体化，也不是政治一体化，而是国家一体化。二是与国家一体化的内核相互联系，普京的战略目标不是恢复西方所担心的苏联，而是试图建立一个斯拉夫文明的新俄罗斯。在自我国际定位明确的前提下，俄罗斯领导层制定出相应的大政方针。而欧亚战略集中体现了俄罗斯精英阶层的时代观和国际政治观，它构成了当代俄罗斯国家身份认同的基础。

随着欧亚战略的提出，俄罗斯对欧盟东扩所涉及的国家拆分为三个板块来看待：独联体国家的欧洲部分、中欧和东南欧。这种细分的目的是为欧亚联盟顺利推进而采取的有针对性的政策。独联体的欧洲国家指白俄罗斯、乌克兰和摩尔多瓦。俄罗斯把它们视为对其扩大势力范围并对欧盟施加影响具有战略意义的国家。中欧国家，特别是波兰是对独联体邻国造成消极影响的潜在根源。因为波兰是欧盟东部伙伴关系计划的主要发起国和积极推动者。东南欧则被俄罗斯看成是一个传统的利益区。在2013年外交政策构想中，俄罗斯对东南欧的政策十分明确，即全力发展同东南欧国家全面务实和平等的合作，因为这一地区对俄罗斯具有重要的战略意义，是向欧洲国家输送石油和天然气最大的运输和基础设施枢纽。与东南欧的地区间关系也被俄罗斯视为与欧美进行重要战略博弈的一组国际关系，因为这与俄罗斯南部高加索地区及黑海沿岸的安全环境密切相关。与此同时，这一地区也是后冷战时代俄罗斯与西方在欧洲博弈的主要争夺点之一。

在上述三个板块中，独联体国家的欧洲部分对于俄罗斯欧亚战略的实施至关重要。当前的乌克兰危机反映了这一点。既然俄罗斯要依靠整合独联体实现国家重新崛起，俄罗斯就难以接受乌克兰脱俄入欧。如果乌克兰脱俄入欧，普京的欧亚战略就不会实现，俄罗斯的发展前景也会因此面临挑战。正是基于上述战略考量，普京要"收回"克里米亚，并提出俄罗斯的调解方案，即乌克兰实行联邦制与中立化。但这导致俄罗斯与欧盟出现价值观理念上的分歧，与欧洲各国业已形成的大欧洲联合的社会共识存在根本分歧。俄罗斯对欧盟东扩的看法与90年代相比因而也发生了本质上的变化，质疑大于理解。

未来俄罗斯对欧盟东扩的抵制态度很难发生转变，其原因是，从更深的层次看，欧盟东扩问题已经触及俄罗斯民族国家属性和文明的归属问题，即俄罗斯究竟应该纳入西方文明还是纳入东方文明，还是俄罗斯应该保持和发扬自己的文明传统，或者是根据自己的特点创造一种新的文明。所有这些辩论归根到底集中为一个焦点：俄罗斯究竟应该走向哪里。欧亚战略已经回答了这个问题，就是俄罗斯需要通过经济、政治和军事的一体化，逐渐使独联体国家同俄罗斯重新联合起来，走向复兴和重新崛起。说到底，以区域性帝国的方式崛起是俄罗斯的路径依赖。从这个意义上说，欧盟东扩与俄罗斯欧亚战略有结构性矛盾，俄罗斯对欧盟东扩持负面看法也就不难理解了。

三 俄罗斯安全态势

俄罗斯认为，在现今阶段，国际社会发展的特点是意识形态领域的对抗减弱，谋求绝对领先地位的国家和国家集团的经济、政治和军事影响力水平下降，而另一些国家的影响力则日益增长，出现多极化、不同进程的全球化。许多地区冲突仍未得到调停。武力解决上述冲突的趋势犹存，其中也包括与俄罗斯毗邻地区的冲突。现有的国际安全体系，包括其国际法机制在内，无法保障所有国家享有平等的安全。在这一认识基础上，俄罗斯制定了2020年前国家安全战略。

"2020年前俄罗斯联邦国家安全战略"从总体上明确了发展短期（到2012年）、中期（到2015年）和长期（到2020年）国家安全保障体系的目标、重要方向和任务。在八个战略性国家安全优先考虑的领域内，采取了统一的方法论模式：首先提出战略目标，其次分析每种危险，然后提出有的放矢的举措。最后一部分包括实施该战略所涉及的组织、规范、法律和信息问题。尤其引入一种通过控制参数去评估国家安全状况的评估体系，以便对国家安全作出动态评估。首先是经济标准即失业水平、10%最富裕阶层与10%最贫困阶层的收入比、消费价格增长速度、国家内外债务占GDP的比例。其次是社会因素，其中考虑的是卫生、文化、教育和科学资源的保障程度。最后是军事标准即每年的武器更新水平和军事人才保障程度。

可见，俄罗斯放弃了原先那种传统的狭隘的对国家安全的诠释，不再把其看作主要是军事或地缘政治概念，而是采取一种较为系统的认识。传统上俄罗斯关注的是硬实力，视其为威胁的根源，也是回应威胁的手段，结果造成军工综合体的利益和需求远远胜过经济与社会安全利益的诉求。但在全球相互依存并交织着全面竞争的时代，实力的参数已变得极其丰富多彩，不仅包括军事实力或经济指标，还包括其他许多因素，例如人口资源、人力资本的素质、从生活水平角度来看一个国家所具有的吸引力以及国家依靠自身文化实现现代化的能力。2020年前国家安全战略注意到这些因素，在国家安全的排序上，经济

和社会安全位置显著上升。除了国防与军事安全，把经济和社会安全提到了首位，承认国家社会经济和人文状况对安全保障所具有的意义并不亚于国防能力，并据此采用了全新的国家安全控制参数。

若按照上述俄罗斯对安全态势的基本判断，俄罗斯当前显然处于非正常的国家安全状态。从周边态势的传统安全看，乌克兰及其周边黑海地区是国际政治中一个地缘战略紧张的地区，苏联解体后，围绕这一地区已经爆发了国内种族冲突和邻国冲突，这些冲突在这些国家中导致持续不断的紧张关系。冲突包括：俄乌关系的克里米亚半岛问题；摩尔多瓦德涅斯特河左岸地区问题；克里米亚鞑靼人问题；两次车臣战争；北高加索地区的种族和宗教冲突；2008年俄格战争；阿布哈兹和南奥塞梯问题；亚美尼亚和阿塞拜疆之间围绕纳戈尔诺－卡拉巴赫的战争和冲突等，上述问题都直接或者间接与俄罗斯有关。因此，普京重新入主克里姆林宫以后，把南部安全作为重中之重。除了直接的冲突，这一地区还面临冷战结束以后诸多具有指标性意义的问题：民主模式的传播、能源问题的博弈、东南欧即巴尔干地区的稳定等。乌克兰及其周边黑海地区实际上已成为"欧洲－大西洋"观念和亲俄观念对抗的地区。西方扶持这一地区多个次一体化区域性组织，如格鲁吉亚、乌克兰、阿塞拜疆和摩尔多瓦组成的古阿姆组织以及乌克兰与格鲁吉亚组成的民主选择共同体。而俄罗斯保持影响力的主要手段是在该地区驻军并保有实际控制力，例如驻扎在塞瓦斯托波尔的黑海舰队，同时利用能源杠杆向这一地区的周边国家施加压力。但是，克里米亚公投入俄以后，俄罗斯有一部分政治精英认为，俄罗斯在自己周边制造了一个不稳定地带，西部和南部的邻国今后都一心脱欧入俄。在这些国家出现了强烈意识，反对俄罗斯对它们抓住不放。俄罗斯给自己邻国制造阵痛的现实，让其邻国希望远离执行反西方政策的俄罗斯，它们认为俄罗斯是其自身融入欧洲的威胁。[1] 这种周边安全的态势对俄罗斯的消极影响难以估量。

从俄罗斯的综合安全观看，以软实力的国家形象为例，俄罗斯的安全态势也不尽如人意。为改善国家形象俄罗斯近年来进行了大量的工作并取得了一定

---

[1] Григорий Явлинский, Россия создает вокруг себя пояс нестабильности, Ведомости, 27 февраля 2014.

效果,现在由于乌克兰危机这些成果几乎付诸东流。克里米亚公投入俄后,一方面,普京支持率升至五年来的新高,2014 年 3 月 15～16 日的民调显示,普京支持率为 75.7%。另一方面,国际社会对普京及其团队的信任度降低。这既与俄罗斯表现出来的对地缘政治利益的追求有关,更与俄罗斯的不可预见性和与西方价值观对立的现实密切相连。① 政治技术中心副主任马卡尔金认为,俄罗斯对乌采取的强硬政策得到了国内舆论的支持,但是国际社会的看法与俄民众完全不同。即便能以最小代价摆脱危机,对俄罗斯侵略性帝国的印象还是会长期存在。俄罗斯实际上自我隔离于西方,这威胁到俄罗斯企业在国际市场的地位,并可能打击陷入衰退的经济。②

本来经过普京执政以来一系列行之有效的治理,俄罗斯政治社会基本保持稳定。2009 年通过的《国家安全战略》认为,俄罗斯已克服 20 世纪末系统性政治和社会经济危机的后果:遏制了俄罗斯公民生活水平和质量的下降,战胜了民族主义、分裂主义和国际恐怖主义的进攻,防止了对宪法制度的损害,维护了主权和领土完整,恢复了增强自身竞争力并作为形成中的多极国家关系的一个关键主体捍卫国际利益的能力。但是,当前的乌克兰危机对俄罗斯政治稳定产生了消极影响。从 2013 年开始,俄罗斯国内局势的突出特点是经济增长放缓对社会稳定形成挑战,导致俄政治安全领域原本就存在的难题如宗教民族问题更加突出。乌克兰危机爆发后,俄由于收回克里米亚引起西方经济制裁,俄当前经济发展陷入停滞,外资大量流出。在 2011 年国家杜马期间开始登上政治舞台的中产阶级担心国家遭到孤立,也不愿意俄罗斯处于与西方处于全面紧张的状态。③ 从长期看,这些因素都将对政治稳定局面形成挑战。更为不利的是,由于俄罗斯与西方关系的恶化,未来俄罗斯现代化发展的动力不足。外交和国防政策委员会主席团名誉主席卡拉加诺夫认为,西方相对衰弱导致俄罗斯现代化的推动力减弱,俄罗斯历史上这种推动力一向来自西方。普京时代形成的强力阶层抵制西方十分活跃,而俄罗斯的发展动力则日益削弱。④

---

① Татьяна Становая, Внешнеполитический вираж, http://www.politcom.ru/17366.html.
② Алексей Макаркин, Украинская стратегия россии, http://www.politcom.ru/17258.html.
③ Почему Путина не пугает изоляция, Независимая газета, 17 марта 2014.
④ Сергей Караганов, Однобокая держава, Ведомости, 4 декабря 2013.

四 俄罗斯与上海合作组织

乌克兰危机之前,俄罗斯外交的中心任务是在变化世界中建立强大国家,为此需要为长期稳定发展和经济创新改革提供良好的外部环境。同时,推动独联体一体化进程是俄对外政策优先方向。俄还坚持扩大与欧盟战略合作领域,而维护俄美稳定和可预测的协作符合两国共同利益。这些本来都是普京执政以来反复强调的基本理念。

乌克兰危机之后,俄罗斯外交与国家安全的重心都集中在了独联体地区。2013年12月24日,欧亚经济委员会最高理事会会议召开,明确了亚美尼亚和吉尔吉斯斯坦加入关税同盟的"路线图",并再次确认2015年1月1日成立欧亚经济联盟的目标。随着俄罗斯欧亚战略的重要载体——欧亚经济联盟提上议事日程,如何看待它与中国提出的"丝绸之路经济带"之间的关系?如何看待俄罗斯欧亚战略同上海合作组织的关系?俄已站在欧亚联盟的角度,来构筑未来的对华关系。如何在欧亚地缘政治经济格局的视野下看待中俄关系?

"丝绸之路经济带"是一个区域经济一体化倡议。习近平主席在提出"丝绸之路经济带"构想的同时,也提出了经济带的内涵:政策沟通、道路联通、贸易畅通、货币流通、民心相通。如果实现了"五通",欧亚大陆会出现以合作促发展,以发展促稳定的地区合作大格局。上海合作组织自成立以后,多边经济合作不尽如人意。"丝绸之路经济带"的倡议,在地域上突破了上合组织成员国范围,如何设计出高效率的合作机制是这一构想能否得到落实的根本,可以说"丝绸之路经济带"建构的核心问题是合作机制。

一方面,随着欧亚经济联盟的建设以及"丝绸之路经济带"的提出,俄国内出现一种声音,认为上合组织的主导国家——俄罗斯和中国对上合组织的战略兴趣降低。两国更关心自己的项目。俄罗斯关心的是欧亚经济联盟,中国着力打造"丝绸之路经济带"。两个项目会以某种形式破坏上合组织的发展。另一方面,俄国内也有一种观点,认为上合组织应该在当前的环境下更加积极进取,需要建立一些重大的突破性项目。成立上合组织开发银行和开设专门账户可以算作这种项目。把印度和巴基斯坦吸收进组织,使其成为正式成员国,这也算是重大的地缘政治决定，同时还能加强安全方面的潜力。[1]

上述两种声音，不论对上合组织发展持消极还是积极的态度，其实都反映了在欧亚战略的视角下俄罗斯对于中国在欧亚地区一体化政策的怀疑态度。而中国建设"丝绸之路经济带"，着眼于整个欧亚大陆的经济合作，如果没有俄罗斯的参与和支持，该设想的前景大打折扣。从这个意义上讲，中国应充分利用两国战略协作的沟通机制，就构建"丝绸之路经济带"的合作问题与俄罗斯进行充分的沟通。只有这样，才能真正实现利益共同体的目标。

即使在战略协商层面实现了有效沟通，还应考虑到实际项目建设上可能会出现的问题。俄国内有学者就提出，"丝绸之路经济带"项目启动实施，意味着大部分商品、服务、资金途经欧亚联盟时，将会扩大中俄两国的区域矛盾。俄学者还认为，2014年的阿富汗安全局势尚难预料，区域安全问题客观上也会对欧亚地缘政治经济发展前景产生影响。俄罗斯在安全领域的巨大投入，会为包括中国目前以及未来的欧亚经济项目的实施提供稳定环境。因此，中俄双方应有妥协和相互让步，在区域一体化过程中彼此独立而又同时发展。[2] 俄国内的这种认识实际上将中俄在上合组织内如何更好地展开战略协作提升到一个新的高度。中国应该继续在上合组织内加强对俄的战略沟通。从一定意义上说，中俄在上合组织内的关系，实际上是中俄在中亚的关系。上合组织是中国在中亚唯一的多边机制，对中国而言其重要性不言而喻。但是，俄罗斯除了上合组织，它还有欧亚经济共同体（2015年1月1日起建立欧亚经济联盟）和集体安全条约组织。这两个组织是俄罗斯主导的，是俄控制中亚最主要的机制。因此，俄对发展上合组织与中国有所不同。而且，历史与现实的因素，俄对中亚的心态也远比中国复杂。实际上，上合组织的经济合作存在的问题，从某种意义上说，也是中俄在中亚关系的反映。

俄罗斯国内很多学者提出，上合组织必须加强变革，以期发展壮大。其一，在上合组织各领域的合作中，社会经济方面需要加强。为发展经济合作，

---

[1] http：//rus.ruvr.ru/2013_11_27/JEkspert-Dlja-razvitija-SHOS-nuzhni-prorivnie-proekti–7569/27 ноября 2013，15：03 0 Эксперт：Для развития ШОС нужны прорывные проекты.

[2] Сергей Лузянин，«Интеграционное возвышение»Китая，25 ноября 2013，http：//rus.ruvr.ru/2013_11_25/Integracionnoe-vozvishenie-Kitaja-Mezhdu-Centralnoj-i-Vostochnoj-Aziej–4951/.

一定要有金融根基,而唯有成立上合组织银行的项目得以落实,才具备这样的资金后盾。一个更为强大的上合组织能够在很大程度上平缓热点地区的紧张局势。① 其二,上合组织已经走过了初期阶段,接下来需要迈出新的一步,即必须实现上合组织的扩员,建立不仅能够解决经济问题,而且可以解决军事问题的更大规模的组织。应该考虑"大中亚"范畴内的安全与稳定。② 其三,在解决国际热点问题上有所建树。俄学者认为,创建上合组织的初衷为了稳定中亚地区局势。上合组织已完成了这一任务。目前,上合组织在稳定地区局势方面的行动空间客观上要求扩大。俄学者提出最重要的是让上合组织在未来能够继续作为一个非军事组织而存在。它是一个促进稳定的组织、一个推动经济合作的组织。一些可能引发亚洲局势动荡的问题,如在叙利亚、伊朗、阿富汗、朝鲜等问题上,可能促成某些新协议的达成。③ 可见,俄罗斯对于上合组织下一步的发展壮大基于厚望,希望上合组织可以在平衡国际战略格局、营造新型国际秩序上发挥更大的国际影响。中国如何回应这种诉求也是处理好中俄战略协作伙伴关系的重要内容。

对中国而言,立足周边、放眼全球的周边外交已经成为中国外交战略的亮点,而中俄关系是中国周边外交的重中之重。俄罗斯是中国最大的邻国,两国有 4300 公里的边界线。相邻国家的关系,特别是相邻大国的关系,对一个国家的安全和发展会产生重大影响,有时是决定性的影响。随着中国提出"丝绸之路经济带"的倡议,欧亚地缘政治经济格局成为俄罗斯处理与上海合作组织关系的主要着眼点。中国需要在明确以上合组织作为建设"丝绸之路经济带"基本依托的前提下,尽快提出一系列具体的理念与举措,以期能够实现与地区国家的共同发展、共同繁荣。

---

① Эксперты: Перед лицом внешней угрозы ШОС обрел новые очертания, 13 сентября 2013, http://rus.ruvr.ru/2013_09_13/JEksperti-Pered-licom-vneshnej-ugrozi-SHOS-obrel-novie-ochertanija-0764/.

② Алексей Пилько, Будущее ШОС – это выведение ее на новый уровень, 27 ноября 2013, http://rus.ruvr.ru/2013_11_27/exvideo-Aleksej-Pilko-Budushhee-SHOS-jeto-vivedenie-ee-na-novij-uroven-6788/.

③ Эксперты: Перед лицом внешней угрозы ШОС обрел новые очертания, 13 сентября 2013, http://rus.ruvr.ru/2013_09_13/JEksperti-Pered-licom-vneshnej-ugrozi-SHOS-obrel-novie-ochertanija-0764/.

Y.26
塔吉克斯坦与上海合作组织

王 聪*

摘　要： 2013年塔吉克斯坦政治总体稳定，大选顺利进行，拉赫蒙继续连选连任。选举胜出后，拉赫蒙总统旋即组成一个几乎全新的年轻内阁。2013年塔吉克斯坦宏观经济数据表现较好，但制约经济发展的固有桎梏并没有完全消除。安全方面虽然没有受到成规模的恐怖袭击，但仍饱受"三股势力"、跨国有组织犯罪等问题困扰。外交方面，除了与乌兹别克斯坦有所不和外，与其他主要国家关系均有所发展。2013年，塔吉克斯坦继续积极参与上海合作组织的各项活动，与上合组织发展形成良性互动。

关键词： 塔吉克斯坦　政经形势　上合组织

一　政治与安全形势

（一）大选顺利进行，拉赫蒙总统控局牢固

2013年，塔吉克斯坦最重要的政治事件莫过于拉赫蒙在总统大选中连选连任。11月6日，大选如期举行，共有6名候选者参加。选民总数为420万人，参加投票的为378万人，投票率为90%。11月中旬，塔吉克斯坦中央选举委员会公布最终结果，现任总统拉赫蒙以84.2%的高得票率首轮胜出，成功连任。按塔吉克斯坦相关法律规定：投票率超过50%，选举即被视为有效；

---

* 王聪，中国现代国际关系研究院俄罗斯研究所研究人员。

首轮投票中如有候选人获得50%以上的选票即可当选。应该说,此次大选无论从组织过程还是最终计票都是公平公正的,得到了国际社会的普遍认可。拉赫蒙作为平定塔吉克斯坦内战的功臣,2013年再度连任总统也不算出人意料。首先是他执政多年,领袖气质突出,带领塔吉克斯坦人民在经济、社会等各领域取得不错成绩。近年,凭借着劳工侨汇和外援流入的稳定,塔吉克斯坦GDP增速一直保持在7%左右,这在独联体国家处于前列,塔吉克斯坦的贫困人口比重也大幅下降。其次是拉赫蒙对总统选战准备十分充分。他一方面出兵清剿了常年盘踞在东部戈尔诺-巴达赫尚自治州的反政府武装,做到对全国的实际掌控;另一方面通过任免地方人事、给强力部门官员授勋等方式扩大支持面。此外,拉赫蒙总统还注重引导舆论导向,重视互联网等新型传媒的造势作用,所以能够以高得票率胜出也算实至名归。

选举胜出后,拉赫蒙总统旋即对内阁进行了大幅度调整,更换了包括总理、外长、财政部长、交通部长等主要政府成员。任命索格特州州长拉苏尔佐达为总理,拉苏尔佐达现年52岁,曾任塔开垦及水资源部长、议会上院副议长、索格特州州长等职。另任命萨伊托夫为第一副总理,扎波洛娃为副总理,伊布拉希莫夫为副总理。任命阿斯洛夫为外交部长,阿此前担任塔驻联合国常驻代表,现年49岁;任命乌斯莫诺夫为能源及水资源部部长;任命波波耶夫为工业及新技术部部长等。新一届政府由22名成员组成,最大的特点就是年轻化,平均年龄仅为52岁。此外,2013年底,拉赫蒙总统还对政府机构进行了大幅改组,包括能源工业部改组为能源及水资源部,教育部改组为教育及科学部,劳动及居民社会保障部改组为劳动、移民及居民就业部,卫生部改组为卫生及社会保障部,塔总统国家服务局改组为总统国家服务署,政府宗教事务委员会改组为政府宗教事务、民族传统、庆祝活动和仪式管理委员会,政府建设及建筑署改组为政府建设及建筑委员会等。① 2014年1月,拉赫蒙对总统办公厅进行了机构调整,取消总统高级顾问、总统助理等。新设职位包括总统经济事务助理、总统外交事务助理、总统人事事务助理等。

---

① 《塔吉克新当选总统对部分政府机构进行调整》,http://tj.mofcom.gov.cn/article/jmxw/201311/20131100397804.shtml,最后上网日期:2013年12月1日。

(二)修改选举法,备战2015年议会选举

2015年,塔吉克斯坦将举行议会选举。为回应西方对塔议会选举程序缺陷的指责,2014年2月塔对选举法进行了修订。新修订的选举法提高了议会中由党派选举产生的席位,规范了国外塔国籍公民参与选举的规章制度,大幅下调了议员候选人登记保证金,禁止国家机关人员出席候选人与选民的见面会等。

(三)非传统安全问题较为突出

塔吉克斯坦是中亚非传统安全风险最高的国家之一,饱受"三股势力"、跨国有组织犯罪等问题困扰。2013年塔吉克斯坦没有遭受较大规模的恐怖袭击,但是上述问题依旧没有得到有效解决。其一是"三股势力"虽然遭到打压,但是弱而不灭。2012年,塔吉克斯坦逮捕了144名恐怖极端分子,其中"乌伊运"分子86名,"伊扎布特"成员36名。2013年共逮捕102名恐怖主义和极端主义嫌疑犯。其中,31人被指控为"乌伊运"成员,有17人被指控为"安拉战士"成员。特别是9月,塔强力部门在杜尚别抓捕了6名试图制造爆炸的恐怖分子,他们企图在11月大选前发动恐爆,制造社会恐慌。据悉,该团伙曾于2010年在塔吉克斯坦实施了多起恐爆,之后藏匿在阿巴边境的训练营。其二是毒品走私屡禁不止。2013年塔国共缴获6.7吨毒品,其中包括海洛因484千克,比2012年多缴获708千克毒品。据联合国毒品和犯罪办公室数据,每年有90吨毒品从阿富汗经中亚外运,其中约70吨是从塔吉克斯坦运走的。但根据塔吉克斯坦缉毒部门统计,每年塔能缴获的不超过10吨。除了自身警力不足以外,强力部门腐败也是导致扫毒难以彻底的重要原因之一。其三是犯罪率有所上升。2013年塔登记在案的犯罪案件为1.83万起,同比增长10.5%,其中涉及人身伤害的案件同比大幅增长17.5%。

二 经济形势

2013年塔吉克斯坦经济平稳增长,增速位居独联体国家前列。据塔国家统计署数据,2013年GDP总额为405.25亿索莫尼,约合85亿美元,同比增

长7.4%。世界银行预计,未来两年塔经济将年均增长6%左右。塔吉克斯坦财政部预测未来3年经济将保持7%以上的增速,其中2014年GDP增长7.4%,2015年增长7.6%,2016年增长7.7%。2013年塔吉克斯坦外贸额为52.85亿美元,同比小幅增长2.9%。其中出口额为11.63亿美元,同比下降14.4%;进口额为41.22亿美元,同比大幅增长9.1%。2013年塔吉克斯坦通胀率不高,国内食品类商品价格上涨3.2%,非食品类商品价格上涨6.1%,均创近年来新低。截至2014年1月1日,塔外债总额为21.62亿美元,占当年DGP的比重为25%,风险不大。2013年塔偿还债务本金9540万美元,偿还贷款利息3000万美元。塔政府表示要将外债水平控制在年GDP的40%以内。2013年,塔吸引外资总额为11.18亿美元,其中贷款6.71亿美元(占比66.27%),直接投资3.41亿美元(占比33.71%)。其中,中国对塔吉克斯坦直接投资1.66亿美元,占比48.7%,主要投资领域有矿产开发、建筑、工业、金融服务等。

2014年初,塔经济继续保持平稳增长。1月,全国工业产值为1.73亿美元,同比增长1.7%;农业产值为0.62亿美元,同比增长7.3%;固定资产投资0.63亿美元,同比增长0.6倍;零售贸易总额为2.08亿美元,同比增长13.3%。全年拟吸引外资6.95亿美元,其中贷款3.97亿美元,直接投资2.98亿美元。

虽然宏观经济指数不错,但制约塔吉克斯坦经济发展的固有桎梏并没有完全消除。首先,国内就业市场疲软,经济对侨汇依赖度较高。2013年塔吉克斯坦在外劳工汇回的工资收入是42亿美元,占塔同年GDP的49.6%,比重为世界最高。其次,产业结构单一,抗风险能力较弱。"塔铝"和"塔水泥"公司是塔吉克斯坦为数不多的支柱性企业。2013年受国际大宗商品价格下降和乌塔关系恶化拖累,"塔铝"公司2013年产量仅为21.6万吨,同比骤减20.6%,预计2014年继续下探20%以上,"塔水泥"也大幅减产。此外,"能源独立、粮食自给、交通便利"这三大战略性任务依旧亟待解决。为此塔吉克斯坦政府多管齐下,努力消除不良因素的影响。

第一,加大投资力度,制定国家规划。2013年11月,塔吉克斯坦政府确定了《2014~2016年投资、资助和主要建设的国家规划》和《2014~2016年国有资产私有化规划》。前者包括120个项目，总额达到158亿美元，其中39个正在落实，共计13亿美元。

第二，推动自由经济区发展。2013年塔吉克斯坦自由经济区产值约850万美元。目前塔已建成和规划有4个自由经济区，索格特自由经济区最大，产值约合841万美元，该区现有企业18家，本国企业11家，合资企业7家；丹加拉自由经济区目前规模较小；喷赤及伊斯卡什姆自由经济区还在规划建设中。①

第三，发展交通基础设施，打造便捷的物流体系。2013年塔吉克斯坦政府对交通基础设施投资1.72亿美元，用于隧道建设、道路建设和桥梁建设等。目前塔吉克斯坦正在实施的交通领域投资项目总额为5.7亿美元，2014年拟竣工完成3.4亿美元的工程。由于受地形条件和历史因素影响，塔吉克斯坦对外铁路运输均需要过境乌兹别克斯坦，甚至塔国内南北间铁路也要在乌境内汇合。对此，塔吉克斯坦积极参与和推动中亚跨国铁路建设。2013年5月，塔吉克斯坦和吉尔吉斯斯坦签署修建俄哈吉塔铁路协议。6月，"土库曼斯坦—阿富汗—塔吉克斯坦"铁路土境内段正式开工，预计2018年全线竣工。"土库曼斯坦—阿富汗—塔吉克斯坦"铁路塔境内段从下喷赤地区接入塔南部库尔干秋别铁路网。因塔南部与中部杜尚别铁路网需在乌境内汇合，塔政府正修建"瓦赫达特—亚万"铁路，以绕开乌兹别克斯坦直接连通塔吉克斯坦南、中部铁路。

第四，加入世贸组织，积极融入全球经济体系。塔吉克斯坦于2001年5月向世贸组织秘书处递交了入世申请，随后便与世贸成员就修改国内法律、贸易和投资自由化及降低关税等问题展开了长达十余年的谈判，直至2012年10月所有谈判宣告完成。2013年3月，塔政府宣布成为世贸组织成员。2014年2月，塔政府表示，正在拟定规划使该国经济适应世界贸易组织要求。目前，塔仍有100多份法律文件需要进行修改，此项工作预计将持续两到三年。

第五，依靠外援补缺补差。2013年塔吉克斯坦接受来自46个国家的无偿援助物资8800万美元。其中美国援助占60%，俄罗斯占16.8%，中国占

---

① 《2013年塔吉克自由经济区生产产品850万美元》，http://tj.mofcom.gov.cn/article/jmxw/201401/20140100467640.shtml，最后上网日期：2014年2月1日。

4.2%，荷兰占3.4%。2014年2月，日本减灾基金会向塔吉克斯坦提供100万美元援助，用于实施投资环境改善项目，该项目旨在扩大私营企业数量和投资规模，提高企业生产能力等。同月，亚行代表团访塔并与塔经贸部部长举行会谈，双方就亚行对塔实施项目规划进行了讨论。亚行代表表示，2014~2016年亚行拟对塔吉克斯坦提供3.14亿美元融资。截至目前，亚行对塔提供融资超过12亿美元，自2008年对塔提供的融资均为无偿援助。除了无偿援助，塔吉克斯坦也在积极寻求国际组织的大额贷款。截至2013年底，世行已对塔吉克斯坦提供了7.5亿美元的贷款和技术援助。

三 对外关系

塔吉克斯坦自独立以来，奉行"门户开放"和大国平衡的外交政策，积极发展与中亚国家、俄罗斯、美国、欧盟、伊朗等国家的关系。

（一）与独联体国家关系

塔吉克斯坦高度重视与独联体国家关系。对俄关系是塔外交战略基点。独立以来，塔始终把对俄关系放在第一位，认为塔俄战略伙伴和盟友关系是维护地区稳定安全的重要因素。2013年两国关系平稳发展。8月，塔吉克斯坦总统受邀访问俄罗斯，与普京总统举行会谈。普京表示，双方将加大打击恐怖主义、毒品威胁和跨国犯罪的力度，共同应对2014年后阿富汗形势。俄重提向塔吉克斯坦提供2亿美元的军事援助，承诺尽快解决塔劳工问题，还表示愿意帮助塔修建4座中型水电站。11月，塔吉克斯坦举行总统大选，拉赫蒙顺利连任。俄罗斯第一时间送出"祝贺大礼"。12月，俄罗斯通过了关于俄塔石油产品领域合作协议。未来，俄罗斯每年将向塔吉克斯坦提供一定数量的免税石油产品，以满足塔吉克斯坦国内需求。每年10月确定塔下年的石油需求量，当然塔不能转卖这些免税石油产品。2014年1月，俄罗斯第一副总理舒瓦洛夫访塔并出席塔俄政府间经贸合作委员会第十二次会议。舒瓦洛夫表示，俄罗斯将继续扩展与塔国的双边合作。2月，塔下院通过了《关于俄塔两国公民在双方国家劳动及权益保护协议》修正案。根据修正案及补充条款，塔吉克斯坦公民可在俄境内连续工作3年。而根据此前法律规定，塔籍公民在俄工作满1年后，必须根据相应程序短暂离开俄罗斯国境。

塔哈关系发展良好。哈萨克斯坦是塔吉克斯坦在中亚重要的伙伴国，双方在各领域交往都比较频繁。4月，哈萨克斯坦国防部长贾克瑟别科夫访塔，与拉赫蒙总统进行会晤。贾克瑟别科夫表示，哈政府高度重视发展与塔关系。7月，两国总统举行电话会谈，就当前双边合作现状及前景交换意见，重点商讨了两国关系发展的新动力。

塔吉关系平稳发展，努力解决边境问题。塔吉克斯坦和吉尔吉斯斯坦互为重要邻国，两国关系一直平稳发展。2013年5月，拉赫蒙总统访问吉尔吉斯斯坦，出席了塔吉政府间合作委员会会议。其间两国签署了包括体育、信息通信技术、交通物流等领域的多项合作协议。同月，吉、塔两国第一副防长举行工作会议讨论合作问题。会议主题包括两国军事合作及合作成果。双方还签署2013年"联合措施计划"。该计划呼吁建立军事互信机制，以协调和应对新的地区挑战与威胁。两国也同意进行联合军事训练。尽管政治、经济等领域合作不断深入，两国边界上仍然不时发生一些不和谐的小插曲，但这并未影响到两国关系的正常发展，双方本着平等协商的原则在这些历史遗留问题上积极寻求解决途径。

塔乌关系长期不和。两国在跨境水资源利用、能源供应等问题上龃龉不断，甚至在国际场合大打"口水仗"。6月，乌兹别克斯坦常驻联合国代表致信联合国秘书长潘基文，称受塔吉克斯坦铝厂排放工业废料影响，乌境内苏尔汉河州北部与塔接壤部分的生态环境呈现恶化态势。两国的外交纷争也波及经济领域。2013年前6个月，塔吉克斯坦铁路货运量为330万吨，同比减少80万吨。此外由于乌中断对塔天然气供应，"塔水泥"、"塔铝"等大型国有企业产量大幅下降。1~7月，塔水泥产量仅为2.9万吨，同比大幅减少78%。

（二）与周边国家关系

除了独联体国家，塔吉克斯坦还注重发展与周边国家，特别是与伊朗保持着特殊的"兄弟情谊"。3月，伊朗总统内贾德和塔吉克斯坦总统拉赫蒙通过首脑热线进行交谈，双方表示有必要加强彼此关系。两国领导人讨论了双边合作前景，并指出要利用一切机会来增加和巩固联系。7月，伊朗当选总统鲁哈尼在回复拉赫蒙的贺信中再次强调深化与塔国双边关系的必要性，并表示在其任内，德黑兰和杜尚别间的外交与合作关系将得到长足发展。8月，拉赫蒙出席鲁哈尼的总统就职仪式，期间与鲁哈尼举行会谈。双方就两国在各个领域广泛双边合作的相关问题进行讨论。鲁哈尼称，伊朗与塔吉克斯坦的关系对于其他国家来说是典范。共同的语言、文化和文明为两国之间的团结、合作以及扩展两国双边关系奠定了良好基础。2014年2月，伊朗副外长拉希姆普尔访塔，与拉赫蒙举行会谈，议题包括扩大两国贸易和经济合作相关问题以及在塔境内联合项目的执行情况。双方还就两国双边互利合作的现状和前景、阿富汗当前局势和未来前景以及有共同利益的国际和地区问题深入交换意见。

四 塔中关系及上海合作组织框架内的合作

（一）中塔建立战略伙伴关系，开启两国合作新篇章

塔吉克斯坦视中国为外交优先方向之一，高度重视与中国的全方位合作。自1992年建交以来，两国高层交往频繁，政治互信水平不断提高，经贸、交通、通信、基础设施建设、农业、安全及人文等各领域互利合作取得显著成果。2013年5月，塔吉克斯坦总统拉赫蒙访华期间，中塔签署《关于建立战略伙伴关系的联合宣言》，两国关系翻开新的篇章。对此，拉赫蒙总统表示"塔方愿做中方可信赖的战略伙伴，在涉及中方核心利益和重大关切问题上继续坚定支持中方"。9月，"中国文化日"在杜尚别开幕。"中国文化日"大大加强了塔民众对中国的了解，促进两国人民之间的相知相识。同样，2014年塔吉克斯坦文化日将在中国举行。政治上高度互信，经济上也取得了新的成就。据中国海关统计，2013年中塔贸易总额为19.5亿美元，同比增长5.47%，其中我对塔出口18.7亿美元，同比增长6.95%；自塔进口8873万美元，同比下降18.35%。据塔方统计，2013年中国为塔第三大贸易伙伴（第一、第二大伙伴为俄罗斯、哈萨克斯坦），中塔贸易额占塔对外贸易总额

的12.9%。此外，近期两国还建立了中塔天然气管道有限公司，为"中国—中亚"天然气管道D线建设搭建了平台，"中国—中亚"天然气管道D线将有效缓解中国日益紧张的供气矛盾，保障中国西部能源通道的安全稳定。中亚天然气管道A、B、C、D四条线及相关配套工程全部建成后，中亚地区每年输向中国的天然气将超过700亿立方米，占当期国内天然气进口量的40%以上。

（二）塔吉克斯坦与上海合作组织

塔吉克斯坦是上合组织的创始国之一，早在"上海五国"会晤机制时期，塔吉克斯坦就积极参与其中。应该说，塔吉克斯坦与上合组织的发展是相辅相成的。一方面，塔吉克斯坦努力推动上海合作组织向着更高层次发展，支持上合组织建立各种机制。2013年6月，塔吉克斯坦总统拉赫蒙在杜尚别会见了上海合作组织秘书长梅津采夫。双方就上合组织框架内合作、上合组织成员国元首理事会例行会议议题，以及塔吉克斯坦即将担任上合组织主席国等问题交换了意见。双方认为，加强上合组织政治、安全、经贸和青年等领域合作具有重要意义。拉赫蒙强调，塔吉克斯坦始终遵循本组织的建设性精神参与上合组织活动，并将为有效落实上合组织中期发展战略规划和其他重要文件作出应有贡献。8月，上合组织峰会在吉尔吉斯斯坦举行，拉赫蒙出席并表示，"上合组织成员国需要挖掘多边经贸合作的潜力，各方应加强在基础设施、贸易、旅游、交通等领域的合作，但是若不组建上合组织基金与开发银行则难以为多边合作项目的实施提供融资保障"。除总统外，塔吉克斯坦政府各级官员对上合组织也有极高评价。外长扎里菲多次表示，上合组织在阿富汗问题、能源、交通运输及其他领域合作等议题上地位重要。塔驻华大使拉阿利莫夫也认为，近年来上海合作组织的宗旨和原则越来越被地区和国际社会所认同，其应被视为地区合作的"积极模式"。

另一方面，塔吉克斯坦也借助上合组织之力谋求本国长远发展。塔总统战略研究中心副主任萨法罗夫认为，塔吉克斯坦是上合组织框架下经济合作的主要受益国。目前，在中国政府向上合组织成员国提供的优惠出口买方信贷中，塔吉克斯坦获得一半以上。在这些资金的支持下，塔吉克斯坦的一些基础设施项目陆续开工并相继完成,包括"沙赫里斯坦"隧道、"罗拉扎—哈特隆"220千伏和"南—北"550千伏两条输变电线项目等。随着这些项目的建成落实,塔吉克斯坦道路及电力设施状况发生了较大变化,特别是沙赫里斯坦隧道贯通后,塔吉克斯坦冬季南北地区间难以通行的历史彻底结束,这对塔社会经济发展具有重大意义。

Y.27
乌兹别克斯坦与上海合作组织

苏畅 张昊*

摘　要： 2013年乌兹别克斯坦政局保持稳定，乌政府致力于提高居民生活水平，改善民生，缓和社会矛盾，总体状况良好；随着美国及北约联军撤离阿富汗，阿富汗及周边地区的安全形势逐渐呈现复杂化局面，乌着重维护国内稳定。经济继续保持高速增长，改革有序进行，全年GDP增长8.5%。对外关系方面，乌俄关系继续保持稳定，但有所疏远；乌美因阿富汗撤军等合作，乌美关系不断得到增强；乌中关系迈上新的台阶，战略伙伴关系得到进一步深化和发展；乌哈建立战略伙伴关系，或改变地区关系格局；乌吉、乌塔之间仍存在一些矛盾，关系较为紧张。乌兹别克斯坦重视经济领域的合作，尤其是吸引外资和基础设施建设；认为中国在上海合作组织中具有一定影响力。上海合作组织为中乌发展友好合作关系提供了良好平台。

关键词： 乌兹别克斯坦　2013年　形势　上海合作组织

一　政治与社会形势

2013年乌兹别克斯坦政局保持了基本稳定，对内政策的重点依然是改善

---

* 苏畅，中国社会科学院俄罗斯东欧中亚研究所创新工程执行研究员、中亚室副研究员；张昊，方志出版社编辑。

民生、提高人民生活水平、稳定社会形势，对宗教极端势力和恐怖主义保持高度警惕和打击态势。

（一）维持现有政治架构

加强议会功能，鲜有人事变动，保持政局稳定。通过完善议会功能、出台各类法案，加强议会参政议政职能。2013年乌高层人事变动不多，变动较大的是对国家安全委员会和内务部门的整合，12月16日，卡里莫夫总统任命新的内务部长阿·阿赫麦德巴耶夫（Адхам Ахмедбаев），原内务部长巴·马特柳波夫（Баходыр Матлюбов）被撤。同时加强国家安全委员会的职权。

（二）加强社会领域建设

2013年是乌兹别克斯坦的"幸福与繁荣年"。乌政府聚焦民生领域，通过大规模大范围的补助等政策措施，致力于提高居民生活水平。全年用于社会民生领域的资金，占财政支出的59.6%。为执行"幸福与繁荣年"的各类资助项目，政府总耗资超过69300亿苏姆。为帮助家庭购买家电等商品，政府提供了总额680亿苏姆的低息贷款，并提供总额3460亿苏姆的资金，供年轻人住房贷款；为改善就业环境，政府于2013年创设了97万个岗位，其中约六成在农村地区，雇佣高校毕业生50万人以上，很大程度上缓解了年轻人就业压力；全年为超过700万育龄妇女以及730万儿童进行免费医疗检查，为19.5万孤寡老人以及残疾人提供医疗救助，特别重视边远地区医疗机构建设，在南部安集延州以及卡什卡达里亚州新建多家儿童医院；新建或重建学校、幼儿园等教育设施756家；投资5.7亿美元用于公路建设和维护，共完成公路建设和维修530公里。

近年伴随经济增长，乌居民生活水平有了一定程度的提高。2013年居民实际收入同比增长了16%，公共行业工作人员平均工资、退休金、社会各类补助等同比增长20.8%，消费支出同比增长9.5%。12月8日，卡里莫夫总统在"国家宪法日"的演讲中表示，目前大约三分之一的家庭拥有私家车，每百户家庭拥有冰箱80个，电视机146台；手机用户超过19万户，户均手机拥有量超过三部；乌国内互联网用户约为710万，较2012年增长近 20%。①

2014 年乌兹别克斯坦仍高度重视社会民生,大量财政资金被用于社会领域,提高人民福利,包括提高基本工资、退休金、奖学金和津贴等,教育、卫生保健、文化和科学领域支出将进一步增长。乌兹别克斯坦政府宣布,将为青年人、妇女、残疾人等创设 98.36 万个岗位,以改善社会就业状况。② 根据乌总统签署的法案,2014 年乌政府将在农村地区修建 11000 栋房屋③,同时新开 77 处公园等娱乐休闲设施。④ 2014 年被确定为"儿童健康"主题年。⑤

(三)修改宪法分配权力

2014 年 4 月 10 日,乌兹别克斯坦议会批准了宪法修正案即《修改、补充乌宪法个别条款(第 32、78、93、98、103 和 117 款)法案》。根据卡里莫夫总统的提议,乌进行宪法修改,将扩大政府与议会的权力。

新增主要内容包括:行政权由乌政府行使。总理候选人由占议会多数席位的政党推举,或者由获得同等数量的最多的几个政党共同推出。总统在十天之内对总理候选人进行审查,然后将其提交给议会,由议会审批。总理候选人在接受议会审查和批准时,提交内阁任期内的近期和长期规划。内阁成员由总理提名,总统审批。如果立法院和参议院中不少于三分之二的议员对总理不信任案投票赞成,总统可以解除总理职务。内阁全体成员将与总理一起辞职。总统在与立法院中的所有党派协商之后,提名新的总理候选人,交由议会进行审议和批准。如果议会第二次拒绝总理候选人,那总统就可以任命现任总理,并解散议会。

---

① Islam Karimov, "Address To The 21st Anniversary Of The Constitution Of The Republic Of Uzbekistan", http://www.press-service.uz/en/news/4533/.
② Umida Hashimova, "Uzbekistan's Economic Situation in 2013: Growth vs. Clan Interests", *Eurasia Daily Monitor*, Volume: 11, Issue: 8.
③ Д. Азизов, "Узбекистан планирует в 2014 году построить 11 тыс. домов в сельской местности", http://www.trend.az/regions/casia/uzbekistan/2213345.html.
④ UzDaily, "В Узбекистане откроют 77 парков до 2015 года", http://www.uzdaily.uz/articles-id-18475.htm.
⑤ Demir Azizov, "Uzbek state program 'Year of Healthy Child' circulated as UN official document", http://en.trend.az/regions/casia/uzbekistan/2260157.html.

这是乌兹别克斯坦进行政治改革的一项重要举措,标志着高度集中在总统手中的权力在向议会分配。这不是乌兹别克斯坦第一次修改宪法。2007年修改了宪法第89条,2011年将总统任期由7年减少为5年。在当前乌面临权力交接的背景下,乌的任何政治动向必然具有重要或深远意义。

乌此次修宪表明:第一,卡里莫夫总统意在减少下任总统的权力,以议会和政府来制衡总统权限;第二,此次修宪并没有对现任总统卡里莫夫产生任何消极影响,一方面说明卡里莫夫总统为未来按部就班过渡权力,另一方面也说明总统对国家总体政局的把握仍然有力。尽管乌政府采取诸多措施巩固政权、稳定社会,但当前乌兹别克斯坦社会仍存在以下潜在风险。

第一,政权交接问题可能会影响政局。根据2012年3月通过的选举法,乌议会将于2014年12月举行选举,并于议会选举后的90天,也就是在2015年上半年举行总统选举。从目前形势看,乌总统接班人一直不明朗,未来交接权力时期可能成为稳定性最差的时期,容易引发政局变化。自2013年下半年以来,乌政治局势出现一系列微妙变化。尽管乌已开始着手进行一系列低限度政治改革,令高集权"软着陆",但各方利益错综复杂,社会与经济存在诸多问题,卡里莫夫总统在未来政权交接时仍面临一定的政治风险。

第二,社会问题在积累。这主要体现在以下三个方面:一是贫困问题比较突出。虽然近年来,乌兹别克斯坦政府一直努力提高居民生活水平,但失业、不完全就业和低工资等问题仍然大量存在。大部分贫困或失业人口受教育程度较低;农村地区的贫困状况较城市严重。乌居民收入偏低,导致灰色收入扩大,内需拉动缓慢,贫富差距拉大,社会不满增多。

二是人口问题突出。包括人口增长过快,人口低龄化明显等。人口增长过快造成资源紧张,社会矛盾增加。人口的低龄化问题严重,给宗教极端组织提供了丰富的后援。

三是毒品带来的社会影响严重。受阿富汗形势影响,中亚成为运毒通道和毒品消费地区。乌受其影响也很大,毒品令恐怖主义势力增长,治安案件增加,艾滋病患人数成倍增加,官匪沆瀣贩毒,腐败问题严重。毒品引发的上述问题难以遏制,给社会带来很大危害。

第三,阿富汗形势恶化的威胁。2014年美军将撤出阿富汗,国际社会普遍对阿富汗未来发展形势十分担忧。近年在阿富汗北部和巴基斯坦西北部落区的中亚宗教极端势力乌兹别克斯坦伊斯兰运动比较活跃,该组织一直谋求在中亚费尔干纳谷地建立伊斯兰国家,破坏中亚国家尤其是乌的稳定。另外到叙利亚参战的一些中亚极端分子在陆续返回本地区,也构成地区的不稳定因素。

二 经济发展状况

(一)经济保持较快增长

根据乌兹别克斯坦统计局数据,2013年乌全年国内生产总值为118.99万亿苏姆,约合570亿美元,较2012年同期增长8.0%。[①]工业生产总值以及投资总额的快速增长成为拉动经济的主要动力。

从国内生产总值的构成看,2013年国有经济占GDP总额的17.2%,非国有经济比重为82.8%。与2012年相比,国有经济所占比例小幅下降,降低了0.2个百分点。

全年工业生产总值约为611058亿苏姆,较2012年同期增长了8.8%,成为拉动GDP增长最主要动力。在工业各部门中,机械及冶金行业增长最为快速,增幅达到21.1%。其他增幅较大的还有建材行业(13.6%)、轻工行业(13%)、食品加工行业(9.1%)等。从工业生产结构上看,机器制造及冶金行业的规模最大,产值占工业生产总值的19.8%;其次为能源行业,产值比重约为15.8%。

受气候条件反常以及干旱等不利因素影响,农业生产总值未能达到年前所制定的8.8%增长目标,实际增长6.8%。全年农业生产总值约为308494亿苏姆,生产棉花336万吨,谷物780万吨,各类蔬菜840万吨。肉类产量增长了6.8%,牛奶产量增长7.8%。

零售行业销售总额约为474637亿苏姆,增长14.8%。其中食品零售额占

---

① Information service of Goskomstat, "Production of gross domestic product", http://www.stat.uz/en/press/5/8104/.

51.2%。建筑行业增长16.6%，全年新建房屋8.21万栋，总面积为1061万平方米，较2012年同期增长了4.3%。服务业收入增长13.5%。

投资额增加是经济增长速度加快的重要原因之一。2013年利用固定资产投资约275573亿苏姆，约合132亿美元，较上年增长9.8%。外国投资超过30亿美元，其中72%为外国直接投资。全国利用投资完成150余个大型工业制造业项目。

2013年乌中小企业占国内生产总值的比重为55.8%，占工业生产总值的23%；占市场服务的全部市场，中小企业出口占出口总额的18%。据乌统计局数据，2013年共注册新企业2.78万家，其中2.63万家为小微企业。

银行系统稳定运行，其资本充足率保持在国际最低标准的2倍，其流动性是最高标准的2.2倍。2013年乌兹别克斯坦商业银行的总资产增长了25%，约80%的贷款总额来源于国内。截至2014年4月1日，乌银行总资本达28亿美元。当前流动性水平连续数年超过65%，是国际公认标准的2倍。乌银行系统发展前景连续五年获得正面评价。目前，乌所有商业银行均被惠誉、穆迪、标普等国际权威评级机构评为"稳定"。

财政方面，全年国家预算收支略有小幅盈余，盈余额约占GDP的0.3%。通货膨胀率低于预期水平，全年通货率为6.8%。

外贸方面，2013年进出口贸易总额增长9.4%，约合288.6亿美元。其中进口额增长7.7%，达到138亿美元；出口额增加10.9%，约合150.8亿美元。外贸顺差约为13亿美元。2013年是中国—中亚天然气管道开通后的第一年，乌兹别克斯坦天然气出口总量增长一倍，促进出口额的增长。但同时由于国际黄金价格下落15%，且棉花价格总体走低的影响，乌出口贸易增长幅度较2012年下落了0.7个百分点。出口结构中，有72%为非资源产品，新增加出口型企业450家。

（二）未来预测普遍乐观

对于未来乌兹别克斯坦经济走势，各方普遍作出了乐观预测。2013年11月6日，乌议会立法院召开会议，讨论预算和经济改革的相关问题，审议研究2014年度国家预算及政策，据官方预测2014年乌兹别克斯坦全年国内生产总值将增长8.1%，工业生产增长将达8.3%，农业增长约为6%，固定资本投资增长约为9.5%；财政支出将约合GDP总值的22%，财政赤字约占GDP总额的1%。乌官方表示，由于落实完善税收和预算政策等相关措施，预计国家财政收入会随着GDP增长而提高；同时，各项减税的落实也将进一步促进经济增长，促进小微企业的发育和成长。

根据世界银行发布的《全球经济展望》，未来天然气出口量的增加将助力乌经济增长，但受棉花和黄金价格低位影响，以及俄罗斯、土耳其、乌克兰等主要出口市场经济增长疲软的影响，2014年度经济增长将无法达到8%的水平，预计GDP增速约为7%，2015年预计增长6.7%。[1] 欧亚开发银行认为，2014年乌兹别克斯坦国内经济仍然将保持高速增长，预计2014年乌兹别克斯坦国内生产总值增长速度为7.1%。英国《经济学人》杂志社情报中心则预计2014年乌GDP增长为6.9%，在未来五年中（2014～2018年），乌国内经济增长速度仍将保持5.5%～7%的高位。亚洲开发银行预计经济增长速度约为8%。国际货币基金组织（IMF）则做了较为保守的预测，预计GDP增长为6.5%。

（三）重点改善投资环境

2013年3月15日，卡里莫夫总统签署《关于对2012年4月10日批准的〈关于鼓励吸引外国直接投资补充措施的命令〉的修订决议》。按照新优惠政策，2013年1月1日起，对于新建外国投资企业，在进口自身生产所需材料时，自完成国家注册之日起，2年内免除进口关税。2014年1月20日政府通过一项税收修正案以及三部法律，加强对于投资的法律保护力度。该修正案的实施，将向外国投资者提供一站式注册服务，简化投资商以及外国雇员签证入境手续，保证投资者自由移动资金，并承诺关税及商业税率十年不变。4月7日，卡里莫夫总统签署《关于采取措施改善投资以及商业环境法案》，该法案要求通过额外措施，以吸引更多投资。[2]

---

[1] World Bank, "Global Economic Prospects: Shifting priorities & building for the future", June 2014.
[2] UzDaily, "Use of ICT in improving investment climate in Uzbekistan discussed", http://www.uzdaily.com/articles－id－27359.htm.

根据世界银行数据统计，上述措施实施将极大方便投资者，办理注册新公司的手续所需时间，将由2013年平均12个工作日降至8.5个工作日。①

三 对外关系

（一）乌俄关系

近年乌兹别克斯坦与俄罗斯表面平稳，实际相互疏远。2011年开始乌对俄的高访减少。2012年6月，乌突然宣布退出独联体集体安全条约组织，乌俄关系再陷低谷。2013年，乌俄关系继续保持稳定。乌认识到俄在中亚的影响力以及维护地区稳定方面发挥不可或缺的作用，两国在政治、经济、安全等各个层面都保持了接触与合作。但乌俄关系明显放缓。除了美国因素，以及乌与（俄支持的）塔吉克斯坦关系恶化等原因外，根本原因在于乌对俄在中亚的行为保持警惕，乌不想被任何一个大国左右，不想由于与大国接近而影响现政权的稳定。乌钟摆式外交令未来局势更加充满变数。

2013年4月15日，卡里莫夫总统访问俄罗斯，双方签署了《2013～2017年两国政府间经济合作纲要》《2013～2015年政府间人文和科技领域合作纲要》以及促进和保护相互投资协议等一系列文件。②

虽然在政治领域两国相互疏远，但在经贸领域来往日益密切。2013年乌俄双边贸易总额达83.4亿美元，占乌对外贸易总额的三成左右，较同期增长9.4%，两国贸易量达到历史最高水平。③目前在乌的俄资公司约有850家，俄方直接投资额超过6亿美元。

2013年11月13日，乌兹别克斯坦参议院议长萨比洛夫与来访的俄罗斯上院议长马特维年科举行了会谈，并表示乌将积极研究有关加入俄罗斯、白俄

---

① World Bank, "Doing Business 2014", http://www.doingbusiness.org/reports/global-reports/doing-business-2014#sub-menu-item-link.
② The Kremlin, "Russian-Uzbekistani talks", http://eng.kremlin.ru/news/5269.
③ UzDaily, "Envoy: Trade turnover between Uzbekistan and Russia grows by 9.4% in 2013", http://www.uzdaily.com/articles-id-26865.htm.

罗斯、哈萨克斯坦关税联盟的问题。12月底，卡里莫夫总统签署法律文件，标志着乌正式加入由俄方主导的独联体自由贸易区，成为第9个成员国。乌加入自贸区，将大大提升其在中亚和东欧地区贸易与物流产业中的地位，推动独联体内部自由贸易体制的通用化。更为重要的是，这将在很大程度上促进俄乌双边经贸合作，预计未来两国贸易额将会大幅增加。

（二）乌美关系

近年来在美国努力下，乌美关系进一步密切，尤其军事合作进一步深化，两国在阿富汗问题上的合作加强。美国希望乌参与阿富汗战后重建以及"新丝绸之路"计划。两国能源合作积极发展。美国表示会向乌提供从阿富汗撤出后的武器装备。

2013年3月12日，乌兹别克斯坦外长卡米洛夫访美，在华盛顿与国务卿克里举行会谈。双方讨论了地区安全、阿富汗局势以及经贸往来等问题。克里强调，乌兹别克斯坦在维护地区安全中的重要作用，并感谢乌方对于北方运输线的支持，高度评价乌方积极参与阿富汗重建，包括连接乌阿两国铁路、电力设备等。[①] 12月9日，在华盛顿举行第四轮乌美双边磋商。

近年来，两国关系升温主要是由于乌在阿富汗问题中的战略地位突显。美军将撤出阿富汗，美国需要在中亚建立新的战略支点，以保障物资运输的安全可靠。美官方称98%的"北方运输线"物资通过乌境内运入阿富汗。另外，2011年7月连接乌阿边境的海拉顿—马扎里谢里夫铁路正式运营，乌成为唯一同阿富汗直接有铁路相连的国家。更为重要的是，美国欲借机重新在中亚布置军事力量，从而遏制中俄。

随着乌美关系不断密切，美借良好时机加紧对乌民主渗透。2013年初以来，美国到访高官均谈及民主与人权问题。美乌民主领域加强合作，从乌方角度考虑，显然是卡里莫夫面临政权交接，在此过程中想得到国际社会的支持，向国际社会展示其进行民主人权改革的决心和成效，以保证权力顺利。从美方

---

① John Kerry, "Remarks With Uzbekistani Foreign Minister Abdulaziz Kamilov Before Their Meeting", http://www.state.gov/secretary/remarks/2013/03/205977.htm.

角度，美乌关系自2005年安集延事件降至冰点，又借阿富汗撤军之机恢复之后，美国从军事合作、向乌提供军事装备入手，继而加强与乌的政治往来，在乌与邻国关系紧张、抗拒俄在中亚战略的情况下与乌迅速修好，并向乌提供一系列援助，借机加强民主渗透，这是美在乌乃至在中亚的一贯方式。

（三）乌哈关系

2013年6月14日，纳扎尔巴耶夫总统访乌，两国元首签署了《战略伙伴关系条约》。双方强调将共同合作应对安全威胁和挑战，共同努力巩固中亚的稳定。哈乌是中亚翘楚，两国建立战略伙伴关系，引人重视。分析其中原因如下。

第一，地区形势的外部需求。从地区安全的角度，2014年美军撤出阿富汗后，其形势对中亚安全的威胁是有限的。但是，从政治稳定的角度，阿富汗权力变化可能给中亚各国政权带来一些影响，这正是中亚各国领导人对撤军问题过于忧虑的关键原因。对于中亚国家领导人来说，政治稳定，或者说政权稳定，是最关切的问题。阿富汗形势变化，在政治上对中亚的冲击可能是：首先，中亚周边发生战乱，不利于地区内的社会稳定，影响政权稳定；其次，2014～2015年是中亚几个国家权力交接的关键年份，阿富汗连带引发的一些安全问题、大国博弈等因素有可能影响权力正常交接；最后，经阿富汗输入中亚的宗教极端思想、"阿拉伯之春"的政治影响，都会对中亚政权造成冲击，甚至可能引发政治动荡。

第二，国内政治的发展需要。首先是卡里莫夫需要哈在政权交接问题上的支持。2015年乌兹别克斯坦将举行总统大选，对此乌国内封口缄默，国外高度关注，各种传言十分热闹。不过，无论形势有何变化，要保持在国内高度的政治影响、商业控制，就必须选择合适的继承人。而哈萨克斯坦的支持，对乌权力平稳过渡有重要意义。其次，与俄罗斯渐行渐远的乌兹别克斯坦，需要通过哈来保持与俄联系。俄乌关系近年不顺，美乌关系不断加强。但是，乌始终摆脱不了俄的经济影响，包括劳动移民、军事装备、经济联系等。因此，在当前俄乌关系十分冷淡的情况下，通过哈萨克斯坦来保持与俄罗斯的关系，显然符合乌兹别克斯坦的国家利益。

乌哈升级两国关系成为战略伙伴，意义深远，将会在很大程度上改变原有的地区政治格局。其影响可能表现在以下几个方面。

一是标志着两国由竞争走向全面合作。作为中亚地区最主要的两个国家，外界普遍认为两国一直处于竞争态势，在经济、对外影响力等方面互相"较劲"，争夺中亚地区的主导权。此次签署战略伙伴协定，则在一定意义上标志着两国竞争态势结束，今后将更多地"以同一个声音说话"，由相互争夺领导权转向追求"地区共同主导权"。

从目前来看，乌哈在水资源问题上已成为坚定的"盟友"。两国都是中亚河流下游国家，都面临着上游国家制约水资源的困扰。乌方反对上游塔吉克斯坦修建罗贡水电站，而哈方也面临着卡姆巴拉金水电站等问题困扰。此次两国升级战略伙伴则意味着两国将联合反对上游国家修建水电站等行为，两国之间在该问题上相互支持。在乌哈联合新闻发布会上，卡里莫夫总统指出，"今日，我们在中亚地区水资源利用的问题上形成了共同的立场。"纳扎尔巴耶夫则再一次确认乌哈两国在水资源利用上的高度一致性，呼吁上游国家要考虑各方利益，并在水电站问题上保持高度透明。这清晰表明，在水资源问题上，哈方将坚定支持乌方，是乌方坚定"盟友"。

二是将促进双边关系全方位发展。据报道，双方签署战略伙伴条约，覆盖了两国间政治、经济、交通、文化、人文等多个领域的协作。据报道，虽然两国间条约文本没有公布，但是外界普遍猜测两国战略伙伴关系中还包含了军事技术领域的合作。当前，两国间贸易额约合20亿美元，哈萨克斯坦是乌兹别克斯坦第三大贸易伙伴。两国间合资企业共计290余个。预计在未来，两国间贸易额将有快速提升，双边交流的范围将大幅扩展，两国间双边关系将愈加深化和改善。

三是共同维护地区的安全稳定，减少外部力量干涉。纳扎尔巴耶夫在会后表示，哈乌两国是维护中亚地区安全稳定、经济发展的重要国家，地区的安全很大程度取决于乌哈两国的合作；本地区的问题应由中亚国家自己解决，无须外国势力的干涉。两国强调将加快在打击恐怖主义、毒品走私、宗教极端主义、分裂主义以及有组织犯罪方面的合作。对于此番表态，外界认为意味着哈乌将更多地承担起中亚地区的安全责任，俄罗斯在中亚地区安全方面的作用将有所弱化。

（四）乌与中亚其他国家的关系

1. 2013 年乌兹别克斯坦与邻国吉尔吉斯斯坦关系紧张，两国在边境地区冲突不断

2013年1月5日，吉尔吉斯斯坦一处毗邻乌"索赫"飞地的边防哨所施工更换电线，引起附近乌村民不满，认为吉方侵占了乌领土。乌村民随后与吉方施工工人和边防士兵发生冲突。6月23日，吉乌边境再起波澜。在吉尔吉斯斯坦贾拉拉巴德地区，两国边防军人发生冲突，导致两名乌方人员死亡。尽管对于此类边境冲突，乌吉两方都表态愿意深入调查事件，并避免此类事件的再次发生。但是双方在很多情况下，即使对基本事实的认定都未能达成一致。①

乌吉两国在边境地区冲突不断，其原因有以下几点。一是边境划分不清晰。两国因历史、地理等各类原因，在许多地区的划分上未能取得一致。乌吉两国成立由副总理领衔的高级别委员会，以力争尽快解决划界问题，但仍未取得任何进展。目前两国有争议的边境线长达350公里。② 二是"飞地"问题突出。目前，乌兹别克斯坦在吉尔吉斯斯坦境内有两块飞地索赫和沙希马尔丹，居住着4万~5万居民。吉尔吉斯斯坦在乌兹别克斯坦境内有飞地巴拉克村，居民约600人。"飞地"的居民经常因为水和土地与别国居民发生冲突。仅2012年上半年，两国就因此发生边境冲突4起。三是族际间矛盾较深。1990年发生的奥什事件和2010年的南部流血冲突，充分暴露出族际矛盾极为尖锐，民众间互相不信任、相互仇视是导致两国冲突不断的主要原因。

由此可见，如无法尽快解决好划界等问题，在可以预见的未来，两国间极有可能再次发生小规模冲突。但是因边境冲突而引发两国间战争或者大规模武装对抗的可能性较小，双方都会在一定程度保持克制，以维护中亚地区稳定，因战争所引发的地区动荡是各国所不愿意看到的。

---

① Georgiy Voloshin, "Central Asia's Unresolved Bilateral Disputes as a Challenge to Fruitful Security Cooperation", *Eurasia Daily Monitor*, Volume：10, Issue：143.

② Shairbek Juraev, "Kyrgyz – Uzbek Border：No Progress；Sokh Still Sensitive", http：//www.ponarseurasia.org/article/kyrgyz – uzbek – border – no – progress – sokh – still – sensitive.

2. 乌兹别克斯坦与塔吉克斯坦关系也较为紧张，两国围绕水资源问题的矛盾不断加深

两国由于罗贡水电站问题关系难在近期解冻。乌兹别克斯坦在2013年初停止向塔方提供天然气。① 2014年6月世界银行发布了两份措辞严谨的调研报告，但并没有对是否应当修建给出明确判断，乌吉双方都作出了有利于己方的解读。② 未来双方在水资源问题上的矛盾有进一步升级和激化的可能性。

3. 乌土关系明显升温

2013年11月底，土库曼斯坦总统别尔德穆哈梅多夫访乌，两国领导人签署了发展经济和人文合作的协议。乌希望与土达成协议，修建最终可将中国和伊朗连接起来的铁路干线。2013年11月25日，乌兹别克斯坦国家信息中心的官员表示，"乌兹别克斯坦和土库曼斯坦双边合作迅速发展"。地方政治观察家也附和这一论调，"双边关系非常稳定、务实和互信"。当前的乌土关系明显要好于10年之前。2002年11月，两国关系出现大幅度下滑。当时，土库曼斯坦认为乌兹别克斯坦为土库曼斯坦的阴谋家、前外长鲍·什赫穆拉多夫（Борис Шихмурадов）提供帮助，将其藏匿在乌驻土使馆，从而令其逃脱。乌土关系的改善基于地区形势的变化，更由于两国有着共同的利益：

一是共同的安全利益。土乌两国都与阿富汗相接壤，受到阿富汗宗教极端势力以及恐怖主义的侵扰，尤其是近期土边境受到的威胁正在上升。两国都谋求地区的安全与稳定。

二是共同的经济利益。土库曼斯坦是"中亚—中国"能源管道的主要天然气生产国，管道必须经乌兹别克斯坦才能顺利进入哈萨克斯坦境内，最终抵达中国口岸，并且两国都希望在未来加大对中国的天然气出口量。乌土两国都重视铁路的修建，包括哈萨克斯坦 - 土库曼斯坦 - 伊朗铁路、土库曼斯坦 - 阿富汗 - 塔吉克斯坦铁路、中国 - 中亚 - 伊朗铁路。乌兹别克斯坦也特别希望土库曼斯坦能帮助其缓解乌兹别克斯坦的汽油缺乏，铺设从伊朗到波斯湾的铁路，认为该方案将使乌兹别克斯坦成为从中国到波斯湾国家的交通枢纽。

---

① Editor, "Hydropower in Tajikistan", *The Economist*, July 27, 2013.
② David Trilling, "Tajikistan: World Bank Begins Rogun Data Dump, Recommends Repairs", http://www.eurasianet.org/node/67575.

三是两国需要在地区和国际社会相互支持。别尔德穆哈梅多夫于2006年上台后开始改善对乌关系。作为土库曼斯坦的新领导人，需要地区大国的承认；而乌兹别克斯坦也想令乌土关系正常化，因为几乎与所有邻国都存在冲突的处境有点糟糕。

4. 中乌关系

2013年是中乌关系大幅提升的一年。乌兹别克斯坦高度重视与中国发展经济合作。2013年9月中国国家主席习近平访问乌兹别克斯坦期间，中乌两国总计签署经济合作协议31个，总金额达150亿美元，其中77亿美元为中国投资。中国的巨额投资将为乌经济发展注入强大推动力。中乌两国还就石油、天然气、铀矿开采、修建天然气管道D线达成了协议。

中乌能源、资源合作快速推进。过境乌的"中国—中亚"天然气管道于2010年实现双线通气。由中国石油天然气集团公司投入4.82亿美元修建的"中国—中亚"天然气管道"C线"境内总长525公里。2011年12月两国签订天然气运输协议，2012年4月1日起乌开始向中国供应天然气。此外，两国铀矿合资企业已经成立，并成功启动勘探开发项目。目前，中国已跃升为乌第一大投资国、第一大棉花买家、第一大电信设备和土壤改良设备供应国。

两国投资合作规模不断扩大。2013年乌总计455家中资企业，其中70家为100%中资企业，总计71家中国公司代表处。投资领域由能源资源向非资源领域拓展，已建成的昆格拉特碱厂、德克汉纳巴德钾肥厂、锡尔河州的建材合资企业——鹏盛工业园区已成为中乌务实合作的典范项目。2013年7月3日，在以"吉扎克工业园——专为中国企业量身打造"为主题的论坛上，中乌双方就在园区内合作实施项目共签署21个协议，总金额1亿美元，涉及能源、电子设备、电信、纺织、机械制造和制药等领域。2014年4月，中国杭州中乌电子仪表有限公司在吉扎克工业特区投资建立的"太阳光热能源有限责任合资公司"成为入驻吉扎克工业特区的第一家企业。中方企业还成功改造了阿汉格朗水电站、安集延2号水电站和土库马奇—安格连铁路等项目，为乌社会发展，特别是发展基础设施、改善民生、增加就业作出了重要贡献。

两国金融合作进一步发展。乌积极与中国国家开发银行和中国进出口银行加强合作，中国金融机构贷款额度达45亿美元，主要用于乌教育、医疗、能源、交通、通信等领域。2011年4月，中国人民银行与乌中央银行签署了金额为7亿元人民币的双边本币互换协议；同月，中国进出口银行与乌财政部签署了8个使用2009年中国政府向上海合作组织成员国提供的优惠出口买方信贷项目融资备忘录，项目金额9.64亿美元，同时，中国国家开发银行与乌阿萨卡银行、工业建设银行、抵押银行分别签署授信协议，总额达2.76亿美元。中国国家开发银行与乌方签署了5亿美元融资框架合作协议，用于促进中国企业对纳沃伊特区投资、支持乌中小企业发展及乌航空公司2012~2013年采购飞机等项目。

四 乌兹别克斯坦与上海合作组织

2013年，乌兹别克斯坦积极参加上海合作组织框架内活动，在首都塔什干举行多次上海合作组织重要会议。2013年11月28~29日，上海合作组织成员国政府首脑（总理）理事会第十二次会议在塔什干举行，乌兹别克斯坦总理米尔济约耶夫主持会议，会后各国总理共同发表了《上海合作组织成员国政府首脑（总理）理事会第十二次会议联合公报》。在总理理事会召开前，在塔什干还召开了一系列上合组织框架内会议：上合组织组织成员国关于建立上合组织开发银行和发展基金（专门账户）专家会议、上海合作组织成员国交通运输部长第六次会议、上海合作组织成员国财务专家会议、上海合作组织成员国经贸部长第十二次会议等。

乌兹别克斯坦积极参与上海合作组织安全合作。2013年10月25日，上海合作组织成员国和观察员国打击国际恐怖主义和极端主义合作研讨会在乌兹别克斯坦首都塔什干举行。其他在塔什干举办的会议还有：上合组织成员国主管机关第六次关于恐怖主义、分裂主义和极端主义问题的情报交流会议，主管机关第六次打击"三股势力"情报交流会，上海合作组织地区反恐怖机构理事会第二十四次会议等。

对于上海合作组织近年来取得的成就，乌方予以高度认同。乌兹别克斯坦认为，上海合作组织自成立以来在各个领域取得很多成就，具有广阔前景，在地缘政治方面有巨大潜力，重视上海合作组织在中亚地区的作用，重视在上海合作组织框架内的各项合作，尤其是经济领域的合作。① 乌方认为，未来上海合作组织应该加强在经济、经贸、投资、交通基础设施等方面的合作力度，把合作重心向经济合作转移，认为上海合作组织可以在阿富汗问题上发挥积极作用。

在2013年两国领导人签署的《中乌关于进一步发展和深化战略伙伴关系的联合宣言》中专门指出，双方愿同上海合作组织其他成员国一道，采取有效措施，在该组织框架内开展政治、安全、经济和人文合作。为进一步提高上海合作组织的国际威信，双方将进一步推动该组织同其他国际组织和国家积极互动，加强其在维护地区稳定、安全和发展方面的作用。双方重申，在解决当前国际和地区发展的现实问题上，中乌将在上海合作组织框架内秉持不结盟、不以集团和意识形态划线、不对抗的立场。

目前，上海合作组织是乌兹别克斯坦参与的为数不多的地区政治安全类的国家间组织。随着乌兹别克斯坦"退出"集安组织，上合组织对于乌兹别克斯坦的作用将更加重要。

一是共同打击威胁地区稳定的"三股势力"，迎接地区安全挑战。中乌两国对地区安全面临的威胁看法一致，对于阿富汗问题，双方都高度重视。保持中亚地区的和平稳定，符合中乌两国利益。在未来双方将继续在上海合作组织框架内密切协作，积极打击维护和促进本地区和平、稳定与发展，反对外部势力以任何方式干涉中亚国家内政，破坏中亚稳定。

二是有助于打破地理上的阻碍，使中乌两国成为真正意义上的邻近国家，促进两国经贸往来。中乌虽然地理上切近，但没有共同边界，开展经济合作受到陆路交通的制约。上海合作组织框架内的交通运输合作，如中吉乌公路、中塔公路的建设，中吉乌铁路的修建，都将使中国和乌兹别克斯坦的商品贸易更加便捷。新建的各类经济和工业特区，为双方实施大型互利投资项目开辟了广阔前景。

---

① 乌兹别克斯坦政治研究中心主任古莉娜拉·卡里莫娃在"中乌战略伙伴关系：经验、现状和未来"圆桌会议（2013年5月15日，北京）上的讲话。

Y.28 阿富汗与上海合作组织

赵 臻*

摘 要: 2013年,阿富汗国内和平与和解进程进展缓慢。2014年总统选举和省议会选举的相关工作按计划展开,候选人名单相继出炉。安全方面,随着阿政府全面接管防务,阿国家安全部队承担起全境的安全责任,北约加速了撤军进程和职能转变。在此背景下,2013年阿国内安全形势趋于恶化。在面临巨大的安全挑战的同时,阿政府也面临着经济发展放缓、可持续性不足的压力。对外关系方面,阿美矛盾激化,阿巴关系有所改善,阿中关系继续深入发展。成为上合组织观察员国之后,阿富汗与上合组织的关系步入了快车道。

关键词: 阿富汗 上海合作组织 2013年

一 政治局势

(一)国内和平与和解进程停滞不前

2013年,阿政府与主要反政府武装之间仍然未能进行直接谈判,和平与和解进程的前景不容乐观。

反政府武装中最重要的一支——阿富汗塔利班曾就和谈迈出试探性一步。

---

* 赵臻,博士,中国国际问题研究所欧亚研究部助理研究员。

6月18日，阿塔在卡塔尔首都多哈开设和谈办公室，发表声明称，与"其他阿富汗人"对话的大门已经敞开①。塔利班也有意通过该办公室同美国等西方国家进行谈判。阿富汗政府和美国均对此积极回应。当天，阿富汗总统卡尔扎伊即表示，阿政府已组织高级和平委员会（HPC）代表团前往多哈。然而，塔利班在办公室的揭幕仪式上使用了"阿富汗伊斯兰酋长国"旗帜等国家象征，此举激怒了阿富汗政府。喀布尔担心该办公室成为"流亡政府"的总部，要求塔利班撤走"国旗"并停止使用有关称谓。塔利班则指责美国和阿政府破坏谈判，随后关闭了办公室。和谈陷入僵局后，阿政府和部分塔利班成员在沙特阿拉伯等地就重启和谈事宜进行了接触，但由于阿塔关键成员没有参与，并未取得实质成果。

阿政府也在积极争取邻国巴基斯坦对和平与和解进程的支持。9月，应阿政府要求，巴基斯坦释放了在巴关押的阿塔原二号人物巴拉达尔（Mullah Baradar），为阿政府与阿塔之间的谈判铺平道路。但因阿塔高层未授权巴拉达尔与喀布尔接触，双方会谈未能进行。

和谈止步不前有多方面的原因，其中最主要的就是阿塔内部在和谈问题上存在分歧：温和派倾向谈判，希望借此在未来谋求更大的政治空间；而强硬派则认为时间站在自己这一边，无须和谈，只待联军撤离后趁机填补"安全真空"。另外，塔利班对阿富汗的未来也缺乏清晰的政治愿景。和谈的停滞为阿富汗实现持久和平与稳定埋下隐患。虽然阿塔实力已无法与当年同日而语，但其对国家重建的破坏力不容低估。

（二）2014年选举相关工作按计划展开

根据安排，阿富汗将于2014年4月5日迎来总统选举和省级议会选举。与前两届大选不同，2014年大选在西方撤军的大背景下进行，也是阿当局首次独立承担起选举的策划、组织工作和安保责任。鉴于一个平稳、合法的政治过渡是阿未来稳定的基础，大选能否如期顺利进行，引起国际社会的高度关注。

---

① 《外交部：多哈政治办事处的成立是积极的事态发展》，环球网，2013年6月19日，http://world.huanqiu.com/exclusive/2013-06/4043859.html。

选举相关筹备工作按部就班地进行。为示公正，卡尔扎伊总统表示，他本人并未支持任何总统候选人，同时要求阿国家安全部队（ANSF）在大选中保持中立。2013年7月，卡尔扎伊签署了两部长期以来颇受争议的法案：《独立选举委员会（IEC）、选举投诉委员会（ECC）结构、职责与权力法》和《选举法》，这为选举的如期举行奠定了法律基础。8月，独选委公布了成为总统候选人的条件。9月，总统与省议会选举的候选人注册工作正式开始。11月，独选委公布了最终入围名单，共有11名总统候选人、2740名省议员候选人（420个席位）入围。这11名总统候选人是：卡尔扎伊的胞兄卡尤姆、前外长拉苏尔、前国家安全过渡委员会主席加尼、民族联盟（NCA）主席阿卜杜拉、伊斯兰联盟主席萨亚夫、前国防部长瓦尔达克、前内阁资政阿尔萨拉、前楠格哈尔省长谢尔扎伊、伊斯兰党（HIG，古尔布丁派）领导人海拉尔、前总统达乌德·汗之孙纳希姆、前下院议员苏尔坦佐伊①。其中，反对党领袖阿卜杜拉的呼声很高，其支持者主要来自塔吉克人占多数的阿北部和东北部地区。独选委表示，禁止总统候选人接受国外捐款，若违反这一规定，将被取消竞选资格。

2014大选也导致了阿内阁的重新洗牌。为竞选总统和副总统，共有25名政府官员辞去公职，其中包括5名部长。12月25日，阿人民院（议会下院）通过了对卡尔扎伊提名的5名内阁新成员及2名最高法院法官的信任投票。这5名内阁新成员分别为：外交部部长奥斯马尼、商工部部长卡尔加尔、矿业与石油部部长巴拉克扎伊、水利部部长努尔扎伊以及禁毒部部长穆巴里兹②。

二　安全局势

（一）阿富汗政府全面接管防务

2013年6月，北约向阿富汗的防务移交正式进入最后阶段，即第五阶段。

---

① 《阿富汗动态》，2013年11月，摘自中国驻阿富汗大使馆网站，http：//af.china‑embassy.org/chn/。
② 《阿富汗动态》，2013年12月，摘自中国驻阿富汗大使馆网站，http：//af.china‑embassy.org/chn/。

本次移交共涉及 95 个地区，包括阿南部和东部"最动荡"的地区。但就在移交仪式举行的当日，喀布尔城西发生了针对副总统的爆炸事件①。截至 2013 年底，除去一些由于安全原因未能完成移交的地区，阿国家安全部队已基本承担起了阿全境的安全责任，居于全国平叛的最前线，北约联军转而执行支持、培训等辅助任务。按照计划，北约将在 2014 年底撤离阿富汗，届时历时 13 年的阿富汗战争将最终收场。

在国际社会的支持下，阿国家安全部队建设取得进展，也具备了一定的能力。2013 年底，阿国民军和国家警察总人数接近 35 万，在人员数量上已基本达标。2013 年，国家安全部队首次制定了自己的作战计划②，并于斋月期间在洛加尔省的阿兹拉地区（Azrah）独立策划、发起和执行了清剿叛军的 Semourgh 行动，阿空军和特种部队也参与了这次作战③。虽然全国总体的安全形势有所恶化，但国家安全部队基本上维持了人口中心和交通主干道沿线安全的总体可控。随着国家安全部队走上平叛的最前线，承担更多的作战任务，2013 年部队的死亡人数比上一年明显增加：前 11 个月，约有 4600 名阿富汗警察和士兵在作战和袭击中丧生。同时，国际安全援助部队（ISAF）的死亡人数明显降低：2013 年共有 132 名，较上一年下降 62%，其中美军 84 人，居首位④。

阿国家安全部队也面临着诸多不足与挑战。首先，逃兵率仍居高不下，人员的素质有待提高。其次，在后勤、医疗、补给、空中支援等方面仍依赖北约。但为避免平民伤亡，卡尔扎伊于 2 月签署命令，禁止国家安全部队在境内

---

① 《阿富汗防务移交当日首都发生爆炸至少 3 死 30 伤》，中国新闻网，2013 年 6 月 18 日，http://www.chinanews.com/gj/2013/06-18/4942058.shtml。
② German Foreign Office, *Progress Report on Afghanistan*, January, 2014, p. 12, http://www.auswaertiges-amt.de/cae/servlet/contentblob/673850/publicationFile/191193/140205_Fortschrittsbericht_Januar_2014.pdf.
③ U. S. Department of Defense, *Report on Progress Toward Security and Stability in Afghanistan*, Report to Congress, November, 2013, p. 19, http://www.defense.gov/pubs/October_1230_Report_Master_Nov7.pdf.
④ German Foreign Office, *Progress Report on Afghanistan*, January, 2014, p. 7, http://www.auswaertiges-amt.de/cae/servlet/contentblob/673850/publicationFile/191193/140205_Fortschrittsbericht_Januar_2014.pdf.

人口稠密地区行动时向联军寻求空中支援①。最后，大量叛军主要在城市中心之外的地区活动，实现并保证在农村地区的存在是国家安全部队长期面临的一大挑战。在这方面，国民军和国家警察部队需要地方警察的支持与配合。然而，部分地方警察的素质不高，甚至与塔利班相互勾结。

（二）北约欲走还留

一方面，北约成员国及其他在阿军事行动的出兵国纷纷加快了撤军进程。2013年2月，美防长帕内塔表示，美国决定在2013年春夏的作战季节保留逾6万美军，至2014年4月阿大选前保留3.4万美军，4月后撤走所有部队②。2013年7月，主要驻扎在阿东北部地区的德国军队正式启动撤离进程③。12月，澳大利亚最后一支作战部队撤离乌鲁兹甘省，澳在阿的军事任务宣告结束④。

另一方面，北约也加紧了对"后2014"的安排。2月，北约和其他出兵国在布鲁塞尔召开防长会，再次强调北约将在2014年之后转换职能。鉴于2014年底国际安全援助部队的战斗任务即告终结，北约已开始制订后续计划——"坚定支持"使命（Resolute Support mission）。该计划的重点就是为阿国家安全部队提供培训、咨询和协助，并不包括反恐等战斗任务和反毒任务。为此北约计划向阿派遣8000～12000名士兵，以喀布尔为轴心、沿东南西北四个方向部署⑤。土耳其、意大利、澳大利亚等国纷纷表示有意加入。阿外交部称，外国在2014年后在阿继续驻军必须先期与阿签署双边协议，否则即为非法。12月，北约与阿政府就《驻军地位协议》（SOFA）启动谈判，该协议将

---

① 《阿富汗禁止国家安全部队寻求北约联军空中支援》，国际在线，2013年2月19日，http://gb.cri.cn/27824/2013/02/19/6251s4023394.htm。
② 《美国防长帕内塔公布从阿富汗撤军时间与细节》，新华网，2013年2月24日，http://news.xinhuanet.com/world/2013-02/24/c_114781629.htm。
③ 《德国从阿富汗撤军》，《光明日报》2013年8月2日。
④ 《澳大利亚从阿富汗全部撤军》，人民网，2013年12月17日，http://world.people.com.cn/n/2013/1217/c1002-23857428.html。
⑤ Karen Parrish, *NATO Defense Ministers Set Post - 2014 Afghanistan Mission*, U.S. Department of Defense, June 5, 2013, http://www.defense.gov/news/newsarticle.aspx?id=120218; German Foreign Office, *Progress Report on Afghanistan*, January, 2014, p.17, http://www.auswaertiges-amt.de/cae/servlet/contentblob/673850/publicationFile/191193/140205_Fortschrittsbericht_Januar_2014.pdf。

为2014年后北约驻留部队参与阿本土安保工作提供法律依据。但北约表示，在美阿签署《双边安全协议》（BSA）之前，北约不会同阿富汗签署《驻军地位协议》①。

（三）安全局势更加动荡

联合国报告显示，2013年阿境内共发生两万多起安全事件，就暴力程度而言，仅次于2011年，平民伤亡人数也比2012年上升14%②。美经济与和平研究所发布的《2013年全球和平指数》报告称，阿在162个国家中排名倒数第一③。

在北约撤军的大背景下，反政府武装的活动更趋活跃，仍有能力在全国范围内实施袭击。从地域来看，在城市中心和交通主动脉沿线（约80%的居民生活在这一地区）发生的袭击有所上升，但安全局势基本可控，反政府武装至今没有能够夺取主要的城市。然而，叛军的影响在东部及南部人口稀少的农村地区进一步巩固了。70%的安全事件发生在这些地区，特别是在塔利班"精神家园"和"大本营"——坎大哈④。哈卡尼网络仍是发动高调袭击的一支生力军，尤其是在喀布尔。基地组织继续在靠近巴基斯坦的库纳尔和努里斯坦两省活动。乌兹别克斯坦伊斯兰运动在阿北部偏远山区及塔吉克斯坦南部地区招兵买马，发展壮大。

从战术来讲，反政府武装主要通过实施高调袭击和暗杀等手段来对阿政府、阿国家安全部队和外国军队保持压力。2013年，阿总统府和国防部附近、国家安全局大楼、美驻阿大使馆及阿最高法院附近、喀布尔机场及其毗邻的驻

---

① 《阿富汗北约开始新合作协议谈判》，新华网，2013年12月23日，http://news.xinhuanet.com/world/2013-12/23/c_125898625.htm。
② 《阿富汗局势及其对国际和平与安全的影响》，文件编号：A/68/789 - S/2014/163，2014年3月7日，摘自联合国网站，http://www.un.org/zh/documents/view_doc.asp?symbol=S/2014/163。
③ Institute for Economics & Peace, *Global Peace Index* 2013, p.6, http://www.visionofhumanity.org/sites/default/files/2013_Global_Peace_Index_Report_0.pdf.
④ 《阿富汗局势及其对国际和平与安全的影响》，文件编号：A/68/789 - S/2014/163，2014年3月7日，摘自联合国网站，http://www.un.org/zh/documents/view_doc.asp?symbol=S/2014/163。

阿北约空军基地指挥部、国际移民组织办公室等一系列地点遭袭。针对政府高官的暗杀活动仍时有发生。10月，卡尔扎伊的心腹、洛加尔省省长贾迈勒遇袭身亡。在作战和袭击中，阿国家安全部队遭遇了重大伤亡。"绿袭蓝"内部袭击事件在2013年虽时有发生，但与2012年夏季的高发期相比，频度有所减弱。

除此之外，阿地方军阀也在积极准备，欲待西方军队撤离后伺机而动。

造成安全形势恶化的原因包括：北约撤军日期的临近使反政府武装看到了胜利的曙光，希望通过发动更多袭击来显示其广泛存在，为与美国及阿政府谈判争取更多的筹码。另外，随着阿政府军走上战斗的前线，北约作战部队逐步退出在阿地面作战，同时也减少了空中打击。

阿安全问题解决起来非常困难。首先，反政府武装力量、恐怖分子、犯罪网络形成合流。尽管一些反政府武装派别和恐怖组织之间的意识形态不尽相同，但常常相互协助和支持。其次，反政府武装与犯罪网络的收入来源难以切断。毒品走私仍是其最主要的"财源"，犯罪网络还实施敲诈、勒索和绑架，一些腐败的政府官员也与其勾结。此外，据称，就连美军和私人保安公司也常常向塔利班支付"买路钱"，"花钱消灾"[1]。最后，塔利班等仍然行动自由，且可以获得关键的资源，如可从巴基斯坦轻易获得炸药来制造简易爆炸装置。这些都是其能够继续存活和威胁政府的关键。

三 经济重建

（一）经济增长明显放缓

2013年，阿经济增长率为3.1%，与上一年的近12%形成强烈反差。人均国内生产总值仍为亚洲，乃至世界最低。阿政府2013年的财政收入为1120亿阿尼（约合20亿美元），相比上一年的870亿阿尼有较大提升，但也未达

---

[1]《阿富汗内政部长丢官》，新华网，2013年7月24日，http://news.xinhuanet.com/world/2013-07/24/c_125054692.htm。

到预期目标①。政府财政收入占国内生产总值的比重从2012年的10.3%下降至2013年的9.6%。不充分就业率高达48%，且呈增长之势，同时每年有40万年轻人首次进入就业市场②。阿也未能按原计划于2013年底加入世界贸易组织。阿富汗经济仍严重依赖援助，国际社会每年向阿提供的40亿美元援助通过多个渠道发放，但资金管控困难，贪污腐败问题难以查处。

阿国内经济环境的持续恶化，与国内和平进程进展缓慢、人们对北约撤军后安全局势的悲观判断不无关系。受到经济不确定性的影响，2013年头7个月，阿新注册公司的数量骤减43%，出现这种情况还是首次③。另外，西方撤军本身也对国民经济产生直接的后果：外部资源流入的减少和对服务需求的降低。阿服务业尤其受到这一趋势的影响。世界银行估计，阿可能将失去与国际安全援助部队相关的8万个工作岗位④。

（二）非法罂粟种植再创新高

联合国毒品与犯罪问题办公室年度报告称，在高额利润的诱导下，2013年阿罂粟种植量继续大幅增长，创历史新高，种植面积增加了36%，鸦片产量较上一年增长了将近50%。无罂粟省份的数目从2012的17个下降至2013年的15个⑤。

外国军队的撤离以及国际市场上毒品价格的攀升是导致阿毒品生产火爆的主要原因。毒品的生产和销售不仅严重威胁到阿国内和本地区民众的健康，也威胁着阿整个国民经济的健康发展，更重要的是，叛乱分子也从毒品的生产和

---

① 《阿富汗动态》，2014年1月，摘自中国驻阿富汗大使馆网站，http：//af.china-embassy.org/chn/。
② 《阿富汗局势及其对国际和平与安全的影响》，文件编号：A/68/789-S/2014/163，2014年3月7日，摘自联合国网站，http：//www.un.org/chinese/ha/afghanistan/sgrep.htm。
③ 《阿富汗局势及其对国际和平与安全的影响》，文件编号：A/68/789-S/2014/163，2014年3月7日，摘自联合国网站，http：//www.un.org/chinese/ha/afghanistan/sgrep.htm。
④ German Foreign Office, *Progress Report on Afghanistan*, January 2014, p.37, http：//www.auswaertiges-amt.de/cae/servlet/contentblob/673850/publicationFile/191193/140205_Fortschrittsbericht_Januar_2014.pdf.
⑤ 《阿富汗局势及其对国际和平与安全的影响》，文件编号：A/68/789-S/2014/163，2014年3月7日，摘自联合国网站，http：//www.un.org/chinese/ha/afghanistan/sgrep.htm。

交易中获益。在国民经济其他部门萎缩的大背景下,阿富汗面临着完全沦为一个毒品国家的风险。如何削弱迅速增长的非法经济,加强合法的农业生产,给不断增长的人口提供足够的口粮,是摆在阿政府面前的一项艰巨任务。

(三)新矿业法草案仍未获议会通过

自然资源的开采对于阿富汗未来的经济发展具有重大意义,是推动经济增长、增加财政收入、扩大就业、实现经济自立的主要"发动机"。因此,阿政府将能源矿产开发确定为重点发展方向。世界银行估计,若阿安全形势好转,几个大型矿产项目顺利上马,阿经济增长率或将升至5%[①]。但另一方面,对于阿富汗和其他饱受冲突与战乱之苦的国家而言,自然资源的开发也往往导致动荡和腐败。为避免"资源诅咒",就必须建立起一个强有力的法律和监管框架。然而,新的矿业法草案饱受争议,在2013年仍未获得议会通过。批评者认为,新草案存在诸多缺陷,与旧法相比甚至还有所倒退。例如:新法的具体规定不够明确,无助于提高招标透明度,还将勘探和开采活动分离,抑制了投资者的积极性。因此,反对者称,新草案如获总统批准,将对采矿业乃至整个国家的发展都带来深远的消极影响,不仅无法保障采矿收入造福人民,甚至可能导致采矿业成为非法武装的"财源"。

(四)国内及地区基础设施建设取得一定进展

阿富汗一直渴望成为地区交通枢纽和能源枢纽,为能矿开发和对外贸易装上"车轮",同时还能获得不菲的过境收入。

2013年,在国际社会的援助下,阿国内基础设施及与地区的"互联互通"建设继续改善。交通基础设施方面:6月,土库曼斯坦—阿富汗—塔吉克斯坦铁路(TAT)项目正式启动。该项目对地区交通走廊建设具有重要意义,一期工程由土铁道部承建[②]。阿境内公路网的扩大速度有所放缓,许多项目仍由于

---

① 《阿富汗动态》,2014年1月,摘自中国驻阿富汗大使馆网站,http://af.china-embassy.org/chn/。
② 《土阿塔三国铁路一期工程开建》,中国经济网,2013年6月13日,http://intl.ce.cn/specials/zxgjzh/201306/13/t20130613_24473504.shtml。

资金短缺或安全原因搁置。截至目前，已有5430公里的省级、地区级和国家级公路完工，2266公里在建或部分完工[①]。但将阿主要城市连在一起、对经济发展和平叛都具有重要意义的国家环路（Ring Road）项目仍未能完工。能源基础设施方面：土库曼斯坦—阿富汗—巴基斯坦—印度（TAPI）管道项目实现破冰。7月，四国在阿什哈巴德签署了具有历史意义的、价值76亿美元的《TAPI管道天然气供销协议》。TAPI是南亚最重要的跨境能源管道项目之一，将有利于缓解阿富汗的能源短缺，增加财政收入。根据协议，阿前10年每年可获得5亿方天然气，后20年为15亿方；同时，阿每年可获得5亿美元的过境费。电力方面，由于受到阿美关系恶化的影响，美国国际开发署支持的阿输电扩容项目（PTEC）建设艰难推进。

四　对外关系

（一）阿美矛盾激化

2013年是阿富汗和美国矛盾激化的一年。突出表现有：阿当局驱逐美军特种部队，频频指责美国阻碍阿和平进程，释放巴格拉姆监狱的囚犯，双方就《双边安全协议》展开角力。

2月，卡尔扎伊命令驻扎在东部瓦尔达克省的所有美军在两周内撤离，原因是一些与美军共事的阿富汗人涉嫌虐待和杀害无辜民众[②]。3月，卡尔扎伊公开指责美国和塔利班有着"共同的目标"，故意对和平进程设置障碍，并暗示美国与阿国防部遭袭事件有关联[③]。6月，在美官员宣布将在多哈与塔利班启动和谈之后，阿富汗政府称美在阿和平进程问题上"言行不一"，并"搁

[①] U. S. Department of Defense, *Report on Progress Toward Security and Stability in Afghanistan*, Report to Congress, November 2013, p105, http://www.defense.gov/pubs/October_1230_Report_Master_Nov7.pdf.

[②] 《阿富汗"驱逐"美军特种部队》，新华网，2013年2月26日，http://news.xinhuanet.com/world/2013-02/26/c_124386434.htm。

[③] 《卡尔扎伊暗批美勾结塔利班美阿紧张关系升级》，新华网，2013年3月12日，http://news.xinhuanet.com/world/2013-03/12/c_124446634.htm。

阿富汗与上海合作组织

置"了同美国《双边安全协议》的谈判。11月,协议草案在大支尔格会议(大国民会议)获得通过,但卡却以"阿国内的和平和解进程必须先于《双边安全协议》的签署"为由推迟签署协议,提出美应确保阿2014年选举公正透明、不再突袭民宅等前提条件,并称协议可能最终由2014年4月大选后产生的新总统签署。美国则以"零驻军"方案和切断援助相要挟。12月底,阿政府以证据不足为由释放了650名巴格拉姆监狱的囚犯。美国对此强烈反对,称这些人将对北约和阿富汗部队造成威胁。

双方在《双边安全协议》问题上摩擦不断的深层原因是:美国汲取了"裸撤"伊拉克的教训,不愿放弃阿富汗这一具有重要地缘战略意义的地区,希望未来在阿保持一定驻军。然而,为其提供法律框架的《双边安全协议》包含了驻阿美军的刑事豁免权、在阿境内开展准军事行动、突袭民宅的权利等敏感条款,这侵犯了阿主权和领土完整,卡尔扎伊不愿承担"丧权辱国"的骂名。因此,谈判一波三折,前景并不明朗。

(二)阿巴关系有所改善

自2013年夏起,阿富汗和巴基斯坦关系明显改善。尤其是沙里夫当选巴总理之后,积极寻求加强与喀布尔的外交和经济关系。卡尔扎伊与高级和平委员会代表团8月对伊斯兰堡的访问成功推动了双边关系的解冻。应卡请求,巴基斯坦于9月释放了塔利班原二号人物巴拉达尔,这是双方加强合作的重要标志之一。沙里夫表示,巴将对阿关系作为外交的最优先方向,巴方愿向阿和平和解提供实质帮助,并表示阿有权决定是否允许外国军队在本国境内驻扎,巴方支持阿方的选择。

经济上,巴基斯坦仍是阿最大的贸易伙伴,也是商品的主要来源国和到达阿富汗的交通线上最重要的过境国。签署于2011年的《阿巴贸易与过境协议》(APTTA)的实施一直进展缓慢,在2013年,该协议的执行出现了加快的势头。

然而,边界争议仍然是双边关系的摩擦点。5月,两国在边境爆发严重冲突①,对联合反恐和地区稳定造成不利影响。

---

① 《巴基斯坦阿富汗边境摩擦加剧不利双方联合反恐》,《人民日报》2013年5月6日。

（三）阿中关系进一步深化

2013年是阿富汗和中国关系加快发展的一年。9月，卡尔扎伊总统对中国进行了第五次国事访问，这成为中阿关系发展的历史新起点。两国元首就深化中阿战略合作伙伴关系等问题达成重要共识，签订了引渡条约、经济技术合作协定等文件，并发表了《中阿关于深化战略合作伙伴关系的联合声明》。中国国家主席习近平就发展中阿关系提出以下建议：①保持高层交往及政府、立法机构、政党交流，就重大问题加强战略沟通，增进政治互信。②加强经贸、承包工程、资源能源开发、基础设施建设等领域合作。③加强安全合作，共同打击"三股势力"、毒品走私、跨国犯罪。④扩大人文交流，中方愿继续为阿方培训各类人才。⑤加强在联合国等框架内沟通和协调，支持上海合作组织在阿富汗问题上发挥更大作用。卡尔扎伊表示，阿方希望中方继续为阿实现和平、安全、稳定及改善同周边国家关系发挥建设性作用，阿方坚定支持和配合中方打击恐怖势力，保障共同安全[1]。访华期间，卡也表示了对"丝绸之路经济带"构想的支持与期待。他表示，"丝绸之路的重焕活力不仅会为区域合作与融合带来前所未有的机遇，也会对世界经济的增长与安全作出贡献。阿富汗除了要扮演好欧亚大陆最重要的贸易通道这一历史角色，还将提供了不少的投资与经贸机会。"[2]

中国不仅坚定支持"阿人主导、阿人所有"的民族和解进程，更是在该进程中发挥了重要的建设性作用。2013年2月，中国、俄罗斯和印度在莫斯科举行了阿富汗事务高级代表的阿富汗问题会晤。4月和11月，中国、俄罗斯和巴基斯坦分别在北京和伊斯兰堡举行了关于阿富汗问题的首轮和第二轮三方对话。12月，中国、阿富汗和巴基斯坦在喀布尔举行了第三轮三方对话。这些"小多边"机制就维护阿富汗及本地区安全、加强地区合作发挥了重要作用。2014年，中国还将承办阿富汗问题伊斯坦布尔进程第四次外长会。此

---

[1] 《习近平同阿富汗总统卡尔扎伊会谈》，中国广播网，2013年9月28日，http://china.cnr.cn/news/201309/t20130928_513711804.shtml。

[2] President Hamid Karzai's Statement at 2013 Euro - Asia Economic Forum, 26 September, 2013, from the website of Office of the President of Afghanistan, http://president.gov.af/en/documents.

外,一直以来,中国也都在水利、卫生、教育、人员培训等领域给予阿力所能及的援助,并采取积极措施推动双边贸易,支持阿经济早日走向自立。

五 上合组织与阿富汗问题

几乎所有阿富汗的邻国都是上合组织的成员国或观察员国。阿富汗的和平与稳定与上合组织国家安全息息相关,阿富汗问题的久拖不决对上合组织和整个地区都将产生负面影响。美国和北约2014年撤军增加了阿富汗未来局势的不确定性。藏匿在阿富汗、与基地组织相勾连的恐怖分子,如中国新疆的"东突"分子、来自俄罗斯北高加索的恐怖与分裂分子、来自中亚的极端主义组织或将利用西方撤军的局面,再度活跃,破坏上合组织国家的国家安全与地区稳定。另外,中、俄及中亚国家也面临着阿毒品生产和贸易猖獗所带来的巨大非传统安全威胁。

2012年,上合组织接纳阿富汗成为观察员国,表明上合组织将其与阿富汗的关系发展置入了快车道,为上合组织国家与阿富汗之间的政治、安全、经济合作提供了有利条件。2013年9月举行的上合组织比什凯克峰会上,阿富汗问题是重点议题之一。成员国元首们再度就阿富汗问题的解决表达了清晰的立场,《比什凯克宣言》中写道:"成员国支持将阿富汗建设成为独立、中立、和平、繁荣、没有恐怖主义和毒品犯罪的国家。强调阿富汗民族和解进程应由阿人主导、阿人所有,以尽快实现国家和平与稳定。成员国呼吁国际社会为阿早日实现和平创造条件,支持联合国在协调解决阿富汗问题和协助阿重建的国际努力中发挥主导作用。"[①] 峰会上,卡尔扎伊特别强调了打击恐怖主义和激进主义是地区共同的责任,需要共同协作,单靠一个国家无法解决[②]。在随后的上合组织外交官俱乐部会议上,卡谈到,独联体国家在其周边建立安全带的

[①] 《上海合作组织元首比什凯克宣言》,2013年9月13日,中国外交部网站,http://www.fmprc.gov.cn/mfa_chn/ziliao_611306/1179_611310/t1076667.shtml。

[②] *President Hamid Karzai's Statement in the 13th Summit of the Council of Heads of the Shanghai Cooperation Organization*, 13 September, 2013, from the website of Office of the President of Afghanistan, http://president.gov.af/en/documents.

保护主义想法并不可取。应和阿、巴一道，通过打掉极端团伙的庇护所、训练基地，切断其收入来源来共同打击恐怖主义[①]。

上合组织在促进阿国内民族和解与经济重建方面有着巨大的潜力。2014年的总统大选是阿富汗国内实现和解的良机。上合组织应发挥自身优势，努力促使阿各政治派别、宗教团体和民族之间实现和解。在阿经济重建方面，上合组织也大有可为。在加大援助的同时，可加强地区互联互通和贸易往来，利用经济杠杆助力阿经济独立。同时应鼓励阿在上合组织中发挥更积极的作用。

但同时也应看到，上合组织的能力毕竟有限，不可能在美国和北约之后完全"接管"阿富汗。若阿发生大规模动荡，上合组织无力单独解决这一问题。未来除了继续在联合国领导下发挥积极作用之外，上合组织还应进一步加强与其他区域组织或机制的协调与合作。

---

① *Transcript of President Karzai's Remarks and Interaction with the Diplomatic Club of the Shanghai Cooperation Organization*, 27 September, 2013, from the website of Office of the President of Afghanistan, http://president.gov.af/en/documents.

Y.29
巴基斯坦与上海合作组织

叶海林*

摘　要：

本报告概述了 2013 年 5 月巴基斯坦大选后巴政治、安全、经济形势以及巴基斯坦的主要外交活动，重点评价了谢里夫政府组成一年来内外政策的成效并对谢里夫第三个总理任期的未来走向进行了预测。

关键词：

巴基斯坦　纳瓦兹·谢里夫　中巴经济走廊

2013 年 5 月巴基斯坦举行国会选举，前总理纳瓦兹·谢里夫率领穆斯林联盟（谢里夫派）在大选中获得明显胜利，第三次出任总理，并联合前国家板球队长伊姆兰·汗领导的正义运动党在多个省份执政。一年以来，谢里夫政府在促成国内政治团结方面乏善可陈，因为执意审判前总统穆沙拉夫而恶化了与军队的关系；在反恐问题上，伊斯兰堡采取了一些比较强硬的政策，取得一定成效；经济领域进展有限，政府成绩不佳；外交领域可谓谢里夫政府的亮点，不但对美、对印外交有所改善，在加强与中国的传统友谊方面，更是取得了重要进展。综合而言，谢里夫结束了扎尔达里时期巴基斯坦政府无所作为的状态，施政效果上有所改善，但其偏狭的政治个性也使得穆盟的执政基础不断遭到削弱，政治前景堪虞。

---

* 叶海林，中国社会科学院亚太与全球战略研究院《南亚研究》编辑部主任，华东师范大学国际关系与地区发展研究院地区安全研究中心主任。

一 纳瓦兹·谢里夫执政一年来的政治和安全形势

2013年5月11日，巴基斯坦大选，谢里夫阵营一举赢得了127个国会议席，并在旁遮普省拿下超过200个议席。通过选举，纳瓦兹·谢里夫不但轻松获得了联邦政府的组阁权，为其历史性地第三次出任总理铺平了道路，而且牢固控制了巴基斯坦人口最多、经济实力最强的旁遮普省议会和政府，完全恢复了谢里夫家族的传统政治势力范围。而反观前总统扎尔达里的巴基斯坦人民党，在联邦选举中只获得了28个议席，被伊姆兰·汗的正义运动党（31个议席）超越，沦为议会第三大党，遭遇了前所未有的失败，在传统政治地盘信德省，虽然保持了第一大党的地位，但卡拉奇的控制权依然属于代表印度穆斯林移民利益的统一民族运动党，人民党基本上缩水成了信德省地主利益的农村政党。

2013年大选的结果，一方面成就了谢里夫卷土重来的梦想；另一方面也改变了巴基斯坦的政党生态，传统的两党对峙变成了三党争雄。谢里夫阵营表面上实力强大，控制中央和旁遮普，并联合其他政党在开伯尔－普什图瓦省及俾路支省执政，一时间权倾天下。然而，巴基斯坦政治的实质——豪强门阀制度并没有改变，省和联邦部落区的实力派地位反而有所加强。伊姆兰·汗依托普什图人聚居区——卡伯尔－普什图瓦省以及南方信德省的省会、巴基斯坦经济中心、第一大城市卡拉奇的崛起，实际上进一步削弱了中央权威。与此同时，巴基斯坦宗教力量和军队依然保持着对国家政治和社会生活的巨大影响力。谢里夫作为传统政治豪门的代表人物，只是在选举中摧垮了代表信德工商业地主阶层的巴基斯坦人民党和扎尔达里的政治势力，但远远没有掌握巴基斯坦政治和社会生活的控制权。如何处理与其他政治力量——伊姆兰·汗、地方实力派、宗教势力以及军队的关系，是谢里夫政府的核心议题。

然而令人遗憾的是，主要由于谢里夫个人偏狭的政治性格，一年来，谢里夫政府在团结国内各政治力量弥合分歧带领巴基斯坦实现国内和解方面，乏善可陈，与移民政党、伊姆兰·汗以及军队乃至宗教阶层的关系都先后出现重大波折，不但影响到了政府各项政策的实施，也为其未来政治前途投下了阴影。

谢里夫此前曾两度出任总理,但都没有完成任期,以其目前的行事风格,能否顺利完成第三个总理任期,也并不令人感到乐观。

2013年11月17日,巴基斯坦内政部长阿里·汗对外宣布将以"叛国罪"对前总统穆沙拉夫提出诉讼。所谓"叛国罪"指的是2007年11月时任总统的穆沙拉夫下令在全国执行"紧急状态"。此案以及其他一些所谓"刑事案件"指控早在扎尔达里的人民党政府时期就已经被包括谢里夫在内的诸多穆沙拉夫政敌所提出。人民党也曾一度指控穆沙拉夫需要为该党终身主席贝娜齐尔·布托的遇刺负责,然而在整个人民党执政期间,扎尔达里都未曾启动针对穆沙拉夫的法律程序,审判始终没有举行。究其原因,除了人民党与穆沙拉夫之间并无历史上的恩怨以外,非常重要的因素是扎尔达里顾及与军方的关系,不愿意针对前军队领导人进行报复。

2013年穆沙拉夫以七旬高龄返回巴基斯坦,迅即被捕,遭到软禁。谢里夫上台后不到半年就宣布对穆沙拉夫提起诉讼。穆沙拉夫就个人而言,已经没有政治生命力,风烛残年的前陆军参谋长疾病缠身,多次入院急救。谢里夫对穆沙拉夫穷追猛打,一方面是因为他和穆沙拉夫之前的"私人恩怨",1999年穆沙拉夫以"反政变"名义推翻的总理就是谢里夫;而另一方面,则是谢里夫针对军队的敲山震虎手段。军队始终是谢里夫最忌惮的政治力量,当年第二次担任总理的时候,谢里夫强行解除陆军参谋长卡拉马特将军的职务,也是为了限制军队的权力,却导致了谢里夫亲自选择的卡拉马特继任者穆沙拉夫将军在一年后发动政变将谢里夫流放出国。对穆沙拉夫的审判,具有个人政治报复和争权夺利的双重性质,虽然穆沙拉夫无力反击,却不可避免地再度引起了军队对谢里夫的极大怀疑和强烈不满。

审判穆沙拉夫固然符合谢里夫的一贯要求,却不利于巴基斯坦国内各派力量的和解。当前,巴军与谢里夫民选政府的关系日趋紧张,正在重演1990年代末期巴政军关系的态势,如果谢里夫一意孤行,再次引发与军队的巨大冲突的可能性是存在的。尽管目前国内国际形势下,巴军发动政变的时机并不成熟,但军队和政府的互不信任,至少也将严重影响到巴基斯坦内外政策的推行效果,其消极影响不容低估。而对穆沙拉夫的审判作为当前军政矛盾的焦点问题,除了符合谢里夫的个人意愿外,并不具备任何实质的政治意义。实际上,

对穆沙拉夫的审判已经进行了大半年，在2014年5月之前，穆沙拉夫五次被传唤却仅仅出庭了一次，为时只有数分钟，这也表明，谢里夫掌控司法进程的能力远远达不到他自己的预期。

　　谢里夫一意孤行的政治性格，还表现在他与自己最主要政治盟友伊姆兰·汗的关系上。尽管多数人都将伊姆兰·汗的崛起看成是巴基斯坦政坛的一次突变现象，然而伊姆兰·汗所拥有的政治资源之强大，足以保证巴基斯坦正义运动党的崛起不是昙花一现。伊姆兰·汗作为巴国唯一获得世界杯的板球队长，在巴基斯坦人望极高，尤其是在卡拉奇以及开伯尔－普什图瓦省的普什图人区域，伊姆兰·汗更是一呼百应。不但如此，"汗队长"还深受巴基斯坦青年和知识阶层的欢迎——理由和普什图人喜欢自己的同族自有不同，但在普什图人区以外许多地方，人们忠于伊姆兰·汗的程度却并不逊色。大选后，伊姆兰·汗控制了开伯尔－普什图瓦省。虽然该省与旁遮普省相比，人口和经济规模都不占优势，但是该省地处巴基斯坦与阿富汗边界，主要居民为民风强悍的普什图人，这一省的安全和政治状况与巴基斯坦阿富汗局势关系极端密切，对整个巴基斯坦的国内安全和国际环境产生近乎绝对性的影响。如果谢里夫打算实现国内的和解与稳定，就必须处理好与开伯尔－普什图瓦省主流政治力量的关系，否则绝无可能成功遏止巴基斯坦塔利班运动日见猖獗的暴力活动。

　　不但如此，普什图人由于连绵不断的阿富汗战争，30年来持续向南方的卡拉奇移居，早已经把卡拉奇变成了全世界最大的普什图人城市。自20世纪90年代以来，普什图人就和控制这座城市的印度穆斯林移民展开了激烈的码头争夺战。伊姆兰·汗的正义运动党也一直致力于开发和累积在卡拉奇的政治资源，与代表移民利益的统一民族运动党冲突不断。2013年5月大选前，正义运动党的一位候选人在卡拉奇遇刺身亡，引发双方激烈暴力冲突。

　　作为总理和巴基斯坦最大政党领袖的纳瓦兹·谢里夫，本该小心翼翼地在伊姆兰·汗以及其他具有族裔色彩的政治力量间扮演平衡者和仲裁者的角色。然而，谢里夫狭隘的政治性格却削弱了这一巴基斯坦至关重要的政治力量的作用。谢里夫政府组成之初，尚能和伊姆兰·汗保持相对良好的关系。不过，谢里夫只是把伊姆兰·汗看成一位政治暴发户及地方势力的代表人物，伊姆兰·汗显然并没有给自己类似的政治定位。巴基斯坦正义运动党网罗了一批具有国际视野的巴基斯坦政治和文化精英,对巴基斯坦未来的发展方向和道路选择进行了长期思索,伊姆兰·汗从来不曾只把自己看成是普什图族的政治代言人。谢里夫和同样抱负远大个性鲜明的伊姆兰·汗之间不能相容是不难想象的,更何况,开伯尔-普什图瓦省的安全事务本身就既是巴基斯坦普什图人的核心问题,也是巴基斯坦的核心问题,甚至关系到整个伊斯兰新月地带的未来,伊姆兰·汗更不可能只是关心自己和所属政党的狭隘利益,而把决定权交给谢里夫。正因为如此,从2013年秋季开始,甚至早到5月份大选之前,正义运动党就和谢里夫在开伯尔-普什图瓦省事务,特别是宗教和安全事务上产生了巨大分歧。双方就美军无人机越境空袭问题的公开争吵屡屡见诸巴基斯坦报端。两党和两人之间的矛盾酝酿到2014年夏天,已经触发了正义运动党对谢里夫政府的多轮抗议,双方的盟友关系早就不复存在。谢里夫与普什图人政治精英之间的分歧,正如他与军队之间的分歧一样,是谢里夫政权强大的议会基础掩盖不住的巨大风险。尽管眼下并没有造成严重的政治危机,然而,在巴基斯坦的历史上,历次政权更迭几乎都是这两对矛盾的结果,谢里夫之前的两次垮台也都源自于此,继续坚持自己压制政敌习惯的谢里夫,重蹈覆辙的危险是不容低估的。

不过,客观地说,谢里夫政权执政一年来,也采取了一些扎尔达里政权时期未曾采取的积极措施,打击恐怖主义、促进国内安全、改善国家形象。2014年6月8日,数名全副武装的恐怖分子伪装成机场保安人员袭击了巴基斯坦卡拉奇真纳国际机场,造成重大人员伤亡,使得巴基斯坦本已饱受非议的国际形象进一步遭受沉重打击。面对嚣张的恐怖分子,当年的扎尔达里政府往往采取象征性的反制措施,布内尔袭击发生后,人民党政府也只是派军队将威胁伊斯兰堡的极端武装击退了事。卡拉奇袭击后,谢里夫政府迅速作出反应,在短短7天后就发动了大规模的反击。

6月15日,巴基斯坦调集重兵,对盘踞在南、北瓦济里斯坦部落区的巴基斯坦塔利班武装实施了代号为"利剑行动"的清剿攻势。数周内,巴军击毙至少400名武装分子,并摧毁45处武装分子藏匿点。巴军封锁了靠近阿富汗一侧的约180公里边境线,切断了南、北瓦济里斯坦之间的联系。在军事进攻的同时,巴政府还对居住在部落区的居民进行了甄别和疏散,来自44633个家庭的共572529人登记为国内流离失所者（IDPs）。这些民众搬到了距离北瓦济里斯坦不远的班努或者更远一些的德拉伊斯梅尔汗（DIK）、勒基马瓦特等地。这些措施显示出巴政府和巴军的行动不只是为了报复恐怖分子对卡拉奇机场的袭击，而是具有较强的战略决心和意图。虽然未必能实现彻底消除恐怖分子威胁的目的，但至少可以达到震慑恐怖分子将其压缩到边境小范围地区、恢复国土大部分地区安全与稳定的阶段性目的。

应该看到，谢里夫对巴塔的政策也是经历过调整的。2013年5月上台以后，谢里夫原本把恢复巴经济列为优先事项。为了集中精力发展经济，谢里夫表示愿意与塔利班进行和谈。2014年2月，巴基斯坦政府代表与塔利班谈判委员会成员举行了七年来的首次和平会谈。然而，卡拉奇袭击很大程度上改变了谢里夫和整个巴基斯坦社会的态度，原本被许多人持有的"等待"心态，被打击恐怖分子的决心所取代。巴基斯坦意识到，要在阿富汗战争进入尾声之际，解决巴塔问题，需要首先给予恐怖分子以沉重打击，以打促和，而不是单纯的拖延等待。谢里夫政策调整增强了巴基斯坦政府和民众的信心，改善了巴基斯坦的国际形象，也有助于巴基斯坦政府在2014年后半年以及今后一段时间阿富汗进入"后北约时代"期间掌握和阿富汗及巴基斯坦塔利班打交道的主动权。谢里夫政府执政一年来，"利剑行动"称得上是少有的亮点，当然，这一亮点并不会马上给巴基斯坦的经济运行带来积极影响，巴基斯坦的经济状况依然严峻。

二 2013~2014财年的巴基斯坦经济运行状况

受宏观经济环境和国内及周边安全形势的影响，2013~2014财年巴基斯坦经济增长率依然维持在较低水平，但好于预期。巴基斯坦政府在2014年7月公布了本财年前11个月的经济数据，各项主要指标表现良好，反映出巴经济的积极走势。

在国际货币基金组织的"延展基金安排"（Extended Fund Facility Arrangement）的贷款协议下，巴政府制订了一系列财政改革和结构调整计划，以促进经济平衡、舒缓能源危机，促进经济实质性快速增长。2014年5月28

日，巴财政部部长依沙克·达尔主持召开巴货币与财政政策协调委员会会议，巴政府强调2014年是整合和改革的一年，目前的重点是通过结构变化，刺激国内经济，实现贸易、投资和出口共同发展。

2013年7月至2014年5月，巴财政收入19550亿卢比，同比增长16.4%；财政赤字占GDP比重的4.2%，低于前一财年同期的6.6%；侨汇收入143.3亿美元，同比增长12.39%；出口额为231.1亿美元，同比增长3.72%；进口额为407.7亿美元，同比下降0.6%；贸易逆差176.6亿美元，同比缩小5.7%。外汇储备达到134.5亿美元；消费价格指数同比增长8.66%；大型制造业指数增长4.3%。到2014年5月份，巴国家银行外汇储备已从2013年12月份的30亿美元升到70亿美元，6月份达到了95亿美元，这使得巴走出了金融危险区。

鉴于近期巴基斯坦对外清偿能力增强，且巴政府向国际货币基金组织承诺并正在实施经济改革，国际评级机构穆迪近日将对巴外币国债前景的评级从"负面"提升至"稳定"，级别为"Caa1"。此外，对巴长期本币国债和存款的国家上限评级依旧为B1，对长期外币国债和存款的国家上限评级维持为B3，其他短期国债的存款上限评级维持为"非优质"。

2013~2014财年，巴基斯坦吸收外国投资净额为43.77亿美元，同比增长177%。其中，吸收外国直接投资（FDI）16.31亿美元，同比增长12%。电信、油气勘探开发、食品和能源领域吸收FDI较多，油气开采行业吸收净FDI在各行业居首，为4.25亿美元，随后是电信行业（3.96亿美元）、金融行业（1.42亿美元）和食品行业（750万美元）。电信3G/4G牌照拍卖所得对FDI增长提供了有力支撑。油气开采和电信行业吸收的FDI占到总数的六成以上，这表明FDI仍只限于少数领域，政府需进一步采取措施吸引外资。此外，巴政府在国际市场上发行欧元债券所得超过20亿美元，使巴吸收外国投资额大幅增加。在外资汇回利润方面，金融行业居首，达到3.27亿美元，随后为能源行业（1.43亿美元）、油气开采行业（9800万美元）和食品行业（9300万美元）。

尽管多项经济数据看好，但是整体而言，巴基斯坦经济形势依然严峻。根据世界银行近日发布的《2014经商报告》（*Doing Business Report 2014*），巴基斯坦的多数"经商指数"考察指标出现下降,在189个国家和地区中的总排名自此前的第106位下跌至第110位。在10项考察指标中,巴在"电力供应""税收缴纳"和"合同履行"方面表现尤为不佳,具体包括:"电力供应"排名自172位下跌至175位,申请通电程序冗长。"税收缴纳"排名仍为166位,每个纳税人一般每年需支付47笔税收,花费577个小时,缴税额占到利润的34.7%;尽管如此,巴基斯坦依然是全世界偷税漏税最严重的国家之一,偷税现象严重影响了巴基斯坦政府的财政状况,已经成为多年痼疾。由于偷税大户多数本身就是巴地方的政治—经济豪强,政府对这一现象基本上无能为力。"经营启动"的排名自99位下跌至105位,启动运营平均需完成10道程序,花费21天;"外资保护"排名自32位下降至34位;"资产注册"自122位下降至125位。有所上升的指标包括,"合同履行"自159位上升至158位;"外资信贷"从75位上升至73位;"破产程序"自75位上升至71位。

在具体的经济部门方面,纺织业仍然是巴基斯坦的主要工业部门和出口创汇来源。2013~2014财年,巴基斯坦纺织品出口138亿美元,同比增长3.95%。其中,受惠于欧盟超普惠制待遇,对欧纺织品出口达到50亿美元,同比增长18%,而对其他国家出口则下降了3.5%。巴纺织工业部表示,由于税制不稳定、能源供应不足、高利率等原因,对纺织工业的投资呈下降趋势,且能源危机已经导致部分纺织厂倒闭。

困扰巴基斯坦经济发展的关键问题仍然是这个国家严重匮乏的电力供应。为了解决电力供应问题,巴政府投入巨资新建和改建了一批电厂。

2014年4月25日,俾路支省404MW乌奇电厂二期项目落成。总理谢里夫在出席落成典礼时称,电力短缺问题将在三年内得到解决。谢里夫宣布,政府将确保在三年内为俾路支省各城市供应天然气,并指示石油与自然资源部长阿巴斯亲自监督,以确保工程按期完成。他还宣布在乌奇二期电厂与纳希拉巴德和锡比之间建设两条输电线路。

谢里夫还透露了政府在解决电力短缺问题方面所采取的措施,其中包括:偿还5000亿卢比(50亿美元)的电力连环债,修建尼勒姆·杰勒姆(959MW)、南迪普(425MW)和古杜(747MW)电站项目;信德省塔尔煤矿项目;旁遮普太阳能项目;等。乌奇电厂二期项目由法国燃气苏伊士集团建设,投入运营后将为国家电网提供990MW电力。

6月25日,巴基斯坦总理谢里夫了出席达苏水电项目奠基仪式。该项目总装机容量432万千瓦,其中一期为216万千瓦。项目一期耗资约需4861亿卢比,预计五年内完工,世界银行将为此提供10.5亿美元融资。

除燃油发电和水电项目以外,巴方还对煤电发展寄予了希望。根据巴基斯坦政府的研究,巴每年煤消耗量约440万吨油当量,占能源总需求的比重只有6.5%,而印度达到55%,中国为68%,美国为20%。即使巴再增加2000万千瓦的煤电,其碳排放量仍然远低于其他主要耗煤国家。由于煤电成本仅为高炉燃油发电的三分之一,有专家建议巴基斯坦应大力发展煤电,目前,巴基斯坦煤电发展的若干项目已经得到了中国有关公司的承诺支持。

但是必须看到,巴基斯坦电力行业从发电到输电各个环节的情况都是严峻的。在输电环节,根据巴基斯坦水利部的消息,由于前任扎尔达里政府只关注提升发电能力而忽视对输配电系统的投入,当前老化的输电系统最多只能同时承载1500万千瓦电力。这将对谢里夫政府雄心勃勃的电力改造规划造成较大困扰。

与此同时,巴多年累积的电力三角债问题也非常严重,政府每年都必须为电力行业提供巨额补贴,其中一部分用于为电力行业、银行与用户之间的长期债务注资"解套"。这进一步加大了巴政府的财政压力,并由此受到了对巴国经济运行有重大影响力的国际货币基金组织的批评。2014年5月,国际货币基金对巴基斯坦展期贷款第三次审议结束后举行的新闻发布会上,国际货币基金驻巴基斯坦代表佛兰克斯称,巴方已同意进一步减少电力补贴并加强税收征管,使下一财年的预算赤字降至4.8%。巴财政部长也承认,目前电力补贴已达到2320亿卢比,本财年电力补贴预算为2200亿卢比,补贴超过了预算。

展望巴基斯坦下一财年的经济发展,巴基斯坦政府2014年7月向议会提交了2014~2015财年预算案,预算总额3.936万亿卢比。具体包括:税收收入3.129万亿卢比,非税收入8160亿卢比;联邦政府获得2.225万亿卢比,各省政府获得1.72万亿卢比(同比增长42%);预算赤字1.711万亿卢比,占GDP比重削减至4.9%;外债5080亿卢比,内债9140亿卢比,各省财政盈余2890亿卢比;公共债务还本付息1.325万亿卢比;国防开支7000亿卢比;

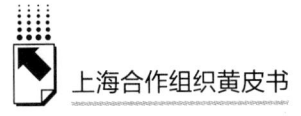

将通货膨胀率维持在个位数；外汇储备达到150亿美元。

巴政府预计下财年可接收国际援助8686.1亿卢比，较本财年最初预计的5764.2亿卢比（后因发行欧元债券修订为7141.1亿卢比）增加50.7%，其中包括贷款6238.1亿卢比，捐款2448亿卢比；公共发展项目（PSDP）预算总支出为11750亿卢比，其中包括联邦政府拨付5250亿卢比（1020亿卢比来自国际援助）、各省政府拨付6500亿卢比（900亿卢比来自国际援助）。巴政府承诺将最低工资标准自每月10000卢比提高至12000卢比，上调政府雇员工资及退休金，提高低收入者救济金；电费补贴降至1560亿卢比；等。

此外，预算案还提出了一系列经济发展措施，包括：成立进出口银行；公司税下调1%，消费税调整为25%；提高电力、机票、香烟、食用油、酥油、水泥、钢坯等价格，降低手机费用；拍卖剩余的两个4G牌照；继续实行大型国企的私有化；等。特别值得注意的是，巴政府在财政预算中专门为中巴经济走廊项目建设编列预算730亿卢比。扎尔达里政权时期，虽然巴基斯坦也多次持续表示对促进中巴经济合作、启动中巴经济走廊项目的兴趣，但始终没有什么实际的促进措施。从巴基斯坦政府2014~2015财年的预算编列来看，巴政府已经下定决心采取强有力的措施推动中巴经济走廊建设。实际上，这不仅是巴基斯坦意图实现经济发展的重大决策，也是谢里夫政府外交政策的主要内容，加强与中国的全面合作，既是谢里夫两任总理时的一贯主张，也是他第三个任期对外关系的核心内容。

三 巴基斯坦对"中巴经济走廊"的参与及其对外关系

2013年4月18日，在巴基斯坦大选即将拉开帷幕之际，谢里夫接受中国记者专访时说，巴基斯坦不仅要与中国结成战略关系，更要与中国建立亲密的经济伙伴关系，增加两国在经济上的相互依赖和相互融合。当选后，谢里夫即将推动与中国的合作作为了自己的主要政策之一。

2013年5月23日，刚刚出任总理的谢里夫与来访的中国总理李克强举行会谈。会后，谢里夫表示，他与李总理在建立巴中经济走廊问题上达成了高度的共识。巴中经济走廊的实质性推动要靠中国的投资、技术和改革开放的经验,尤其是深圳经验。李克强访问期间,中巴签订了《关于开展中巴经济走廊远景规划合作的谅解备忘录》。这是中巴经济走廊规划的基准文件。

2013年6月29日,谢里夫总理准备出访中国前夕,他再一次接受了中国媒体的采访,阐述了他关于巴中经济走廊的构想。谢里夫说,巴中经济走廊不是排他性的走廊,而是区域经济合作进程的重要步骤,这个走廊不仅是连接中国与印度洋的走廊,而且还会惠及亚洲30亿人口,即中国的13亿人,南亚的16亿人口以及伊朗和海湾地区。一旦走廊建成,中国进入波斯湾就无需经过马六甲海峡,巴中经济走廊实际上是中国进入印度洋距离最短的通道。同时,还会将中国新疆与阿拉伯海连成一体,从新疆经2000公里左右的陆路交通就能抵达波斯湾,可以节省约7000公里的路程。

2013年7月3~8日,巴基斯坦总理谢里夫对中国进行正式访问,先后到访中国北京、上海、广州三地,与中国国家主席习近平、政府总理李克强分别举行了会见和会谈。此访是巴基斯坦新政府成立以来首次总理级对外访问。巴基斯坦《新闻报》8日引述谢里夫的话称,此次访华取得的成果"比预想的大"。巴《论坛快报》称,谢里夫7日在广州表示,将在总理府设置"中国小组",指导中巴企业合作项目发展,以挽救恶化的巴经济形势,缓解能源危机,履行谢里夫竞选期间的承诺。7月5日,中巴两国总理在北京发表了《关于新时期深化中巴战略合作伙伴关系的共同展望》(以下简称《展望》)。《展望》提出,双方将"根据2005年4月签署的《中华人民共和国和巴基斯坦伊斯兰共和国睦邻友好合作条约》有关原则和精神,在现有密切合作的基础上,进一步深化各领域务实合作,加强在国际和地区问题上的协调与配合"。中国政府承诺"中国政府始终把中巴关系置于外交优先方向,将继续加强这一战略合作伙伴关系"。巴方则重申,"对华友好是巴基斯坦外交政策的基石和举国共识。巴方感谢中国政府和人民对巴维护国家主权和实现经济、社会发展提供的支持与帮助"。

双方重申,"拓展双边经贸关系是一项重要任务"。双方认为,中国致力于加快转变经济发展方式,大力推进西部大开发战略,实现民族复兴的中国梦。巴基斯坦致力于重振巴基斯坦经济,实现"亚洲之虎梦"。两国国家发展战略相互契合。双方决心进一步拉紧中巴务实合作纽带,把两国高水平政治关系优势转化为更广泛的经济合作成果。为此，双方将加强在贸易、投资、能源、农业、矿业、粮食安全、环境和金融等领域的合作。双方一致同意，"实施好《关于延长中巴经贸合作五年发展规划的补充协议》和《中巴自由贸易协定》，加快推进《中巴经贸合作五年发展规划》中列出的有关项目，尽快推进中巴自贸区第二阶段降税谈判，进一步提升两国贸易自由化水平，推进中巴经济一体化进程"。

在《展望》中提到，"为推动制订中巴经济走廊远景规划，双方同意成立中国和巴基斯坦经济走廊远景规划联合合作委员会，由中国国家发展和改革委员会与巴基斯坦计划发展部牵头，并在上述两部门设立秘书处"。此举标志着中巴经济走廊正式进入了两国共同规划阶段，特别值得关注的是，这一战略是由中巴两国的规划部门负责制定的，显示出双方都有意愿将"走廊"定义为加强全面经济联系乃至于经济要素彼此融合的合作项目，而不只是若干标志性的投资计划。在双方规划部门的共同努力下，中巴经济要素的整合水平将有望远远超过《中巴自由贸易协定》的水平。

根据目前两国政府的共识，在中巴经济走廊远景规划合作框架下，近期重点推进的合作包括：适时启动中巴跨境光缆项目，加快推进喀喇昆仑公路升级改造工程，探讨推动太阳能、生物质能合作，探讨开展沿线产业园区建设，尽快启动政府间磋商，实现中国地面数字电视国际标准在巴基斯坦落地，协调TD-LTE在巴基斯坦的商业运营，加强无线宽带技术领域的合作。这些构成了中巴经济走廊的首批合作项目。

推动中巴经济走廊建设，是巴基斯坦联邦政府的重大战略决定，也对巴国地方层面产生了积极带动作用，尤其是巴经济中心旁遮普省，参与中巴经济走廊的热情和期待都空前高涨。这既是因为旁遮普省是巴基斯坦经济中心，也是因为旁遮普省是谢里夫家族的传统势力范围，省政府在谢里夫家族的牢固掌控之中。基于经济和政治两方面因素，无论如何，中巴经济走廊的大部分项目都会顺理成章地落入旁遮普谢里夫家族的手中。实际上，谢里夫大力推动中巴经济走廊规划与建设本身除了提供巴基斯坦经济的战略考量外，也有为自己家族进一步积累财富的意图。这对于迄今仍然处在豪强体制下的巴基斯坦而言，其实是很正常的。

2014年7月6日，巴基斯坦总理纳瓦兹·谢里夫的兄弟、旁遮普省首席部长沙巴兹·谢里夫率领11人代表团开始为期3天的北京之行。巴方代表团与中国相关部门共同探讨了中巴经济走廊项目的具体落实，为8月在伊斯兰堡举行的中巴经济走廊联委会第三次会议做准备。双方重点讨论了能源项目以及经济走廊建设320亿美元的融资问题，巴方希望为中巴经济走廊项目的完成划定时间表。

代表团核心成员、巴基斯坦计划与发展部部长阿赫桑·伊克巴尔说："一年以前，中巴经济走廊只是一个概念。一年之内，我们举行了两次联委会会议和许多工作组会议。现在，中巴经济走廊的概念通过30多个具体项目得到了落实。其中27个左右的项目，我们计划在未来的3~5年内完成。"

沙巴兹·谢里夫则表示中巴经济走廊的建设将带来区域经济的联动发展。"中巴铁路的很大一部分都在旁遮普省。它从喀什出发，途径丝绸之路，最后从瓜达尔港口到卡拉奇。铁路沿途会打造许多工业园区，中国企业会进驻这些园区。它们将会给该地区带来良好的经济发展机会，并提供几十万的就业岗位。"

沙巴兹的乐观态度揭示了纳瓦兹·谢里夫总理对"走廊"的预期。巴基斯坦政府实际上是把中巴经济走廊作为巴基斯坦重新配置经济资源、启动国家全面经济改革、加速经济发展的一揽子计划来看待的。尽管不能排除谢里夫家族的牟利动机，但基本上巴方对中巴经济走廊的设想还是体现出来巴基斯坦政治精英对国家经济发展未来的思考，符合巴基斯坦的长远利益，获得了各个阶层各个地方势力的支持。巴国内商业人士普遍看好中巴经济走廊，只是担心本地方本行业有可能遭到谢里夫政府的忽视而已。

一定程度上，谢里夫政府也对其他地方对中巴经济走廊的利益诉求给予了照顾，特别是穆沙拉夫时期酝酿并取得初步成效的俾路支省瓜达尔港口项目。瓜达尔港自建成以来，一直惨淡经营，瓜达尔港务局主席贾马尔蒂尼称，自建成以来，从未有出口货物通过该港运输，只有小麦和尿素通过该港进口，但目前由于巴基斯坦实现了小麦自给，只有尿素通过瓜达尔港进口。到目前为止，约有580万吨尿素通过瓜达尔港进口，远远不能满足瓜达尔港的吞吐能力。目前，瓜达尔港的经营出现了一线转机，巴基斯坦港口与航运部长卡姆兰·迈克尔2014年5月29日在国民议会港口与航运常设委员会会议上称，欧洲国家已取消对巴基斯坦鱼产品的进口禁令，今后将开始通过瓜达尔港从巴基斯坦进口鱼产品，此举将有利于吸引外商对巴直接投资，促进出口增长，并大幅增加巴港口吞吐量。

迈克尔称，进出口量增加后，中国方面计划在瓜达尔港建设仓储设施和加工区。中国海外港口控股有限公司已开始对该港现有设施和设备进行恢复。中国还有企业希望在瓜达尔港设立大型展览中心，此外，中巴已经商定中国将资助并主导瓜达尔国际机场的建设，巴政府已成立专门委员会对项目进行管理。

在通过中巴经济走廊全面加强与中国合作的同时，谢里夫政府也在努力改善与美国以及巴主要邻国印度、阿富汗的关系。

在对美外交方面，谢里夫政府默认了美国在巴基斯坦执行无人机攻击的事实，努力降低美国霸道作风对巴基斯坦国内政治和安全形势的冲击，压制舒缓国内其他阶层特别是普什图人政治集团以及宗教势力对美国无人机空袭的强烈不满。巴政府的对美政策基本上是理性的，一方面，谢里夫与美国关系同样密切，沟通管道顺畅，双方关系并不逊于扎尔达里的人民党与美国的关系；另一方面，巴方对美也的确没有太多可以讨价还价的资本。当然，更为重要的原因是巴基斯坦对美外交执行了等待战略，等待美国完成自阿富汗的全面撤军。在这一期间，巴方不希望在对美关系方面陷入麻烦。在巴基斯坦看来，美国从阿富汗全面撤退，虽然在一定程度上会影响巴基斯坦的安全利益，但造成的影响主要是积极的。失去了美国保护的阿富汗政府在对巴政策方面会更加务实，即便喀布尔继续和巴基斯坦纠缠，阿富汗塔利班也可以成为巴基斯坦在阿富汗对冲喀布尔政府的一张牌。

这种等待心态也反映在了巴基斯坦的阿富汗政策上，巴基斯坦基本上没有干预阿富汗的总统大选，认定不论是谁，都只是巴基斯坦未来在阿富汗的对话伙伴之一，而不会是全部。巴基斯坦有耐心等待阿富汗的政局调整逐步到位，再决定对喀布尔应该采取何种态度。

在对印方面，谢里夫政府表现得积极主动，亲自出席了印度新任总理莫迪的就职仪式并与后者展开了多年来首次印巴政府首脑会议。谢里夫对印度的访问，为今后一段时间印巴关系保持稳定奠定了基础。尽管印巴之间的所有重大分歧都没有解决,也不可能在近期出现转机,然而谢里夫的务实态度还是应该得到人们的称赞。毕竟,巴基斯坦已经无法和印度展开全面竞争与对抗,缓和与印度的关系无论怎样都是巴基斯坦必须努力完成的外交任务。在这一方面,谢里夫的政治手段和外交能力将有助于缓解巴基斯坦的东部压力。

至于上海合作组织,巴方经过多年努力,但成为正式成员的前景依然并不明朗。对此,巴基斯坦同样采取了务实态度,一方面继续积极参与上海合作组织框架的交流与合作,另一方面,并不将"入合"作为自己的外交重点,保持了乐见其成但不急于求成的态度。毕竟,对于当前的巴基斯坦来说,不可能实现只有巴基斯坦"入合"而印度被排斥在外的期望,那还不如印巴两国都留在上合组织以外。巴方的主要外交精力还是放在加强与中国的双边合作方面,更加理性,也更加有助于巴基斯坦摆脱经济与安全困境。

Y.30
蒙古国与上海合作组织

娜 琳*

摘　要：

2013年以来，蒙古国政治局势基本稳定。民主党出身的总统与民主派占多数的议会、政府配合默契。蒙古国经济继续保持两位数增长，但由于法律环境不稳，导致包括中国在内的外国投资贸易下降和经济增幅放缓，对此，蒙古国议会和政府正在采取提振经济的积极措施。2013年，蒙古国外交仍然活跃，与外界联系广泛、高层互访频繁，但其外交重点还是中俄两个邻国。作为上海合作组织首个观察员国，蒙古国越来越重视与该组织的关系，蒙古国注重上合组织框架内的经贸、能源、基础设施、过境运输和旅游等领域的合作。

关键词：

蒙古国　政治　经济　外交　上海合作组织

一　政治局势

2013年6月，在蒙古国第六次总统选举中由民主党提名的 Ц. 额勒贝格道尔吉蝉联总统宝座后牢牢掌控着国家的强力部门[①]，执政的民主党控制着国家大呼拉尔（议会）[②] 和政府，民主党的支持率始终高于在野党——人民党，这

---

* 娜琳，博士，内蒙古大学蒙古学学院研究员。
① 蒙古国实行的是议会制，但是现任总统 Ц. 额勒贝格道尔吉的权力不断膨胀，几乎等同于总统制，他基本掌控着国家的局面。——作者注
② 蒙古国议会共设76个席位，其中民主党占34席位、人民党占26席位、正义联盟占11席位、公民意志党占2席位、独立候选人占3席位；民主党与正义联盟联合组建了本届政府。——作者注

种一党揽权的格局为当前蒙古国政局相对稳定奠定了基础。

2013年总统实现连任以来，提出了一些政改建议和治国倡议，得到政府和民众的积极支持。

一是总统提出的"从大政府向智慧政府转变"的倡议，得到国家安全委员会和现政府的全力支持及响应。"智慧政府"的基本定义是：建立一个基于调查研究的、服务性的、尊重法律的、负责任的政府。目前按照"智慧政府"具体要求，正在落实增强经济建设，降低经济的对外依赖性；支持私营企业，限制国有企业的活动；降低政府服务成本，提高服务效益；按一定条件出售国有房屋；建立公用网络，为民提供便利；废除政府机关和官员的非法决定；等等。

二是总统向议会提交《蒙古国政府法》修正案。蒙古国现政府设16个部、19个内阁成员，其中17个内阁成员由议员兼任。议员兼任内阁成员被称为"穿两套服装"。总统的修正案禁止穿两套服装，并且提议将16个部精简为9个部。议会和政府立即支持了总统的提议，目前正在落实。2014年议会春季会议通过了相关法案。换言之，届时议员不得兼任政府成员——部长，权力将重新分配，换一些部的部长，但政府内的政党比例不会发生根本的变化。

与此同时，在野党——人民党利用一切机会反对现政府，认为现政府上台以来蒙古国经济一直不景气，甚至恶化。由此提出罢免现总理H. 阿勒坦呼亚格和罢免经济发展部长、财政部长的法案，但均未获得议会通过。为应对经济困难，蒙古国政府在发展经济方面采取了诸多的积极措施，同时于2013年10月和2014年5月，阿勒坦呼亚格总理率蒙古国政府代表团访问南邻中国和北邻俄罗斯，成功签署了数十项重要的经贸合作协议。如果蒙古国现政府下台，无疑对该国正在实施的经济政策和与邻国合作项目的落实不利，萎靡不振的经济雪上加霜。

蒙古国民众对现政府虽有抱怨，但很期待，也希望国家稳定。蒙古国民众对蒙币图格里克30%的贬值、物价指数上涨12%普遍不满。但是老百姓不愿看到政府官员大换人马，担心由此导致社会不稳定。据2014年1月在蒙古国部分地区的民调显示，执政党——民主党的支持率为40.1%，在野党——人民党的支持率为28%；据2014年3月份的民调显示，民主党的支持率仍然是

40.1%，而人民党的支持率降至 24.5%；据 4 月份的民调显示，民主党的支持率上升到 45%①。可见民主党和政府还是有较好的民意基础的。

二 经济形势及中蒙经贸合作

近几年，蒙古国实施"矿业兴国"发展战略以来，其经济增幅达到了两位数，跨入世界中等收入国家行列。蒙古国的经济发展对外国的投资贸易依赖度很大，特别是对华经贸合作不可或缺。中国是蒙古国第一大贸易伙伴国和第一大投资来源国，中蒙经贸合作互惠互利，具有良好的发展前景。

（一）蒙古国经济简况

自转型以来，蒙古国的经济基本上以采矿业为支柱，以农牧业为基础。在"矿业兴国"战略指导下 2003～2010 年间年均经济增幅达 7%②。2011 年，经济增幅高达 17.3%，蒙古国经济出现了前所未有的迅猛发展势头。人均 GDP 从 2004 年的 638 美元增长到 2010 年的 2200 多美元，2012 年人均 GDP 超过了 3000 美，2013 年接近 4000 美元（表 1）。

表 1 2006～2013 年蒙古国宏观经济数据

主要指标	数据							
	2006 年	2007 年	2008 年	2009 年	2010 年	2011 年	2012 年	2013 年
GDP(亿美元)	27.2	28.35	29.6	29.1	60.8	78.8	103.3	115.4
人口(万)	259.4	263.5	268.3	273.7	275.5	283.4	286.9	293.13
人均 GDP(美元)	1214	1491	1921	1552	2470	2781	3482	3938

注：本表是根据商务部国际贸易经济合作研究院 2013 年《对外投资合作国别（地区）指南——蒙古国》资料编制，2013 年数据系作者根据蒙古国经济数据和当年人口总数、蒙币图格里克汇率等验算得出。

与此同时，蒙古国政府近年来一直努力促进国民经济由"单色经济"转变为"彩色经济"。换言之，从单一依赖采矿业经济体转变为拥有多个支柱产

---

① 2014 年 3 月的民调由"MPO"信息研究中心，4 月份的民调由"NewsEra"民调中心和"桑特马日勒"民调中心分别进行。——作者注
② 蒙古国驻华大使馆：《蒙古国纪念专刊》，2014，北京。

业的经济体,即发展采矿业、畜牧业和旅游业作为经济的三大支柱。根据联合国"千年发展目标",蒙古国政府制定的《蒙古国 2007～2021 年国家整体发展战略》目标是:第一阶段(2007～2015 年),蒙古国将通过加快开采矿产资源带动经济发展,同时大力发展旅游业;第二阶段(2015～2021 年),蒙古国将从主要开采自然资源转向矿产资源成品加工业,发展高科技和现代化工业;同时,继续保持传统的畜牧业国家地位,将蒙古国打造成"矿产业、旅游业、畜牧业"三位一体的经济模式。随着经济的可持续发展,蒙古国经济无疑从资源性经济转变为加工性现代化工业为主的畜牧业经济模式是可行的。但是,蒙古国的经济发展并不一帆风顺,特别是其国内法律环境的不稳,一定程度上制约了经济增幅的可持续性。

2012 年以来蒙古国经济增长出现放缓。2012 年和 2013 年其经济增幅分别为 12.3% 和 11.7%,同比下滑 5% 和 0.6%。主要原因是:一是蒙古国的经济亦遭受外部经济不景气影响。比如,欧元区经济危机和中国经济发展放慢,这些促使蒙古国经济面临严峻考验。二是蒙古国法律环境不稳定,导致拉动经济发展的矿产资源出口受到冲击。特别是 2012 年 5 月 17 日蒙古国议会颁布的限制外资的《外国投资战略领域协调法》①实施后,吸引外资下降 40%～50%,由此连带了其他经济指标的下滑。

2013 年以来,蒙古国修改了战略投资法,放宽限制,大幅降低了外国企业对蒙古国战略领域投资的准入门槛,为外资的流入创造了条件,同时出台了一系列大力发展国民经济的大型项目计划。2013 年蒙古国的 GDP 大约 115.4 亿美元,采矿业、建筑业和畜牧业起到了拉动作用。2013 年,农牧业增长 13.5%(五种牲畜达 4510 万头只的历史最高)、工业和建筑业增长 21%(建筑业增幅达 70%)、服务业增长 10%。矿产业分别占蒙古国 GDP 的 17%、总出口量的 81%、国家财政的 23%、外国投资总额的 73%②。但是,限制外资

---

① 该法律将矿产资源、银行金融、新闻通信等三个行业确定为具有战略意义的领域。法律对外国投资进入上述领域作出严格规定,于是严重挫伤了包括中国在内的外国投资者的积极性。——作者注

② 蒙古国矿产部部长 Д. 刚呼雅格在"蒙古国矿产资源 2025"国际研讨会上的讲话,2013 年 2 月 19 日,乌兰巴托。

的《外国投资战略领域协调法》的消极影响一时难以消除,其负面效应不仅严重制约了蒙古国2013年的经济发展,甚至继续影响着2014年的经济增长。比如:2013年外国投资下降约50%;拉动其经济发展的进出口贸易额仅为106亿美元,同比下降4.5%或减少5亿美元[①];2013年底通胀率高达12.5%。于是,连锁引发国家外汇储备下降、外债增加和本国货币贬值等严重后果。2013年外汇储备由年初的40亿美元下降至年末的25亿美元,而2014年3月外汇储备只有22亿美元;2013年底蒙古国外债总额达到189亿美元[②]的新高,超过国内生产总值,相当于其GDP的156.8%。仅2013年政府外债增加92%,达到23亿美元;蒙币图格里克的汇率由2013年初的1美元=1400图下跌到1美元=1800图,贬值30%;2014年1月至5月汇率亦下跌超过30%,6月初1美元=1830图。

2014年第一季度,按2005年可比价格计算,蒙古国的GDP共计11481亿图格里克,约6.45亿美元(按美元兑蒙币图格里克汇率1:1780计算),同比增长7.4%。2014年一季度蒙古国名义GDP(按当期价格计算)共计34390亿图格里克,约19.3亿美元,同比增长18.3%。

从表面上看,蒙古国的经济2013年增幅保持两位数的11.7%,2014年第一季度增幅7.4%(按现价18.3%),还算好。但是实际上投入产出严重失调。近两年蒙古国政府共投入40亿美元,包括15亿美元的"成吉思汗"国债和中央银行为稳定物价计划投入的4万亿蒙币图。按蒙古国经济学家分析,如此巨大的投资应该换来20%的经济增幅才算正常,所以2013年的11.7%以及今年第一季度的7.4%的增幅实际是入不敷出。

为了扭转不利的经济形势,蒙古国议会和政府正在采取紧急应对措施,并积极落实。2014年5月初蒙古国议会通过了由政府总理H.阿勒坦呼亚格直接领导的"百天经济刺激计划"。该计划一是改革税收体制,使纳税人参与到税收体制中去;二是通过扩大和保护蒙古国公民私有制来发展经济。蒙古国总理5月16日在议会全体会议上介绍了"百天经济刺激计划"。包括:①推销民族

---

① 蒙古国国家统计局:《统计年鉴2013》,2014年5月,乌兰巴托。
② 《乌兰巴托邮报》2014年5月28日报道。

工业产品，减少不必要的进口。②支持国内生产，创造必要的设备租赁服务。③大力完善交易活动。④由于出口大多面向中国，因此增加蒙币与人民币的兑换业务。⑤完善增值税，增加公民购买力，年内返还 2% 增值税，并且将增值税的门槛由 1000 万图调至 5000 万图（约合 17.8 万元人民币）。年销售额达 15 亿图（约合 536 万元人民币）的企业上缴所得税的 90% 将予以返还。⑥整顿大型国有企业，实行私有化。⑦让土地发挥经济效益。⑧修改矿产法，加快启动塔本陶勒盖 TT 项目，加快同中方的煤制气项目的运作，加快奥尤陶勒盖 OT 深井建设工作，成立矿产资源政策委员会，等。

（二）中蒙经贸合作

多年来，中国一直是蒙古国第一大贸易伙伴国和投资来源国。近年，两国贸易额占蒙古国进出口总额的 1/2 以上，中国对蒙古国投资占蒙全部吸引外资的约 1/3 以上。

双边贸易。2011 年中蒙贸易额达 64.64 亿美元的历史最高，近两年随着蒙古国 GDP 增幅和进出口贸易的下滑，中蒙贸易也有所下降。2013 年，中蒙贸易额为 54.9 亿美元，同比下降 7.4%，占蒙外贸进出口总额的 51.6%。其中：中国自蒙进口额为 37 亿美元，同比下降 8%，占蒙出口总值的 86.6%[①]；中国向蒙出口额为 17.86 亿美元，同比下降 2.2%，占蒙进口总值的 28%。尽管近两年中蒙贸易额有所下降，但仍保持着中国是蒙古国第一大出口国和第一大进口国的地位。2011 年开始中国取代俄罗斯成为蒙古国第一大进口国。自 1999 年以来中国一直是蒙古国第一大贸易伙伴国。

中蒙贸易互补互利。中国主要进口国内短缺的焦炭、铜等矿产品。蒙古国生产的铁矿石、铜精粉、锌精粉和原油 100% 出口中国；煤炭 95% 以上出口中国。此外，蒙古国每年的大部分畜产品、油籽、工业和药用植物也都出口至中国。2013 年出口畜产品货值达 1.94 亿美元。蒙古国从中国主要进口商品为各种运输工具（铁道车辆除外）、建筑材料、机械器具、大米和果蔬等农产品。

中国对蒙投资。1990~2010 年间蒙古国的外资存量为 48 亿美元。其中，

---

① 据蒙古国海关总署《外贸统计公报》2013 年第 12 期相关数据验算得出。

中国直接投资存量为24.7亿美元，占总存量的50.99%①。同期，104个国家的10700家外资企业在蒙注册登记。其中，5300家为中资企业，占总外资注册企业数的49.5%。中国对蒙投资额和投资企业数量都是首位。

2012年5月蒙古国议会通过《外国投资战略领域协调法》以后，蒙古国吸引外资大幅下降，中国对蒙直接投资比率由2010年的50.99%下降至33.7%~20.3%。据蒙古国驻华大使馆资料，1990年至2012年6月30日为止，在蒙外国直接投资存量为108.4亿美元。其中，中国直接投资存量为36.5亿美元，占总存量的33.7%。同期，在蒙外资企业11624家。其中，中资企业5737家。据联合国贸发会议发布的2013年《世界投资报告》显示，2012年蒙古国吸收外资流量为44.5亿美元，当年中国对蒙古国直接投资流量9.04亿美元（据中国商务部统计）。据测算，2012年中国对蒙直接投资流量比率仅占总流量的20.3%。但是，无论中国对蒙投资额还是投资企业数量，均独占鳌头，自1998年来中国一直是蒙古国最大的投资来源国。中资企业主要集中在蒙古国的矿山、石油行业、商贸餐饮、建筑工程及建材生产、畜产品加工，部分从事农牧业、信息通信技术以及服务行业等领域。截至2012年底蒙古国吸收外资存量为131.5亿美元。1990~2012年间对蒙投资顺序是：第1中国、第2荷兰、第3卢森堡、第4英属维尔京群岛、第5新加坡、第6加拿大、第7韩国、第8美国、第9中国香港、第10日本（见表2）。

表2 对蒙古国直接投资的前10个国家和地区的投资情况（1990~2012）

单位：亿美元，%

排序	1	2	3	4	5	6	7	8	9	10		
投资国和地区	中国	荷兰	卢森堡	英属维尔京群岛	新加坡	加拿大	韩国	美国	中国香港	日本	其他	合计
投资额	36.5	26.7	10.4	8.6	6.3	4.9	3.4	2.9	2.1	1.8	4.8	108.4
占比	33.7	24.6	9.6	7.9	5.8	4.5	3.1	2.7	1.9	1.7	4.4	100

资料来源：蒙古国驻华大使馆《蒙古国纪念专刊》，2014年4月，北京。

---

① 蒙古国外国投资和外贸局数据库。大部分数据采用四舍五入。

中国对蒙承包劳务。截至2012年底,蒙古国的外籍劳务有22000多人,来自103个国家和地区,其中70%为中国公民。2012年,中国企业在蒙新签订承包工程合同96份,合同额34亿美元,完成营业额8.4亿美元。2012年派出各类劳务人员11087人,年末在蒙古国的劳务人员为6080人。

（三）应对经济困难的措施

如上所述,蒙古国经济保持两位数发展的同时遇到了困难,中蒙经贸合作互惠互利,前景良好,但两国贸易和投资增幅均有所下降。对此,蒙古国方面正在采取应对困难的积极措施,同时对中国寄予厚望。蒙方采取的措施如下。

第一,修改限制外资的法律,颁布新的投资法。2013年10月蒙古国议会对限制外资的2012年的《外国投资战略领域协调法》①进行重要修改,颁布了新的《蒙古国投资法》。新的投资法规定,外国国有企业投资蒙古国矿业、银行、通信及新闻媒体等行业,控股比例超过33%,经蒙古国政府主管部门审批即可,无须再提交议会审批。而2012年的法律规定,战略性经营企业的外国投资比例超过49%且当时的投资额超过1000亿图格里克（约合6000万美元）时,由政府提交议会作出决定,而其他情况下授予许可事宜则由政府决定。此外,蒙古国还将通过税收来调控外商投资方向,投资超过150亿图格里克（约合900万美元）的外国企业可享受到四项税收稳定优惠。蒙古国将本国划分为首都乌兰巴托、中央区、东部地区、西部地区以及山区五大投资区域。例如,外资企业若在首都乌兰巴托投资3000亿～5000亿图格里克（约合1.8亿～3亿美元）,可享受10年税收稳定期,而若在中央区和西部区域投资相同金额,税收稳定期可延长到11～13年。同时,蒙方正在筹备改革税收体制,税务改革的宗旨是不增加企业负担,保持政策稳定性。

第二,颁布边境口岸法。议会通过了蒙古国第一部边境口岸法,加强南部边境口岸建设。具体措施:一是2014年2月政府设立了口岸委员会,任务是制定边境口岸的发展规划,对边境口岸监管机构和边境安全保障机构提供合作

---

① 当时矿业、银行、通信及新闻媒体被归入战略领域。——作者注

保障。二是决定在南戈壁省和中国阿拉善盟阿左旗边境段开放查干德勒－乌力吉口岸。三是制订蒙中边境段布日嘎斯台、毕其格特、布尔根、杭吉等口岸的总体发展计划。四是将蒙中边境段哈毕日嘎、巴彦胡舒、杭吉、布日嘎斯台等口岸升级为常年开放口岸。五是将南戈壁边境段希博呼伦、嘎顺苏海特等公路口岸升格为国际公路口岸，责成对外关系部具体落实。

第三，铁路直接对接。蒙古国政府为了提高出口效益和竞争力，制定同购买方铁路直接对接（与中国对接窄轨）、发展跨境运输和物流业的政策。此项政策2014年5月份经政府批准后现已上报议会，议会通过后即可实施。如果议会通过，中蒙煤炭贸易将会更加互惠互利，否则损失大、利润不高①，还污染环境。5月22～24日蒙古国总理阿勒坦呼雅格访问俄罗斯时会晤俄国家铁路负责人，双方讨论了蒙古国铁路宽轨窄轨问题，俄方称蒙古国与中国间修铁路采用什么轨道是你们之间的事，表示了不干涉的意见。这说明，占蒙古国铁路50%股份的俄罗斯已经同意蒙古国修至中国的窄轨。

第四，增加人民币兑换业务。因为蒙古国出口大多（85%～90%）面向中国，因此增加蒙币图格里克与人民币的兑换业务。将互换协议金额增加到200亿元人民币。

蒙方对中国的期望：

蒙方希望中俄石油、输气管道路经蒙古国国土，惠及中、俄、蒙三国。据蒙古国媒体报道，俄罗斯至中国输油输气管道东段两国已经在5月21日签署4560亿美元的30年合同，平均每年输送610亿立方米天然气。俄中输气输油管道西段原先准备从哈萨克斯坦的阿勒泰山脉进入中国。此管道从俄到中国有4000多公里，如果路经蒙古国只有1500公里就可抵达中国，省钱省时，而且蒙古国从中受惠，使其获得过境费。为此不仅蒙古国总统额勒贝格道尔吉在上海亚信会上与俄总统普京会晤时提出中俄管道路经蒙古国的要求，而且两天后蒙古国总理阿勒坦呼雅格访问俄罗斯时再次向普京总统提出该要求。使蒙方欣慰的是，普京已答应研究该管道从蒙古国哪一地区路过的问题，并责成下属协

---

① 因蒙方连接中国的铁路采用宽轨，近3年来蒙各煤炭企业因此多支出了1万亿图（约合34.5亿元人民币）运输费，收入损失4000亿图（约合13.8亿元）。引自蒙古国《日报》5月26日报道。

调此事。蒙方认定,俄总统已经允诺管道路经蒙古国境内。现在就看中国的了,希望中国方面予以促成。

希望中国帮助蒙古国完成煤制气工程。2013 年 10 月,蒙古国总理 H. 阿勒坦呼雅格访华期间双方签署了年产 160 亿立方米燃气的备忘录,煤制气项目每年用煤量为 6000 万~8000 万吨。项目所需投资约 300 亿美元,燃气的一部分用于保障蒙古国的需求,大部分将出口给中国。蒙古国目前国内燃气需求为 20 亿立方米。项目将在蒙古国中央省、中戈壁省、肯特省、东方省分期建设完成,需要修建 750 公里的输气管道。蒙古国政府方面为落实煤制气项目,已组建工作组开始运作。蒙古国煤炭储量达 1620 多亿吨,90% 为褐煤,褐煤因为热量低,不适合于出口。所以,蒙古国方面一边继续向中国出口原煤(大部分焦炭),一边用其丰富的褐煤为原料建立煤制气厂,生产清洁燃料,出口中国,也提高了出口附加值。蒙古国方面希望中国在煤制气项目上给予包括资金、技术的大力支持。

三 对外关系

(一)蒙古国外交依然活跃

2013 年以来,蒙古国对外关系依然活跃,与外国高层互访频繁,与中、俄两个邻国和诸多"第三邻国"及国际组织广泛交往。

此间,蒙古国高层出访 20 多次。蒙古国总统 Ц. 额勒贝格道尔吉访问中国、美国等重要邻国(美国是蒙古国"第三邻国")外,还访问了东南亚的越南、缅甸、新加坡和东北亚的朝鲜民主主义人民共和国以及欧洲的波兰等国家,参加了第 68 届联合国大会并与秘书长潘基文会晤、第 44 届达沃斯世界经济论坛,出席在吉尔吉斯斯坦首都比什凯克召开的上海合作组织成员国元首理事会第十三次峰会会议、中国上海亚洲相互协作与信任措施会议第四次峰会等重要国际会议;总理 H. 阿勒坦呼亚格访问中国、俄罗斯、日本,还出席了成都第十四届中国西部国际博览会开幕式暨第六届中国西部国际合作论坛、俄罗斯圣彼得堡国际组织论坛,出席日内瓦第 103 届国际劳工组织会议并发表了题为"就业 发展 进步——2014"的演讲；大呼拉尔主席 3. 恩赫包勒德（议长）访问中国、美国、韩国，出席在日内瓦举行的各国议会联盟第 129 届大会等国际会议；蒙古国副总理、副议长、对外关系部长、国防部长等亦多次访问相关国家。

同时，有 20 多个国家领导人访问蒙古国。欧盟委员会主席若瑟·曼努埃尔·巴罗佐、加拿大总督达维·约翰斯顿、时任中国全国人大常委会委员长吴邦国、日本首相安倍晋三、波兰总统布罗尼斯瓦夫·科莫罗夫斯基、南非副总统克伽雷马·莫特兰蒂、时任泰国总理英拉·西那瓦、欧洲安全与合作组织议会主席里卡多·米格里奥利、白俄罗斯总理米亚斯尼克维奇、韩国国会议长姜昌熙、缅甸联邦议会议长吴瑞曼、拉脱维亚共和国总统安德里斯·贝尔津什、土耳其大国民议长杰米尔·奇切克、俄罗斯联邦委员会主席瓦莲京娜·马特维延科女士以及美国国防部长哈格尔、法国国防部代表团等高层纷纷前来访问蒙古国。

蒙古国积极参加重要的国际会议和活动以外，在本国也经常组织大型国际会议，履行国际责任。2013 年以来，在首都乌兰巴托举办了第七届国际民主联盟大会、2013 国际矿业投资会议、第 32 届食品和农牧业机构亚太地区会议，蒙古国与联合国联合举办题为"减轻世界贸易组织贸易谈判——对无海发展中国家影响"的国际会议、"蒙古能源 2014"国际会议暨第二届国际能源会议，以及"弹性价格 严格运行一条龙服务"为题的蒙古国交通运输国际会议，"乌兰巴托对话机制"① 国际会议等。蒙古国还将主办 2015 年亚太人权国际研讨会。

蒙古国与外国的建交活动成效显著。根据国家大呼拉尔 02～10 号决议，2013 年以来蒙古国同安提瓜和巴布达、布隆迪共和国、瓦努阿图共和国、帕劳共和国、苏里南共和国、塞拉利昂共和国、多哥共和国、厄立特里亚、牙买加、海地、乍得等国分别建立了大使级外交关系，迄今蒙古国的建交国已经达

---

① "乌兰巴托对话机制"是蒙古国总统额勒贝格道尔吉效仿"赫尔辛基进程"，于 2013 年 4 月在蒙举行的第七届民主国家共同体部长会议期间提出的。蒙古国与东北亚所有国家保持着友好关系，希望通过机制以对话方式解决地区面临的安全问题。利用政治和外交手段来保护和巩固国家安全，与联合国所有成员国建立外交关系。——作者注

到175国。按照蒙古国国家安全构想和对外政策构想所奉行的理念和政府2012~2016年施政纲领所反映的目标,蒙古国正在同联合国成员国中与蒙古国尚未建交的国家开展建交活动。从2010年12月30日起,蒙古国通过常驻联合国代表团向与蒙古国尚未建交的45个联合国成员国正式转达了建交的意向。至此,该45个国家中已有18个国家与蒙古国建交。与其余的27个国家的建交,力争在2014年内实现。

近年来,蒙古国撒网似的外交活动收获颇丰,轰轰烈烈,可谓朋友遍天下,特别是蒙古国与其"第三邻国"欧盟、北约、美国和日韩等国和国际组织的关系继续走近,彰显了蒙古国国际地位不断提高。但不难看出其重点仍是两个邻国,蒙古国三巨头总统、总理、议长与中国和俄罗斯高层交往居多,这符合《蒙古国对外关系构想》确定的俄罗斯联邦和中华人民共和国是蒙古国对外政策的首要方向的法律条款。

(二)蒙古国外交的首选方向是中俄

地理位置上只有中国和俄罗斯两个邻国的蒙古国,其生存与发展离不开中、俄。蒙古国深知这一铁的事实,故以法律文件①确定俄罗斯和中国是其外交政策的首要方向,并保持密切的睦邻友好关系。蒙古国于2009年和2011年与两个邻国分别建立了战略伙伴关系,经济上更是离不开中国和俄罗斯。但是因为历史渊源和地缘关系,对中、俄两个邻国都不放心,存有不同程度的疑虑和戒心。加之蒙古国与中、俄的国力太悬殊,就更加担心自身成为某一方或者同时成为两方的附庸。所以,蒙古国民主改制以来不断寻找"第三邻国",这种"第三邻国"不是领土上的联系,而是政治、军事以及经济上的联系,蒙古国希望通过引入"第三邻国",增加自己国际战略上的支点,增加安全系数、巩固独立。同时,能从各方获得政治经济诸多的好处,还能提高本国的国际地位。蒙古国认为,世界上能够平衡中、俄两大国的目前首推美国②,因此

---

① 2011年2月蒙古国议会重新修订的《蒙古国对外关系构想》明确规定俄罗斯联邦和中华人民共和国是蒙古国外交政策的首要方向。——作者注

② Ц·巴特巴雅尔(现任蒙外交部政策协调局局长)主编《1990年代国际关系走向及蒙古国与大国的关系》(O. 奥特根:"90年代的蒙美关系"),1995,乌兰巴托,第90页。

蒙古国不断拉近与美国等西方的关系，蒙古国派兵参与美国在阿富汗、伊拉克等地的军事行动，并于2012年5月以"和平伙伴关系地位国"参加北约峰会，2012年11月正式加入了欧安组织。蒙古国所谓"第三邻国"不是一个国家，而是美国、日本、欧盟、印度、韩国、土耳其等西方、东方诸国和国际组织等。

其实，蒙古国靠近美国等所谓"第三邻国"和美国主导的北约以及加入欧安组织，并不能代表蒙古国从此就成为北约的一颗棋子，将用来制衡中、俄。蒙古国也不会简单地选择非此即彼的极端关系。而是坚持与中俄和"第三邻国"保持等距离关系，深知中国和俄罗斯是其永恒的邻国。事实上，蒙古国与两个邻国的军事与安全合作早已常态化。中蒙防务安全磋商在北京和乌兰巴托轮流举行，双方就联合训练、边防交往、维和行动和地区安全形势等问题经常交换意见，同意保持两军高层交往势头。而蒙俄军事关系更加密切，俄罗斯对蒙提供大量军事援助，两国每年举行军事演习，现已定期化。由此可见，蒙古国并不会采取远交近攻，而远交近不攻是蒙古国要采取也是必然要采取的对外战略。这也是小国外交的一种趋势。

四 蒙古国与上海合作组织

蒙古国作为上海合作组织第一个观察员国，一直积极参与上合组织向观察员国开放的各项活动，近两年呈现出更加重视与上合组织关系的趋势。

蒙古国总统 Ц. 额勒贝格道尔吉2012年6月在北京出席上合组织成员国元首理事会第十二次峰会会议后，2013年9月又如期出席吉尔吉斯斯坦首都比什凯克上合组织成员国元首理事会第十三次会议。而2011年6月在哈萨克斯坦首都阿斯塔纳召开的上合组织成员国元首理事会第十一次会议上，蒙古国只派出了总统办公厅主任赴会，级别显然比较低。2013年11月28~29日，在乌兹别克斯坦共和国首都塔什干上合组织成员国政府首脑（总理）理事会第十二次会议举行。此次会议上包括新增的阿富汗在内的5个观察员国均派出了代表出席。蒙古国副总理（只设一名副总理）Д. 特尔比什达格瓦，印度共和国外交秘书苏嘉塔，伊朗伊斯兰共和国工矿贸易部部长内马特扎德，巴基斯坦伊斯兰共和国总理国家安全和外事顾问阿齐兹和阿富汗伊斯兰共和国第二副总统哈利利列席会议。从观察员国派出的代表级别来看，蒙古国代表的级别最高。从参会代表级别的升级可以看出近两年蒙古国对上合组织事务的重视程度。

蒙古国代表出席上合组织各类会议，不仅了解该组织运作新情况和今后所实施的措施以及本国可以参与的领域，还利用参会机会与相关国家举行双边会晤，增进了解和互信，深化合作关系。2013年9月12日，国家主席习近平在比什凯克上合组织峰会期间会见了蒙古国总统 Ц. 额勒贝格道尔吉，两国领导诚恳交换了意见。习近平重申，中方一贯重视发展对蒙关系，尊重蒙古国主权、独立、领土完整，尊重蒙古国人民自主选择的发展道路；双方应该牢牢把握中蒙关系发展大方向，在涉及彼此核心利益和重大关切问题上相互坚定支持，加强两国领导人的沟通交往，增进了解，深化互信，规划合作。习近平强调，中方本着互利共赢原则参与对蒙合作。双方可以按照矿产资源开发、基础设施建设、金融合作"三位一体，统筹推进"的思路加强经贸合作，搞好互联互通大项目。蒙总统额勒贝格道尔吉表示，蒙方积极致力于发展长期稳定的蒙中睦邻友好关系，高度赞赏中方关于两国合作的原则和设想。蒙方正在实施"矿业兴国"战略，希望同中方加强能矿、经贸、基础设施建设等领域合作，落实标志性大项目，采取措施，为两国合作创造良好条件。蒙方愿加强同中方在国际和地区事务中沟通和协调。

进入2014年以来，蒙古国继续积极参与上合组织相关活动。2014年1月21～22日在莫斯科举行的上合组织框架内地区安全问题协商会议上，蒙古国派出了蒙驻阿富汗大使 O. 丹比尼玛为首的代表团。在会议上丹比尼玛阐明了蒙方的立场。他指出，蒙古国一贯坚持保障亚洲安全、经济及政治稳定政策，并强调了蒙军多年积极参与阿富汗国际维和行动。同时介绍了蒙古国总统额勒贝格道尔吉提出的"东北亚安全问题乌兰巴托对话"的建议，呼吁与会者积极出席即将召开的"乌兰巴托对话机制"国际会议。

2014年4月26日，在北京举行了上合组织成员国和观察员国代表"6+5"会议，蒙古国对外关系部邻国局局长 T. 特古斯比利贡出席本次会议。在上合组织秘书长德米特里·梅津采夫主持的此届会议期间，上合组织表示愿与该组织各观察国扩大合作,并就进一步推动各领域合作方面交换了意见。作为观察员国蒙古国表示积极参与可能合作的领域。

蒙古国重视上合组织的表现引起了该组织的关注。2014年3月24日,上合组织秘书长德米特里·梅津采夫访问了蒙古国。德米特里·梅津采夫与蒙古国对外关系部长 Л. 包勒德会晤时详细介绍了该组织运作和今后所实施的措施,并表示愿与上合作组织观察员国,尤其与蒙古国深化合作。包勒德部长表示,蒙古国在积极参与区域政治、经济合作政策框架内作为观察员国积极参与上合组织运作,并表示愿与该组织在更大框架内开展合作。他还强调了为保证区域安全,扩大经济互利合作的重要性。

从以上蒙古国与上合组织间的积极互动可以看出,蒙古国对该组织越来越重视,并寄予很大期望。综合蒙古国政府官员和学术界观点以及媒体报道,蒙古国对于上合组织今后发展和本国参与其事务方面有以下几点建议。

第一,蒙古国成为上合组织观察员国10多年来,积极履行了观察员国应尽的义务。因为蒙国内不存在上合组织共同打击的国际恐怖势力、宗教极端势力、民族分裂势力等"三股势力"威胁,所以,蒙古国与上合组织主要寻求在经济领域进行合作,蒙古国有意参加本地区基础设施建设、环境保护等领域合作。但至今该组织的经济合作并没有明显的进展。故希望该组织解决观察员国和对话伙伴国同成员国经济一体化进程问题。

第二,蒙古国支持上合组织成员国政府首脑塔什干会议就进一步开展交通领域合作发表联合声明,责成上合组织成员国相关部委采取措施扩大交通领域互利合作的决定。蒙方赞赏上合组织总理们"同上合组织观察员国和对话伙伴国开展合作,吸收它们参与交通领域合作发展进程十分重要"的意见。如途经蒙古国的铁路、公路网、管道铺设等方面,蒙古国愿与中、俄两国积极合作,蒙古国希望将这些领域的合作提升到上海合作组织成员国及观察员国家之间的合作。

第三,蒙古国希望上合组织相关部门确实落实2010年1月在乌兰巴托举行的上合组织实业家委员会论坛上提出的加强与观察员国的合作和推动区域内旅游合作等方面的建议。蒙古国如果能够参与该组织框架内的跨境旅游合作,将有利于促进本国"矿产业、旅游业、畜牧业"三位一体的经济模式的形成和发展。

第四，蒙古国是首个加入上海合作组织的观察员国，也是在上合组织范围内最大程度上为各方所共同接受的国家。那么，蒙古国是否首个从观察员国迈入成员国行列呢。十多年来，蒙古国从未正式提出成为上合组织成员国的问题。但从近年蒙古国对上合组织的积极态度来判断，蒙古国有意提升与该组织的关系。如果该组织在地区内经济合作步骤有较快务实的进展，不排除蒙古国将考虑加入的问题。蒙古国有关研究上合组织问题的专家也称，蒙古国正在研究加入上合组织的问题。

Y.31
伊朗与上海合作组织

王　凤*

摘　要：

在2013年6月总统大选中，哈桑·鲁哈尼出人意料地获得胜利，出任伊朗新一届总统。新政府将告别对抗性和强硬性政策，开启温和、务实与和解的新时代。尽管如此，受欧美制裁影响，伊朗仍面临严峻的经济挑战：石油出口减半，财政负担剧增，通货膨胀居高不下。为缓解制裁，挽救经济，伊朗最高层已经授权新政府开始与欧美和解，并因此于"5+1"伊核谈判上取得了突破性进展。根据各方达成的为期六个月的过渡性协议，伊朗将限制铀浓缩活动，欧美也将缓解对伊朗的制裁。上合组织以及中俄也在核谈中发挥了建设性作用。

关键词：

哈桑·鲁哈尼　和解　经济挑战　核谈突破　建设性作用

一　政治发生前所未有的重大变化

2013年，伊朗政治发生了出人意料、前所未有的重大变化。6月中旬，温和保守派代表哈桑·鲁哈尼在第一轮总统选举中获得轻松胜利，成功当选伊朗第11届总统。从各方面看，以对抗性和极端强硬性著称的内贾德时代已经宣告结束，新一届政府将开启温和、和解与务实的内政外交新局面。这是伊朗民众的要求使然，是伊朗经济备受欧美经贸、金融和石油制裁的沉重打击使然，是伊朗为保障政权安危的被迫选择。

---

* 王凤，中国社会科学院西亚非洲研究所副研究员。

（一）出人意料大选获胜，鲁哈尼开启新时代

2013年6月14日，哈桑·鲁哈尼在伊朗新一届总统选举中，出人意料地击败其他六位保守派候选人，当选伊朗新一届总统。鲁哈尼获得50.7%的选票，位居第二位的总统候选人——德黑兰市长穆罕默德·巴基尔·加利巴夫仅赢得17%的选票。本届总统选举的投票率很高，达到了72%。①

哈桑·鲁哈尼之所以获胜，以及这次选举的高投票率，与伊朗改革派的大力支持相关。前总统拉夫桑贾尼和哈塔米都属于改革派。前者在两伊战争结束后的总统任期内，力主与西方和地区国家修复关系，重新融入国际社会，同时主张实行以私有化和市场化为主导的经济改革。哈塔米则主张政治改革和社会改革，同西方和国际社会进行文明对话。特别是在哈塔米执政时期，伊朗与西方就伊核问题签署了《不扩散核武器条约》（附加议定书），以及暂停铀浓缩活动的《巴黎协议》。但是，自2005年以来，改革派在政治中日益被边缘化，特别是在2009年因总统选举不公所造成的政治动荡之后，遭到保守势力的一步步打压，很多代表包括2009年总统候选人穆萨维和卡鲁比至今还被伊朗官方软禁。在本届总统选举前，拉夫桑贾尼也被宪法监护委员会排除在候选人之外。但是，在这次总统选举中，属于保守势力，但持相对温和路线的总统候选人鲁哈尼的竞选纲领，让改革派看到了共同之处，认为鲁哈尼当选会带来更多的社会和政治自由，改善经济状况。因为鲁哈尼主张与西方建立"建设性互动"关系，与西方重启伊朗核问题谈判，减少或解除欧美对伊朗的制裁，挽救伊朗的经济，同时对政治和社会进行改革。改革派因此不仅没有抵制这次选举，反而积极动员民众，特别是年轻人参加选举，以便让符合自身利益和民众利益的候选人上台。由于改革派的动员，民众的投票相当踊跃，内政部不得不三次推迟了投票的截止时间。

此外，鲁哈尼胜利，也与改革派及时调整竞选策略相关，保守派势力的候选人代表则因人数较多、票数分散而落选。在总统选举前，代表改革派的候选人仅剩下一位，即穆罕默德·里萨·阿里夫。但是，为了保证与改革派持相似

---

① EIU：*Country Report*，Iran，August 2013，p. 3.

观点的鲁哈尼胜出,改革派,尤其是拉夫桑贾尼,劝说穆罕默德·里萨·阿里夫退出了竞选,从而保证了将更多的票数集中投给鲁哈尼。反观保守派势力候选人,其代表有六位之多,其中有前伊朗首席核谈代表贾利利、前外长维拉亚提等。贾利利受到哈梅内伊的栽培,被视为保守派候选人当中的领头羊。他们提出的竞选纲领,虽然与上一届总统内贾德的强硬外交政策拉开了一定距离,但是在政治和经济方面改革力度不大,不太受饱受制裁之苦的民众的欢迎。同时,由于候选人较多,票数难以集中,最后保守派代表一一名落孙山。

再者,鲁哈尼之所以当选总统,也得到一部分保守势力的支持。鲁哈尼在竞选中提出的将组建以"诚实"和"温和"为特色的政府口号,获得了保守派阵营许多人士的普遍认同。后者认为,过去几年,当经济面临困境,欧美制裁压力不断强化的时候,伊朗政界内部却在派系斗争中浪费了太多的精力。鲁哈尼提出的竞选纲领比较温和,他本人也属于保守阵营,同时与最高精神领袖哈梅内伊保持着较好的关系,因此可能与忠于哈梅内伊的保守派所控制的诸多机构,比如议会、司法机构、专家会议等保持较好的关系,更加有利于理顺机制内部的矛盾,增强政权的凝聚力。

不仅如此,鲁哈尼当选还反映了伊朗民众的迫切愿望,即与国际社会,特别是与西方减少对抗,进而解决经济问题,改善民生,促进社会自由和政治开放。在经历西方多年制裁后,多数民众认为鲁哈尼是最合适的、可能与西方大国达成核协议,进而能够使得欧美放松制裁的候选人。民众的逻辑很清晰,只有使欧美放松对伊朗的石油、金融和经贸制裁,才能恢复伊朗的石油出口,伊朗经济才能从重击下走向复苏。

最后,鲁哈尼之所以胜出,也得到了伊朗最高精神领袖哈梅内伊的支持。哈梅内伊试图在各种政治派别中保持中立,平衡各种政治关系,以保证伊朗不偏离伊斯兰革命的路线。他也不愿意重蹈2009年总统选举所导致的政治动荡之覆辙,因为这种政治动荡大大地削弱了伊朗现政权的根基。鲁哈尼不是他当初圈定的最重要的候选人,但是当鲁哈尼的支持率持续攀升后,哈梅内伊决定顺应民意支持他,以更多地体现政权的合法性。哈梅内伊或许从民众的支持中看到了内外政策必须转向的迫切性。如果鲁哈尼做得好,伊朗可以就此减少或免于欧美的制裁,恢复石油出口,走出经济困境。反之,鲁哈尼则可能成为替罪羊。

总之，鲁哈尼上台执政，是在欧美制裁的强大压力下，伊朗国内从下层民众到上层统治集团呼吁并推动转变内外政策的结果。

（二）鲁哈尼组建新政府，新成员酝酿大调整

2013年8月4日，鲁哈尼宣誓就任总统。此后不到三个星期，鲁哈尼就迅速提出了新一届政府人选，多数人选得到了伊朗议会的批准。从鲁哈尼竞选前后的多次讲话和新政府成员的政治生涯看，本届政府已表现出更加温和、灵活和务实的立场。他们将告别上届政府与西方对峙的不妥协立场，愿就伊核问题尽快与美国和西方进行真诚的建设性会谈，借此缓解或取消欧美的金融和石油制裁，恢复石油的正常出口。如果这种转变能够得到美国和西方的积极回应，伊朗新政府还希望借此修复自1979年伊斯兰革命以来与美国断绝的外交关系，实现关系正常化，从而保障伊朗政权的生存和发展。此外，相比较而言，新一届政府将在外交和经济领域迈出更大的步伐，而在内政和社会方面将受到较多牵制，调整的力度不会太大。

还在竞选总统期间，鲁哈尼就表示如果当选总统，将挽救伊朗经济，组建一个"充满智慧和希望"的政府，与国际社会建立"建设性互动"，与美国修复外交关系。[①] 当时，鲁哈尼还对前任内贾德政府提出了批评，认为，"我们不能让过去8年的情况继续。他们使国家遭殃，却引以为傲，我将奉行和解、和平政策。"[②] 同年6月15日，在总统选举胜出后不久，鲁哈尼再次表达了决心"同世界进行建设性互动"、解决伊朗核问题的迫切愿望，同时也表达了与美国领导人直接对话的愿望。8月4日，在总统就职典礼上，鲁哈尼再次表达了上述愿望。

另外，鲁哈尼的政治生涯，也标志着伊朗内外政策可能作出重大调整。2003~2005年，鲁哈尼曾在哈塔米总统执政期间担任伊朗首席核谈代表。就是在担任这个职务期间，鲁哈尼帮助伊朗与欧洲三国，即英、法、德，就伊核

---

① http://news.ifeng.com/gundong/detail_2013_06/16/26443719_0.shtml.
② http://news.ifeng.com/world/special/2013iran/content-3/detail_2013_06/16/26441054_0.shtml?_from_ralated.

问题签订了《不扩散核武器条约》（附加议定书）以及《巴黎协议》。《不扩散核武器条约》（附加议定书）扩大了国际原子能机构对于伊朗核设施的核查力度和深度；《巴黎协议》则规定，伊朗将暂停铀浓缩活动，以换取欧洲和国际社会对伊朗不发展核武器的信任，以及欧洲国家在经济、技术等方面的回报。只是自2005年内贾德担任总统后，伊朗政治开始保守化发展，内政外交更具保守和强硬。伊朗在核问题上也是如此，它重启了核活动，开始加快发展核技术，与欧洲和西方的核谈判也因此中断，迄今为止一直陷入僵局当中。

此外，鲁哈尼能够与伊朗最高精神领袖哈梅内伊之间保持建设性关系，可能会在施政方面得到后者的支持，也会因此与忠于哈梅内伊的其他机构，比如议会、司法机构、革命卫队等，保持较好的合作关系。哈梅内伊曾在最后关头支持鲁哈尼竞选，鲁哈尼获胜后哈梅内伊也表示赞同。鲁哈尼就职后，他所提出的组阁名单，大多数也得到了议会的通过。哈梅内伊似乎准备给予新总统更多的自由行动空间，使其免受体制内部的过多掣肘。此外，在鲁哈尼提出的新一届政府名单当中，还有几位部长人选既可能与鲁哈尼保持密切关系，也可能与保守派保持合作。比如，侯赛因·德甘被任命为国防部长。他是伊朗革命卫队前总司令，曾于2000~2009年担任伊朗国防军政治意识形态主席。他与哈梅内伊的关系密切，同时还是鲁哈尼领导的"温和与发展党"的成员。此外，情报部长穆罕默德·阿拉维是一名教职人员，还是议会成员以及专家委员会成员。专家委员会在必要时有权利对最高精神领袖人选进行提名，或者对领袖本人直接进行监督。

此外，在这些名单当中，多数成员都曾在拉夫桑贾尼和哈塔米执政时期担任要职，许多人拥有丰富的与西方打交道的经验，表明哈梅内伊可能赞同或可能授权新政府就伊核问题与西方举行具有实质意义的谈判。比如，鲁哈尼任命的外交部长穆罕默德·贾瓦德·扎利夫，就是一名具有丰富经验的外交家。2002~2007年，他曾任伊朗驻联合国大使，并在美国接受过西方教育。在鲁哈尼担任伊朗首席核谈代表期间，扎利夫一直支持鲁哈尼的政策和立场。扎利夫就任后不久，已经开始领导伊核谈判工作，而此前这项工作一直由国家最高安全委员会主席负责。再如，再度被任命为伊朗原子能机构主席的阿里·阿克巴尔·萨利赫。他曾担任上届政府外长；2009~2011年，曾任伊朗原子能机构主席；1997~2005年，曾任伊朗驻联合国国际原子能机构代表。萨利赫讲一口流利的英语和阿拉伯语，具有丰富的外交工作经验。他还具有学术背景，曾在美国麻省理工学院获得核工程博士学位，并在德黑兰沙里夫技术学院担任过要职。还有，被任命为文化与伊斯兰指导部长的阿里·贾纳提，是拉夫桑加尼的盟友。他比自己的父亲——宪法监护委员会主席阿亚图拉阿赫迈德·贾纳提更加温和。阿里·贾纳提曾任拉夫桑贾尼时期的文化与伊斯兰部副部长，还曾担任哈塔米时期的伊朗驻科威特大使。再有，被任命为第一副总统的艾沙克·贾罕格里，曾是鲁哈尼的经济顾问。

再者，从被任命的与经济事务相关的部长看出，这些部长几乎都有经济改革的背景，新政府有可能在经济方面采取改革政策，特别是采取拉夫桑贾尼和哈塔米执政时期的市场化和私有化改革政策。比如，被任命为石油部长的比疆·赞格内赫，曾在拉夫桑贾尼手下担任能源部长，曾在哈塔米执政时期连任两届石油部长。比疆·赞格内赫在任期内监督了西方石油公司与伊朗的合作。另外，被任命为经济事务部长的阿里·塔耶布尼亚曾是2009年改革派总统候选人穆罕默德·阿雷夫的竞选顾问。另外，被任命为通讯部长的穆罕默德·法埃兹，曾于20世纪80年代末担任外交部副部长。通讯部收入可观，是2012年政府财政收入的第三大来源，位列石油部和经济与金融部之后。此外，鲁哈尼还任命他的总统竞选班子主任穆罕默德·里萨·内玛特扎德赫为工业、矿业与商务部部长。内玛特扎德赫曾在拉夫桑贾尼执政时期担任同一职务，还曾出任哈塔米和内贾德执政时期的石油部副部长。还有，出任央行行长的法里尔拉赫·赛义夫，曾任革命后伊朗第一家私人银行总裁，具有丰富的银行管理经验。

不过，在鲁哈尼提出的组阁名单中，有三位人选被议会否决，表明新一届政府在涉及社会开放、政治自由等方面不太可能走得太快。议会提出，之所以否决这三位人选，是因为他们与2009年动乱直接有关。这三位人选都有改革派背景。比如，提名为教育部部长的穆罕默德·阿里·纳贾夫以及被提名为科学、研究与技术部部长的加法尔·米里蒙法雷德，在2009年都曾支持改革派"绿色运动"领袖穆萨维。穆罕默德·阿里·纳贾夫，还是支持拉夫桑贾尼的改革派政党——"建设行政党"的建党成员之一。他还曾在拉夫桑贾尼时期担任教育部长,后又在哈塔米时期出任政府规划与预算机构负责人。加法尔·米里蒙法雷德,曾在哈塔米执政期间出任同一部门副部长。议会否决马苏德·索尔塔尼法尔的体育部部长资格,是因为"缺乏相关经验"。此外,结合鲁哈尼政府就职百日的讲话看,这届政府也会在社会改革和保证公民权利方面非常谨慎。鲁哈尼在讲话中指出,政府将尽可能不对文化事务过多干涉,但是没有其他明确的表态。政府很可能在放松对媒体和大学的控制方面也保持谨慎立场。

二 新政府面临严峻的经济挑战

鲁哈尼上台后,面临着严峻的经济挑战。在2011年底以来欧美强大的经贸、金融和石油制裁压力下,伊朗经济继续大幅度滑坡。国内生产总值连续几年呈负增长,石油生产和出口大幅度萎缩,政府财政入不敷出,里亚尔急剧贬值,通货膨胀和失业率居高不下。面对严峻的经济形势,鲁哈尼新政府认识到,除必须与西方和美国和解、解决核问题之外,还必须提高经济的自给自足能力,并对经济政策作出改革和调整。

(一)经济形势持续恶化,财政面临沉重压力

其中,国内生产总值大幅度下滑,是鲁哈尼新政府面临的首要挑战。2011~2015五年规划,曾将国内生产总值增长率定在实现8%的增长上。但是,2013~2014年度国内生产总值可能同比下降1.8%~2.3%,这是国内生产总值连续第二年减少。根据伊朗央行提供的数据,2012~2013年度国内生产总值同比下降了5.8%。国内生产总值增长的这种低水平,大大低于伊朗历史上的记录。此外,通货膨胀率持续在高位运行以及里亚尔的大幅度贬值,也大大地抑制私人消费的增长,而私人消费水平一直在国内生产总值中占据重要地位。2013~2014年度,私人消费率比同期预计降低大约5%。其中,摩托车的销售增长在2012~2013年度同比下降40%,许多私人消费开始大量涌入投资与固定资产。[1]

---

[1] EIU: *Country Report*, Iran, August 2013, p. 6.

伊朗与上海合作组织

其次,受欧美制裁影响,2013~2014年度碳氢工业生产和出口进一步遭受沉重打击。该年度上半年,石油产量同比下降20%;2013~2014年度,产量预计为263万桶/日。伊朗石油出口也下降了将近一半。2013年前九个月,石油出口量平均为110万桶/日。① 此外,伊朗天然气的生产和出口远未达到理想状态,只能部分弥补石油生产和出口锐减所带来的损失。伊朗已探明天然气储藏量为33.6万亿立方米,略领先于俄罗斯居世界第一位。但是,2012~2013年度,天然气生产增长率为5.4%,达1605亿立方米,仅占世界天然气总产量的4.8%,其中大多数天然气产量用于国内消费。② 天然气生产和出口面临的主要问题有两个,一个是缺乏高技术,另一个是资金不足。在欧美制裁不断强化后,伊朗自身的融资能力更加有限。

再者,政府财政面临着前所未有的沉重压力。上届总统内贾德承认,2012~2013年度伊朗财政收入仅有770亿美元,远远低于预期的1170亿美元。年收入下降,主要原因是欧美制裁导致石油出口收入锐减所致。③ 此外,新任总统鲁哈尼在执政百天后指出,国库几乎已经亏空,甚至没有足够的钱发放公共部门的工资,新一届政府只有放弃发展性规划,从央行借款来支付必要的开销。鲁哈尼还指出,上一届政府是"欠债最严重的政府"。截至2013年底,上届政府所欠下的债务总额已高达200万亿投曼,1个投曼相当于10个里亚尔。按当时伊朗官方汇率,即1美元=25000里亚尔计算,这些债务大约相当于800亿美元,约占2013~2014年度国内生产总值的20%。在这些债务中,有74万亿投曼是欠银行的,60万亿投曼是欠国家社会安全基金和养老金的,还有55万亿投曼是欠合同商或其他机构的。不仅如此,内贾德政府雄心勃勃的地方发展规划也因资金缺乏而濒于流产。它曾承诺投资211万亿投曼,但迄今为止仅有32%到位,而其余未完成的68%的资金比例留给了新一届政府。此外,国内基本生活品也非常缺乏。2013~2014年度小麦进口量将超过700万吨。进口小麦的压力,也将进一步加重财政负担。④

---

① EIU: *Country Report*, Iran, January 2014, p. 26.
② EIU: *Country Report*, Iran, August 2013, p. 25.
③ EIU: *Country Report*, Iran, August 2013, p. 23.
④ EIU: *Country Report*, Iran, January 2014, pp. 26 – 27.

再次，通货膨胀达到史无前例的严重程度。2013年，伊朗央行已将消费价格指数计算基数调整至2011年，这一年是欧美金融、贸易和石油制裁对伊朗经济产生巨大打击的前一年。即便如此，仍无法掩饰最近几年通货膨胀居高不下这种事实。2011～2012年度，通货膨胀达到约20%。2013～2014年度通货膨胀加速增长。当年5月，通货膨胀同比增长将近42%；6月，比上一月增长3.4%，同比增长大约45%。2013～2014年度，增长率预计超过40%。① 鲁哈尼在百日执政后指出，伊朗经济形势的恶化以及通货膨胀的高压，是过去50多年来从未出现过的情况，更是1979年伊朗革命以来从未出现过的情况。他还指出，通货膨胀的急剧上涨，除与欧美制裁相关外，还与上届政府在市场上投放了过多的货币有关。自2005年以来，伊朗市场的货币供应量已经从68万亿投曼增长到500万亿投曼，相当于2000亿美元，增幅达6倍。②

不仅如此，伊朗货币里亚尔继续大幅度贬值。2013年一年，里亚尔国际市值下降了一半以上。受里亚尔持续贬值影响，2013年4月伊朗央行将官方汇率从1美元兑换12260里亚尔调整至1美元兑换25000里亚尔，新汇率已从当年7月1日起执行。官方汇率用途有限，主要归政府所控制的一些部门使用。不过，新汇率比较接近市场汇率，市场汇率大约为1美元兑换35000里亚尔，主要归商人和普通民众使用。

其他经济状况也不容乐观。2013～2014年度，失业率已经达到15%，其中年轻人失业率达到了30%。根据伊朗央行提供的数据，2012～2013年度失业率在12%以上。受欧美制裁和石油出口锐减影响，2012～2013年度外贸收支也大大恶化。当年外贸收支由此前的顺差急剧转为逆差，达95亿美元。而2011～2012年度，受世界石油市场价格回升影响，当年外贸顺差曾达670亿美元。③

（二）力促经济增长，抑制通货膨胀

面对严峻的经济形势，以鲁哈尼为首的新一届政府表示，要与上一任政府

---

① EIU: *Country Report*, Iran, August 2013, pp. 6, 26.
② EIU: *Country Report*, Iran, January 2014, p. 27.
③ EIU: *Country Report*, Iran, August 2013, p. 7.

的经济政策划清界限。2013年12月9日，鲁哈尼新政府在执政百天后，就百天来的经济形势以及未来经济发展进行了评估和总结。鲁哈尼坦言，本届政府面临着严重的经济困境和挑战，未来经济前景也无法令人乐观。就未来经济发展目标和政策走向而言，他表示将要把促进经济增长、抑制通货膨胀作为主攻方向。

鲁哈尼说，本届政府决心采取措施，结束经济的负增长，至少到2014年将经济负增长限制到较小范围之内，到2015年将使国内生产总值增长恢复到3%的水平。作为主要石油生产和出口国，鲁哈尼政府因此必须像以往任何政府一样，继续提高经济的自给自足能力，将油气生产和出口作为主要投资方向，因为油气领域在政府财政收支和外贸收支中一直起着举足轻重的作用。石油部长比疆·赞格内赫在就任后不久表示，将在任期内将石油生产能力恢复到400万桶/日的水平。但是，恢复和提高石油生产和出口的问题，单凭经济政策是无法做到的，关键还在于是否能够与西方和解，在解决伊核问题的基础上，减少或削弱欧美对伊朗的石油和金融制裁。因此，在外交领域与西方和解，进而解决核问题，是涉及新政府整体政策的核心。

鲁哈尼政府还决心抑制通货膨胀，捍卫里亚尔的市值。鲁哈尼提出的具体计划是到2014年3月使通货膨胀由当前的40%以上降低到35%，到2015年3月进一步降低到25%。① 鲁哈尼上台前，伊朗央行已经将里亚尔对美元的官方汇率调低，但是这种调整进一步加强了通货膨胀的压力，伊朗用于进口的一些货物，包括药品的价格也因此进一步上涨，这些货物价格的上涨还可能产生敏感的政治问题。鉴于此，鲁哈尼新政府另辟蹊径，主要从金融领域，特别是从平衡公共财政、削减开支等角度来抑制通货膨胀。比如，2013年12月17日，鲁哈尼新政府向议会提交了2014～2015财年政府预算和规划。这份预算首先认为，上届政府的赤字财政和政府借贷刺激了通货膨胀的高位运行，因此新政府将减少货币流通量作为抑制通货膨胀的核心目标。此外，为平衡政府财政收支，新政府还将减少向银行的借贷，削减资本支出。此前的资本支出已经同比上涨11%，其中一部分原因是公务员工资的上涨，其上涨幅度同比增长了

---

① EIU：*Country Report*，Iran，January 2014，p. 26.

18%。

再者，为平衡政府财政预算，节省开支，鲁哈尼政府还不得不解决涉及大多数民众的现金补贴发放问题。这个问题涉及以前的财政补贴政策。伊朗的财政补贴政策曾对每一种生活用品，比如面包、汽油、电力等，由国家财政进行补贴。为此，政府一年需要花费将近500亿美元，从而给财政带来沉重负担。内贾德执政时期开始对这种政策进行改革，规定将分阶段取消这种政策。但是，内贾德其实是用一整套向穷人发放现金补贴的方式，来取代此前的财政补贴，结果适得其反。因为，内贾德现金补贴发放政策所花费的国库总额，已经超过了此前财政补贴花费的额度。许多穷人从原先的财政补贴政策中获利较少，但从现金补贴发放的方式中得到了较多的利益。2013年3月，伊朗议会已经通过一项议案来继续实施这项政策。鲁哈尼政府有可能回到原点。不过，这种政策导向很可能带来一定的政治风险。此外，鲁哈尼政府究竟会采取何种具体方式，还有待于继续观察。

鲁哈尼新政府采取的经济政策，还可能借鉴拉夫桑贾尼和哈塔米执政时期的一些自由经济政策，加大推行市场化和私有化步伐。自2006年以来，在上届政府任期内，私有化进程也得到了一定推动，特别是经过了最高精神领袖哈梅内伊的支持。上届总统内贾德在2013年中指出，私有产业的市值已从8年前他上台伊始的28万亿里亚尔增至当时的1119万亿里亚尔;[①] 私有化进程也已从国营部门扩展到半国营的产业，比如养老金、宗教基金以及隶属于革命卫队的产业等。鲁哈尼就任总统后，在会见政府成员时指出，私有部门也可以在私有化战略中发挥一些作用。不过，受欧美制裁的影响，私有经济和自由市场经济不可能一下子开花结果。

除上述眼前问题外，鲁哈尼新政府面临的一项长期经济挑战是，如何克服政治压力，防止财政资金过多用于短期消费，转而用于促进国家的长期经济增长。伊朗一直在试图利用油气收入促进非油气领域的投资和发展。早在2000年哈塔米总统当政时期，伊朗政府就采取了这项战略。可是，此后到现在，不仅议会，包括政府都在想尽一切办法将油气收入大多用于短期经济发展。即便

---

① EIU: *Country Report*, Iran, August 2013, p.24.

如此，伊朗现在的经济增长远远不能解决就业的巨大压力。因此，鲁哈尼新政府如何能够顶住政治压力，在这方面下大力气，促进非油气领域的长足发展，理顺经济结构的不平衡性，是一个巨大考验。尤其是现在，当欧美制裁尚没有放松，伊朗石油收入锐减的情况下，鲁哈尼政府尚拿不出更多富余资金来促进经济的长远发展。

最后，对于未来一两年经济发展的前景，鲁哈尼新政府表现出非常谨慎的态度。鲁哈尼在12月份提交给议会的财政预算中指出，未来一年政府收入将减少17%，部分原因是私有企业发展缓慢所致。尽管如此，预算还指出，未来一年如果国内生产总值有所增长，税收可能略微增长1.5%，石油出口、天然气出口以及化工产业有可能增长13.6%。其中，石油出口可能从当前的大约110万桶/日增至150万桶/日。按照每桶100美元计算，未来一年，伊朗石油出口收入可能超过54亿美元。伊朗负责监督发展战略的一位副总统指出，目前，税收在国内生产总值中所占的比例较低，大约只有6.8%。这可能意味着，如果欧美制裁仍旧持续，伊朗政府有可能提高税收。

概言之，受欧美制裁的强大影响，未来一年伊朗的经济增长可能仍然乏力。如果伊核问题仍然不能得到较快解决，伊朗新政府的财政努力和经济政策，也只能起到事倍功半的作用。

三 伊核问题取得突破进展

就对外关系而言，从2013年8月上台到2014年初，鲁哈尼政府的新型外交政策走向越来越明朗。迄今为止，通过与西方以及包括上合组织在内的国际社会发展"建设性互动关系"，主要是运用真诚谈判、建立互信等外交手段，伊朗已经在核问题上取得了突破性进展。这种进展不但有利于缓解欧美对伊朗的制裁，挽救伊朗的经济，避免发生严重的政治动荡，还可能为未来全面解决核问题打下基础，同时可能为伊美之间实现关系正常化铺平道路。

（一）告别强硬与对抗，与世界和解互动

鲁哈尼新政府和解、务实、灵活的外交政策走向，主要体现在两个层面。

一方面，新政府要告别强硬和对抗，与世界各国在相互尊重的基础上建立平等互利和良好互动的关系。

2013年6月15日，在竞选总统获得胜利的次日，鲁哈尼发表了电视讲话。他表示，他的胜利是"温和路线战胜了极端主义"。他呼吁国际社会尊重并"承认伊朗的权利"，伊朗也有能力在"相互尊重"的基础上发展与世界各国的关系，在全球和中东地区建立"和平、安全与进步"。① 2014年1月23日，在达沃斯世界经济论坛上，鲁哈尼再次表示，伊朗将与世界各国平等参与、和平共处。这次讲话还深刻地反映了鲁哈尼的价值观和世界观。鲁哈尼认为，当今世界，"没有哪一个国家可以单独地解决问题，并且单独地存在于世界。没有哪一种事务可以在不承担社会责任的情况下获得可持续发展，而且也没有哪一个国家的国家力量可以统治世界"，世界各国"都是处在同一条船上"。他表示，伊朗"要跟邻国大力发展关系"，要跟所有的邻国重新开展经贸合作，也要与世界其他地区开展政治经济合作。伊朗还希望与欧洲实现关系正常化，与美国改善关系，与世界上"所有国家"建立和平、正常、健康和全面的关系。当论坛主持人再三询问鲁哈尼是否要与"所有国家"建立正常关系时，鲁哈尼强调确实是指"整个世界"，要与"我们正式承认的国家"搞好关系。②

鲁哈尼新政府的外交理念确实令人耳目一新。它强调世界各国的相互依赖性，谁也不能在世界上单独存在。此外，它表示要与"所有国家"发展关系，其中可能包括一直与伊朗处于对峙状态的欧洲国家，也可能包括美国这个以往的"大撒旦"。"所有国家"当中，还有一层可能，但并不完全明朗和确定，那就是以色列。如果与内贾德明确表示不与美国和以色列发展关系相比，特别是与内贾德不时扬言要将"犹太人从地球上抹去"的强硬立场相比，鲁哈尼政府的表态可谓非同寻常。

另一方面，是要与欧美和解，在与西方真诚合作的基础上，尽快解决核问题，借此解除或削弱西方对伊朗的制裁。如前所述，鲁哈尼上台前后发表的一

---

① http：//news.ifeng.com/gundong/detail_2013_06/16/26447501_0.shtml.
② http：//finance.ifeng.com/a/20140123/11538311_0.shtml.

系列言论，鲜明地表达了与西方和解的强烈愿望。此外，鲁哈尼政府还突出地就伊核问题表明了自己的真诚需求和迫切心情。可以说，核问题是影响伊朗内政外交的核心环节，解决核问题是伊朗内政外交的重中之重。

2013年8月6日，在就任总统后不久，鲁哈尼表示，如果各方愿意，伊朗愿意随时开启"认真的、富有建设性的"谈判。他希望如果各方都有意愿，伊核问题可以在短期内获得突破。① 另外9月下旬在参加联合国大会期间，鲁哈尼发表了讲话，明确表示愿意与欧美就伊核问题进行"有时间限制的、以结果为导向的"实质性谈判。在联大期间，鲁哈尼还接受了美国《纽约时报》、《华尔街日报》、美国有线电视新闻网等多家主流媒体的访问，对伊朗的外交政策和核政策进行了更加详细的阐释，进一步表现出关于进行核谈判的迫切性、实质性和真诚性。他指出："我们希望解决伊核问题，并准备通过谈判在3～6个月与国际社会签署相关协议，而不是几年。"他还肯定，"我领导的政府有全权就核问题进行谈判"，暗示他所许诺的谈判得到了伊朗最高精神领袖哈梅内伊的授权。他还指出，如果西方承认伊朗的权利，在解决伊朗核问题上就不存在任何障碍，一旦签署相关协议，伊朗与美国就会实现关系正常化。②

根据鲁哈尼的上述讲话，可以将伊朗有关核问题的立场概括为四层含义。①坚持和平利用核能的权利，这条红线不能逾越。②不谋求发展核武器，这与伊斯兰教的基本原则相违背。伊朗将通过政治和外交手段，与世界进行建设性互动，打消国际社会的疑虑和不安。③强烈希望通过政治外交手段，在短时间内与欧美就核问题达成实质性协议。④如果能够全面解决伊朗核问题，愿意与西方，特别是美国实现关系正常化。

对于鲁哈尼新政府释放出来的上述积极信号，西方国家纷纷予以积极回应。欧盟外交和安全政策高级代表阿什顿表示，愿意与鲁哈尼政府一道寻求解决伊核问题的外交解决方案。③ 此外，联合国秘书长潘基文、法国外长、德国外长等也表达了类似的看法。西方媒体普遍认为：鲁哈尼上台，意味着伊朗

---

① http：//qd. ifeng. com/xinwenzaobanche/detail_ 2013_ 08/07/1076932_ 0. shtml.
② http：//news. ifeng. com/gundong/detail_ 2013_ 09/26/29913490_ 0. shtml.
③ http：//news. ifeng. com/world/special/2013iran/content - 3/detail_ 2013_ 06/16/26449996_ 0. shtml?_ from_ ralated.

将迎来一个温和派的政府执政；与鲁哈尼就伊核问题进行谈判可能达成一致；鲁哈尼有能力维护本国利益，但也知道谈判是一个需要权衡双方利益的过程。

美国的反应也比较积极。美国白宫曾发表声明，表示"愿意与伊朗政府进行直接接触，为全面消除国际社会对于伊朗核计划的担忧找到外交解决方案"。[①] 在鲁哈尼就任总统后不久，美国白宫发言人杰伊·卡尼再次表示，如果伊朗政府认真且实质性地履行国际义务，并以和平方式解决核问题，美国愿意成为伊朗的合作伙伴。[②] 2013年9月27日，美国总统奥巴马说，他已经与伊朗总统鲁哈尼通了电话，并且进行了建设性的对话。这是自1979年以来，美国和伊朗的领导人第一次直接通话，实现了双方的第一次直接接触。尽管国内在伊核问题上存在争议，但是美国白宫及其学术界认为，鲁哈尼上台反映出伊朗民众期待改革以及与西方实现和解，美国应该抓住这个有利时机，通过外交手段达到遏制伊朗发展核武器的目的。他们还认为，美国不谋求在伊朗实现政权更迭，与伊朗和解，解决核问题，迫使伊朗放弃制造核武器，更加符合美国的战略利益。美国不应该为中东地区盟友的战略利益所左右，比如以色列和沙特阿拉伯等。

（二）与上合组织强化合作，借中俄促进核谈

作为上合组织观察员国，伊朗一直与上合组织保持良好合作关系，特别与中国和俄罗斯保持着较为密切的政治经济合作。鲁哈尼新政府上台后，也积极发展与上合组织之间的关系。2013年8月30日，在上合组织比什凯克峰会召开前夕，上合组织秘书长梅津采夫按惯例会见了伊朗驻中国大使萨法里。梅津采夫向后者通报了峰会筹备情况。双方还就伊朗作为观察员国参与上合组织各领域合作交换了意见。11月8日，在上合组织塔什干总理会议召开前夕，梅津采夫按照规定在秘书处会见了萨法里，向后者通报了总理会议的筹备情况。双方还就伊朗参与上合组织多边合作交换了看法。11月29日，梅津采夫还会

[①] http：//news.ifeng.com/world/special/2013iran/content-3/detail_2013_06/16/26448745_0.shtml?_from_ralated.

[②] http：//sd.ifeng.com/zbc/detail_2013_08/05/1069666_0.shtml.

见了伊朗新一届工矿贸易部长内马特扎德。梅津采夫通报了上合组织 2013 年活动情况，指出比什凯克峰会成果以及成员国元首制定的《上合组织至 2025 年发展战略》具有特殊意义。双方还高度评价了上合组织多边合作的作用，以及上合组织为保障本地区安全所作的努力。内马特扎德还表示，伊朗愿意参与上合组织的禁毒与反恐合作，同时对与上合组织开展能源、旅游、环保和交通合作表示了关注。

与此同时，为打开外交工作新局面，特别是为尽快解决伊核问题，鲁哈尼新政府也注重通过上合组织这个平台，包括通过寻求该组织内部中国和俄罗斯这两个联合国安理会常任理事国的支持，来推动伊核问题的解决。鲁哈尼上台后就将首次对外访问定在参加上合组织比什凯克峰会上。2013 年 9 月 12 日，鲁哈尼如期抵达比什凯克参加峰会。抵达当天，他就与中国国家主席习近平举行了会谈。伊通社报道说，中国是亚洲重要国家，伊朗重视与中国发展各领域关系。鲁哈尼在会谈时表示，伊中关系很重要，伊朗希望与中国加强各领域合作，在地区事务中保持沟通。鲁哈尼还指出，伊朗具有和平利用核能的权利，不过伊方将在国际法和《不扩散核武器条约》框架内发展核计划。他还表示，伊朗愿意接受国际原子能机构的监督，通过合作消除国际社会的担忧。他特别希望中国能够在伊核问题上继续发挥建设性作用。在这次峰会期间，鲁哈尼还与俄罗斯总统普京进行了会谈，他希望俄罗斯能够进一步帮助解决伊核问题。鲁哈尼表示："俄罗斯过去在这方面采取了很多重要步骤，现在是俄罗斯采取新的步骤的最佳时机。"鲁哈尼还高度评价了俄罗斯在解决叙利亚问题中的贡献，认为俄罗斯因此使"我们能避免一场新的大规模的地区战争"。

反过来，上合组织以及中俄也一直主张通过政治方式解决伊核问题。中国和俄罗斯一直是"5+1"（联合国五常+德国）谈判机制的重要成员，它们也对鲁哈尼新政府的核立场表示赞赏。比如，在比什凯克峰会期间，中国国家主席习近平除表示将继续推动两国关系稳步发展外，还积极评价了鲁哈尼新政府在伊核问题上的积极立场。习近平主席还指出，伊核问题是牵涉伊朗切身利益和地区安全的重大问题，希望下一阶段有关各方推动务实对话，寻求互利共赢的解决方案，巩固和平解决的势头。他还表示，中国主张尊重伊朗正当权益，同时坚持对话谈判解决问题的立场，愿意继续为劝和促谈做出建设性努力。① 此外，俄罗斯总统普京也在峰会期间表达了同样的看法。他说，伊朗是俄罗斯的好邻居，"邻居是没法选择的"，希望俄伊关系在各个水平上持续发展。② 此外，当2013年11月24日"5+1"与伊朗就核问题达成具有历史意义的协议后，上合组织秘书长发表声明说，欢迎"5+1"外长与伊朗外长在日内瓦达成的协议，认为这些共识为巩固信任与互相理解的气氛，以及改善中东局势作出了重要贡献。③

不仅如此，2013年12月8日，当鲁哈尼总统在德黑兰会见了中国国务委员杨洁篪时，杨洁篪进一步阐述了中国的基本立场以及对于未来全面解决伊核问题的原则。杨洁篪说，中国支持伊朗以开放姿态改善与国际社会的关系。各方应该本着相互尊重、分步对等的原则，通过对话和谈判解决伊核问题。伊朗同六国就解决伊核问题已经达成了框架协议，标志着通过外交手段解决该问题迈出了重要一步。下阶段，各方应趁热打铁，加紧把协议落到实处，保持谈判势头。同时，希望伊朗继续以灵活务实态度参与对话进程。中国也将继续劝和促谈，为实现伊核问题的全面、妥善解决发挥建设性作用。④

（三）伊核问题取得突破进展，全面和解面临不少障碍

在鲁哈尼新政府的促进下，特别在西方，尤其是美国的积极回应下，2013年11月24日，伊朗已经与"5+1"就伊核问题达成《日内瓦协议》，取得了突破性进展。其实早在2013年初，伊朗与美国已经开始秘密接触，相互摸底。鲁哈尼上台后，伊朗与美国领导人实现了首次公开接触。同时在中俄的劝和促谈下，10月10日，伊朗与"5+1"得以在日内瓦恢复了长期中断的谈判。在经过两轮艰难的磋商后，11月24日清晨三时，有关各方最终达成解决伊核问题的阶段性协议，即《日内瓦协议》。这标志着自2005年以来陷入僵局的伊核问题取得了重大的阶段性成果。

对欧美而言，伊朗确实作出了不少实质性让步。伊朗暂时让其超出科研和

---

① http://news.ifeng.com/gundong/detail_2013_09/12/29564371_0.shtml.
② http://rbcdaily.ru/politics/562949988889773.
③ http://www.sectsco.org/CN11/show.asp?id=654.
④ http://news.ifeng.com/gundong/detail_2013_12/09/31919903_0.shtml.

伊朗与上海合作组织

医疗所需级别的浓缩铀（丰度低于5%）活动失效，即将暂停大多数可能达到武器级的核项目活动。《日内瓦协议》规定，未来6个月，伊朗承诺将中和丰度为20%的浓缩铀，或将之转化为无法适用于武器的氧化物。丰度为20%的浓缩铀不是武器级别的，但是可以相对迅速地转化为武器级材料。此外，伊朗将不再生产丰度为5%以上的浓缩铀（用于核能的铀丰度为3.5%）。伊朗不能建设任何其他核设施，或者安装任何新的离心机。伊朗还将暂停建设纳坦兹、福尔道的核设施，以及阿拉克的核反应堆。伊朗还将允许国际原子能机构专家组每日对伊朗进行彻底检查，包括最敏感的地点，并且可以安装远程监控系统进行监督。因此，美国总统奥巴马声称，《日内瓦协议》的签署是向全面解决伊核问题迈出的重要一步。这是他就任总统以来取得的"最重大和最明确的进展"，使得近十年以来的伊朗核项目首次得到遏制，这将大大限制伊朗制造核武器的能力。①

对伊朗而言，它所坚持的和平利用核能的底线得到了默认。比如，《日内瓦协议》没有禁止伊朗使用一些已有的核设备，或者进行丰度为5%以下的铀浓缩活动。此外，作为对伊朗暂停核活动的回报，欧美承诺停止采取新的制裁措施减少伊朗石油出口和销售。欧美还将解除有关石油化工产品出口、黄金等贵金属贸易、汽车工业以及飞机配件等方面的制裁措施。伊朗还被允许建立使用被冻结在外国银行的石油美元采购人道主义物资的金融渠道。这些缓解措施将为伊朗带来70亿美元的收入，尽管这只占伊朗因制裁而遭受损失的一小部分。其余受制裁影响多达1000亿美元的资产，伊朗仍然无法取得或受到限制。尽管这些措施不足以扭转当前伊朗的经济，但这是欧美和国际社会示好的举措，主要是想使伊朗明白，与国际社会合作，有利于它的经济利益和国家利益，同时也想使伊朗领导层更容易让国内接受此项协议。

对中俄而言，伊核问题取得的突破性进展，也将有利于缓解中俄与伊朗之间的政治经济合作压力。多年来，中国一直是伊朗石油的主要出口国。但是近一两年，受欧美对伊朗制裁影响，中伊能源贸易降幅较大，贸易难度，比如支付难度也在加大。俄罗斯一直与伊朗进行核能合作，但是面临的西方压力也不

---

① 埃菲社2013年11月24日西文电。

小，因为欧美认为一些核能技术不能排除军民两用的嫌疑。因此，伊核问题取得的突破，可能会成为中俄与伊朗加强合作的润滑剂。

尽管如此，未来一年内，伊朗能否与"5+1"就伊核问题达成全面和解，尚存在一些困难和障碍。首先，达成全面和解的伊核协议，尚需要解决更加困难和棘手的一些问题，这些问题比落实《日内瓦协议》的难度更大。其次，达成全面和解的障碍，可能来自伊朗国内极端保守势力的反对。伊朗在《日内瓦协议》中作出了较多的让步，这意味着伊朗对2005年以来在核计划上取得的进展进行了自我否定。如果这些让步不能在以后的谈判中换取欧美更加积极的回应，特别是不能取得欧美不对伊朗政权进行更迭承诺的话，伊朗国内保守势力的反对可能会强化。再者，将来伊核问题能否达成全面和解，还面临着美国国内及其中东盟友的反对。美国国会一直对与伊朗和解持反对立场。美国还有一些批评人士指出，《日内瓦协议》并未彻底消除伊朗即将具备制造核弹的能力。他们认为，对伊朗实施更加严厉的制裁，进一步削弱伊朗的经济，是制止伊朗发展核武器的最有效的方法。他们的最终目的，不排除对伊朗进行政权更迭。2013年中，美国国会曾通过一项法案，规定将采取措施，迫使伊朗完全没有能力出口一滴石油。美国的犹太援外集团也在对伊政策上与白宫保持一定距离。美国的中东盟友，比如以色列、沙特阿拉伯、阿联酋等，也反对与伊朗核谈。

Y.32
印度与上海合作组织

吴兆礼*

摘　要： 2013年，印度国大党领导的第二届团结进步联盟政府因经济增长乏力和通胀居高不下备受指责，民众对印度人民党赢得第16届人民院大选有所期待，平民党在地方选举中异军突起。经济面临一系列挑战，多次调低经济增长预期，政府采取多种措施扭转经济下滑，财政双赤字有所收窄。外交领域比较平淡，大国外交仍是重点，但与大国关系有进有退。利用多边和双边外交，积极参与SCO框架内的活动，但国内对成为SCO正式成员仍有疑虑。

关键词： 印度　政治　经济　外交　上海合作组织

一　UPA表现欠佳受指责，印度人民党志在必得

在过去的三年中，受腐败丑闻频发、经济增长乏力、通胀居高不下以及对外交往没有突出亮点等因素的影响，以印度国大党（INC）领导的第二届团结进步联盟（UPA）政府备受指责。尽管没有出现一些分析人士预测的那样——印度国大党领导的UPA有可能提前垮台，但努力维持执政联盟的稳定以渡过政权危机，似乎也消耗了UPA政府太多的"内力"。而且更为严重的

---

* 吴兆礼，博士，中国社会科学院亚太与全球战略研究院助理研究员。

是，曼莫汉·辛格领导第二届 UPA 政府并没有像选民曾预期的那样，实现印度社会的包容性增长，遏制腐败现象的蔓延，提高政府执政效率。捷孚凯（GFK）于 2013 年 5 月的调查就显示，61% 的受调查者认为辛格应该"下课"，同时，认为第二届 UPA 政府的最大败笔是不能调控物价导致通胀居高不下，其次是未能遏制腐败滋生，然后是未能促进经济增长；1/3 以上的受调查者认为现政府软弱并缺乏勇气，近 25% 的人认为现政府并没有表现出政治成熟性。而近 34% 的人认为辛格领导下的第二届 UPA 政府几乎没有任何成功可言。①

2014 年 5 月，印度将迎来第 16 届人民院选举，印度国内各政治派别已经将工作重点调整到备选上，并且自 2013 年以来，印度国内各政党就已经围绕大选开始制订相关的选举策略。由于印度民众对第二届 UPA 政府在过去几年中的表现并不满意，在即将到来的国会大选中，选民毫无疑问将更为关注经济增长、通胀水平、反腐败措施与政府效率等问题。

连任两届的印度国大党面临压力，赢得下届大选困难重重。目前，印度总理辛格已明确表示将不竞选连任下届联邦政府总理，但希望国大党领导的团结进步联盟能在人民院大选后继续执政。辛格反对印度人民党总理候选人、古吉拉特邦首席部长莫迪，认为莫迪成为总理将是印度的"一场灾难"。② 尽管许多国大党元老（例如总理辛格和外长库尔希德）表示支持提名拉胡尔·甘地为该党总理候选人，但迫于经济持续下滑、物价飞涨和腐败问题引发的严重危机以及地方选举国大党失利的现实，2014 年 1 月 16 日举行的国大党工作委员会扩大会议决定不提名拉胡尔为该党总理候选人，但决定让拉胡尔全权负责今年的议会选举。③ 截至 2014 年 2 月 17 日，国大党仍未就候选人提名作出声明。

---

① "Opinion Poll on UPA – II Government in Fourth Year: Presentation of Findings", May 2013, http://zh.scribd.com/doc/142756209/CNN – IBN – Opinion – Poll – Report – on – UPA – II – Performance – in – Fourth – Year – pptx.

② "Narendra Modi as PM would be disastrous for the country, says PM Manmohan Singh", India Today, January 3, 2014, http://indiatoday.intoday.in/story/pm – manmohan – singh – narendra – modi – rahul – gandhi – election – results – economy – third – address – to – media/1/334141.html.

③ Smita Gupta, "Congress not to name Rahul as PM candidate", The Hindu, January 17, 2014, http://www.thehindu.com/news/national/congress – not – to – name – rahul – as – pm – candidate/article5582111.ece.

反对党印度人民党（BJP）强势回归，备战大选志在必得。印度人民党为走出 2009 年第 15 届人民院大选失利的困境并扭转颓势，曾采取了一系列举措，如领导层的年轻化，借腐败丑闻和居高不下的通胀率频频向执政联盟发难，联合其他党派发动"妨碍议会议程"，撤换被指腐败且能力平庸政治敏感性较差的党内领导人，等等。印度人民党议会委员会 2013 年 9 月 13 日宣布，正式任命纳伦德拉·莫迪为该党 2014 年总理候选人。然而莫迪却是一个备受争议的政治家，其治下的古吉拉特邦在基础设施建设、吸引外投和经济增长率上的突出表现为他奠定了政治基础，但其也因未能妥善处理 2002 年古吉拉特邦种族骚乱而造成重大人员伤亡而被贴上"具有印度教民族主义倾向"标签，美国为此曾于 2005 年拒绝向其发放签证。尽管如此，由于高达 56% 的受调查者对 UPA 的表现不满意，导致民众将希望寄托在下届政府，并且高达 38% 的民众希望 BJP 候选人莫迪当选。① 2013 年 12 月 28 日至 2014 年 1 月 12 日，尼尔森调查机构（Nielsen）联合印度媒体展开的民调结果显示，BJP 将赢得下届人民院的 210 席，国大党 81 席，平民党（AAP）11 席，其他政党将赢得其他的 241 席，印度人民党候选人莫迪将成为下届总理；而且民调显示，BJP 将在北部和西部取得重大胜利，53% 的受调查者支持莫迪成为总理，而只有 15% 的人支持国大党副主席拉胡尔。② 平民党领导人宣称要赢得约 50 个席位，但民调显示，该党最终结果不会超过 11 席。因为只有 5% ~ 8% 的受访者认为平民党领袖阿尔文德·科基瓦尔（Arvind Kejriwal）有望出任下一届总理。更为重要的是，民众认为科基瓦尔的表现并不成熟。

第三阵营开始形成，但实力相对有限。在 2009 年的大选中，由左派大力推动的第三阵营共获得 79 席，成为仅次于 UPA 和 NDA 的印度政坛重要力量。2014 年 2 月 5 日，印度 11 个政党的领导人在首都新德里举行集会，决定联合起来组成一个非印度国大党非印度人民党的第三阵营（Third Front）。第三阵

---

① "Opinion Poll on UPA – II Government in Fourth Year: Presentation of Findings", May 2013, http://zh.scribd.com/doc/142756209/CNN – IBN – Opinion – Poll – Report – on – UPA – II – Performance – in – Fourth – Year – pptx.

② Deepak Nagpal, "Narendra Modi way ahead in PM race: Opinion Poll", ZeeNews, January 26, 2014, http://zeenews.india.com/news/nation/narendra – modi – way – ahead – in – pm – race – opinion – poll_906898.html.

营第一阶段的首要目标,就是阻止 UPA 政府在议会通过有利于其选举议程的法案,然后形成所有参与党派认同的最低纲领和选举策略。尽管第三阵营将成为印度大选的一支重要力量,但从总体上看,相比印度国大党和印度人民党领导的两个联盟,它实力相对有限,在没有国大党或人民党支持的背景下,它很难赢得大选的胜利。但印度政治家通常是通过提供资助、与地区政党建立地方联盟以及向社会各阶级、世袭等级、讲不同语言和信奉不同宗教的人们发出呼吁来赢得选举的。而且,与 UPA 和 NDA 相仿,第三阵营本身也是一个利益集合体,彼此之间分歧明显,左翼政党希望能有国大党或人民党之外的第三种选择,而地方性政党则期望能借此扩大自身在大选中的影响力以进一步巩固本党在地方上的势力范围。

对于即将到来的 2014 年大选,尽管 BJP 强劲回归并有东山再起之势,但要赢得超过人民院半数席位(272 席)仍有困难,甚至是不可能完成的任务。首先,莫迪被贴有"印度教民族主义倾向"标签,而且古吉拉特邦法院针对 2002 年的调查也被指缺乏可信性和合法性;其次,依靠反对腐败进入印度政坛的平民党在德里地方选举的出色表现也给 2014 年的大选结果带来新的变数;最后,BJP 领导的全国民主联盟(NDA)的政党数量锐减,已经从最初的 23 个减少至目前的 3 个,即 BJP(116 席)、湿婆神军党(Shiv Sena,11 席)和锡克教政党(Shiromani Akali Dal,4 席),联盟面临巨大压力。因此,无论是国大党还是印度人民党,胜选方都需要其他地方性政党的支持,新一届议会下院仍将是"悬浮议会",2014 年印度大选后的政府仍将是联合政府。其中,第三阵营将成为印度政坛的重要力量。鉴于民调结果,NDA 胜选的可能性较大,但莫迪的强人形象不一定能为其他盟友所接受,未来谁将领导联合政府仍有不确定性。

安得拉邦重组议案引发新一轮动荡。2013 年 7 月 31 日,印度国大党执行委员会敦促政府采行宪法程序拆分安得拉邦以实现特仑甘纳(Telangana)的独立建邦诉求。12 月 5 日,国大党向国会提交"安得拉邦重组法案"(the Andhra Pradesh Reorganization Bill)。按照法案,新分立的特仑甘纳邦的邦议会将有 119 名直接选举的议员,在联邦议会人民院(Lok Sabha)有 17 席,在联邦院(Rajya Sabha)有 7 席;而"瘦身后的"安得拉邦的邦议会

印度与上海合作组织

将有175名直接选举产生的议员,在联邦议会人民院有25席,在联邦院有11席。① 2014年1月30日,安得拉邦邦议会否决了重组议案,并提出9072项修正以及1052条建议。② 2月7日,印度联邦院通过了重组议案。2月13日,人民院议长梅拉·库马尔(Meira Kumar)就议案提请议会批准,但辩论迅速激化为辱骂和肢体冲突,议程被迫中止。实际上,早在2009年12月,印度政府为兼顾少数社会群体的经济社会发展和政治诉求,曾决定满足特仑甘纳地区长达50年的"独立建邦"诉求,宣布"成立特仑甘纳邦的进程将启动",这立即引发了连锁反应。政府的分邦决定不仅给安得拉邦带来了政治分裂和社会动荡,而且也鼓舞了印度其他地区以民族或语言为基础的少数群体的独立建邦诉求。受特仑甘纳人诉求实现的鼓舞,卡纳塔克邦的库格(Coorg)、比哈尔邦的米蒂兰恰尔(Mithilanchal)、古吉拉特邦的索拉什特拉(Saurashtra)、西孟加拉邦的廓尔喀(Gorkhaland)和卡姆塔普尔(Kamtapur)、马哈拉施特拉邦的维达尔巴(Vidarbha)等分别要求成立独立的邦,北方邦(Uttar Pradesh)甚至提出一分为四,东北部几个邦的少数民族或语言群体长期以来要求独立建邦的诉求也空前膨胀。由于国内各利益集团对政府的"分邦"决定各持己见,第二届UPA政府并未满足其他群体"独立建邦"的诉求。然而,安得拉邦重组议案再次引发了安得拉邦的动荡,然而客观地说,尽管议案面临巨大阻力,但政府内阁会议已通过议案,印度总统慕克吉也持支持态度,反对党印度人民党出于政治目的也并未阻挠,所以其最终通过的可能性仍然很大。

二 经济增长缓慢,外贸有所下降,卢比大幅贬值

受全球经济不景气和国内不利因素的双重影响,印度经济近两年来持续放缓,通胀重新返回压力区间,贸易逆差进一步扩大,特别是经常账户赤字严重

---

① See "The Andhra Pradesh Reorganisation Bill, 2013", http://missiontelangana.com/wp-content/uploads/2013/12/THE-ANDHRA-PRADESH-REORGANISATION-BILL.pdf.
② "Assembly rejects Telangana Bill", *The Times of India*, Jan. 31, 2014, http://articles.timesofindia.indiatimes.com/2014-01-31/hyderabad/46869006_1_telangana-bill-andhra-pradesh-reorganisation-bill-2013-seemandhra-mlas.

影响印度在国际市场借贷能力。受国内经济疲软、卢比币值暴跌以及资本加速外流等因素的影响,印度经济面临一定挑战。

印度调低2012~2013年度经济增长率。2013年5月,印度中央统计局(CSO)曾预测,印度2012~2013年度的GDP增长率为5%;然而受农业和制造业表现欠佳影响,CSO于2014年1月30日将本年度GDP作出第一次修正,修正后2012~2013年度GDP(按2004~2005年度要素成本计算)为54.8万亿卢比,较2011~2012年度的52.5万亿卢比增长4.5%。同时,CSO也将2011~2012年度的GDP增长率进行了第二次修正,从第一次修正后的6.2%调高至6.7%;对2010~2011年度的GDP增长率作出第三次修正,从第二次修正后的9.3%调低为8.9%。[①] SCO于2014年2月7日发布的预测数据显示,2013~2014年度,印度GDP较上一年度有所增长,预计达到57.5万亿卢比,实现4.9%的增长。[②] 毫无疑问,印度经济存在较多问题,但印度央行(RBI)2014年1月28日发布的数据显示,在新的财年里印度经济将有所好转,2014~2015年度GDP增幅有可能达到5%~6%。[③] 高盛的报告也认为,印度最艰难的时刻已经结束,受出口状况改善和投资需求激增的推动,预计2014~2015年度印度经济将达到5.5%的增长。[④]

印度2013~2014年度经济各领域的表现有好有坏。表现最好的是金融、保险、不动产和商务服务业,预计增长率达到11.2%;服务业和水电气供应行业的增长率都超过5%;而农林渔业、制造业、矿业、建筑业、贸易与交通运输业的增长则表现欠佳,增长率分别为4.6%、-0.2%、-1.9%、1.7%和3.5%。然而客观地看,农林渔业较上一年度1.4%的增长有所提高,其中

[①] CSO, "Press Note: First Revised Estimates of National Income, Consumption Expenditure, Saving and Capital Formation, 2012 – 13", January 31, 2014, http://mospi.nic.in/Mospi_ New/upload/nad_ press_ release_ 31jan14.pdf.

[②] CSO, "Press Note on Advance Estimates of National Income 2013 – 14", February 7, 2014, http://mospi.nic.in/mospi_ new/upload/nad_ pr_ 7feb14.pdf.

[③] RBI, "Third Quarter Review of Monetary Policy 2013 – 14", Janaury 28, 2014, http://rbidocs.rbi.org.in/rdocs/notification/PDFs/TR132714FP2E44DC8422.pdf.

[④] "Goldman Sachs forecasts FY15 growth at 5.5%, says no political tinge", *The Economic Times*, November 21, 2013, http://articles.economictimes.indiatimes.com/2013 – 11 – 21/news/44326801_ 1_ cent – growth – estimate – goldman – sachs – india – tushar – poddar.

粮食、棉花、蔗糖、蔬菜和水果的产量都较上一年度有明显的增长。①

印度外贸有所增长。2012～2013年度，印度对外贸易总额7911.38亿美元，其中出口额为3004.01亿美元，进口额为4907.37亿美元，贸易逆差1903.36亿美元。2013年4月至2014年1月，印度对外贸易额达到6341.32亿美元，其中，出口额为2570.88亿美元，进口额为3770.44亿美元，贸易逆差1199.56亿美元。与上年同期（2012年4月至2013年1月）相比，印度对外贸易下降2.77%，其中出口增长5.71%，进口下降7.81%，贸易逆差下降27.65%。②

印度政府努力压缩财政赤字规模，但占GDP比重仍较高，经常账户赤字大幅收窄。2012～2013年度，印度政府实际财政收入8.77万亿卢比，财政支出14.10万亿卢比，实际财政赤字4.91万亿卢比，财政赤字占GDP的比重为4.9%；2013～2014年度，最初预计财政收入为10.56万亿卢比，财政支出15.90万亿卢比，预计财政赤字将高达5.42万亿卢比，财政赤字占GDP的比重约为4.8%；印度政府最近发布的预算报告显示，主要受非债收入（non-debt receipts）增加的影响，印度财政赤字有所下降，为5.25万亿卢比，约占GDP的4.6%；而且，预计2014～2015年度的财政收入为11.67万亿卢比，财政支出为17.63万亿卢比，赤字约为5.29万亿卢比，约占GDP的4.1%。③ 2013～2014年度，受卢比大幅贬值影响，投资者对印度经常账户赤字（CAD）高企有所忧虑。然而，印度政府采取了多种措施包括限制黄金和白银进口，压缩石油需求、限制某些商品的进口，以及促进外国投资流入等，以降低CAD水平。通过多管齐下，印度CAD本年度有所回落，从上年度的880亿美元降到450亿美元。④

---

① CSO, "Press Note on Advance Estimates of National Income 2013－14", February 7, 2014, http：//mospi. nic. in/mospi_ new/upload/nad_ pr_ 7feb14. pdf.

② 原始数据来源于印度商工部，经计算加工而成。See Government of India, Ministry of Commerce and Industry, Department of Commerce, Economic Division, "INDIA'S FOREIGN TRADE：JANUARY, 2014", February 11, 2014, http：//commerce. nic. in/tradestats/filedisplay. aspx? id = 1。

③ See "Budget at a Glance", http：//indiabudget. nic. in/ub2014－15/bag/bag1. pdf.

④ Ministry of Finance, Government of India, "Key Features of Budget 2014－2015", http：//indiabudget. nic. in/ub2014－15/bh/bh1. pdf.

通胀水平有所降低，但仍在高位运行，通胀水平高企是近年来印度经济的常态特征。据印度财政部最新统计数据显示，2013年1~12月，印度批发价格指数（WPI）平均上涨6.30%，较2012年同期的7.55%有所下降，尤其是2013年5月，WPI同比上涨4.58%，创近43个月新低。纵观全年，WPI指标在2013年3~7月的同比上升低于6%，其余月份上升幅度则介于6%~8%。其中，主要受洋葱、谷物和稻米价格上涨影响，食品类价格涨幅最大，从2012年的平均8.46%上升为2013年的13.38%；初级产品价格有所上涨，从2012年的9.07%上涨为2013年的10.66%；工业制成品价格涨幅则从2012年的5.72%回落至2013年的3.26%；燃料和动力类价格涨幅也有小幅回落，从2012年的11.72%回落至2013年的9.95%。从消费者价格指数（CPI）来看，2013年印度CPI同比上涨幅度介于9.31%~11.16%，期间，4~9月和12月的CPI同比涨幅较低，小于10%，其余月份同比上涨幅度则都在10%以上，尤其是2013年11月，CPI涨幅高达11.16%。①

总之，尽管印度经济面临增长减速、通胀高企、财政双赤字长期存在等一系列挑战，但印度政府在2013~2014年度采取的化解经济压力的多种措施已经初见成效，开始于2011~2012年度第一季度的经济增长下滑势头得到遏制，通胀水平有所控制，财政双赤字有所收窄。而且，为吸引外国投资，印度财政部于2013年7月宣布放松多个领域的FDI限制，涉及电信、保险、石油、天然气和国防等重点行业，继放宽对多品牌零售业和民用航空领域限制10个月之后，启动了又一轮FDI改革。

三 外交有进有退，大国外交仍是重点

2013年以来，第二届团结进步联盟政府的对外关系相对平稳，大国与多边外交仍是印度政府对外政策的重点。然而受国内、地区与全球地缘政治经济环境的影响，2013年的印度外交也呈现出三个显著的特点：一是短期倒退，

---

① Ministry of Finance, Department of Economic Affairs, Economic Division, "Monthly Economic Report: December 2013", http://finmin.nic.in/stats_data/monthly_economic_report/2013/inddec13.pdf.

印度驻美国女外交官被拘而引发两国外交危机;二是快速发展,印度与日本的关系进入加速发展的轨道;三是稳中有升,印度与中国的关系相对平稳,政治互信有所提升。

印度驻美国女外交官被拘并被判罪,引发印度不满并采取对等报复措施,两国关系出现短期倒退。印度女外交官柯布拉加德(Devyani Khobragade)于2013年12月因涉嫌伪造签证申请文件和拖欠佣人工资在美国纽约遭警方拘押,纽约一个陪审团判定柯布拉加德签证欺诈以及作虚假陈述罪名成立,并要求其立即离开美国返回印度。这一事件引发两国外交争议且持续升温。印度呼吁美方撤销对印度外交官的签证欺诈指控,谴责美国执法机构对柯布拉加德的粗暴对待,印度朝野政党议员要求美国政府无条件道歉;美方则认为处理程序合理合法,表示愿与印度保持正常关系。作为对美国做法的回应,印度政府要求美国撤回美驻新德里使馆外交官。美国国务院对印度报复性驱逐一名美国外交官表示极度遗憾,并承认两国之间的外交风波给双边关系带来挑战。而且,美国取消了能源部长欧内斯特·莫尼兹原定的访问印度计划。

实际上,在近三年中,印度外交官在美国遭遇了三起"不公平对待"事件,而这起事件从发生到升温,反映了新德里和华盛顿近两年彼此对双边关系的失望。目前,两国间的分歧越来越多,已经从一两个领域扩展到双边关系的大部分领域。美国对将印度带进核机制而印度还没有在进口核反应堆方面取得进展表示失望,对印度比较苛刻的投资环境的知识产权保护提出批评,对印度未来能否成为美国的战略伙伴表示疑虑;而印度则担忧美国的签证变化对国内就业的影响,对美国即将从阿富汗撤军对南亚地区的影响与前景表示忧虑,对美国没有最大限度地约束巴基斯坦甚至加强与巴基斯坦的合作而对自己的许诺"口惠而实不至"有所抱怨。然而客观地说,尽管印度和美国有待克服彼此的不信任,两国关系既存在着地缘政治分歧,又存在着经济摩擦,但外交风波不会影响两国之间的长期战略关系。美国仍将是印度对外关系的重中之重,印度也会是美国"重返亚太"战略的潜在参与者。

印日两国高层互访频繁,印日关系加速发展。2013年5月,印度总理辛格访问日本;11月30日至12月6日,日本天皇时隔53年后再次访问印度(第一次是1960年);2014年1月,日本首相安倍晋三访问印度,并出席印度共和国日庆典活动。从频繁的高层互访可以看出，印日两国彼此对发展与对方的关系抱极大的兴趣。实际上，在短短的几年时间里，双方在政治、经济、安全、军事等领域建立起了稳定的合作关系，两国关系经历了跨越式发展。两国关系的快速发展既来源于双方经济发展互需，同时得益于亚太地缘政治的推动。在经济上，目前，日本对印度FDI超过150亿美元，约占印度吸引的FDI总量的7%；有一千家日本公司在印度设立了分支机构；印度已经成为日本官方发展援助（ODA）最大的受援国；两国同意就日本向印度出口核发电设备问题，加快签署《原子能协定》进程；就日本新干线向印度出口进行共同调研。辛格总理2013年5月访问日本时强调："印日伙伴关系从来没有像今天这样重要，它充满了可能性，更为强大的商业伙伴关系是印日全球战略伙伴关系的基石。这样的伙伴关系不仅有助于双方的经济增长，而且也符合印日的战略利益。"[①] 在军事上，作为印日全球战略伙伴关系的重要内容，两国在安保领域的合作有所突破。安倍晋三访印期间与印度总理辛格举行会谈，一致同意强化已经形成的两国外交与军事"2+2"对话机制外，还由日本国家安全保障局局长与印度国家安全顾问之间建立定期协商制度，同时决定在2014年举行日印美三国联合海上军事演习。而且据报道，印度将成为二战以来首个向日本购买军用飞机的国家。两国已经就印度购买日本水陆两用飞机达成初步协议，这项协议价值高达16.5亿美元。[②]

印度与中国关系先紧后缓，高层互访推动政治互信。2013年以来，印中两国关系热点不断。首先是两国边境地区边防部队出现"帐篷对峙"，其次是中国总理履新后首次出访圈定新德里，最后是辛格访问中国，签订相关协议。再到计划中的两国代号"携手"的联合训练，双边关系可谓热点不断，其中既有消极因素，也有积极推动。纵观2013年以来中印关系的发展不难看出，边界问题仍是困扰两国关系深化的主要障碍。尽管中国通过高层互访释放出致

---

① See "Address by Prime Minister at the Luncheon hosted by Nippon Keidanren", May 28, 2013, http://www.mea.gov.in/Speeches - Statements.htm? dtl/21753/Address + by + Prime + Minister + at + the + Luncheon + hosted + by + Nippon + Keidanren.

② Sanjeev Miglani, "India close to buying Japan - made military aircraft", REUTERS, Jan 28, 2014, http://in.reuters.com/article/2014/01/28/india - japan - idINDEEA0R07S20140128.

力于推动与印度关系的信号，但增进互信之路依然漫长。

2013年4月15日，印度新德里电视台报道"约50名中国军队士兵越过'实际控制线'在印度领土上搭起帐篷"，印度国内其他媒体也随后跟进，"中国入侵"又一次成为印度媒体的焦点。印度边防部队随即赶到，并在中国士兵营地附近驻扎，形成中印边防军队的"帐篷对峙"。2013年5月6日，双方军队同时向后撤退，天南河谷地区的"帐篷对峙"在持续20多天后以平静的方式结束。实际上，近几年来一些印度和西方媒体对中印边界问题的报道开始增多，从最初炒作中国军队"入侵"、中印边境频现"不明飞行物"，到中印边防部队的"帐篷对峙"，真可谓不一而足。而中国媒体也对印度独自开发所谓的"阿鲁纳恰尔邦"（即中国的藏南地区）、印度增兵藏南等给予高度关注。媒体对边界问题的高度关注，有出于吸引受众眼球的考虑，但从中也反映出中印边界问题的高度敏感性。解决中印分歧的关键是营造相互理解、信任与合作的氛围。2013年4～5月中印边境"帐篷对峙"，从开始到逐步升级，再到出现转机和消解，说明两国边防部队能够通过已经建立的边防会晤渠道进行密切沟通，两国外交部门能够通过有关边境事务磋商和协调工作机制进行磋商，两国有智慧和能力在不断发展两国友好合作关系的同时，处理好两国间存在的分歧和问题。

2013年5月19～22日，中国总理李克强对印度进行正式访问。在访印之初，李克强总理就明确指出访印的三个目标：一是增强中印战略互信；二是增进深入了解，构筑新型大国关系，促进两国关系健康、稳定的发展；三是面向未来。① 访问期间，两国签署了八项合作协议，涉及经贸、农业、文化、环保、地方交往和文化交流等多个领域。更为重要的是，此次访问的一个重要成果是，两国领导人一致认为，应当从战略和全局出发看待中印关系，扩大共同利益，推进全面合作，凝聚更多共识，超越彼此分歧，使中印关系的发展造福两国和两国人民。② 2013年《中印联合声明》中"双方不允许任何势力利用

---

① 李克强：《中印关系健康稳定是亚洲之幸、世界之福》，中国新闻网，http://www.chinanews.com/gn/2013/05-20/4835587.shtml。
② 《李克强会见印度总统慕克吉时强调中印关系具有全球战略意义》，中华人民共和国外交部网站，http://www.fmprc.gov.cn/mfa_chn/gjhdq_603914/gj_603916/yz_603918/1206_604930/xgxw_604936/t1042426.shtml。

本国领土从事反对对方的活动",以及"双方承诺积极看待并支持各自与其他国家的友好关系"的表述,① 在一定程度上回应了彼此的主要安全关切。为有效突破双边贸易的瓶颈,李克强总理在访印时明确提出,中印两大市场的对接可以产生"1+1>2"的叠加效应,② 把中国的向西开放和印度的"东向政策"有机联系起来,③ 可以释放两大市场互补对接的新发展潜能。在经贸领域,两国一是明确了两个潜力最大市场对接互补的新途径,开展产业园区和铁路等方面的大项目合作,推动双边贸易动态平衡和经贸合作规模持续扩大;二是探索了两个新兴经济体互联互通的新方式,通过建设孟中印缅经济走廊推动形成更大的市场和发展合力。④

辛格总理 2013 年 10 月访问中国,这是中印关系史上两国政府总理第二次实现年内互访,意义重大。在辛格访问期间,两国共签署了九项协议,其中《边界防务合作协定》(BDCA),为两国防务部门建立了直接沟通管道,可以有效避免和处理诸如 2013 年 4~5 月发生的"帐篷对峙"事件。应该说,随着中印解决边界问题的机制化进程不断深入,两国解决边界问题的总体思路基本形成。第一是两国从战略高度出发确立了通过和平途径解决边界问题的大前提;第二是明确了以公平、合理和双方都能接受的积极方式解决分歧的原则;第三是确定了可操作性极强的"三步走"路线图;第四是明确了最终一揽子解决而不是逐一解决的目标;第五,为营造边界问题解决的氛围,两国同意在边界问题解决前确保边境地区的和平与安宁。

总体上看,过去 20 年对印度外交政策来说是大好时机,因为它允许印度

---

① 《中华人民共和国和印度共和国联合声明》,2013 年 5 月 20 日,新华网,http://news.xinhuanet.com/2013-05/20/c_115839518.htm。
② 《李克强在印度世界事务委员会的演讲(全文)》,中华人民共和国外交部网站,http://www.fmprc.gov.cn/mfa_chn/gjhdq_603914/gj_603916/yz_603918/1206_604930/xgxw_604936/t1042441.shtml。
③ 《李克强在印度世界事务委员会发表演讲 强调把握中印战略合作新机遇》,中华人民共和国外交部网站,http://www.fmprc.gov.cn/mfa_chn/gjhdq_603914/gj_603916/yz_603918/1206_604930/xgxw_604936/t1042500.shtml。
④ 《李克强在印度世界事务委员会发表演讲 强调把握中印战略合作新机遇》,中华人民共和国外交部网站,http://www.fmprc.gov.cn/mfa_chn/gjhdq_603914/gj_603916/yz_603918/1206_604930/xgxw_604936/t1042500.shtml。

印度与上海合作组织

在没有大国冲突的环境下纵横捭阖。然而一些战略分析人士认为，表面上看新德里的外交政策搞得很漂亮，主要合作伙伴看起来很稳定，各种联合声明都宣称了共同的利益。但是仔细研究就会发现，在多极化外交和不结盟政策的名义下，印度外交面临缺乏明确指导原则的危险，尤其是在国内经济衰退和政治动荡的情况下。印度的主要关系都陷入麻烦之中，因为华盛顿对印度崛起产生了疑问，莫斯科则怀疑其偏重西方，东亚和东南亚则担忧印度是否能充当可靠的平衡者。①

四 印度与上海合作组织关系进展

2013年以来，印度通过多边或双边途径与上海合作组织进行了有效沟通，多次表达希望在SCO内发挥建设性作用的愿望。2013年3月19日，上海合作组织秘书长梅津采夫在纽约与印度共和国常驻联合国代表团临时代办布里举行了会见。双方就上合组织与观察员国印度相互合作等问题交换了意见，指出双方共同努力维护阿富汗和平与稳定具有重要意义。布里强调，印度高度重视深化与上合组织成员国的合作。11月21日，上海合作组织秘书长梅津采夫在秘书处会见印度驻华使馆公使布哈斯卡尔。布哈斯卡尔表示，印度作为上合组织观察员国，印方将出席本年上合组织政府首脑（总理）理事会会议，并询问了上述会议的准备情况。梅津采夫表示愿支持上合组织观察员国与成员国开展更多合作。11月28～29日，印度外交秘书苏嘉塔出席了上海合作组织成员国政府首脑（总理）理事会第十二次会议，表示作为观察员，印度始终致力于在SCO框架内在安全与发展议题上发挥建设性作用。② 11月30日，印度外交秘书苏嘉塔与上海合作组织秘书长梅津采夫在塔什干举行会谈，苏嘉塔表示，上海合作组织积极参与保障本地区和平、稳定与发展，国际地位不断提升。双

---

① Harsh V. Pant, "India's Foreign Policy Crisis", YaleGlobal, October 29, 2013, http://yaleglobal.yale.edu/content/india%E2%80%99s-foreign-policy-crisis.
② "Statement by Foreign Secretary at the SCO - Council of Heads of Government Meeting at Tashkent", http://www.mea.gov.in/Speeches - Statements.htm?dtl/22536/Statement + by + Foreign + Secretary + at + the + SCO + + Council + of + Heads + of + Government + Meeting + at + Tashkent.

方表示，本次上合组织政府首脑理事会审议的问题对上合组织经贸合作具有现实意义。2014年1月20日，印度新任驻中华人民共和国大使康特拜会了上海合作组织秘书长梅津采夫，双方就地区安全、印度在上合组织合作中的作用等交换了意见。在谈及阿富汗问题时，梅津采夫强调，联合国应在和平解决阿富汗问题的国际努力中发挥核心协调作用。康特确认印度外交部长胡尔希德邀请上合组织秘书长访问印度。1月22日，印度派出代表出席在莫斯科举行的上海合作组织地区安全问题副外长级磋商，各方就保障地区安全、重点打击国际恐怖主义、地区极端主义、非法贩运毒品、有组织犯罪、网络犯罪以及应对其他跨国性威胁与挑战等问题交换了意见，并就支持阿富汗成为稳定、安全、繁荣、统一的国家达成共识。

印度希望在SCO框架内发挥建设性作用，尤其是在阿富汗问题上。此外，印度参与了上海合作组织发起的多种倡议，如参加2013年10月在比什凯克举办的全球雪豹保护论坛（Global Snow Leopard Conservation Forum），提出可以与其他参与方分享印度在灾害管理和生态保护方面的经验与实践。而且，印度欢迎成立SCO能源俱乐部（Energy Club of SCO），派员参加了2013年12月在莫斯科举办的共同行动计划的制订工作。应该说，印度近年来提出的"连接中亚政策"（Connect – Central Asia policy, CCAP）为其建设性参与SCO框架内合作提供了国内政策基础，而接触并融入SCO也为其更好地实施CCAP提供了基础性平台。然而也有印度学者认为，印度在寻求SCO正式成员资格时，应该认真考虑在何种程度上SCO是一个可取的安全合作机制，因为印度的国内安全关切和利益与中国和巴基斯坦的几乎没有兼容性。①

---

① B. Raman, "India must be cautious while seeking SCO full membership", Rediff News, June 12, 2012, http://www.rediff.com/news/column/india-must-be-cautious-while-seeking-sco-full-membership/20120612.htm.

Y.33
对话伙伴国与上海合作组织

王明昌*

摘　要： 2013年，白俄罗斯、斯里兰卡和土耳其积极参与上海合作组织比什凯克峰会等各项活动，不断加强与上合组织成员国的文化交流、经贸合作和军事安全对话。中国与白俄罗斯、斯里兰卡分别确立了全面战略伙伴关系和战略伙伴关系。

关键词： 上海合作组织　对话伙伴国　白俄罗斯　斯里兰卡　土耳其

一　白俄罗斯

（一）总统强力管控，政局保持稳定

2013年白俄罗斯政局稳定，总统卢卡申科继续保持对国内的绝对管控。面对严峻的经济形势，卢卡申科频繁动用行政手段干预市场，并开始着手政治体制改革，助推经济发展。4月，卢卡申科签署第168号关于政府机构改革的总统令，规定各级地方政府机构和事业单位的结构与人员定编，要求各级政府机构在2014年1月1日前裁员25%。7月，卢卡申科新任命一批官员，包括白俄罗斯钾肥出口公司总经理、农业与粮食部副部长、交通与运输部副部长、能源部第一副部长等要职。10月，新任命建设部部长乔尔内伊、国家科技委员会主席舒米林等。11月，卢卡申科视察波里索夫木材加工厂，认为该厂管

---

* 王明昌，中国现代国际关系研究院俄罗斯研究所科研人员。

理不善，现代化改造工作进展缓慢。由于对部分官员工作不满，罢免了相关责任人。其中包括：明斯克州执委会主席鲍里斯·巴图拉、白俄罗斯林业纸业集团主席亚历山大·佩列斯拉夫采夫、白俄罗斯总统办公厅副主任安德烈·图尔、第21建筑公司总经理尼古拉·布萨罗夫、波里索夫设计研究所所长亚历山大·米希尤克。白俄罗斯总统办公厅主任安德烈·科比亚科夫、白俄罗斯国家监察委员会主席亚历山大·雅科布松和波里索夫区执委会主席弗拉基米尔·米拉诺维奇也受到了严厉批评。

2015年白俄罗斯将举行总统大选。2013年12月，卢卡申科在"解决建筑领域问题和完善领导班子工作会议"上称，"自己已经当够了总统"，但未正面提及总统大选事宜。虽然卢卡申科自1994年担任总统至今，已连任四届，但目前尚未发现合适的总统接班人，其参选可能仍然较大。2013年反对党仍然面临能力不足、无合适领导人等问题，但在外国势力支持下，反对派阵营也出现了一些社团和知名律师，影响力在上升。2013年6月，明斯克的商人协会组织游行，反对关税同盟对轻工业产品实施技术限制；4月，亲西方组织举行了反俄的切尔诺贝利游行。目前，白俄罗斯亲西方反对派已开始准备2014年的总统大选，就成立竞选联盟进行谈判。2014年3月的地方委员会选举或将是反对派竞选联盟的首次尝试。

总体来说，未来卢卡申科对白俄罗斯的掌控不会发生较大变化，西方社会对白俄制裁力度也不会有较大改观，仍会增加对白俄反对派的援助。长期的高压管控很有可能激起部分民众不满，受乌克兰骚乱影响，白俄国内示威游行或将频繁，加之经济形势日益严峻，未来白俄罗斯国内政治存在较多不稳定因素。

（二）经济增速放缓

2013年白俄罗斯经济增速明显放慢，各项经济指标低于预期，经济未能摆脱困境。白俄罗斯国家统计委员会数据显示，2013年白俄罗斯GDP达636.78万亿白卢布，约合717.45亿美元（根据平均汇率1美元＝8875.83白卢布计算），同比增长0.9%，远远低于8.5%的预期。其中农业、狩猎和林业占GDP的7.9%，加工业占23.5%，采矿业占1.0%，电能、天然气、水力占

2.7%，建筑业占9.8%，贸易占12.3%，交通和通信业占8.2%，其他行业占22.1%。

2013年白俄罗斯工业总产值为609.2万亿白卢布，同比下降4.8%；农业总产值为105.3万亿白卢布，同比下降4%；零售贸易额258.9万亿白卢布，同比增长18.2%。钾肥出口下降和俄罗斯石油供应不足是导致白俄罗斯GDP增幅下降的主要原因。2013年白俄罗斯钾肥出口343.7万吨，较2012年下降6.3%，白钾肥平均价格为600美元/吨，同比下降17.3%，导致国内生产总值下降2个百分点。而俄罗斯对白俄罗斯石油供应不足，使白俄罗斯减少了成品油出口，又导致白俄罗斯国内生产总值下降2.2%。此外，粮食减产也使白俄罗斯国内生产总值下降0.4%。白俄罗斯外债总额连续多年迅速攀升，2011年外债较2010年增长38.3%。截至2012年12月1日，白俄罗斯外债达138亿美元，超过GDP的20%。主要债权人分别是：国际货币基金组织、俄罗斯、委内瑞拉、德国、美国和国际复兴与发展银行等。①

2013年白俄积极参与独联体一体化合作，关税同盟国家仍是白俄罗斯主要贸易伙伴。2013年5月，卢卡申科出席欧亚经济委员会元首峰会，俄罗斯、白俄罗斯、哈萨克斯坦元首正式确认，欧亚经济联盟将于2015年1月1日正式启动，届时欧亚经济委员会将停止工作。白俄罗斯司法部长奥列格·斯利热夫斯基透露，《欧亚经济联盟条约》拟在2014年5月前准备就绪。2013年1月至11月关税同盟成员国间货物贸易额为581.73亿美元，同比减少5.9%。其中，白哈间贸易额为8.55亿美元，同比增加0.6%，占三国间贸易额的1.5%；俄白间贸易额为359.68亿美元，同比减少10.3%，占三国间贸易额的61.8%。

2013年中白工业园项目进展顺利。6月，白俄罗斯批准了中白工业园总体规划。11月，白俄表示将投资约124.7万美元用于中白工业园区的前期建设工作，包括工业园区的供电基础设施建设等。白俄罗斯总统卢卡申科公开表示，中白工业园是白最重要的合资项目，将吸引来自全世界的高科技企业；中白工业园的产值将达到500亿美元，大部分将用于出口。

---

① 截至2012年12月1日白俄罗斯国家外债达138亿美元，http://by.mofcom.gov.cn/article/jmxw/201301/20130100003876.shtml。

（三）中白确立全面战略伙伴关系

2013年中国和白俄罗斯两国关系再上新台阶。7月，白俄罗斯总统卢卡申科访问中国期间，两国领导人决定提升两国关系为全面战略伙伴关系，共同签署了《中华人民共和国和白俄罗斯共和国关于建立全面战略伙伴关系的联合声明》。2014年1月，白俄罗斯总理米哈伊尔·米亚斯尼科维奇访问中国，并与习近平主席、李克强总理会谈。米亚斯尼科维奇表示，白俄罗斯十分赞成并支持"丝绸之路经济带"的提议，"丝绸之路经济带"将推动地区一体化，并刺激地区经济的快速发展，有助于中白双方的深入合作。米亚斯尼科维奇表示希望在中国的帮助下，积极发展经济带项目以及交通走廊建设，完善物流通道。习近平表示，双方要实施好中白全面战略伙伴关系发展规划，在涉及彼此核心利益和重大关切的问题上相互坚定支持，通过建立副总理级政府间合作委员会机制，统筹推进中白工业园区、高技术、金融、交通运输等领域合作，在国际和地区事务中保持密切配合。米亚斯尼科维奇还与李克强总理举行了会谈，双方一致同意推进中白全面战略伙伴关系发展，宣布实施《中白全面战略伙伴关系发展规划（2014～2018年）》，并建立中白副总理级政府间合作委员会。

白俄罗斯一贯重视发展与上海合作组织的对话合作。2010年其获得上合组织对话伙伴国身份后积极参与上海合作组织活动。2013年3月，白俄罗斯驻华大使布里亚在会见上海合作组织秘书长梅津采夫时表示，白俄罗斯高度重视上合组织，愿根据2010年签署的《关于给予白俄罗斯上海合作组织对话伙伴地位的备忘录》与上合组织开展相关领域的合作。上海合作组织秘书长梅津采夫指出，"根据上合组织相关文件加强成员国与观察员国、对话伙伴国的合作，丰富与对话伙伴国的合作内容是上合组织当前的一项迫切任务。双方认为，白俄罗斯作为'统一经济空间'成员，上合组织成员国与其开展经贸、人文等领域的合作具有重要意义。"①

---

① 上海合作组织秘书长会见白俄罗斯驻华大使，http：//www.sectsco.org/CN11/show.asp？id=537。

二 土耳其

（一）土政坛暗流涌动，埃尔多安陷空前执政危机

2013年土耳其国内持续爆发大规模示威游行，以强人姿态示人的埃尔多安面临空前的执政危机。2013年5月，土耳其爆发十几年来最大规模的抗议运动——"占领盖齐运动"，也被称为"土耳其之春"。抗议运动最初是约50名环保人士在土耳其伊斯坦布尔搭建帐篷营地，抗议政府将塔克西姆盖齐公园征收改造成购物中心。警方动用催泪弹和高压水枪等驱散示威者，导致2人死亡，千余人受伤，1700多人被捕。政府此举激起民众更大愤怒，越来越多的民众和地区加入抗议活动，抗议活动的主题也由最初的环保诉求转向反政府示威。

此次大规模抗议活动是土耳其总理埃尔多安执政十多年以来面临的最大政治挑战。这主要有两大原因，一是威权统治带来的社会反弹。埃尔多安自2002年以来，执掌土耳其政坛11年，且一贯以强人姿态示人，虽然在其领导下，土经济取得高速发展，但民众对其威权统治颇有不满。有人指责其"独断专行"，正成为土耳其的"新奥斯曼苏丹"和"土耳其的普京"。此外，近期埃尔多安又试图通过实行总统制，谋求继续掌权，招致更多民众和党派的批评。2012年11月，埃尔多安领导的正义与发展党提议更改土耳其政体，把现行议会制改为总统制，该提议被土政界解读为埃尔多安试图掌握更多权力。埃尔多安现年60岁，已经执政近12年，按照正义与发展党规定不能继续寻求连任党首。但埃尔多安已经表露有意参加2014年8月的总统大选，此举引发民众强烈不满。二是宗教与世俗之间一直存有矛盾。土耳其虽以穆斯林人口居多，但在国家层面一直坚持世俗化。埃尔多安因推行的一系列保守政策被指渐进式推动伊斯兰化，对世俗化这一政治原则构成威胁，引发世俗派的反对。近期，正义与发展党控制的大国民议会通过限制酒精类饮料法令，规定晚上10点至上午6点之间禁止售酒、禁止在清真寺和学校附近的饭店卖酒、禁止酒类广告等。此外，政府还通过法令，禁止在公共场合接吻。这些举措在土耳其社

会掀起轩然大波,国内青年和世俗精英认为政府过于专横,过度干预了个人生活。土耳其宗教力量和世俗力量相互较量是此次矛盾爆发的根源。

此外,随着2014年总统大选临近,土耳其国内政坛的党派争斗日益公开化。2013年12月,土耳其警方以"腐败调查"为由,逮捕了大批公职人员和与政府关系密切的商人,令埃尔多安政府措手不及。土耳其政府认为,该事件背景复杂,是西方与土耳其内部反对派共同实施的政治阴谋。土政府指责美国、以色列情报部门将有关"经济犯罪情报"透露给流亡美国的土耳其"伊斯兰改革派思想家"葛兰,其在土执法部门的支持者实施了抓捕行动。葛兰势力在土经营多年,尤其在执法部门内盘根错节,是本次"反贪行动"的主角。该派人马原与埃尔多安长期合作,但因在"库尔德和解"、叙利亚政策等问题上意见不合,双方出现严重对立。11月底土政府决定打压葛兰集团长期主导的民办教育机构,迫使双方关系最终决裂。随着地方选举和总统大选的日益临近,近期葛兰势力十分活跃,此次事件被认为是葛兰势力借此对埃尔多安"敲山震虎"。

2014年2月,一份疑似埃尔多安与其儿子比拉尔的电话录音被曝光到网络上。录音中曝光了一段他们谈及如何藏匿大量美金的对话。事件发生后,埃尔多安第一时间作出表态,否认曝光的录音内容,并抨击窃听事件,称这一行为是对民主的威胁。此次窃听事件可视为去年12月17日土耳其检方展开大规模反腐败调查的延续,再次将土政坛各方势力的矛盾推向了更激烈的层面。虽然录音的真实性还未证实,但埃尔多安及其家人深陷贪腐丑闻,这对正义与发展党的地方选举形势带来不利因素。此外,窃听门事件已造成土耳其新一轮抗议浪潮。随着埃尔多安和葛兰势力之间冲突的公开化,土耳其伊斯兰民主典范的荣誉被蒙上阴影。

(二)受国内外因素影响,经济下行风险较大

受国际经济形势和国内政局双重影响,近年土耳其经济增速波动较大。2010和2011年土GDP保持8%以上的增速。2012年因投资下降、欧债危机等,土全年GDP为7862.93亿美元,同比增长2.2%。2013年下半年,受美联储退出量化宽松预期和国内游行示威影响,土金融市场波动剧烈,

里拉对美元汇率大幅下跌,土经济增添不确定性。土耳其国家统计局最新公布数据显示,2013年土耳其国内生产总值约合8178亿美元,同比增长4%,好于政府此前3.6%的预期。2013年土人均国内生产总值达到10782美元。

虽然土耳其经济基本面良好,抗风险能力较强,但国际机构对未来土耳其经济持消极态度。近日,世界银行将土耳其2014年经济增长预期调低一个百分点至3.5%。世界货币基金组织、经合组织也表示将下调土经济增长预期。欧盟发布的土耳其经济报告称,世界经济不景气、国内政治不稳、叙利亚复杂局势使土经济面临下行风险。土耳其经济部数据显示,2013年土耳其吸引外资126亿美元,同比下降4.1%。2013年土新设外商投资企业2960家,比上年3703家减少743家,下降20%。2013年,土耳其通胀率总体呈趋缓态势,但仍处于高位运行,全年通货膨胀率为7.49%。

据土统计局数据,2013年土耳其对外贸易总额4035.4亿美元,同比增长3.7%。其中,出口额为1518.9亿美元,下降0.4%;进口额为2516.5亿美元,增长6.4%。受里拉汇率下跌和黄金进口激增影响,2013年土耳其贸易逆差997.6亿美元,增长18.7%,创历年新高。2013年土耳其与中国贸易总额282.89亿美元,同比增长17.25%。其中,土向中国出口额为36.02亿美元,同比增长27.1%;进口额为246.87亿美元,增长15.9%。土方逆差210.85亿美元,增长13%。中国为土第三大贸易伙伴和第二大进口国。

(三)寻求与上海合作组织合作

2013年土耳其国内的游行示威对土国际形象产生一定负面影响。一向被视为中东民主和自由楷模的土耳其政府遭到西方媒体的严厉批评和谴责。《纽约时报》大幅刊登谴责土政府镇压抗议者的广告。美国、欧盟、英国、德国等多个国家以及大赦国际等组织都对土政府过度使用暴力镇压抗议群众表示谴责。美国务卿克里称对土耳其安全机构大规模使用暴力的报道感到担忧,对此必须进行调查。土耳其对抗议的镇压一定程度上也破坏了土耳其在阿拉伯世界刚刚树立的支持民主和自由的形象。摩洛哥国王穆罕默德六世和突尼斯反对党决定拒绝会见来访的埃尔多安。此外,伊斯坦布尔市长还担忧抗议事件可能影响伊斯坦布尔申办2020年夏季奥运会。

受政府镇压游行示威影响，土耳其与欧盟关系日益疏远。土耳其入盟进程二十多年一直停滞不前，原因就是欧盟一直批评土耳其未能给予民众充分的言论和结社自由，并打压库尔德人的民主权利。2012年土耳其各地爆发大规模示威游行后，欧盟更是对土耳其政府的处理方式提出严厉批评，令双方关系一度紧张。2013年10月，欧盟委员会发布了土耳其入盟最新年度评估报告，对土耳其政府未能充分保障民众的言论和集会自由提出批评的同时，未对土入盟前景展现外界期待的积极姿态。土耳其政府对待抗议者的行为进一步增强欧盟内部反对其入盟的声音。

在遭遇欧盟多年冷遇之后，土耳其加入欧盟的热情已消耗殆尽，转将目光投向经贸合作紧密、文化更加相近的东部伙伴——上海合作组织。土总理埃尔多安曾表示，上海合作组织为土耳其提供了一个可行性的选择，它可以取代欧盟。他甚至直言说："上合组织比欧盟更好、更强大，我们和他们有共同的价值观。"① 2012年，埃尔多安访问俄罗斯时对普京称，土耳其主张加入上海合作组织，如果上海合作组织接受土耳其，土将完全放弃加入欧盟的申请。土耳其军方也支持埃尔多安加入上合组织的讲话，称上海合作组织在未来将成为一大国际力量，该国也必须成为该组织的成员国。

三　斯里兰卡

（一）经济实现高速增长

近年，斯里兰卡经济保持高速增长，连续几年GDP增速超过8%。2012年受全球经济萧条影响，斯里兰卡全年GDP增幅6.4%，略有下降。② 2013年斯里兰卡通过经济转型实现经济高速增长，GDP同比增长7.2%，经济多样化

---

① 土耳其总理暗示或舍弃欧盟加入上海合作组织，http://news.qq.com/a/20130131/000924.htm。
② Sri Lanka economy grows 6.4 percent in 2012 despite slump in exports, http://www.lankanewspapers.com/news/2013/3/81816.html.

使出口不再依赖于传统的茶叶、橡胶等初级农产品,扩展服务业、银行、保险、信息科技等产业,发展服装业、宝石精加工等新的经济增长点。据斯里兰卡央行数据,2013 年斯里兰卡出口总额达到 103.9 亿美元,同比增长 6.3%。其中,农产品出口和工业品出口同比增长为 10.7% 和 5%,分别达到 25.8 亿美元和 77.4 亿美元。在工业产品出口中,纺织品、服装出口达 45 亿美元,同比增长 13%。2013 年进口总额达 180 亿美元,同比缩减了 6.5%。目前,斯里兰卡的主要出口商品有服饰、茶叶、橡胶、橡胶制品、宝石钻石珠宝、食品饮料、调味品、陶瓷制品、电器电子制品以及鞋类等皮革制品。进口商品主要为矿物燃料、机械设备、运输设备、机电产品等。①

斯里兰卡将 2014 年经济增长目标定为 7.5%。目前,政府已通过一系列重要经济刺激政策来实现上述指标,包括争取尽早签署与中国的自由贸易区协定、推动与印度和日本等国双边贸易等。

(二)中斯经贸合作和政治互信双丰收

继 2012 年的马塔拉—拉贾帕克萨国际机场、汉班托塔大型深水港等大型项目后,2013 年中国在斯里兰卡的一系列大型项目顺利实施或完工。中国对斯投资不断上升,占其外商投资总额的 24%,成为斯最大投资来源国。2013年 6 月,斯里兰卡北方省基里诺奇 A9 公路全线修复完工;8 月,科伦坡南港集装箱码头正式开港;10 月科伦坡班达拉奈克国际机场高速路建成;10 月,斯里兰卡第一条新建铁路一期工程在斯南部贝里阿塔地区开工。今年 3 月,中国机械进出口公司又获斯里兰卡 6 亿美元铁路建设合同。

两国政府对深化经贸合作高度重视。5 月,拉贾帕克萨总统来华访问时,李克强总理表示,"中斯经济互补性强,合作前景广阔。两国要加强贸易投资合作,制定双边经济合作规划,深化基础设施领域合作,落实好港口、铁路、公路等重点项目。拓展航天、海洋等新领域的科研和务实合作。"双方决定在中斯经贸联委会框架下,成立贸易工作组和经济工作组,研究加快贸易便利化

---

① 2012 年斯里兰卡货物贸易及中斯双边贸易概况,http://countryreport.mofcom.gov.cn/record/view110209.asp?news_id=32845。

和投融资合作具体措施,双方宣布启动中斯自贸区谈判进程。近日,斯里兰卡外长佩里斯称,"中斯自贸区可行性研究即将完成,有望2014年底前达成协议。这将是一个里程碑式的成就。"

2013年中国和斯里兰卡高层往来密切,政治互信不断加强,两国关系再上新台阶。5月,斯里兰卡总统拉贾帕克萨对中国进行了国事访问。习近平主席、李克强总理分别与拉举行会谈,就双边关系和共同关心的国际、地区问题交换意见,达成广泛共识。习近平表示,"中斯建交半个多世纪以来,中斯关系经受住国际风云变幻考验,始终向前发展。事实证明,中斯两国是相互信赖的好朋友、好伙伴。"两国一致决定将中斯关系提升为战略合作伙伴关系,双方共同发表了《中华人民共和国与斯里兰卡民主社会主义共和国联合公报》。9月,中共中央政治局常委、中央书记处书记刘云山对斯里兰卡进行正式友好访问,在科伦坡分别会见斯里兰卡总统拉贾帕克萨和总理贾亚拉特纳。刘云山充分肯定中斯党际交往为双边关系发展所发挥的积极作用,表示中国共产党愿与斯里兰卡自由党共同丰富交往形式,拓展交流领域和内涵,为中斯分别实现"中国梦"和"马欣达愿景"注入新的活力。2014年2月,斯里兰卡总统特使、外长佩里斯来华访问,并会见了国家副主席李源潮。

自2010年获得对话伙伴国地位后,斯里兰卡积极参与上海合作组织的活动和会议。2013年9月,斯代表团出席了上海合作组织比什凯克峰会,斯总统拉贾帕克萨曾称:"上海合作组织是亚洲国家讨论共同关心的重大问题的一个非常好的论坛,斯里兰卡非常高兴成为上合组织对话伙伴国。"

附 录
Appendix

Y.34
2013年上海合作组织大事记

1月

1月17日 上海合作组织实业家委员会理事会会议在北京召开。上海合作组织秘书长梅津采夫、副秘书长阿科什卡罗夫等出席。各方讨论了加强经贸等领域合作问题。会议通过了实业家委员会主要工作计划,确定了上海合作组织工商论坛议题。

1月23日 外交部副部长程国平在北京会见了上海合作组织秘书长梅津采夫。双方就上海合作组织2013年主要活动计划和秘书处工作等问题交换了意见。程国平表示,中方将一如既往支持上海合作组织发展和秘书处工作。双方还讨论了在圣彼得堡经济论坛、欧亚经济论坛(西安)和贝加尔湖国际经济论坛框架内举办上海合作组织相关活动等问题。

2月

2月7日 外交部部长杨洁篪会见梅津采夫。双方就进一步加强和完善上海合作组织框架内多边合作、提升其在本地区的作用等问题交换了意见。杨洁篪表示，中方高度重视上海合作组织，将继续推动上海合作组织各领域合作取得新成果。

2月22日 习近平在北京会见了梅津采夫。双方就国际和地区迫切问题、上海合作组织现状及其发展前景等交换了意见。习近平强调，中国高度重视上海合作组织，秘书处在上海合作组织各领域合作中发挥了重要作用。习近平祝梅津采夫在上海合作组织秘书长岗位上取得更大成就。

2月27~28日 上海合作组织成员国科技专家工作组会议在北京秘书处召开。与会各方就上海合作组织框架内多边科技合作及其发展前景等问题交换了意见，讨论了拟于今年上半年在哈萨克斯坦举行的上海合作组织成员国第二次科技部长会议筹备情况。

3月

3月12日 上海合作组织秘书处代表团出席在维也纳举行的欧安组织"阿富汗问题安全日"活动。本次安全日活动的主题是："国际社会与阿富汗及中亚国家的相互协作：挑战、协作和欧安组织的应急措施及作用"。

3月15日 上海合作组织秘书处就2月12日朝鲜进行核试验，发表声明指出："联合国安理会针对2013年2月12日朝鲜民主主义人民共和国再次进行核试验一致通过第2094号决议，表明了国际社会反对朝鲜核试验的立场，同时也承诺通过对话与谈判的和平方式解决朝鲜半岛核问题。朝方上述举动不符合上海合作组织一贯立场，即恪守核不扩散领域的国际共识和联合国安理会相关决议。上海合作组织成员国主张尽快重启朝核问题六方会谈，呼吁朝鲜无条件执行联合国安理会决议，重返《不扩散核武器条约》。"

3月19日 联合国秘书长潘基文在纽约会见梅津采夫。双方指出，加强上海合作组织与联合国合作具有重要意义，并强调应进一步深化联合国和上海合作组织秘书处之间的协作。双方强调，联合国在解决阿富汗问题中发挥着重要作用，对延长联合国阿富汗援助团任期表示赞同。

4月

4月8日 梅津采夫会见中国国家开发银行行长陈元。双方就上海合作组织成员国金融合作、成立上海合作组织专门账户和开发银行问题交换了意见。双方指出,上海合作组织银行联合体在多边经贸项目融资保障方面发挥着重要作用。

4月9~12日 上海合作组织成员国国家协调员理事会例行会议在北京举行。会议由吉尔吉斯共和国外交部副部长奥斯蒙纳利耶夫主持。参会各方就筹备上海合作组织成员国元首理事会会议、安全会议秘书会议和外长部长理事会会议等问题交换了意见,商定了2013年上半年主要活动和专家会工作计划。

4月11~12日 上海合作组织成员国外交部关于"上海合作组织扩员及与观察员国和对话伙伴国合作情况"磋商在北京上海合作组织秘书处举行。会议由吉尔吉斯共和国外交部国际组织和安全司副司长主持。各方研究了上海合作组织接受新成员法律文件,强调必须更加积极地开展与本组织观察员国和对话伙伴国的合作。

4月16日 中华人民共和国外交部部长王毅会见了梅津采夫。双方就上海合作组织现状及发展前景等问题交换了意见。王毅对上海合作组织予以高度评价,王毅表示,上海合作组织将具有共同利益的国家联系在一起,代表了新型区域性国际组织模式,上海合作组织宪章及其基本原则具有重要意义。梅津采夫就上海合作组织系列重要活动提出建议,王毅表示支持,并指出落实相关倡议有利于进一步巩固上海合作组织成员国合作,中国外交部将一如既往重视上海合作组织工作。

4月18~19日 上海合作组织论坛第八次会议在北京举行,上海合作组织成员国、观察员国和对话伙伴国研究机构150多名代表参加会议。中国外交部副部长程国平、上海合作组织秘书长梅津采夫、中国国际问题研究所所长曲星等出席开幕式并致辞。

4月22日 梅津采夫在莫斯科会见了欧亚经济共同体组织秘书长曼苏罗夫。双方就上海合作组织与欧亚经济共同体合作问题广泛交换了意见。曼苏罗

夫指出，两个组织应保持经常性对话，交流经验，具有重要意义。双方还讨论了国际金融机构工作经验以及欧亚经济共同体反危机基金和欧亚开发银行活动。

4月25日 在哈萨克斯坦阿拉木图市，哈萨克斯坦外交部长伊德里索夫与上海合作组织秘书长梅津采夫会见。伊德里索夫表示，上海合作组织在安全领域和提高本组织国际威望方面取得了巨大成就。哈萨克斯坦将大力推动上海合作组织框架内经济合作，尽快建立项目融资机制，不断提高上海合作组织成员国社会经济水平。

是日 梅津采夫在阿拉木图应约会见美国助理国务卿布莱克。双方就阿富汗和平重建以及本地区和区域外国家参与解决阿富汗问题交换了意见。布莱克对上海合作组织北京峰会给予阿富汗上海合作组织观察员地位以及成员国向阿富汗提供各种援助表示高度评价。

4月26日 梅津采夫和土耳其外交部长达武特奥卢共同签署了《关于给予土耳其共和国上海合作组织对话伙伴地位的备忘录》。梅津采夫和达武特奥卢签署备忘录后表示，吸收土耳其为上海合作组织对话伙伴的法律程序已完成，土耳其成为上海合作组织"大家庭"一员。双方指出，该文件为上海合作组织与土耳其开展安全、经济和文化合作确定了法律基础。

5月

5月2日 吉尔吉斯斯坦总理萨特巴尔季耶夫在比什凯克会见梅津采夫。萨特巴尔季耶夫表示，吉方就上海合作组织经济和金融合作提出了一些建议，落实上述建议将有助于促进上海合作组织发展。

5月3日 吉尔吉斯斯坦总统阿塔姆巴耶夫在比什凯克会见梅津采夫，双方就上海合作组织框架内合作等问题交换了意见。阿塔姆巴耶夫重申了吉方对本地区重要问题的原则立场，表示吉方将进一步发展上海合作组织各领域合作，保障地区安全，打击恐怖主义、极端主义、分裂主义、非法贩运毒品和跨国有组织犯罪。

是日 吉尔吉斯斯坦议长热恩别科夫在比什凯克会见上海合作组织秘书长

梅津采夫。热恩别科夫表示，吉议会高度评价上海合作组织在保障地区和平、稳定和安全中发挥的作用。

5月24日 上海合作组织记者俱乐部在北京上海合作组织秘书处成立，俄通社—塔斯社北京分社社长安德烈·基里洛夫当选记者俱乐部主席。来自哈萨克斯坦、中国和俄罗斯等各国记者出席俱乐部成立大会。与会人员讨论了记者俱乐部工作内容并制订了近期工作计划。梅津采夫就上海合作组织活动等问题回答了记者提问，表示秘书处愿对媒体开放，加强与各国媒体的合作。

6月

6月13日 联合国秘书长特别代表、联合国中亚地区预防外交中心主任延恰与梅津采夫举行会见。梅津采夫向延恰介绍了上海合作组织与其他国际组织合作情况，以及上海合作组织在一系列国际问题上的立场。双方就阿富汗局势、国际安全部队2014年从阿富汗撤军以及总统选举等问题交换了意见。

6月14日 纪念上海合作组织成立十二周年招待会在北京举行。中国外交部部长王毅和梅津采夫在招待会上分别致辞。王毅指出，上海合作组织成立以来，成员国团结协作，为维护地区稳定、推动区域经贸和人文合作、深化传统友谊作出积极努力，取得丰硕成果。梅津采夫强调，上海合作组织的迅猛发展再次证明，哈萨克斯坦、中国、吉尔吉斯斯坦、俄罗斯、塔吉克斯坦和乌兹别克斯坦元首2001年作出的决定英明并具有重大意义。中国有关部门负责人、上海合作组织成员国、观察国及对话伙伴国驻华使节、国际组织代表，以及学者、文化艺术界和媒体代表等出席招待会。

6月20日 梅津采夫与塔吉克斯坦外交部长哈·扎里菲举行了会见。双方就上海合作组织一系列议题，包括塔吉克斯坦即将担任上海合作组织主席国等交换了意见。哈·扎里菲指出，塔吉克斯坦担任上海合作组织主席国后，首要目标是推动上海合作组织政治、安全合作，并确保2014年上海合作组织杜尚别外长会议和元首峰会富有成果。哈·扎里菲强调，上海合作组织奉行新价值观，致力于长期目标，成立12年来作为建设性力量已进入全球和区域层面，自吸收观察员国和对话伙伴国后，上海合作组织发展达到新的水平。

6月21日 塔吉克斯坦总统拉赫蒙在杜尚别会见了梅津采夫。双方就上海合作组织框架内合作、上海合作组织成员国元首理事会例行会议议题，以及塔吉克斯坦即将担任上海合作组织主席国等问题交换了意见。双方认为，加强上海合作组织政治、安全、经贸等领域合作具有重要意义。拉赫蒙强调，塔吉克斯坦始终遵循本组织的建设性精神参与上海合作组织活动，并将为有效落实上海合作组织中期发展战略规划和其他重要文件作出应有贡献。

是日 梅津采夫在杜尚别与塔吉克斯坦经济发展和贸易部长沙·拉希姆佐达举行了会见。双方就上海合作组织成员国经贸合作，扩大和深化上海合作组织成员国、观察员国和对话伙伴国之间的经贸关系等问题交换了意见。拉希姆佐达指出，塔吉克斯坦对加强上海合作组织经贸合作予以高度重视，将积极落实和完善上海合作组织框架内经贸合作倡议和项目。

6月26日 上海合作组织成员国国防部长会议在吉尔吉斯斯坦首都比什凯克举行。国务委员兼国防部长常万全出席会议并发表讲话。上海合作组织成员国哈萨克斯坦、吉尔吉斯斯坦、俄罗斯、塔吉克斯坦和乌兹别克斯坦的防务部门领导人参加会议。会议由吉尔吉斯斯坦国防部长奥穆拉利耶夫主持。梅津采夫出席了上海合作组织成员国国防部长会议。会议总结了2012年4月北京国防部长会议以来取得的成果，就成员国防务部门间未来合作发展、国际和地区安全形势等问题交换了意见，批准了《上海合作组织成员国国防部2014~2015年合作计划》并签署了《上海合作组织成员国国防部长会议联合公报》。梅津采夫在发言中指出，定期举办成员国国防部长会议具有重要意义，这表明上海合作组织联合各方力量应对新挑战和新威胁的决心。反恐是上海合作组织成员国武装力量的合作重点，贯穿合作各个阶段，确定合作的性质和内容。上海合作组织武装力量对保障地区和平，为反恐行动提供军事支持具有重要作用。

7月

7月3日 梅津采夫与上海合作组织地区反恐怖机构执行委员会主任张新枫举行会见。双方就加强上海合作组织常设机构合作，打击"三股势力"、非法贩运毒品和武器、跨国犯罪，以及阿富汗问题交换了意见。双方指出，打击网络犯罪需成员国共同努力，6月26日上海合作组织成员国国防部长比什凯克会议及签署的文件具有重要意义。双方还就落实上海合作组织2013年计划及其主要任务的合作问题交换了意见。

7月9~11日 上海合作组织成员国国家协调员理事会会议在比什凯克举行，会议由吉方主持。各方协商了外长会议拟签署的文件草案，并签署了国家协调员理事会会议纪要。

7月10日 梅津采夫在比什凯克与上海合作组织实业家委员会主席沙尔舍基耶夫举行会见。双方就进一步深化上海合作组织经贸合作前景交换了意见。

7月11日 梅津采夫在比什凯克与上海合作组织银行联合体理事会主席阿克马特别科夫举行会见。双方研究了上海合作组织比什凯克峰会期间举行的上海合作组织银联体理事会会议筹备问题，探讨了各方专家就深化上海合作组织合作项目金融服务机制，落实成员国投资项目提出的建议。

7月12~13日 上海合作组织成员国外交部长理事会例行会议在吉尔吉斯乔尔蓬阿塔举行。哈萨克斯坦共和国外交部副部长萨雷拜、中华人民共和国外交部部长王毅、吉尔吉斯共和国外交部部长阿布德尔达耶夫、俄罗斯联邦外交部部长拉夫罗夫、塔吉克斯坦共和国外交部部长哈·扎里菲、乌兹别克斯坦共和国外交部部长卡米洛夫出席会议。会议由吉尔吉斯共和国外交部部长阿布德尔达耶夫主持。各方研究了进一步深化和完善本组织框架内全方位合作及提升上海合作组织在国际和地区事务中的作用问题，并就重大国际问题和地区形势，以及加强上海合作组织与其他国家和多边组织交往问题充分交换了意见。

7月26日 梅津采夫在上海合作组织秘书处与联合国行政管理问题项目办公室主任季霍米罗夫举行会见。季霍米罗夫介绍了联合国关于培训阿富汗国家公务人员的媒体培训项目，通报了在哈萨克斯坦和中国实施此类项目的经验，并倡议上海合作组织成员国参与该项目合作。梅津采夫表示，联合国在团结国际力量解决阿富汗问题中发挥着主导作用。

是日 梅津采夫在北京会见了俄罗斯联邦常驻上海合作组织秘书处新任代表希恩。希恩接替俄罗斯驻华使馆高级参赞卢基扬采夫担任这一职务。会见中，双方讨论了上海合作组织当前活动以及秘书处与俄方合作等问题。梅津采夫对卢基扬采夫为上海合作组织发展和壮大所开展的建设性合作，以及为落实上海合作组织宗旨和目标作出的贡献表示感谢。

7月30~31日 上海合作组织成员国旅游合作专家会议在上海合作组织秘书处举行。会议由吉方主持。各方就上海合作组织成员国为发展和加强旅游合作采取的措施，以及该领域多边合作前景等问题交换了意见。各方研究了建立上海合作组织成员国旅游合作专家工作组的可能性。

7月30日至8月2日 上海合作组织成员国干部和财务问题专家会议在上海合作组织秘书处举行。各方讨论了完善规范上海合作组织常设机构（秘书处和地区反恐怖机构）活动的法律基础等问题。

8月

8月6~9日 应黑龙江省政府邀请，上海合作组织秘书处代表团参加了主题为"加强口岸合作，促进贸易发展"的中国国际口岸发展论坛和绥芬河国际口岸贸易博览会。论坛主要讨论了发展口岸贸易、规范运输通关、简化货物过境等问题。1200多家参展商和私人企业家参加博览会并推出一系列边境地区投资项目。

8月7~8日 上海合作组织成员国易制毒化学品专家工作组会议在北京举行。各方讨论了上海合作组织成员国2012年在边境地区开展的易制毒化学品联合监督行动成果，就打击非法贩运易制毒化学品，防止易制毒化学品流入卫生、食品领域等问题交换了意见。

8月13~14日 上海合作组织成员国海关合作工作组第21次会议在俄罗斯萨马拉举行，会议由俄方主持。各方讨论了知识产权保护、打击走私、开展成员国风险管理制度合作等问题，并协商了加强海关部门合作的文件草案。

8月16日 上海合作组织副秘书长阿科什卡罗夫与联合国秘书长阿富汗事务特别代表库比什举行了会见。双方广泛讨论了与阿富汗合作问题。联合国阿富汗援助团团长指出，上海合作组织对保障地区安全与稳定具有重要意义，并询问了将于今年9月举行的上海合作组织成员国元首理事会比什凯克峰会筹备情况以及上海合作组织与联合国合作问题。

8月20日 梅津采夫与塔吉克斯坦共和国外交部部长哈·扎里菲在杜尚别举行了会见。双方讨论了塔吉克斯坦与上海合作组织各领域合作和完善上海合作组织法律基础等问题，并就国际安全援助部队2014年撤军后的阿富汗局势交换了意见。

9月

9月3日 梅津采夫与国际移民组织总干事威廉·斯温举行了会见。双方讨论了当前上海合作组织成员国移民形势，就上海合作组织与国际移民组织在该重要领域开展合作问题交换了意见。威廉·斯温指出，移民问题对上海合作组织成员国的重要性逐渐提升。国际移民组织拟于近期制定相应国际文件，以有效制止非法移民。梅津采夫介绍了上海合作组织成员国移民领域合作以及与国际组织合作情况，表示上海合作组织已与联合国和东盟、独联体、经济合作组织、欧亚经济共同体等机构建立正式合作关系。梅津采夫还向威廉·斯温通报了成员国开展相关合作的建议以及遵守劳动法和移民法的保障措施。

是日 上海合作组织在乌鲁木齐举行主题为"互利合作，共同发展"的工商企业家论坛，上海合作组织成员国以及其他国家的实业界、科技界代表参加。与会人员就上海合作组织地区经贸和投资合作前景等问题交换了意见。中国政协副主席、中华全国工商业联合会主席王钦敏，吉尔吉斯共和国经济部长萨里耶夫，上海合作组织副秘书长诺斯罗夫等出席论坛开幕式。论坛期间举办了上海合作组织食品安全问题研讨会，与会人员就保障食品安全，发展民营农业企业、加强成员国农业产业化领域合作等问题交换了意见。上海合作组织副秘书长杜舍巴耶夫向与会人员介绍了上海合作组织该领域合作情况。

9月5~6日 上海合作组织成员国司法部长会议在北京举行，会议由中方主持。哈萨克斯坦共和国司法部部长伊马舍夫、中华人民共和国司法部部长吴爱英、吉尔吉斯共和国司法部部长希克马马托夫、俄罗斯联邦司法部部长科诺瓦洛夫、塔吉克斯坦共和国司法部部长缅格利耶夫、乌兹别克斯坦共和国司法部部长尤尔达舍夫，以及上海合作组织秘书长梅津采夫出席会议。中央政治局委员、中央政法委书记孟建柱出席开幕式,并宣读中国国家主席习近平的贺信。会议期间,各方在友好和建设性气氛中就司法部长会议在实现上海合作组织目标和任务中的作用,以及在法律领域建立和深化合作等问题交换了意见。会议签署了《上海合作组织成员国司法部长会议联合声明》。

9月9日 上海合作组织成员国紧急救灾专家会议在圣彼得堡举行,会议由俄方主持。各方就进一步加强上海合作组织框架内救灾领域合作及其发展前景问题交换了意见,讨论并协商了上海合作组织成员国紧急救灾部门领导人第七次会议议题、纪要、新闻稿,以及《〈上海合作组织成员国政府间紧急救灾互助协定〉2014~2015年落实措施计划》草案。

9月9~10日 上海合作组织成员国科技合作专家工作组会议在阿斯塔纳举行,会议由哈方主持。各方就进一步加强上海合作组织框架内科技领域多边合作及其前景问题交换了意见。

9月11日 上海合作组织成员国第二届科技部长会议在哈萨克斯坦首都阿斯塔纳举行。出席会议的有哈萨克斯坦共和国教育科学部部长萨林日波夫、中华人民共和国科学技术部部长万钢、吉尔吉斯共和国教育科学部副部长伊舍科耶夫、俄罗斯联邦教育科学部副部长卡加诺夫、塔吉克斯坦共和国科学院院长伊洛洛夫、乌兹别克斯坦共和国部长内阁科学技术发展协调委员会主席萨里霍夫、上海合作组织副秘书长诺斯洛夫。白俄罗斯国家科学院主席团副主席齐日科出席了上述会议。会议由哈萨克斯坦共和国教育科学部部长萨林日波夫担任主席。会上,各方在友好和富有建设性的气氛中讨论了关于开展上海合作组织框架内科技领域多边合作及其发展前景等问题。

9月13日 上海合作组织成员国元首理事会会议在比什凯克举行。哈萨克斯坦共和国总统纳扎尔巴耶夫、中华人民共和国主席习近平、吉尔吉斯共和国总统阿塔姆巴耶夫、俄罗斯联邦总统普京、塔吉克斯坦共和国总统拉赫蒙、乌兹别克斯坦共和国总统卡里莫夫出席会议。会议由吉尔吉斯共和国总统阿塔姆巴耶夫主持。上海合作组织秘书长梅津采夫、上海合作组织地区反恐怖机构执行委员会主任张新枫出席会议。上海合作组织各观察员国代表团团长,阿富汗伊斯兰共和国总统卡尔扎伊,印度共和国外交部部长胡尔希德,伊朗伊斯兰共和国总统鲁哈尼,蒙古国总统额勒贝格道尔吉,巴基斯坦伊斯兰共和国总理国家安全和外交事务顾问阿齐兹与会并发言。联合国秘书长特使、联合国阿富汗援助团团长库比什，独联体执委会主席列别杰夫，欧亚经济共同体副秘书长季扬斯基，集体安全条约组织秘书长博尔久扎列席了会议。元首们就重大国际和地区问题以及上海合作组织发展前景深入交换了意见。元首们指出，上海合作组织是开展建设性对话、共同寻求解决全球及地区问题有效途径的理想平台。会议通过的《比什凯克宣言》充分体现了各方对进一步开展务实合作的原则立场，表达了成员国全力拓展和深化多边合作的共同意愿。元首们指出，国际关系正经历快速调整，这对维护安全稳定和当今政治、经济形势影响重大。当务之急是团结一致，有效应对各类全球性威胁和挑战，确保上海合作组织地区社会经济可持续发展。成员国正在积极而富有针对性地应对国际恐怖主义，分裂主义，极端主义，跨国有组织犯罪，非法贩运毒品、精神药物及其前体，走私武器、弹药及爆炸物，信息安全威胁，非法移民，主张进一步完善在上述领域开展合作的法律基础。

9月26日 2013年欧亚经济论坛在西安（中国）开幕，阿富汗总统哈米德·卡尔扎伊，乌克兰第一副总理阿尔布佐夫以及40多个国家的代表团出席。梅津采夫出席开幕式并致辞。中共中央政治局委员、国务院副总理汪洋出席开幕式并发表演讲，指出落实"丝绸之路经济带"构想需增强互信、促进人文及经贸和投资领域的交流合作。

9月27日 上海合作组织外交官俱乐部第一次会议在北京钓鱼台国宾馆举行。来华进行国事访问的阿富汗总统卡尔扎伊应邀出席。中国外交部副部长程国平，上海合作组织成员国、观察员国、对话伙伴国驻华使节以及成员国常驻上海合作组织秘书处代表出席会议。上海合作组织秘书长梅津采夫主持会议。梅津采夫表示，成立该俱乐部旨在促进上海合作组织成员国、观察员国和对话伙伴国驻华使馆外交官的交流与对话，有利于加强各方相互了解和合作。

10月

10月7日 塔吉克斯坦共和国驻中国大使馆举办关于塔吉克斯坦担任上海合作组织主席国圆桌会议。会议由塔驻华大使阿里莫夫主持。上海合作组织秘书长梅津采夫、中国社会科学院俄罗斯东欧中亚研究所所长李永全教授，以及外交和媒体代表参加会议。梅津采夫表示，根据上海合作组织元首理事会决议，成员国专家将制定《上海合作组织至2025年发展战略》。阿里莫夫强调，塔吉克斯坦提出的"合作，共同发展，共同繁荣"这一主题将成为主席国工作的基础，并在各方支持下得到落实。他表示，塔方将致力于进一步巩固成员国之间的睦邻友好和互利合作，提升上海合作组织威望。

10月8日 梅津采夫与上海合作组织实业家委员会主席沙里夫·萨伊德举行会见，双方就塔担任上海合作组织主席国期间完善实业家委员会活动问题交换了意见。会见的主要议题之一是探讨寻找伙伴以落实上海合作组织成员国投资项目和上海合作组织项目合作金融保障机制问题。

10月9日 上海合作组织国家协调员会议在塔吉克斯坦共和国外交部举行。会议由塔方主持，梅津采夫出席会议。塔吉克斯坦外交部部长哈·扎里菲会见了上海合作组织成员国国家协调员。哈·扎里菲表示，上海合作组织成立以来，塔吉克斯坦第二次担任轮值主席国。塔方提出的主题是"合作，共同发展，共同繁荣"。塔吉克斯坦将积极努力，为促进上海合作组织发展，进一步深化成员国睦邻友好和互利合作，提升上海合作组织在地区和国际上的威望作出应有贡献。

10月10日 梅津采夫与塔吉克斯坦国家储蓄银行行长哈桑诺娃举行会见。双方就塔吉克斯坦国家储蓄银行担任上海合作组织银联体2013~2014年主席行的相关合作问题交换了意见。梅津采夫表示，相信塔吉克斯坦担任上海合作组织主席国期间将进一步巩固上海合作组织"大家庭"的多领域合作，并指出应进一步协调实业家委员会和银联体的活动，推动上海合作组织成员国、观察员国和对话伙伴国实业界和金融界开展更多合作。

10月15~18日 上海合作组织成员国"干部、法律和财务专家联席会议"在北京举行，会议由塔方主持。上海合作组织秘书处和地区反恐怖机构执委会代表参加会议。会议期间，各方研究了上海合作组织2012年决算报告、2014年预算草案以及完善法律基础等问题。

10月21~22日 上海合作组织成员国经贸高官会在塔什干举行。上海合作组织副秘书长诺斯罗夫等秘书处官员参加会议。各方研究了拟提交上海合作组织成员国经贸部长会议审议的文件草案，讨论了秘书处关于《上海合作组织成员国多边经贸合作纲要》和《2012—2016年上海合作组织进一步推动项目合作的措施清单》落实进展情况的报告草案。

10月25日 上海合作组织成员国和观察员国打击国际恐怖主义和极端主义合作研讨会在乌兹别克斯坦首都塔什干举行。会议由上海合作组织地区反恐怖机构执委会主办。来自上海合作组织成员国哈萨克斯坦、中国、吉尔吉斯斯坦、俄罗斯、塔吉克斯坦、乌兹别克斯坦，以及上海合作组织观察员国阿富汗、印度、伊朗、蒙古国、巴基斯坦负责反恐工作的相关执法安全机关领导以及上海合作组织秘书处代表与会。针对世界各地区，包括中东和北非国际恐怖主义组织日趋活跃、冲突地带越来越接近上海合作组织成员国和观察员国边界的现实，各方在友好和建设性气氛中就成员国和观察员国面临的恐怖主义、极端主义和其他安全威胁等问题交换了意见，并讨论了国际安全援助部队2014年撤军阿富汗后阿局势的发展前景。

10月26~29日 第五届"画说西湖"国际美术论坛和"上海合作组织国际美术双年展"在杭州举行。原外交部副部长、中国上海合作组织睦邻友好合作委员会副会长张德广，以及上海合作组织副秘书长扎洛洛夫率秘书处代表团出席上述活动。

11月

11月5~7日 上海合作组织观察员团对塔吉克斯坦共和国总统选举进行了监督。观察员团由哈萨克斯坦、中国、吉尔吉斯斯坦、俄罗斯、乌兹别克斯坦代表以及上海合作组织秘书处官员组成，上海合作组织副秘书长阿科什卡罗夫任团长。塔吉克斯坦外交部长哈·扎里菲、中央选举委员会主席绍希约恩会见了观察员团一行。上海合作组织观察员团还与其他国际组织观察员团举行了会见。

11月13日 上海合作组织经贸部长会议框架内发展过境潜力工作组第七次会议在塔什干举行，会议由乌方主持。各方研究了发展上海合作组织成员国交通基础设施和过境运输问题，商定将采取切实措施落实在专业工作组活动中遴选的交通合作项目。各方还就《上海合作组织成员国政府间国际道路运输便利化协定》草案交换了意见。会议结束后，各方签署了会议纪要和工作组2014~2015年工作计划。

11月17日 梅津采夫就喀山机场飞机坠毁事故向俄罗斯鞑靼斯坦共和国总统鲁·明尼哈诺夫和遇难者家属致以诚挚慰问。

11月18日 梅津采夫在北京与中国外交部副部长程国平举行会见，双方就筹备将于11月28~29日在塔什干举行的上海合作组织总理会议，以及上海合作组织发展等问题交换了意见。程国平高度评价了梅津采夫为推动上海合作组织各领域合作所作的努力，表示中方将一如既往支持上海合作组织秘书处工作。梅津采夫强调，中方大力支持上海合作组织多边合作，为上海合作组织的发展和巩固作出了很大贡献。

11月19日 俄罗斯总统上海合作组织事务特别代表、上海合作组织俄方国家协调员巴尔斯基与梅津采夫举行会见。双方就上海合作组织当前和今后活动问题交换了意见。

11月21日 梅津采夫会见了中国国家开发银行董事长胡怀邦。双方就国家开发银行与上海合作组织成员国合作，扶持财金领域多边经贸合作项目问题交换了意见。双方指出，中国国家主席习近平关于建设"丝绸之路经济带"的倡议将使上海合作组织经济人文合作提升到新高度，并强调建立上海合作组织融资保障机制——上海合作组织发展基金（专门账户）和开发银行具有重要意义，银联体作为非政府机构为促进银行间合作发挥了积极作用。胡怀邦表示，中国国家开发银行将继续积极支持上海合作组织银联体框架内的合作。

11月28~29日 上海合作组织成员国政府首脑（总理）理事会第十二次会议在塔什干举行。哈萨克斯坦共和国总理阿赫梅托夫、中华人民共和国国务院总理李克强、吉尔吉斯共和国总理萨特巴尔季耶夫、俄罗斯联邦政府总理梅德韦杰夫、塔吉克斯坦共和国总理拉苏尔佐达、乌兹别克斯坦共和国总理米尔济约耶夫出席会议。会议由乌兹别克斯坦共和国总理米尔济约耶夫主持。上海合作组织秘书长梅津采夫、上海合作组织地区反恐怖机构执行委员会主任张新枫、上海合作组织实业家委员会主席沙尔舍克耶夫、上海合作组织银联体理事会主席哈桑诺娃出席会议。上海合作组织观察员国阿富汗伊斯兰共和国第二副总统哈利利,印度共和国外交秘书苏嘉塔,伊朗伊斯兰共和国工矿贸易部部长内马特扎德,蒙古国副总理特尔比什达格瓦,巴基斯坦伊斯兰共和国总理国家安全和外事顾问阿齐兹,联合国亚太经社会执行秘书、联合国副秘书长海泽,东盟副秘书长吴年林,独立国家联合体执行秘书、执委会主席列别杰夫列席会议。总理们在友好、建设性和务实的气氛中就世界和地区经济发展的广泛议题,以及发展上海合作组织框架内的经贸和人文合作问题交换了意见,并发表了《上海合作组织成员国政府首脑(总理)理事会第十二次会议联合公报》。

11月29日 梅津采夫与东盟副秘书长吴年林在塔什干举行会见。双方表示,上海合作组织与东盟根据《上海合作组织秘书处与东南亚国家联盟秘书处谅解备忘录》开展并扩大相互合作具有重要意义,并讨论了为落实上述备忘录举行上海合作组织与东盟秘书处官员定期会晤的可能性问题。

11月30日 梅津采夫与印度共和国外交秘书苏嘉塔·辛格女士在塔什干举行会见。苏嘉塔表示,上海合作组织积极参与保障本地区和平、稳定与发展,国际地位不断提升。梅津采夫通报了上海合作组织今年活动情况,指出上海合作组织元首理事会比什凯克会议成果以及成员国元首关于制定《上海合作组织至2025年发展战略》的任务具有特殊意义。双方表示,本次上海合作组织政府首脑理事会审议的问题对上海合作组织经贸合作具有现实意义。

12月

12月16日 塔吉克斯坦总统拉赫蒙在杜尚别会见梅津采夫。双方就筹备2014年将在塔吉克斯坦举行的上海合作组织成员国元首理事会例行会议等问题交换了意见。塔吉克斯坦担任上海合作组织主席国期间,将致力于巩固和扩大成员国、观察员国交通过境潜力,消除该领域合作障碍。

12月17~20日 上海合作组织成员国国家协调员例行会议在北京举行,会议由塔方主持。上海合作组织秘书长梅津采夫、地区反恐怖机构执委会副主任彼洛夫出席会议。各方讨论了上海合作组织当前活动及筹备将在塔吉克斯坦举行的2014年上海合作组织成员国元首会议和外长会议等问题,并审议了上海合作组织2014年主要活动计划。

12月30日 上海合作组织发表声明,强烈谴责2013年12月29日及30日发生在俄罗斯伏尔加格勒市造成多人伤亡的恐怖袭击,并对遇难者表示哀悼,对遇难者家属、伤者、俄罗斯人民和领导人表示深切慰问。声明指出,上海合作组织一贯主张,任何针对平民的恐怖和暴力行为都是严重的犯罪,都应受到国际社会和所有爱好和平的人们的强烈谴责。

(张昊整理)

Abstract

This report is the sixth one of a series since the release of its first one *A Development Report of the Shanghai Cooperation Organization (SCO)*. It is an annual research report edited by the CASS Institute of Russian, Eastern European and Central Asian Studies. Since 2013, the Shanghai University SCO Academy for Public Diplomacy has participated in this editing project, injecting new dynamics into this report. The authors of the volume chiefly consist of experts and scholars from SCO research institutions. They have been dedicated to research on issues related to SCO development for long years, rendering the work relatively high in terms of authority and professional level, an important value of reference for any readers who want to learn about the current situation of the SCO development.

The annual report is made up of six parts: General Repore; Important Meetings; Regional Situation and Focal Points, Discussions and Suggestions; New Developments in Various Areas of SCO; Member States, Observer States, Diaglogue Partner States and the SCO; and Appendix. It analyzes the international and regional situation with which the SCO is faced with at present, and the changes in geopolitical and economic framework of complexity, interprets in an in-depth manner regional hot-point issues and important events, and their impact on the SCO, makes in-depth and detailed descussion on important issues met with by some organizations, such as those of integration, Afganistan and the SCO, and the SCO's addition of memberships. Some experts put forward suggestions of great referential value. Of particular importance is a discussion by a panel of experts specially organized in accordance with the report's design on the issues related to builidng interest community and destiny community on the basis of the SCO, and the "Silk Road Economic Zone", putting forth invaluable views. As a part of the SCO development report's main body, this book also combs and analyzes the SCO's cooperation in the fields of anti-terror, military, economy, culture and agriculture through 2013 until the early 2014, and the positive progress that it made. The work

also presents a systematical and objective description on the present development situation of member, observer and dialogue partner states.

In 2013, the SCO made positive progress in various areas against the backdrop of the international and regional situation of complexity. As for regional security and stability, member states better dealt with the impact of turmoil in Middle East and North Africa on the regional security and stability. With removal of interferences from great comlexity and changeability of the regional situation, they have performed positve cooperation in cracking down on the three strands of force, drug smuggling, and transnational organized crime, maintaining their regional security and political stability in general. With the on-coming US military widrawal from Afganistan and uncertain prospects for the Afgan situation, the SCO has showed great concern for the process of Afgan peace and ethnic conciliation and made great endeavor for this cause. In the area of economic cooperation, member and observer states continue to push for energy, and mutual contact and communication, steadily keeping the regional ecomomy forward. Their humanistic cooperation continues to develop in a increasingly in-depth and in-breadth manner. Their cultural exchange gets closer from day to day, channels for their populace to communicate and understand mutually keep even smoother, laying down the solid foundation for member states to further upgrade their political and economic relations. The year 2014 is the duration of great importance that the SCO's development meets with new opportunities and challenges. Its member countries will strengthen a cooperative sense and reach important consensus in many respects especially for the fact that international and regional challenges and threats are increasing. Predictably, there will be momentous breakthroughs and progress in many important areas and issues.

Keywords: SCO; "Silk Road Economic Zone"; Interest Community; Destiny Community

Contents

Y I General Report

Y. 1 Confronting the New Situations and Challenges, the SCO Enters a New Stage of Pragmatic Cooperation   *Li Jinfeng* / 001

Abstract: With the international and regional situation getting complicated and changeable, unstable and uncertain factors increasing in number, and the Western developed economy continuing its process of arduous recovery, the SCO has entered a new stage of pragmatic cooperation by taking the initiative to confront the new situations and challenges. China and Russia have had their mutual trust strengthened with close cooperation in between, and the SCO member states have heightened their sense of the destiny community and the interest community. The region stable, and its security generally controllable, the economies of the member states develop balanced. The proposition by China of building the "Silk Road Economic Zone" has received wide attention and support from the SCO member states. These new situations and changes provide opportunities for the SCO's entrance to a new stage of pragmatic cooperation.

Keywords: SCO; Challenge and Opportunity; Silk Road Economic Zone; Pragmatic Cooperation

Y II Important Meetings

Y. 2 The 13th Summit of the SCO Member State Heads' Council   *Chen Yurong* / 019

Abstract: On September 13, 2013, the routine summit of the SCO Member

State Heads Council was held in Bishkek. Present at the meeting were member state heads and representatives of SCO standing institutions and non-member observer states. During this conference, SCO member state heads jointly signed and released the Bishkek Declaration by SCO Member State Heads, approved the *Implementation Program for the Pact of Long-Term Good Neighborly Cooperation of SCO Member States*, and made a strategic deployment of comprehensive and in-depth cooperation in SCO's relevant areas. The state leaders listened to the reports of the past year by the SCO Secretary General and the Director-General of the Regional Anti-terror Organization, and had discussion on regional hot issues and international situation.

Keywords: SCO; Long-term Good Neighborly Pact; Silk Road Economic Zone

Y.3 The 12th Summit of SCO Member State Cabinet Heads' (Premiers') Council   *Sun Li* / 028

Abstract: The 12th Summit of SCO Member State Government Heads' (Premiers') Council was held in Tashkent, the capital of Uzbekistan, on November 28 – 29, 2013. Present at the meeting were member state premiers, their counterparts of observer states, and responsibles of UN, ASEAN, CIS etc. In an friendly, constructive and pragmatic atmosphere, the participants exchanged their views and reached important consensus on extensive topics regarding global and regional economic development, and the development of economic, humanistic, and security cooperation within the SCO framework, and signed a series of important documents including The Joint Communique of the 12th Summit of SCO Member State Government Heads' (Premiers') Council.

Keywords: SCO; Premiers' Meeting; the Year of 2013

Ⅲ Regional Situation and Focal Points

Y.4 The 2013 World Hot Issues and the SCO   *Wang Xianju* / 036

Abstract: The year 2013 witnesses SCO playing a positive role in a series of hot issues and especially in those related to Syria, Afganistan, Iran and activities to rack down on the three strands of evil force in European and Asian regions. This accords with SCO's original intention, tenet and principle, and agrees with SCO's organizational activities and developmental logic. However, SCO must try to play a greater role in global and regional affairs by consolidating its own strength, and improving the structure of its organizations

Keywords: World Hot Points; SCO; Potential

Y.5   Responses by SCO Member States to US Imminent Military Withdrawal from Alfganistan   *Sun Changhong* / 048

Abstract: For long years, Afganistan's situation and its impact is one of the inevitable important issues for its neighborly countries in the process in which they take their own security into consideration, maintain regional stability, and conduct regional cooperation. As the on-coming US military withdrawal from Afganistan and the 2014 presidential election of Afganistan approach, the regional states, and SCO member states in particular pay greater attention to this concern accordingly, making corresponding preparation and deployment, such as understanding each other's position, strengthening communication on policy, and develop active cooperation.

Keywords: SCO; US military; Afganistan; Military Withdrawal

Y.6   The US Miltary Withdrawal from Afganistan in 2014 and China's Role   *Wu Hongwei* / 058

Abstract: The year of 2014 sees the key-linked nodes of the situational development in Afganistan in 2014. Will the presidential election take place smoothly as a whole? Will Afganistan's various political factions accept its outcome? Will Afganistan's peace process be realized? What impact will it produce on the neighboring countries? All these have been great concerns all along. The US has been seriously preparing its military withdrawal from Afganistan since 2012. The first

priority for US to maintain its partial military personnel and provide Afganistan with security guarantee is to sign a bilateral security agreement with Afganistan for acquiring judicial immunity. No matter who will be president, Afganistan needs to sign a security agreement with the US. With active efforts made by the international community, Afganistan has already possessed the essential conditions for its national reconciliation. In this process, China can play an important and unique role.

Keywords: Afganistan; 2014; Presidential Election; US Miltary Withdrawal; China's Participation; National Conciliation

Y. 7　World Economic Integration Within the Framework of Shanghai Cooperation Organization　*Xu Haiyan* / 066

Abstract: The Shanghai Cooperation Organization continues to consolidate its member states' economic integration during the past ten years. In 2013, economic integration becomes the priority in financial, energy and agricultural cooperation, and has helped regional economic growth. With the establishment of strategic partnerships between member states, the volume of trade has steadily increased; however, Shanghai Cooperation Organization is still a relatively new regional organization, and its members are developing countries; this restricts the potential for economic cooperation. The objectives of financial cooperation remains at increasing trade and simplified investment procedures. In a globalized financial market, the economic integration of Shanghai Cooperation Organization should follow the rules of "from low to high" and "from big to small" in order to boost trade volume.

Keywords: Economic Integration; Shanghai Cooperation Organization; Achievements; Challenges; Paths

Y. 8　Relations among SCO Member States and Their Impact

Zhao Huirong / 078

Abstract: This paper combs and analyzes within the SCO framework the relations between China and Russia, beween China and Russia on one side and the Central Asian member states on the other, and beween Central Asian member states, and issues related to them. The author thinks that some problems between SCO member states are not solved yet, giving rise to some negative impact on the SCO development without damaging the SCO's foundation. The platform that the SCO provides, and its cooperative effects facilitate its member states to solve problems between themselves gradually.

Keywords: SCO; Relations between Member States; Impact

Ⅳ Discussions and Suggestions

Y.9 SCO's Tactics and Bottom Line for Solving Alfganistan's Issues

Xu Tao / 089

Abstract: For long years, the SCO's establishment and development have accompanied changes in Afganistan's situation, and policy adjustment regarding the solution to Afganistan's issues. Due to geopolitical reasons, the prospects for Afganistan's matters are an increasingly inevitable factor of importance for the SCO and its member states' stability. For more than a decade, the process in which the SCO participates and solves Afganistan's problems with its gradual maturity has been increasingly deep, and its policy goal has been clearer than ever. After the International Security Assistance Force withdraws in 2014, the Afganistan's situation will face with important variables. The SCO will adhere to its set principle, positively participating in the process of solving Afganistan's problems in order to maintain the common security in the region and guarantee long-term security in the various member states.

Keywords: SCO; Afganistan's Issues; Intervention

Y.10 The Impacts of a SCO FTA on its Members

—an Analysis of CGE models

Zhao Jinlong / 101

Abstract: The paper analyzes the trade structures and features between China

and Russia, Kazakhstan, Kyrgyzstan, Tajikistan, Uzbekistan. By constructing general equilibrium models, a SCO FTA's comprehensive impacts on its members' macroeconomic effects have been deliberately simulated. Our research results predict, during the process of economic integration within SCO, a SCO FTA with no bilateral tariffs would increase the SCO members' welfares, real GDP and their foreign exports and imports.

Keywords: SCO; FTA; Economic Impact; CGE Models

Y. 11 SCO's Strategic Choice in Face of Trends in Pluralism of Economic Globalization　　　　*Mao Yanbing, Qin Pengliang* / 118

Abstract: International cooperation and competition in regions and sub-regions and regional pluralism are becoming a new trend in pluralism of economic globalization. Affected with the deepening of the world economic crisis, the SCO must make the strategic choice that consolidates the interior mechanism of the SCO's economic cooperation and implements the measures and plans for its economic cooperation. This accords with the trends in world political and economic development and agrees with appeals in the interest of its own member states as well.

Keywords: Economic Globalization; New Pluralism; SCO; Mechanism for Economic Cooperation

Y. 12 The SCO Should Become Both "Interest Community" and "Destiny Community"　　　　*Xu Wenhong* / 127

Abstract: On the Summit of SCO 2012, Chinese leader initiated to build SCO as a Common Interests Group and Community of Common Destiny. This paper analyzes the meaning and character of such a initiation, fundamental ground and preconditions, unfavorable factors, based on these analysis, also made a prediction on its future development. At the end of this paper, also elaborates the rationality and feasibility of this strategy.

Keywords: SCO; Common Interests Group; Community of Common Destiny

Y. 13　Planning on SCO's Expansion of Memberships with a View to China's Western Region　　*Wang Xiaoquan* / 145

Abstract: The SCO member states no longer adapt themselves to the important changes in both internal external environments; there are increasingly structural conflicts in regard of the SCO's developmental mode, making its single connotative development increasingly difficult; the threat to intra-area security out of external sources is hard to get rid of, making it impossible for the SCO to radically solve the problems of stability and security. The Eastern move of US strategic pivot improves the SCO's strategic value to China; and the excessive expansion of international monopolized capital provides opportunities for the SCO to drive to establish a just and reasonable new world order. The SCO's addition of memberships is significant for China to plan on the development of its western region, facilitating the building of the U-shaped good neighborly cooperation with China and Silk Road Economic Zone, and solve Afganistan's problems. The SCO's expansion of memberships, however, requires taking tactic consideration, working out plans and a road map in advance without damaging the core interest of its present member states as a prerequisite, adopting measures to keep on its operational efficiency, and maintaining basic consensus on important international and regional issues.

Keywords: Opening up to the Western Region; SCO; External Strategy

Y. 14　The Philosophy of the New Silk Road Economic Zone and the Transportation Cooperation of the Central Asian Region
　　　　　　　　　　　　　　　　　Lian Xuejun, Zhang Xiaoqing / 161

Abstract: The New Silk Road Economic Zone was put forward in a specific

regional development environment as a new regional development program by rebuilding social relations between regional states through the construction of a shared cooperative philosophy. The New Silk Road Economic Zone can be regarded as a kind of cooperative philosophy or shared concept, serving as a regional road map. In the Central Asia, there are plural economic regionalisms, reflecting that the Central Asian countries seek multiple philosophies of regional development (Routes), and different philosophies of regional development pragmatically function differently in the interest of the Central Asian countries.

They try to maximize national interests through different regionalisms, and therefore the philosophy of the New Silk Road Economic Zone has gained an advantage in the complicated regional environment of Central Asia, requiring combing specific interest scopes. Thereafter, the authors focus on the analysis of an essential element containing economic cooperation: the issue of transport cooperation in Central Asia, discussing on what advantages China has to drive the construction of transportation in Central Asia so as to quicken the institutionalization and practice of the New Silk Road Economic Zone.

Keywords: New Silk Road Economic Zone; Central Asian Region; Transport Cooperation

Ⅴ New Developments in Various Areas of SCO

Y.15   The SCO Security Cooperation of 2013   *Li Zhonghai* / 173

Abstract: Maintaining and guaranteeing regional stability is one of the SCO's basic functions, and security cooperation is an important content of the SCO's multiple cooperation. The greatest threat to the region where the SCO is located is the three strands of force, and also thorny in Central Asia are Afgan issues, drug smuggling, transnational organized crime, water resource security, grain security, cyberspace security of a new type etc. It is of outstanding realistic significance to consolidate the SCO's security cooperation. The mechanisms such as the 2013 Summit of SCO Member State Heads conducted discussion on consolidation of regional security cooperation, worked out measures to implement relevant documents, and launched a successful joint anti-terror game. The SCO's security cooperation will go on in a more in-depth manner.

Keywords: the Year of 2013; SCO; Security Cooperation

Y.16 Regional Economic Cooperation Enters the Period of Adjustment
—A Review on the SCO's Regional Economic Cooperation

Liu Huaqin / 180

Abstract: This paper focuses on elaborating the characteristics of the SCO's regional economic cooperation in 2013: Regional economic cooperation continues the steady tendency of development, the rate of trade grown slows down, investment increases significantly, and the facilitation of trade investement uninterruptedly pushes on. The speed of economic growth will slow down in all the countries in the future regardless of regional security factors, the customs union in particular will restrict the process of regional ecnmic cooperation, but the building of the Silk Road Economic Zone will provide new opportunities for member states to consolidate trade and business between themselves. Generally speaking, regional economic cooperation has entered a period of adjustment. New dynamics will be injected into regional economic cooperation by furthering facilitaion of trade investment, and expanding mutual trade and regional investment so that favorable conditions can be created for all the relevant countries to extricate themselves out of the depression.

Keywords: Economy; Trade; Investment; Facilitation of Trade Investment

Y.17 A Review on the SCO's Military Cooperation

Li Shuyin, Wang Jichang / 193

Abstract: The year 2013 witnesses the SCO's military cooperation continuously deepen on display of many aspects such as the continuous deepening of the mechanism for top leaders' meetings, the continuous improvement on legal

mechanism for military cooperation, the continuously increased normalization of military exercises, the continuous development of miltary technology cooperation, the continuously enhanced capacity to hit the "three strands of force". The fact that the SCO's military cooperation continuously deepens has further improved the SCO's role in and impact on international and regional security.

Keywords: SCO; Military Cooperation; Present Situation; Characteristics

Y.18 The SCO's Cultural Collaboration   *Zhang Ning* / 205

Abstract: The cultural collaboration is an important part of the SCO's humannistic cooperation. Its main work of 2013 in this area was holding the 10th meeting for cultural ministers and implement The 2012 – 2014 Implementation Program of the Agreement between the SCO Member State Governments in the Cultural Area. China has put forward A New Central Asian Policy and the initiative of building the Silk Road Economic Zone, providing more opportunities for the SCO's cultural cooperation.

Keywords: SCO; Cultural Cooperation; Silk Road Economic Zone

Y.19 A Review of the SCO's Education Collaboration in 2013

Cao Zhi / 214

Abstract: With forceful political support and collegiate active participation in recent years, the SCO's education area has developed rapidly, well-known as one of the most potential areas for development. The member states have conducted many exchanges and collaborations at multiple levels about SCO universities, now regarded as one of the most fruitful reppresentative programs in the cooperative field of the SCO member states, which enjoy an increasingly great international prestige. In 2013, the construction of SCO Universities went smoothly, with education collaboration between member states deepening continuously, and bright prospects for

future development emerging, and yet it is necessary to clearly define problems in collaborative practice, get ready in advance for rainy days and make positive repsonses.

Keywords: SCO; Education; Collaboration; 2013

Y. 20   Food Security and Agricultural Cooperation in SCO
Xiao Bin / 222

Abstract: Food security is an important component of agricultural cooperation in SCO. As member of SCO on food security has different status quo bias, the food security cooperation of SCO is still in slow development. In view of this, the paper will analysis willingness to cooperate of SCO on food security cooperation, and discuss the development direction of food security cooperation.

Keywords: Food Security; Agricultural Cooperation; SCO

Y. 21   The SCO's Financial Collaboration   *Guo Xiaoqiong / 235*

Abstract: Since the founding of the SCO, the institutional construction of financial collaboration has improved gradually, the financial collaboration of China with the SCO has operated smoothly, the specific indicators of which are as follows: closer collaboration between financial institutions, step-by-step implementation of various favorable loan prgrams, steady development of bank consortiums, significant revenues out of opening financing, smooth operation of monetary collaboration. Although the SCO's financial collaboration has made relatively good achievements, financial collaboration is its shortcoming, with many problems remaining to be solved.

Keywords: SCO; Financial Collaboration; Monetary Collaboration; Development Financing

上海合作组织黄皮书

Ⅵ Member States, Observer States, Dialogue Partner States and the SCO

Y.22　Kazakhstan and the SCO　　　　　　　　　　*Bao Yi* / 248

Abstract: The year 2013 is a duration of politically relative stability for Kazakhstan. Following the 2012 government replacement and important shake-ups of executive elite, the Kazakh government has entered a relatively stable period of political rest and reorganization. At the end of 2012, President Nursultan Narzabayev delivered a State of the Union address "Karzakhstan—2050", a national strategy, putting forward the general judgment of the national and regional situation and pointing out the direction and goal for the national construction and development of close to forty years in the future. In his speech, the Kazakh leader expressed a sense of responsibility for global and regional affairs, and a perspective thought on possibilities of crisis occurrence, quite enough for us to understand that kazakhstan positions itself as a regional power. The interest appeals and proposals put forward by Kazakhstan at the SCO are also made on the basis of its national interest and the implementation of the strategy of its national development.

Keywords: Kazakhstan; SCO

Y.23　China and the SCO　　　　　　　　　　*Song Yuehong* / 261

Abstract: The year 2013 is the pioneering time for China to comprehensively deepen reform so as to solve in-depth conflicts and problems with economic and social development, further enmancipate and develop social productive force, reach the goal that economic stablility moves in a benefitial direction, and displays the strategic significance of deepening reform to building a well-off society in an all-rounded way. In the meanwhile, the Chinese Communist Party adheres to and develop socialism with Chinese characteristics, having conducted the first batch of mass-line education practice activities with positive results achieved in the building of the executive party's thought and theory, and style of work and life, and the relations between cardres and masses straightened and improved. With the SCO developing in an in-depth manner, China has enhanced and deepened its comprehensive strategic relations with the Central Asian countries and SCO member states in the entire diplomatic framework.

Keywords: China; Comprehensively Deepening Reform; Practical Activites of Mass-line Education; 13th Summit of SCO Member State Heads'Council

Y.24   Kyrgyzstan and the SCO　　　　　　　　　　　　Xue Fuqi / 272

Abstract: In 2013, Kyrgyzstan maintained its political stability basically, and its economic growth recuperatively. The 2013 – 2017 strategy for the national maintainable development has determined five preferrable directions for development and a batch of important investment projects. The relevant conference also passed a law to revoke its US military base agreement. Russia has increased its bilateral cooperation with Kyrgyzstan and actively supported it in joining in the Customs Union of Russia, Belarus and Karzakhstan. Using the "Road Map", Kyrgyzstan made great efforts in acquiring favorable conditions for duty rates to reduce concussion on its national economy. The year of 2013 saw Kyrgyzstan successfully chair the SCO Summit as rotating president state. Within the same year, Kyrgyzstan launched economic diplomacy, endeavoring for economic assistance from the international community, and direct investment from foreign countries.

Keywords: Stability; Recuperative Growth; US Military Base; Customs Union

Y.25   Russia and the SCO　　　　　　　　　　　　　Pang Dapeng / 283

Abstract: In regard of the effects of its political system reform, Russia has realized its political stability, but faced with challenges in terms of its economic development and foreign strategy as a whole. At present, the slowness of its

economic growth is a hidden danger in its politicial stability, with the Ucranian crisis putting a restraint on its strategy for development. Russia's relations with the SCO must be viewed in the perspective of the geopolitical economy of Europe and Asia.

Keywords: Russia; Domestic Situation; Foreign Strategy; Security Potential; SCO

Y.26　Tajikistan and the SCO　　　　　　　　　　　　Wang Cong / 295

Abstract: The year 2013 witnessed Tajikistan's political stability in general, its national election go smooth with Emomali Rakhmon re-campaigning and re‐winning. On winning the presidential campaign, President Rakhmon formed a young cabinet of almost all new faces. During the year, the data of Tajikistan's macro-economy performed relatively well but the original restraints on its economic development were not completely eliminated. Though its security was not attacked with terror on a certain scale, it was beset fully by the "three strands of force", transnational organized crime etc. As for its diplomacy, its relations with all major countries improved to some degree except with Uzbekhstan with which it had some dissenssion. In 2013, Tajikistan continued to participate in various events organized by the SCO, forming benevolent interaction with the SCO.

Keywords: Tajikjistan; Political and Ecnomic Situation; SCO

Y.27　Uzbekhstan and the SCO　　　　　　　Su Chang, Zhang Hao / 305

Abstract: During the year of 2013, Uzbekhstan maintained its political stability, with its government committed to imroving its citizens' living standard and livelihood, and defusing its social conflicts, with a result of good performance as a whole. With the US and NATO's forthcoming military withdrawal from Afganistan, Uzbekhstan focuses on its domestic stability as the security situation in Afganistan and its neighboring region is looming as a great complexity. Uzbekhstan's economy kept on growing at a high rate, with its reform going on in good order, and its GDP hike reaching 8.5%. As for dipolomacy, the relations between Uzbekhstan and Russia continued to keep steady, though somewhat distanced without great change. The relations between Uzbekhstan and the US were continuously consolidated due to their bilateral cooperation on the military withdrawal from Afganistan. The relations between Uzbekhstan and China scaled a new height, their strategic partnership further deepened and developed. Uzbekhstan and Karsakstan established strategic partnership and became strategic partners, which would probably change the framework of the regional relations. There were still some conflicting relations of relative tenseness between Uzbekhstan and Kyrgyzstan, and also between Uzbekhstan and Tajikistan. Uzbekhstan attaches importance to cooperation in the economic field, and to attracting foreign investment and infrastructural construction in particular, thinking that China has certain influence in the SCO. The SCO provides a good platform for the two countries to develop friendly cooperative relations.

Keywords: Uzbekhstan; 2013; Situation; SCO

Y. 28   Afganistan and the SCO   Zhao Zhen / 321

Abstract: The year 2013 saw Afganistan's process of domestic peace and reconciliation go slow. The 2014 presidential election and the pronvincial parliament elections and relevant work have proceeded as planned with lists of candidates released one after another. As for security, the Afgan government has comprehensively taken over defense affairs, and the Afgan national security force has undertaken the security responsibility within its entire border, with the NATO accelerating its military withdrawal and transform its function. Against such a backdrop, 2013 witnessed the situation of the Afgan domestic security tend to deteriorate. While confronted with enormous security challenges, the Afgan government withstood pressure from slowness of its economic development, and lack of its maintainability. As for diplomacy, the Afgan and US relations intensified, the Afgan and Parkistani relations improved, and the Afgan and Chinese relations continued to develop in an in-depth way. After becoming a SCO non-member observer state, Afganistan got onto the fast track of the Afgan and SCO relations.

Keywords: Afganistan; SCO; 2013

Y.29　The Pakistan of 2013 -2014: Politics, Economy and
　　　　Diplomacy　　　　　　　　　　　　　　　　　*Ye Hailin* / 335

Abstract: This report is a brief account of Pakistan's political, secure and economic situation after its national election and its main diplomatic activities, emphatically commenting on the results achieved by Sharif's government since its formation a year ago, and predicting on the direction Sharif would take during his third term as prime minister in the years to come.

Keywords: Pakistan; Nawaz Sharif; Chinese and Pakistani Economic Corridor

Y.30　Mongolia and the SCO　　　　　　　　　　　　*Na Lin* / 350

Abstract: Since 2013, the Mogolian political situation has been stable. The president out of the Democratic Party, the Parliament whose major seats are taken by the Democratic Party and the government have collaborated tacitly. The Mogolian national economy has continuously kept a two-digit growth. However, the instability of its legal environment has led to the decline of foreign trade and investment including those with China, and the slowness of its economic growth. As for this, the Mogolian Parliament and government are taking positive measures to revitalize its economy. In 2013, the Mogolian diplomacy remained active, with wide foreign contact, frequent mutual visits at the top level, and a focus on its two neighbors China and Russia. As the first SCO observer state, Mogolia has paid more and more attention to its relations with the organization. It attaches importance to the cooperation in economic trade, energy, infrastructure, trans-border transportation and tourism within the SCO's framework.

Keywords: Mogolia; Politics; Economy; Diplomacy; SCO

Y.31　Iran and the SCO　　　　　　　　　　　　　*Wang Feng* / 366

Abstract: Hassan Rowhani took over the presidency in August, 2013 after unexpectedly wining the election in June. Mr. Rowhani's victory will likely lead to a period of a moderate, pragmatic and conciliate approach toward the outside including the US and EU, meanwhile saying farewell to the former confrontational and tougher policies. However, with the West sanctions remaining in place, the new president faces greater challenges in economy such as the sharp slump of oil export, the pressure of fiscal deficit and the higher inflation as well. In order to ease these sanctions, the new president, with the backup of the supreme leader in Iran, has taken some positive and conciliate measures toward the West and made a breakthrough in the nuclear issue. Iran and the P5 +1 have agreed to a six-month interim deal that will see Iran constrain its nuclear program in return for limited sanctions relief. Besides, the SCO including China and Russia have supported or played a constructive role in this deal.

Keywords: Hassan Rowhani; Conciliation; Greater Challenges in Economy; Breakthrough in Nuclear Issue; a Constructive Role

Y. 32　India and the SCO　　　　　　　　　　　　　　　　*Wu Zhaoli* / 385

Abstract: In 2013, the United Progressive Alliance Government led by the Indian National Congress fully suffered from blame due to lethargy of its economic growth, and an intractable inflationary hike. The populace had some expectations on the winning of the Bharatiya Janata Party in the 16th House of the people election. The Indian popular party sprang up in local elections. The national economy confronted with a series of challenges, the government downgraded its expected economic growth many times, and took various measures to reverse the economic downslide, with the financial two deficits somewhat reduced. India's diplomatic field was incipid, with its focus still on world powers, making progrss with some of them and retrogress with the others. It actively participates in activities within the SCO framework through bilateral and multilateral diplomacy but still has some misgivings at home about becoming a SCO official member.

Keywords: India; Politics; Economy; Diplomacy; SCO

Y.33 Dialogue Partner States and the SCO　　*Wang Mingchang* / 399

Abstract: In 2013, Belarus, Sri Lanka and Turkey took an active part in all activities organized by Shanghai Cooperation Organization such as the Bishkek Summit. They continuously strengthen the cultural exchange, economic and trade cooperation and military security dialogue with the SCO member states. China established a comprehensive strategic partnership and strategic partnership with Belarus and Sri Lanka respectively.

Keywords: Shanghai Cooperation Organization; Dialogue Partner; Belarus; Sri Lanka; Turkey

Ⅶ Appendix

Y.34 Major Events　　　　　　　　　　　　　　　　　　/ 409

中国皮书网
www.pishu.cn

发布皮书研创资讯，传播皮书精彩内容
引领皮书出版潮流，打造皮书服务平台

栏目设置：

☐ 资讯：皮书动态、皮书观点、皮书数据、皮书报道、皮书新书发布会、电子期刊

☐ 标准：皮书评价、皮书研究、皮书规范、皮书专家、编撰团队

☐ 服务：最新皮书、皮书书目、重点推荐、在线购书

☐ 链接：皮书数据库、皮书博客、皮书微博、出版社首页、在线书城

☐ 搜索：资讯、图书、研究动态

☐ 互动：皮书论坛

中国皮书网依托皮书系列"权威、前沿、原创"的优质内容资源，通过文字、图片、音频、视频等多种元素，在皮书研创者、使用者之间搭建了一个成果展示、资源共享的互动平台。

自2005年12月正式上线以来，中国皮书网的IP访问量、PV浏览量与日俱增，受到海内外研究者、公务人员、商务人士以及专业读者的广泛关注。

2008年、2011年中国皮书网均在全国新闻出版业网站荣誉评选中获得"最具商业价值网站"称号。

2012年，中国皮书网在全国新闻出版业网站系列荣誉评选中获得"出版业网站百强"称号。

权威报告 热点资讯 海量资源

当代中国与世界发展的高端智库平台

皮书数据库　www.pishu.com.cn

皮书数据库是专业的人文社会科学综合学术资源总库，以大型连续性图书——皮书系列为基础，整合国内外相关资讯构建而成。该数据库包含七大子库，涵盖两百多个主题，囊括了近十几年间中国与世界经济社会发展报告，覆盖经济、社会、政治、文化、教育、国际问题等多个领域。

皮书数据库以篇章为基本单位，方便用户对皮书内容的阅读需求。用户可进行全文检索，也可对文献题目、内容提要、作者名称、作者单位、关键字等基本信息进行检索，还可对检索到的篇章再作二次筛选，进行在线阅读或下载阅读。智能多维度导航，可使用户根据自己熟知的分类标准进行分类导航筛选，使查找和检索更高效、便捷。

权威的研究报告、独特的调研数据、前沿的热点资讯，皮书数据库已发展成为国内最具影响力的关于中国与世界现实问题研究的成果库和资讯库。

皮书俱乐部会员服务指南

1. 谁能成为皮书俱乐部成员？
- 皮书作者自动成为俱乐部会员
- 购买了皮书产品（纸质皮书、电子书）的个人用户

2. 会员可以享受的增值服务
- 加入皮书俱乐部，免费获赠该纸质图书的电子书
- 免费获赠皮书数据库100元充值卡
- 免费定期获赠皮书电子期刊
- 优先参与各类皮书学术活动
- 优先享受皮书产品的最新优惠

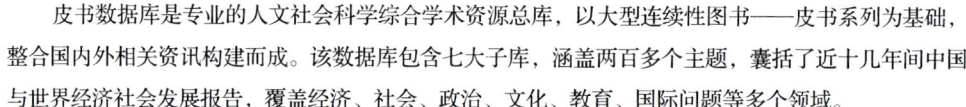

3. 如何享受增值服务？

（1）加入皮书俱乐部，获赠该书的电子书

　　第1步 登录我社官网（www.ssap.com.cn），注册账号；

　　第2步 登录并进入"会员中心"—"皮书俱乐部"，提交加入皮书俱乐部申请；

　　第3步 审核通过后，自动进入俱乐部服务环节，填写相关购书信息即可自动兑换相应电子书。

（2）免费获赠皮书数据库100元充值卡

　　100元充值卡只能在皮书数据库中充值和使用
　　第1步 刮开附赠充值的涂层（左下）；
　　第2步 登录皮书数据库网站（www.pishu.com.cn），注册账号；
　　第3步 登录并进入"会员中心"—"在线充值"—"充值卡充值"，充值成功后即可使用。

4. 声明

　　解释权归社会科学文献出版社所有

皮书俱乐部会员可享受社会科学文献出版社其他相关免费增值服务，有任何疑问，均可与我们联系
联系电话：010-59367227　企业QQ：800045692　邮箱：pishuclub@ssap.com.cn
欢迎登录社会科学文献出版社官网（www.ssap.com.cn）和中国皮书网（www.pishu.cn）了解更多信息

社会科学文献出版社 皮书系列

"皮书"起源于十七、十八世纪的英国，主要指官方或社会组织正式发表的重要文件或报告，多以"白皮书"命名。在中国，"皮书"这一概念被社会广泛接受，并被成功运作、发展成为一种全新的出版形态，则源于中国社会科学院社会科学文献出版社。

皮书是对中国与世界发展状况和热点问题进行年度监测，以专业的角度、专家的视野和实证研究方法，针对某一领域或区域现状与发展态势展开分析和预测，具备权威性、前沿性、原创性、实证性、时效性等特点的连续性公开出版物，由一系列权威研究报告组成。皮书系列是社会科学文献出版社编辑出版的蓝皮书、绿皮书、黄皮书等的统称。

皮书系列的作者以中国社会科学院、著名高校、地方社会科学院的研究人员为主，多为国内一流研究机构的权威专家学者，他们的看法和观点代表了学界对中国与世界的现实和未来最高水平的解读与分析。

自20世纪90年代末推出以《经济蓝皮书》为开端的皮书系列以来，社会科学文献出版社至今已累计出版皮书千余部，内容涵盖经济、社会、政法、文化传媒、行业、地方发展、国际形势等领域。皮书系列已成为社会科学文献出版社的著名图书品牌和中国社会科学院的知名学术品牌。

皮书系列在数字出版和国际出版方面成就斐然。皮书数据库被评为"2008~2009年度数字出版知名品牌";《经济蓝皮书》《社会蓝皮书》等十几种皮书每年还由国外知名学术出版机构出版英文版、俄文版、韩文版和日文版，面向全球发行。

2011年，皮书系列正式列入"十二五"国家重点出版规划项目;2012年，部分重点皮书列入中国社会科学院承担的国家哲学社会科学创新工程项目;2014年，35种院外皮书使用"中国社会科学院创新工程学术出版项目"标识。

法 律 声 明

"皮书系列"(含蓝皮书、绿皮书、黄皮书)由社会科学文献出版社最早使用并对外推广,现已成为中国图书市场上流行的品牌,是社会科学文献出版社的品牌图书。社会科学文献出版社拥有该系列图书的专有出版权和网络传播权,其LOGO( )与"经济蓝皮书"、"社会蓝皮书"等皮书名称已在中华人民共和国工商行政管理总局商标局登记注册,社会科学文献出版社合法拥有其商标专用权。

未经社会科学文献出版社的授权和许可,任何复制、模仿或以其他方式侵害"皮书系列"和LOGO( )、"经济蓝皮书"、"社会蓝皮书"等皮书名称商标专用权的行为均属于侵权行为,社会科学文献出版社将采取法律手段追究其法律责任,维护合法权益。

欢迎社会各界人士对侵犯社会科学文献出版社上述权利的违法行为进行举报。电话:010-59367121,电子邮箱:fawubu@ssap.cn。

社会科学文献出版社